2021年用

共通テスト実戦模試

5 国語

Z会編集部 編

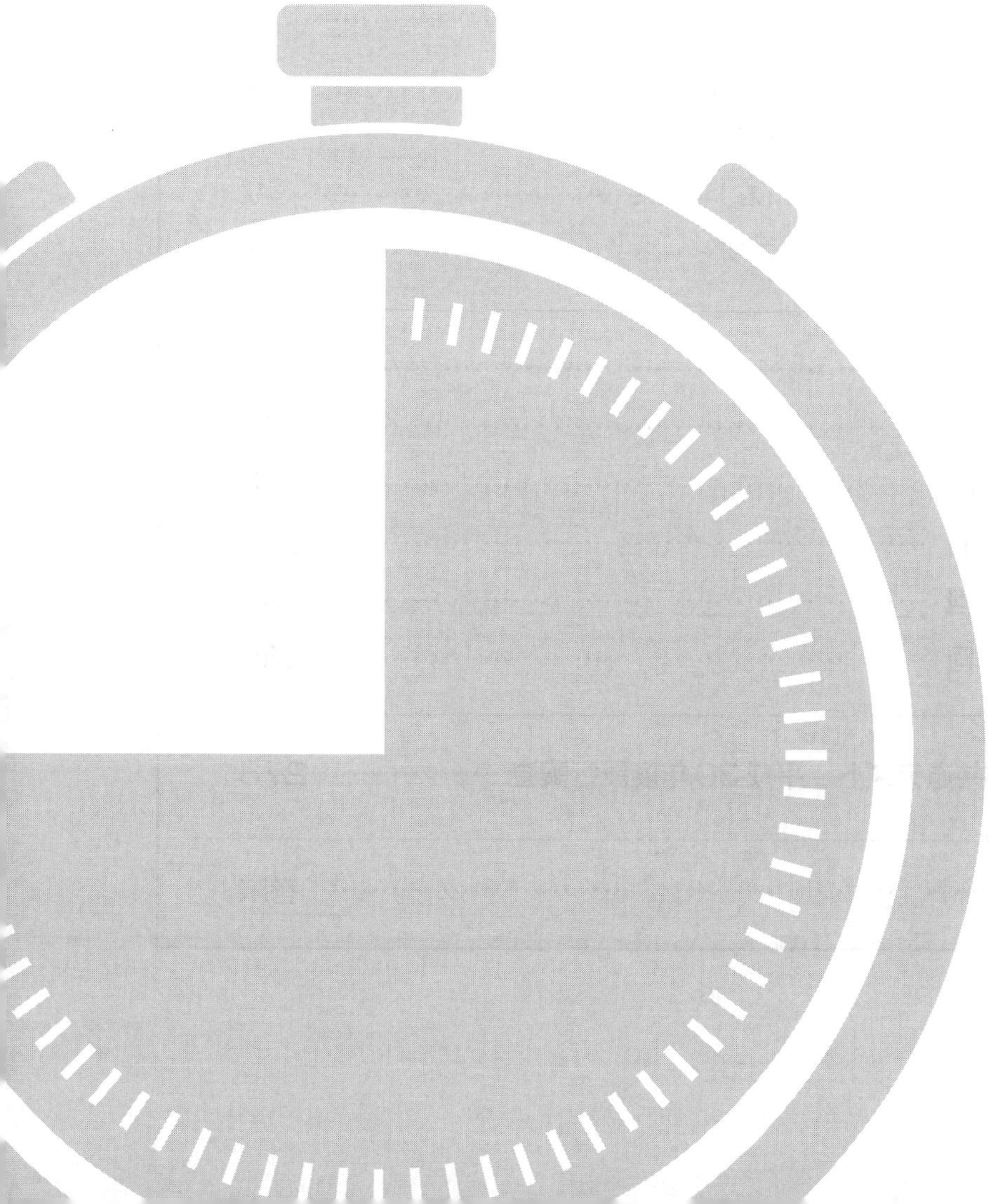

目次

共通テストに向けて

■ 共通テストは決してやさしい試験ではない。

共通テストは，高校の教科書程度の内容を客観形式で問う試験である。科目によって，試行調査では，教科書等であまり見られないパターンの出題も見られたが，出題のほとんどは基本を問うものであった。それでは，基本を問う試験だから共通テストはやさしい，といえるだろうか。

実際のところは，共通テストには，適切な対策をしておくべきいくつかの手ごわい点がある。まず，**勉強するべき科目数が多い**。国公立大学では共通テストで「５教科７科目以上」を課す大学・学部が主流なので，科目数の負担は決して軽くない。また，基本事項とはいっても，**あらゆる分野から満遍なく出題される**。これは，“山”を張るような短期間の学習では対処できないことを意味する。また，**広範囲の出題分野全体を見通し，各分野の関連性を把握する必要もある**が，そうした視点が教科書の単元ごとの学習では容易に得られないのもやっかいである。さらに，**制限時間内で多くの問題をこなさなければならない**。しかもそれぞれが非常によく練られた良問だ。問題の設定や条件，出題意図を素早く読み解き，制限時間内に迅速に処理していく力が求められているのだ。こうした処理能力も，漫然とした学習では身につかない。

■ しかし，適切な対策をすれば，十分な結果を得られる試験でもある。

上記のように決してやさしいとはいえない共通テストではあるが，適切な対策をすれば結果を期待できる試験でもある。共通テスト対策は，できるだけ早い時期から始めるのが望ましい。長期間にわたって，**①教科書を中心に基本事項をもれなく押さえ，②共通テストの試行調査で出題傾向を把握し，③出題形式・出題パターンを踏まえたオリジナル問題で実戦形式の演習を繰り返し行う**，という段階的な学習を少しずつ行っていけば，個別試験対策を本格化させる秋口からの学習にも無理がかからず，期待通りの成果をあげることができるだろう。

■ 本書を利用して，共通テストを突破しよう。

本書は主に上記③の段階での使用を想定して，Ｚ会のオリジナル問題を教科別に模試形式で収録している。巻末のマークシートを利用し，解答時間を意識して問題を解いてみよう。そしてポイントを押さえた解答・解説をじっくり読み，知識の定着・弱点分野の補強に役立ててほしい。

早いスタートが肝心とはいえ，時間的な余裕がないのは明らかである。できるだけ無駄な学習を避けるためにも，学習効果の高い良質なオリジナル問題に取り組んで，徹底的に知識の定着と処理能力の増強に努めてもらいたい。

本書を十二分に活用して，志望校合格を達成し，喜びの春を迎えることを願ってやまない。

Ｚ会編集部

共通テストの段階式対策

0. まずは教科書を中心に，基本事項をもれなく押さえる。

▼

1. さまざまな問題にあたり，上記の知識の定着をはかる。その中で，自分の弱点を把握する。

▼

2. 実戦形式の演習で，弱点を補強しながら，制限時間内に問題を処理する力を身につける。とくに，頻出事項や狙われやすいポイントについて重点的に学習する。

▼

3. 仕上げとして，予想問題に取り組む。

Z会の共通テスト関連教材（別売）

1.『ハイスコア！ 共通テスト攻略』シリーズ
オリジナル問題を解きながら，共通テストの狙われどころを集中して学習できる。

▼

2.『2021年用　共通テスト実戦模試』（本シリーズ）

▼

3.『2021年用　共通テスト予想問題パック』
本シリーズを終えて総仕上げを行うため，直前期に使用する本番形式の予想問題。

本書の効果的な利用法

本書の特長

本書は，共通テストで高得点をあげるために，試行調査の出題形式と内容を徹底分析して作成した実戦模試である。共通テストの本番では，限られた試験時間内で解答する正確さとスピードが要求される。本書では時間配分を意識しながら，共通テストの出題傾向に沿った良質の実戦模試を複数回演習することができる。また，解答・解説編には丁寧な解説をほどこしているので，答え合わせにとどまらず，道筋を理解することで確実に実力を養成することができる。

■ 共通テスト攻略法 ——— 情報収集で万全の準備を

以下を参考にして，共通テストの内容・難易度をしっかり把握し，本番までのスケジュールを立て，余裕をもって本番に臨んでもらいたい。

データクリップ ➡ 共通テストの出題教科や平成30年度試行調査の得点状況を収録。

傾向と対策 ➡ 試行調査を徹底分析し，来年度に向けての対策を解説。

■ 共通テスト実戦模試 ——— 本番に備える

本番を想定して取り組むことが大切である。時間配分を意識して取り組み，自分の実力を確認しよう。付録のマークシートを活用して，記入の仕方もしっかり練習しておきたい。

また，実戦力を養成するためのオリジナル模試にプラスして，平成30年度試行調査もついている。合わせて参考にしてもらいたい。

※「倫理，政治・経済」には，試行調査はついていません。オリジナル模試をご活用ください。

問題を解いたら必ず解答・解説をじっくり読み，しっかり復習することが大切である。本書の解答・解説編には，共通テストを突破するために必要な重要事項がポイントを押さえて書いてある。不明な点や疑問点はあいまいなままにせず，必ず教科書・参考書などで確認しよう。

受験教科・科目は，各大学が定めるので，各大学の要項にて確認が必要です。

なお，高等学校学習指導要領に基づく学習範囲の中から出題されるという点については，令和２年度大学入学者選抜に係る大学入試センター試験と変更はないことから，過年度卒業者用の別問題は作成しないことが発表されています。

2 平成30年度試行調査　得点状況

マーク式問題については，５割程度の平均得点率を念頭に実施された。結果として，平均得点率が５割以上となったのは，全19科目のうち，７割を超える11科目だった。

※以下の表は，大学入試センター発表の『大学入学共通テスト導入に向けた試行調査（プレテスト）（平成30年度（2018年度）実施）の結果報告（平成31年４月公表）』を元に作成した。

教科名	科目名等	受験者数(人)※3	平均点（点）	平均得点率(%)※4
国語（200点　※1）	国語	67,745	90.81	45.40
数学①（85点　※2）	数学Ⅰ・数学A	65,764	25.61	30.12
数学②（100点）	数学Ⅱ・数学B	4,935	36.06	36.06
地理歴史（100点）	世界史B	2,725	59.60	59.60
	日本史B	4,200	54.57	54.57
	地理B	1,203	61.46	61.46
公民（100点）	現代社会	2,677	51.63	51.63
	倫理	1,489	54.85	54.85
	政治・経済	2,243	49.27	49.27
理科①（50点）	物理基礎	591	29.13	58.26
	化学基礎	4,049	25.50	50.99
	生物基礎	5,988	25.51	51.02
	地学基礎	2,398	28.60	57.21
理科②（100点）	物理	3,196	37.47	37.47
	化学	4,679	49.68	49.68
	生物	1,611	35.52	35.52
	地学	130	42.02	42.02
外国語	英語リーディング（100点）	12,990	51.25	51.25
	英語リスニング（100点）	12,927	59.10	59.10

※1　国語は，マーク式問題のみの点数。
※2　数学①は記述式問題を除いた点数。
※3　高校２年生と高校３年生の合算値。
※4　平均点を満点で割って，百分率にしたもの。　　　は５割以上のもの。

共通テスト攻略法
データクリップ

1 出題教科・科目の出題方法

下の表の教科・科目で実施される。

※解答方法はすべてマーク式。　※★はセンター試験からの変更点。

※以下の表は大学入試センター発表の『令和３年度大学入学者選抜に係る大学入学共通テスト出題教科・科目の出題方法等（令和２年１月29日一部変更)』を元に作成した。

※「 」で記載されている科目は，高等学校学習指導要領上設定されている科目を表し，『 』はそれ以外の科目を表す。

教科	グループ	出題科目	解答時間	配点	科目選択方法
国語		『国語』	80分	200点	
地理歴史・公民		「世界史Ａ」，「世界史Ｂ」，「日本史Ａ」，「日本史Ｂ」，「地理Ａ」，「地理Ｂ」 「現代社会」，「倫理」，「政治・経済」，『倫理，政治・経済』	1科目60分 2科目120分	1科目100点 2科目200点	左記10科目から最大2科目を選択（注1）（注2）
数学	①	「数学Ⅰ」，『数学Ⅰ・数学Ａ』	70分（★）	100点	左記2科目から1科目選択
	②	「数学Ⅱ」，『数学Ⅱ・数学Ｂ』，『簿記・会計』，『情報関係基礎』	60分	100点	左記4科目から1科目選択（注3）
理科	①	「物理基礎」，「化学基礎」，「生物基礎」，「地学基礎」	2科目60分	2科目100点	左記8科目から，次のいずれかの方法で選択（注2）（注4） Ａ：理科①から2科目選択 Ｂ：理科②から1科目選択 Ｃ：理科①から2科目および理科②から1科目選択 Ｄ：理科②から2科目選択
	②	「物理」，「化学」，「生物」，「地学」	1科目60分 2科目120分	1科目100点 2科目200点	
外国語		『英語』，『ドイツ語』，『フランス語』，『中国語』，『韓国語』	『英語』 【リーディング（★）】80分 【リスニング】30分 『ドイツ語』，『フランス語』，『中国語』，『韓国語』 【筆記】80分	『英語』 【リーディング】100点（★） 【リスニング】100点（★） 『ドイツ語』，『フランス語』，『中国語』，『韓国語』 【筆記】200点	左記5科目から1科目選択（注3） （リスニングは英語のみ　注5）

（注1）地理歴史においては，同一名称のＡ・Ｂ出題科目，公民においては，同一名称を含む出題科目同士の選択はできない。

（注2）地理歴史・公民の受験する科目数，理科の受験する科目の選択方法は出願時に申請するものとする。

（注3）数学②の各科目のうち『簿記・会計』『情報関係基礎』の問題冊子の配付を希望する場合，また外国語の各科目のうち『ドイツ語』『フランス語』『中国語』『韓国語』の問題冊子の配付を希望する場合は，出願時に申請する。

（注4）理科①については，1科目のみの受験は認めない。

（注5）外国語において『英語』を選択する受験者は，原則として，リーディングとリスニングの双方を解答する。

共通テスト攻略法
傾向と対策

■ センター試験と共通テストの違い

大学入学共通テストは，大学への入学志願者を対象に，高等学校の段階における基礎的な学習の達成の程度を判定し，大学教育を受けるために必要な能力がどの程度身についているかを把握することを目的としている。

【基本的な考え方】

○大学入試センター試験における問題評価・改善の蓄積を生かしつつ，**共通テストで問いたい力を明確にした問題作成。**

○高等学校教育の成果として身につけた，大学教育の基礎力となる**知識・技能や思考力，判断力，表現力を問う問題作成**―出題教科・科目において問いたい思考力，判断力，表現力を明確にした上で問題を作成する。

○**「どのように学ぶか」を踏まえた問題の場面設定**―学習の過程を意識した問題の場面設定を重視する。例えば，授業において生徒が学習する場面や，社会生活や日常生活の中から課題を発見し解決方法を構想する場面や，資料やデータ等をもとに考察する場面など。

【その他特記事項】

○問題作成のねらい，範囲・内容において，「高等学校における通常の授業を通じて身につけた知識の理解や思考力等を新たな場面でも発揮できるかを問うため，**教科書等で扱われていない資料等も扱う場合がある**」との記載がある。

○マーク式問題の新たな出題形式として，「いわゆる**連動型の問題（連続する複数の問いにおいて，前問の答えとその後の問いの答えを組み合せて解答させ，正答となる組合せが複数ある形式）を出題する場合がある**」との記載がある。例えば，平成30年11月の試行調査の「世界史B」第4問(右記)では，2つの問いが連動し，1つ目の問いで何を選ぶかによって2つの問いの正解が異なる出題が見られた。

> 問 2
>
> (1)　絵の中の**あ**と**い**について，それぞれが表している国とその君主の名の組合せとして正しいものを，次の①～⑥のうちから一つ選べ。**なお，正しいものは複数あるが，解答は一つでよい。** [24]
>
> (2)　**(1)で選んだ答えについて，**その国や王朝の歴史について述べているものを，次の**a**～**h**から三つ選択し，それらを年代順に配列したものとして正しいものを，下の①～⑧のうちから一つ選べ。 [25]

○**英語については，発音，アクセント，語句整序などを単独で問う問題は作成しない**と明記されている。

○**理科については，複数の大問から任意の大問を選択して解答する問題は設定しない**ことが明記されている。

○すべての科目において，異なる分野の組み合わせや初見の資料をもとにした考察を要するものなど，**ものごとを多面的・多角的に考察する問題**の検討について記載されている。

■平成30年度試行調査「国語」

出題内容　200点＋記述式の評価　100分

大問	ジャンル	配点	出典
1	記述問題	5段階評価	文章Ⅰ：鈴木光太郎『ヒトの心はどう進化したのか——狩猟採集生活が生んだもの』 文章Ⅱ：正高信男『子どもはことばをからだで覚える　メロディから意味の世界へ』 資料　：川添愛『自動人形の城　人工知能の意図理解をめぐる物語』
2	論理的文章	50	資料Ⅰ：ポスター（著作権のイロハ） 資料Ⅱ：著作権法条文 資料Ⅲ：名和小太郎『著作権2.0　ウェブ時代の文化発展をめざして』
3	文学的文章	50	吉原幸子「紙」「永遠の百合」
4	古文	50	紫式部『源氏物語』
5	漢文	50	文章Ⅰ：金谷治訳注『荘子』 文章Ⅱ：劉基『郁離子』

◆特記事項

記述問題の実施延期を受けて、来年度の共通テストでは、**第1問・第2問では「近代以降の文章」及び「実用的文章」（「論理的文章」「文学的文章」と示す）、第3問「古文」、第4問「漢文」の計4題の出題が予定されている**。試験時間は80分で、配点はそれぞれ同じ50点（国語全体で200点）。平成30年度の試行調査においては、**複数の文章を読み比べる問題や、教師と生徒との会話をヒントにしながら文章読解を進める問題**などが見られたため、共通テストにおいても出題される可能性があるだろう。また、論理的文章・文学的文章・古文・漢文いずれも、長めの問題文が出題されたため、80分という限られた時間の中でどのように設問に取り組むか、これまでのセンター試験と同じく**時間配分が大きな課題**となる。

第1問（論理的文章）

センター試験では「評論」というジャンルで、社会論や文化論などの出題が見られたが、平成30年度の試行調査では、条文やポスターなどの複数の資料（実用的文章）を読み比べて解答する問題が出題された。文章中の傍線部の内容を、資料を踏まえて考える問題（問2）や、資料中の空欄に入る文言を、他の資料を踏まえて考える問題（問6）などが特徴的であった。これらのような、身近な話題を扱った複数の文章や資料を読み比べる問題は、文章の難易度自体は高くないものの、資料と文章とをつきあわせるやり方に慣れていないと解答に時間がかかってしまうので注意が必要である。

第2問（文学的文章）

センター試験では「小説」というジャンルで、登場人物や心情把握問題・内容把握問題・文章の表現の特徴などが出題されていた。試行調査では、同じ筆者による詩とエッセイが出典となり、エッセイの内容を踏まえて詩の表現を考える問題（問2）があった。この文章比較の設問は新傾向であったが、他の問題を見ると、詩・エッセイ単体での読解で正答が導ける設問が多かったため、形式にまどわされずに丁寧に本文を読み進めることが大切である。

第3問（古文）

教師と生徒との会話文をもとに、和歌を解釈する問題が目新しい形式であった。遍昭の和歌の解釈を踏まえ、文章中の和歌の解釈を問うもので、生徒六人の会話の中から適切なものを選択する問題（問5）である。今後も、会話文を通して文章の内容を理解していく出題が予想されるため、形式に慣れておこう。ただ、各設問は標準的なレベルであったため、形式に惑わされることなく基礎を固めておけば十分対応できた。

第4問（漢文）

古文と同様に、新しい形式としては生徒三人の会話文を通して文脈理解を問う問題（問5）があり、ここでは故事成語「朝三暮四」の意味も問われた。有名な故事成語の意味は押さえておくなど、漢文常識も身につけておく必要があるだろう。ただし、問5以外は、漢字の意味を問う問題・返り点や書き下し文を問う問題・傍線部の解釈を問う問題など、スタンダードな出題であった。

◆特記事項

共通テストに向けて、今後以下の点に注意して対策を進めていこう。

●実用的文章に慣れよう

→第1問（論理的文章）では、これまでのセンター試験で出題されてきた論説文のほか、実生活に基づいた文章や資料が出題される可能性がある。平成29年度の試行調査では、表や図が掲載されて、本文と関連する内容を読み取る問題があり、平成30年度の試行調査では、著作権法の条文が扱われた。論説文だけでなく、身近な話題について述べた文章や資料を読む機会も増やして、資料の中で重要な箇所をすばやく読み取る力を養っていこう。さらに、論説文や小説だけでなく新聞なども読んで、さまざまな素材に触れてほしい。

●複数の文章を読み比べる訓練をしよう

→平成30年度の試行調査の第3問（文学的文章）や第5問（漢文）のように、複数の文章を用いた出題も予想される。複数の文章が扱われる場合は、それぞれを読解した上で、文章間における共通点・相違点が問われる可能性が高いだろう。このような出題に備えて、ある文章を読んだら同じ話題を扱った他の文章を読む・読んだあとは、文章間での相違点や共通点について考える……という訓練を積むことが効果的である。

●とくに古文・漢文は、基礎固めが大前提！

→複数の文章を比較して解く問題や会話文をもとに文脈をつかむ問題など、新しい出題形式への準備はもちろん大事だが、これは基礎固めが前提となる。とくに古文・漢文は、これまでのセンター試験と同様に、文章の内容把握問題・登場人物の心情把握問題・文章の構成をつかむ問題……といった出題が予想される。そのため、文章の丁寧な読解をもとに解答する、という基本姿勢に変わりはない。新傾向に対する備えは、単語や文法の確かな基礎知識があってこそ。古文単語や文法・漢文句形をしっかり身につけなければ、〈何となく文章を読んで、雰囲気や勘で選択肢を選ぶ……〉といったことになり、正確な文章読解から遠のいてしまう。単語や文法の土台固めが最優先なのである。そして、単語・文法の基礎固めを終えたら、とにかくたくさんの実戦演習を積むこと。問題を解く中で、単語や文法のさらなる強化や読解力のアップをはかろう。

模試 第1回

（200点 80分）

〔国語〕

注 意 事 項

1 **国語解答用紙（模試 第1回）をキリトリ線より切り離し，試験開始の準備をしなさい。**

2 **時間を計り，上記の解答時間内で解答しなさい。**
ただし，納得のいくまで時間をかけて解答するという利用法でもかまいません。

3 この回の模試の問題は，このページを含め，47ページあります。問題は4問あり，第1問，第2問は「近代以降の文章」及び「実用的な文章」，第3問は「古文」，第4問は「漢文」の問題です。

4 **解答用紙には解答欄以外に受験番号欄，氏名欄，試験場コード欄があります。その他の欄**は自分自身で本番を想定し，**正しく記入し，マークしなさい。**

5 **解答は解答用紙の解答欄にマークしなさい。**例えば，**第2問**の 10 と表示のある問いに対して③と解答する場合は，次の(例)のように**問題番号**2**の解答番号10の解答欄**の③に**マーク**しなさい。

（例）

2	解答欄								
	1	2	3	4	5	6	7	8	9
10	①	②	●（3）	④	⑤	⑥	⑦	⑧	⑨

6 問題冊子の余白等は適宜利用してよいが，どのページも切り離してはいけません。

7 試験終了後，問題冊子は持ち帰りなさい。

第1問

次の文章を読んで、後の問い（問1～6）に答えよ。（配点　50）

私たちがいま見ている森のほとんどは、土地本来の森から大きく変えられています。人間活動の影響下にあって、成立・維持されている代償植生です。

ここで人間の影響をすべて停止するとどうなるのでしょう。その途端に、その土地の自然環境の(ア)ソウワに応じた土地本来の森、即ち「潜在自然植生」に向かって、植生が変化していくことになるでしょう。これを「遷移（二次遷移）」と言います。

クレメンツの遷移説とは、一九〇八年に米国の植物生態学者フレデリック・クレメンツ（一八七四―一九四五年）が唱えたものです。彼はその土地本来の森を「クライマックス（極相《きょくそう》）」と呼んでいますが、あらゆる植生は最終的にはそのクライマックスの単一群落になるという「単極相説」を提唱しました。

火山の噴火などによって生じた裸地《らち》では最初に地衣類やコケ類が出現し（現実にはコケが出ることは少ない）、次に一年生草本植物、そして多年生草本植物や低木、さらに陽性の亜高木林または高木林を経て、照葉樹林域であれば、終局的な土地本来の陰樹の森、クライマックス＝極相林が形成されるというものです。クレメンツはそのプロセスを図式化し、世界中の教科書で広く採用されています。

その一方でブラウン‐ブランケ博士やチュクセン教授らは、Aクレメンツの遷移説をある程度肯定しながらも、「あまりにも模式的過ぎる。自然界の植生発達や終局相の決定には、広域的に見れば気候が大きく影響する。局地的に見れば土壌条件その他も関係する」と指摘し、「現実的には周期的な大暴風、洪水などの自然の揺り戻しによって、極相まで(イ)トウタツしないで、極相の一歩手前の状態で足踏みしている林相も自然状態では多い」と述べています。

それでは、クレメンツの説く自然の遷移にまかせればどうなるのか。いまのマツ・スギ・ヒノキ全盛の

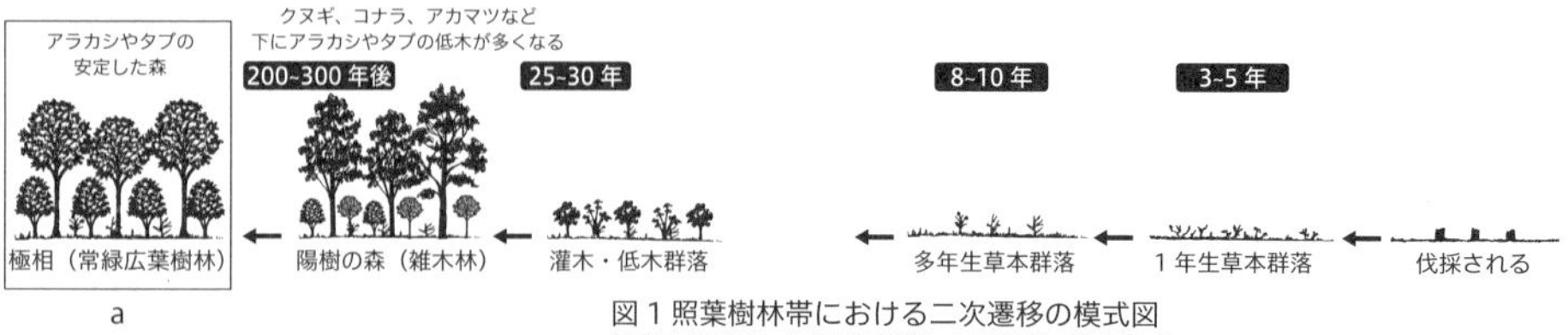

図1 照葉樹林帯における二次遷移の模式図
「苗木三〇〇〇万本　いのちの森を生む」NHK出版、2006年より

日本列島でも人の手をまったく加えずに二〇〇〜三〇〇年も経てば、その土地本来の照葉樹林（常緑広葉樹林）や落葉（夏緑）広葉樹林（北海道、東北北部、本州の大部分と四国・九州の海抜八〇〇メートルから一六〇〇メートルまでの山地）になるでしょう。

しかし、人間活動の影響がこれだけ地球規模で及んでいる時に、林地だけをタイ(ウ)ショウに、まったく手を加えずに長期間自然のままに任せることなどできるのでしょうか。それは事実上不可能な話です。長期間に及ぶ遷移の過程では、森林の(エ)コウハイに伴う自然災害など、さまざまな負の影響も考えられます。

それではどうすればよいのでしょうか。

遷移というのは、ある植物共同体が、他の植物共同体に移り変わる過程のこと。確かに火山の噴火などによって生じた裸地上の自然の遷移では、時間をかけてゆっくりと植物が土壌をつくり、その土壌がより安定した植生の発展を許容することになります。

従って、一次的な自然遷移の場合には、日本では二〇〇〜三〇〇年、熱帯地域では三〇〇〜五〇〇年以上かけないと土地本来の自然林は成立しないと教科書は教えてきました。実際に海岸の埋立地などでも、自然林に遷移するのにその程度の時間がかかると思われます。

しかし、広域的な気候条件は数千年来ほぼ同じです。異なるのは土壌条件のみ。私はこの点に着目しました。

そこで、有機質に富む通気性のよい表層土を復土することにより、短期間で土地本来の「ふるさとの森」づくりができるのではないかと考え、実践し、実証してきたのです。

最初は最低厚さ二〇〜三〇センチ程度の表層土を復土する。というのも、植物の根が三大要素である窒素・リン酸・カリウムをはじめとする養分を吸収するのは、地表から二〇〜三〇センチ、深くても五〇センチなのです。もちろん木を支える主根は、通気性のよい土壌で呼吸さえできれば、三〜六メートルくらいまで地中深く伸びていきます。

表層土に、潜在自然植生に基づく樹種をポット育苗で根を発達させてから混植・密植することにより、短期間で土地本来の森としての機能を備えさせる。その時点で、植物はゆっくりと自分の土をつくるようになる。そう考えたわけです。

〝宮脇方式〟のポット苗は、最初は樹高三〇～四〇センチ、植樹して三年で三メートル、五年で五メートルと順調に育っていきます。植樹後三年ないし五年も経てば、小さいながらも土地本来の森の原形を整えていきます。その後、生育するにしたがって、自然淘汰を繰り返しながら木々は、自分たちで自分たちの落葉などで、土をつくるようになります。その結果、二〇年から三〇年ほどで限りなく自然に近い土地本来の多層群落の森、潜在自然植生の(オ)ケンザイ化が可能になるのです。

植えてからの二～三年は草取りなどの管理が年に一～二回は必要です。しかし三年目以降は、剪定《せんてい》、枝打ち、間伐、下草刈りなどの無理な管理をしないこと。基本的には自然自体の管理、自然淘汰に任せることが重要です。

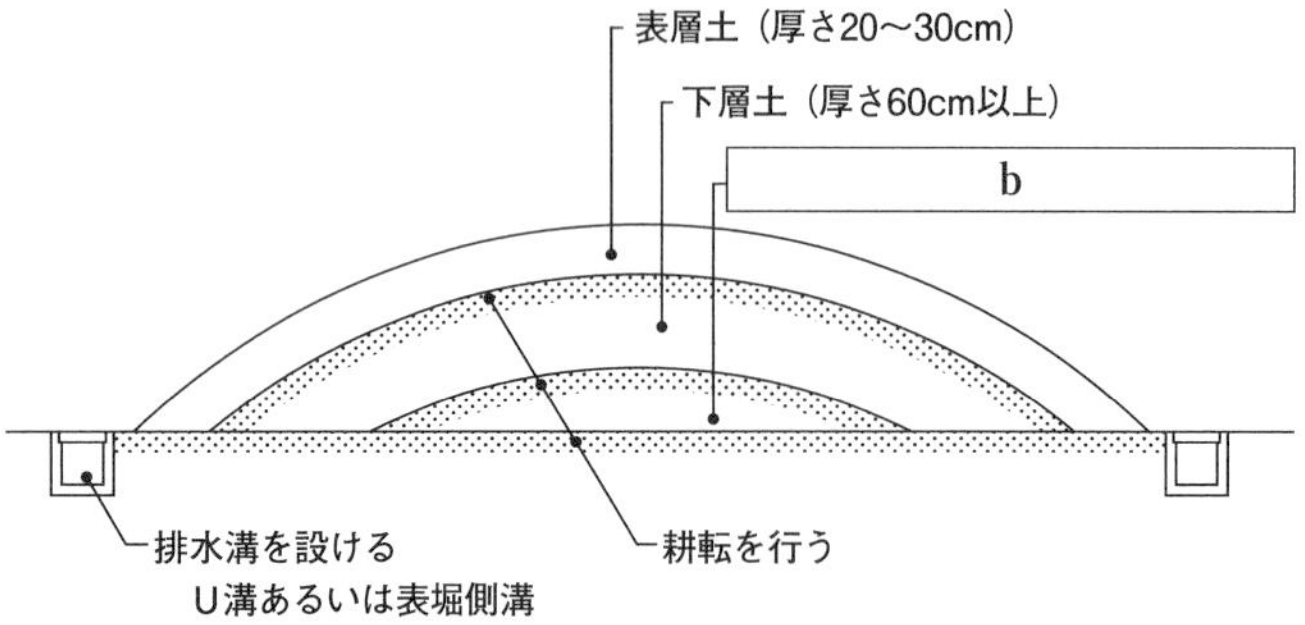

図２ほっこらマウンドの形状例

その前提条件は、有機物などの混じった表層土などから構成されるほっこらマウンド（盛り土）を造成し、そこに、潜在自然植生に基づくその土地に応じた樹種の選択を行い、その幼木のポット苗を混植・密植することです。

植樹基盤づくりは非常に重要です。先述のように植物は根で勝負します。根は土で勝負します。いままでほとんど注目されていなかったことですが、根は息をしているということがとても重要なのです。「植物は根、根は酸素」ですから、必要なのは「酸素・酸素・酸素・酸素」です。水はけをよくするために、マウンドの形状で望ましいのはピラミッド型かタマゴ型。両側にたえず傾斜を持つようなマウンドの形成がたいへん有効です。

じつは私も当初は台地状のマウンドがよいと考えていたのですが、台地状のマウンドをつくって植えてみたところ、台地部分に植えた木の生育より、斜面に植えた木の生育のほうが、はるかによかったのです。その後の試行錯誤でピラミッド型とタマゴ型がよいことは実証されています。

台地状のマウンドでは、平坦部に必ず凹地ができたり、水たまりができたりするのです。それが根腐れや生育不良の原因になるのです。

表層土は、できるだけ多くの落ち葉、枯れ草、廃木、廃材などの有機物をたっぷりと土に混ぜて復元します。そして、心土《しんど》には、新日鐵《てつ》大分製鉄所の実践で示したように、まず穴を掘り、その発生土に毒や分解困難なビニールなどを取り除いた後のまわりの刈り草、家庭のゴミや建設廃材や毒がないことが確認されたいわゆる産業廃棄物、さらには瓦礫《がれき》など、地球資源を掘り起こした土とよく混ぜて埋めることを勧めます。そうすることでマウンドをより高くしながら、予算も抑えることができるはずです。

また、瓦礫などがあるために土壌の間に空気層が生まれ、根が酸素を求めてより深く地中に入り込もうとします。シイ、タブ、カシ類の深根性・直根性という特性を最大限に活かすことで、台風、洪水、地震、津波、土砂崩れなどにもびくともしない、いのちと財産を守る森の力を生み出すのです。

こうして植樹されたシイ、タブ、カシ類は数百年以上生き延び、時間とともに多層群落の森林、みどり豊かな自然環境を形成します。生物多様性に恵まれたダイナミックな森の力を維持します。

できるだけ早く、しかも確実に土地本来の森を再生するための宮脇方式という「ふるさとの森」づくりは、一気にクライマックスへ、即ち一気に極相林に近い多層群落の森へと導く方法です。中には宮脇方式を「ショートカット手法」と現代風に呼ぶ人もいます。しかしそれは、何百年も何千年も培ってきた自然の森のシステムを活用したものであり、あくまでも自然の森の掟《おきて》に従ったものです。

ブラジル・アマゾンでは、クレメンツと宮脇方式を実際に試してみました。クレメンツの説に基づく生長の速いバルサなどの早生樹と、われわれが本命樹種と判定したビローラなどを混ぜて植えてみたのです。

バルサは二年で樹高四メートル、六年で一四メートルにも達する見事な木に育ちましたが、一〇年後の調査ではほとんど風もないのに倒木する個体が増え、なおかつ倒木がビローラなどの本命樹種の上に被《かぶ》さったりして、その生育を妨げてしまい、むしろ土地本来の森が発達する阻害要因になりました。

これに対し、マラジョー島という面積が九州と同じくらいの島のブレベスでは、ビローラやセドロなどを潜在自然植生の主木と判定した一四種類のポット苗をつくり、混植・密植したところ、ビローラを中心に一〇年目には八～一〇メートルに育ち、約二〇年を経た現在では土地本来の森に限りなく近づきつつあります。

こうしたアマゾンでの経験からも、できるだけ短い時間で土地本来の森を再生するには、潜在自然植生に基づく幼木のポット苗を用いて、主木を中心にできるだけ多くの土地本来の森の構成種群を混植・密植したほうが確実であるという結論に達しました。

この結果は、二〇〇二（平成一四）年三月にブラジル南部のポルト・アレグレで開かれた第四五回国際植生学会で発表し、国際的にも評価されています。

（宮脇昭『森の力』による）

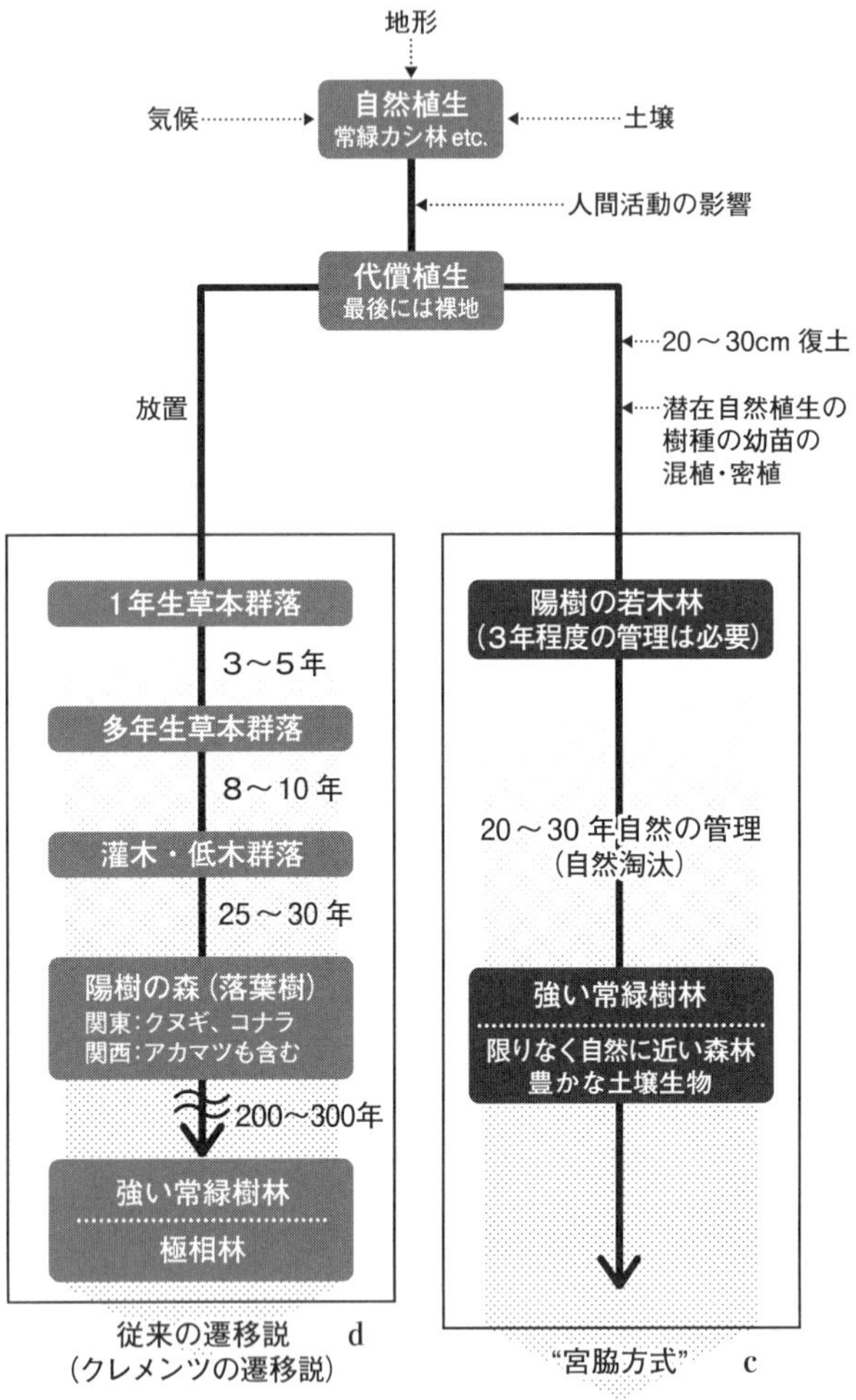

図3 従来の二次遷移説と“宮脇方式”の違い

問1 傍線部(ア)～(オ)に相当する漢字を含むものを、次の各群の①～⑤のうちから、それぞれ一つずつ選べ。解答番号は 1 ～ 5 。

(ア) ソウワ 1
① ソウイ工夫する
② ソウゴンな建築物
③ ソウカン関係を見出す
④ 出席者のソウイで決まる
⑤ 報告書のソウアン

(イ) トウタツ 2
① キントウに配分する
② 応募がサットウする
③ 孤軍フントウ
④ ケントウ違いな答え
⑤ 案をケントウする

(ウ) タイショウ 3
① 登録をマッショウする
② 作品にショウカする
③ 平和のショウチョウ
④ ケイショウ略
⑤ 戸籍ショウホン

(エ) コウハイ 4
① 薬のコウノウ
② 根負けしてコウサンする
③ 特産のコウゲイ品
④ 資料をサンコウにする
⑤ 果てしないコウヤ

(オ) ケンザイ 5
① ヒケンするものがない
② ケンビ鏡
③ ケンブツ客
④ シンケンなまなざし
⑤ ケンアクな雰囲気

問2　遷移の最終段階としての図1の**a**はどのように説明できるか。最も適当なものを、次の①～⑤のうちから一つ選べ。解答番号は **6** 。

① 人間活動の影響を受けて成立し、人の手によって維持されている森。
② ある植物共同体が、他の植物共同体に移り変わりつつある森。
③ 人間の活動の影響下にある時には表に現れない、その土地本来の森。
④ 人の手をまったく加えずに、気候や土壌条件のみによって変化している森。
⑤ 潜在自然植生に基づく樹種を混植・密植して成立した、多層群落の森。

問3 図2の空欄 b に入る言葉として最も適当なものを、次の①～⑤のうちから一つ選べ。解答番号は 7 。

① 落ち葉、枯れ草、廃木、廃材などの有機物
② できるだけ人の手を加えない、その土地本来の土
③ 傾斜したマウンドを支える密度の高い固い土
④ 毒性のない建築残土、産業廃棄物など
⑤ 植樹した木々が落とした葉でできた土

問4　図3の**c**と**d**の違いはどのように説明できるか。**適当でないもの**を、次の①～⑥のうちから**二つ**選べ。解答番号は 8 ・ 9 。

① **c**では二〇～三〇年で森林が目標とする姿に遷移するのに対し、**d**では遷移に二〇〇～三〇〇年かかる。

② **c**では最初の段階は人の手を加えるのに対し、**d**では代償植生を伐採した後は人の手をまったく加えない。

③ **c**では本命樹種に他の樹種が組み合わさった森に遷移するが、**d**では本命樹種のみの森に遷移する。

④ **c**でははじめから本命樹種を植樹するが、**d**では本命樹種の森が成立する前に草や低木が茂る段階がある。

⑤ **c**は人の管理によって森の遷移を助けるという考え方だが、**d**は人の介入を排することで早く遷移が進むという考え方である。

⑥ **c**ではどのような樹種の森に遷移させるかをあらかじめ人が特定する必要があるが、**d**では人が樹種を特定する必要はない。

問5 傍線部**A**「クレメンツの遷移説」について、筆者はどのように考えているか。その説明として最も適当なものを、次の①～⑤のうちから一つ選べ。解答番号は 10 。

① 世界中の教科書で採用されるなど、広く受け入れられている考え方ではあるが、あまりにも模式的であり、広域的な気候条件や局地的な土壌条件などの影響によって、説のとおりに遷移することはない。

② 最初の段階で、人間の影響を受けて成立した森を伐採し、裸地にすれば、その後の森が再生する過程では、人の手による管理がまったく必要なく、最も適切で効率的な方法だと言える。

③ クレメンツの遷移説の中で、火山の噴火などで生じた裸地に最初に出現するとされる地衣類やコケ類は、実際には出現することが少なく、現実に即しているとは言えない信頼性の低い説だと言える。

④ 二〇〇～三〇〇年の間で人の手を加えなければ、説のとおりに森が遷移するだろうが、それだけの期間を通して人間の影響を完全に排除することは難しく、森林が再生するまでの間に自然災害が発生する、などの懸念もある。

⑤ 森の遷移が完了するまでには、人間の影響を排除した上で二〇〇～三〇〇年待つ必要があるため、実際に説のとおりに遷移が進行するかを見届けることは不可能であり、クレメンツの遷移説の信頼性は未知数である。

問6　「宮脇方式」に関する説明として**適当でないもの**を、次の①～⑤のうちから一つ選べ。解答番号は 11 。

① クレメンツの遷移説を踏まえた上で、その実現の難しさや、さまざまな負の影響を解消するために考え出された。

② 「森の遷移を自然に任せると長い年月を要するのは、よい土壌ができるのには時間がかかるためである」という気づきによって考え出された。

③ はじめは多くの樹種を混植し、自然淘汰によって徐々に本命樹種に絞られていくことを狙った手法である。

④ 根を充分に発達させたポット苗を植樹することで、森の遷移にかかる時間を短縮する手法である。

⑤ 土壌の通気性をよくして根腐れや生育不良を防ぐために、ピラミッド型、タマゴ型の盛り土を造成する。

国語の問題は次に続く。

第2問　次の文章を読んで、後の問い（**問1〜6**）に答えよ。なお、設問の都合で本文の上に行数を付し、『山月記』『名人伝』からの引用部分には、それぞれ[1]〜[4]の記号を付している。（配点　50）

「一読↓ぽいっ」では読み切れない本がある。その読み方ではもったいない、と言うべきか。

例えば中島敦の『山月記』。

最初は高校の教科書で読んだ。と言うか、正確には、国語の授業で級友が指名され、立って読まされたのを耳で聞いた。

[1]　隴西《ろうさい》(注1)の李徴《りちょう》は博学才穎《さいえい》、天宝《てんぽう》の末年《まつねん》、若くして名を虎榜《こぼう》に連《つら》ね、ついで江南尉《こうなんい》に補《ほ》せられたが、性《せい》、狷介《けんかい》、自《みずか》ら恃《たの》むところすこぶる厚く、賤吏《せんり》に甘んずるを潔《いさぎよ》しとしなかった。

A 教室のたるい空気が突然変わった気がした。なんだ、これは？　そう思ったのを、いまでもはっきりと覚えている。

少し補足説明すると、最近は知らないが、当時の教科書に載っていた小説、例えば川端康成(注2)や三島由紀夫(注3)の作品は声に出して読むとどうにも照れくさいような内容で、小説は部屋で一人で読むもの、人のいる場所、ましてや級友たちの前で（当然女の子たちもいるわけだし）声に出して読むなどとんでもない、と堅く信じていたところがあった。そもそも音読はこっぱずかしい。自意識過剰の高校生ならなおさらだ。

[2]　いくばくもなく(注4)官を退《しりぞ》いた後は、故山《こざん》、虢略《かくりゃく》に帰臥《きが》し、人と交《まじわり》を絶って、ひたすら詩作に耽《ふけ》った。下吏《かり》となって長く膝《ひざ》を俗悪な大官《たいかん》の前に屈するよりは、詩家としての名を死後百年に遺《のこ》そうとしたのである。

——ああ、これは音読・朗唱向きの小説なのだ。

と稲妻のように閃《ひらめ》いたのは当然ながら私一人ではなく、その当日だったか数日後だったかは忘れたが、私の部屋に集まった数名の友人たちは興奮した様子で〝己の発見〟を語った。曰《いわ》く、

——中島敦の「山月記」は面白い。

あたかも新大陸を発見したコロンブスになったかのごとく、彼らは皆が皆、いかにして**a**自分一人が「山月記」の面白さを見いだし得たのかを語り、その後口角泡を飛ばす議論となったのは今にして思えば恥ずかしいかと言えばそんなことはなく、三十五年も経てばとっくに懐かしい思い出だ。当時、全国の高校で同様の場面が見られたはずだし、同じような場面が役者を変えて今も毎年演じられているという話を、高校の国語の教師をしている友人から先日(ア)苦笑交じりに聞かされたばかりである。

スマホが普及し、ネット社会となった今日なお、難読漢字の多い、一見小難しそうな「山月記」が若い読者を魅了しつづけている理由は何か?

三十五年前、高校生だった私たちを惹《ひ》きつけたのは、第一に作品の短さだった。当時の教科書はさすがにもっていないので、手元の文庫本で数えると本文はわずか十ページ足らず。その十ページで、きっちりと起承転結の物語を描いている。退屈な文章を散々読まされたあげく、「で、結局どうなったの?」と尻切れトンボの結末を高く評価される**b**ジュンブンガクとはエライ違いだ。

音読した際の音の響きが面白い。

それもまた若い読者を惹きつける要因だろう。かつて私たちは、誰《だれ》に強制されたわけでもなく、受験に役に立つわけでもないのに、「山月記」の文章をどこまでそらで言えるかを競い合った。となれば、何しろ高校生だ、何人かは文庫本十ページ足らずの文章などたちどころに暗記し、最初から最後まで作品全文を暗誦《あんしょう》してみせた。最近は知っているはずの人名や簡単な固有名詞がなかなか思い出せずに難儀している身としては、目眩《めまい》を感じるほどの羨《うらや》ましい記憶力だ。せっかくならもう少し何か別の使い道があったのではないか、と残念な気がしないでもないが。

年譜によれば、中島敦が「山月記」を書いたのは三十歳前後。五十になった著者からみれば、恐ろしいことに、ほんの若者で

ある。

中島敦にとって「山月記」は所謂《いわゆる》〝デビュー前（に書いた）作品〟であり、漢字が多く並ぶ本作が代表作と見なされているせいか、中島敦の漢籍の素養を特別視する評論をよく見かける。が、小説家としてデビューするためには先行の作家たちとは異なる新機軸が必要なのは当たり前の話なので、その点をことさらに持ち上げ、賛嘆してみせる風潮はどうかと思う。取り上げるべきはむしろ、近代小説の流れに反して敢えて音読に向いた作品で勝負を挑んだ彼の心意気だろう。

「山月記」にはデビュー作に相応《ふさわ》しい恍惚《こうこつ》と不安が感じられる。「撰《えら》ばれてあることの／恍惚と不安と／二つわれにあり」。太宰治が処女創作集の巻頭に掲げた、例の恍惚と不安だ。本来は宗教者の心境を語ったヴェルレエヌの言葉を、太宰がわざと誤用したというのが通説で、若干後づけの気もしないでもないが、言われてみればいかにも引用・アレンジ・盗用好きの太宰らしい話ではある。太宰ほどの(イ)面《つら》の皮の厚さを持ち合わせていない中島敦は己の心境を「山月記」の作中で「臆病な自尊心と、尊大な羞恥心」と言い表している。

〝これでどうだ〟という己の才能への高慢なまでの自負と、一方で、〝これで本当に書いていけるのか？〟という自信のなさ、「臆病な自尊心と、尊大な羞恥心」が渾然《こんぜん》一体、ないまぜになって作品から滲《にじ》み出ている。この年齢で読み返せば、ちょっと痛いほどだ。逆に言えば、まさにその痛みこそが若い読者を惹きつけ続けている要因だろう。

隴西の李徴は詩作に打ち込み過ぎた結果、虎になった。顧みて、自分は虎になるほど詩作（創作）に打ち込むことができるのか？

小説家としてデビューする前の中島敦の恍惚と不安は、そのまま未来を見つめる高校生の恍惚と不安に重なる。

自分は虎になるほど何かに打ち込むことができるのか？

B「山月記」は、多くの若い読者の胸に突き立てられる氷の刃だ。そうでなければ「音読した際の音の響きが面白い」や、ましてや「短い」といった程度の理由で作品全文を暗記し、一人部屋で寝転がって呟《つぶや》いてみるほど高校生は今も昔も暇ではない。

同じ中島敦の作品でも、たとえば「名人伝」では印象はガラリと変わる。

作品の長さはほぼ同じくらい（文庫本で十ページ足らず）、同じように古い中国を舞台に、同じように難読漢字の多い字面《じづら》、一見同じような語り口でありながら、ここまで印象が変わるものかと驚かされるほどだ。

作中からはあやうさが消え、その代わりに確かな自信に裏打ちされたユーモアと高揚感が伝わってくる。弓の名人（はた迷惑な変人だ）の、いかにも東洋的な振る舞いを描いた〝渋い内容〟でありながら、「名人伝」はまぶしいほどの光を湛《たた》えている。

理由は明らかだ。

「名人伝」は昭和十七年九月以降に執筆されたことが確認されている。同じ年二月、「山月記」（と「文字禍《もじか》」）が『文学界』に掲載され、中島敦は小説家としてデビューを果たした。

c よし、と思ったはずだ。これで書いていける、と。

その頃に書かれたのが「名人伝」だ。デビュー直後の高揚と自信が、良くも悪くも、作品を「大人の小説」にしている。五十を過ぎた今の私が新しく読むなら「山月記」より「名人伝」を選ぶと思う。奇想天外。波瀾万丈。随所に仕込まれた(ウ)白髪三千丈式(注5)のユーモアにニヤニヤと笑いながら読み進め、人を食ったような意外な結末に目を瞬《またた》かせる。くすりと笑った後で、もう一度最初の一行から読み返したくなる。そんな作品だ。

二度目に読むなら、ぜひ音読をお勧めしたい。

趙《ちょう》の邯鄲《かんたん》の都に住む紀昌《きしょう》という男が、天下第一の弓の名人になろうと志を立てた。

まさか高校生のように全文を暗誦するわけにはいかないが、たとえば「**3**人は高塔(注6)《こうとう》であった。馬は山であった。豚は丘の如《ごと》く、鶏は城楼《じょうろう》と見える。雀躍《じゃくやく》して家にとって返した紀昌は、再び窓際の虱《しらみ》に立向い、燕角《えんかく》の弧《ゆみ》に朔蓬《さくほう》の簳《やがら》をつがえてこれを射れば、矢は見事に虱の心の臓を貫いて、しかも虱を繋《つな》いだ毛さえ断《き》れぬ」、あるいは「**4**既に、我と彼との別、是と非との分《ぶん》を知らぬ。眼は耳の如く、耳は鼻の如く、鼻は口の如く思われる」といった文章を何とか暗記して、いつかどこかで誰かを相手にこれを言って笑いをとりたいものだと、ついつい夢想したくなる。

「一読→ぽいっ」を前提とした作品ばかりでは、こんな読書の楽しみはとうてい望めまい。やはり業界の都合など忖度《そんたく》（注7）せず、**C**小説家は小説家の仕事をするべきだ。編集者は編集者で自分のなすべき仕事をして下さい。

中島敦は小説家としてデビューを果たした同じ年の十二月に喘息《ぜんそく》の発作が悪化し、心臓衰弱のために死去した。まだ三十三歳。書きたい小説はいくらでもあっただろう。彼の無念を思うと、己が五十を過ぎてなお馬齢《ばれい》（注8）を重ねていることに罪悪感を覚えるほどだ。

d隴西の李徴は博学才穎……。

そう呟くだけで、高校生だった当時の恍惚と不安、「臆病な自尊心と、尊大な羞恥心」が胸に浮かんでくる。

それもまた、読書の効用だろう。

（柳広司『二度読んだ本を三度読む』による）

（注）1　隴西の李徴は……潔しとしなかった――隴西の李徴は博学で才知にすぐれており、天宝の末年に、若くして科挙（＝中国の官僚登用試験）に合格し、その後江南の官吏として職を任じられたが、その性格は、強情で人と妥協せず、自分だけを頼りにするところがとても大きく、身分の低い役人という地位を甘んじて受け入れようとはしなかった。

2　川端康成――小説家（一八九九～一九七二）。

3　三島由紀夫――小説家（一九二五～一九七〇）。

4　いくばくもなく……遺そうとしたのである――すぐに役職を退いた後は、故郷である虢略で生活し、人と交わりを絶って、ひたすら詩作に耽った。下級役人となってずっと俗悪な上官に屈服するよりも、詩家として名声を死後百年に遺そうとしたのである。

5　丈――長さの単位。一丈は約三メートル。

6　人は高塔であった……断れぬ――人は高い塔のようであった。馬は山のようであった。豚は丘のようで、鶏は城の物見やぐらのように見える。喜びで小躍りして家に帰った紀昌は、再び窓際の虱に向き合って、燕の国の牛の角で作った弓に朔（という所）のよもぎで作った矢を当てて虱を射ると、矢は見事に虱の心臓を貫いて、しかも虱をつないでおいた毛さえ切れない。

7　忖度――相手の気持ちをおしはかること。

8　馬齢を重ねて――むだに年をとって。

問1　傍線部(ア)〜(ウ)の本文中における意味として最も適当なものを、次の各群の①〜⑤のうちから、それぞれ一つずつ選べ。解答番号は 1 〜 3 。

(ア)　苦笑交じりに　1
① 気の毒な思いを笑いでごまかして
② 笑い過ぎて苦しそうになりながら
③ 仕方なく笑う気持ちを笑いに含ませて
④ 見守るような気持ちでほほえんで
⑤ つらさと面白さを交互に表しながら

(イ)　面の皮の厚さ　2
① どんな非難にも負けない強い意志
② 恥を恥とも思わないずうずうしさ
③ 人の悪い評価を苦にしない鈍感さ
④ 何事にも動じない冷静な分析力
⑤ 失敗や嘘を隠し通すずるがしこさ

(ウ)　白髪三千丈式のユーモア　3
① 比喩の多用で生み出される幻想的な面白さ
② 遠回しな表現で現実を否定する皮肉の面白さ
③ ものごとを極端に誇張することで生まれる面白さ
④ 難解な表現で立ち止まって考えさせる面白さ
⑤ 普通の事柄を表現の新しさで楽しませる面白さ

問2 傍線部**A**「教室のたるい空気が突然変わった気がした」とあるが、それはどういうことか。その説明として最も適当なものを、次の①～⑤のうちから一つ選べ。解答番号は **4** 。

① 自己の過剰な自意識が『山月記』の主人公と同じものであると知って、自分のあり方を反省させられた、ということ。

② 小説は一人で読むものという先入観が『山月記』によって否定され、みんなで読む楽しさを発見した、ということ。

③ 本は一読したら終わりだという勘違いが『山月記』で修正され、何度も読むことの大切さを痛感した、ということ。

④ 川端や三島が一流の小説家だという思い込みが『山月記』で改められ、無名の隠れた天才を発見した、ということ。

⑤ 小説は黙読するものだという通念が『山月記』でくつがえされ、小説を音読する気持ちよさを知った、ということ。

問3　傍線部B「『山月記』は、多くの若い読者の胸に突き立てられる氷の刃だ」とあるが、そのように言えるのはなぜか。その説明として最も適当なものを、次の①～⑤のうちから一つ選べ。解答番号は［5］。

①　自分には才能があるという根拠のない自信を持ちながら、何かに本気で打ち込むこともせずだらだら過ごしている自分には、「臆病な羞恥心と、尊大な自尊心」を語る資格がない、という現実を『山月記』によって思い知らされるから。

②　自分なりに何かに打ち込んで生きてはいるものの、虎になるほど真剣に詩作に打ち込んだ李徴のあり方に比べると、若い自分はまだ情熱や努力が足りないのではないか、という生き方自体への問いが『山月記』から投げかけられるから。

③　作品からにじみ出る中島敦の「臆病な自尊心と、尊大な羞恥心」という痛いほどの自我が、自分の持っている自我と同じものであることを知り、『山月記』の面白さの背後にある彼の悲しみを自分の悲しみとして感じ取ることができるから。

④　詩作に打ち込み過ぎた李徴は虎になったが、それは努力の果ての自己変革のようなものであり、そうした自己変革すらできない若者は生きている意味がない、という中島敦からの痛烈なメッセージを、『山月記』を通して読み取ったから。

⑤　読書とは作品からにじみ出る中島敦の「臆病な自尊心と、尊大な羞恥心」を自らの痛みとして真剣に読み取る作業であり、部屋で寝転がって音の響きを楽しむような安易な行為ではない、という暗黙の批判を『山月記』から受け取ったから。

問4 傍線部C「小説家は小説家の仕事をするべきだ。編集者は編集者で自分のなすべき仕事をして下さい」とあるが、どういうことを言おうとしているのか。その説明として最も適当なものを、次の①～⑤のうちから一つ選べ。解答番号は 6 。

① 小説家は先行する他の作家たちとは異なる新機軸を模索し、自分の信じるやり方で思い切って勝負を挑むべきであるし、編集者はそうした小説家の心意気を汲みとって、結実した作品が世に出るように支えていくべきである、ということ。

② 小説家はこれまでの安易に読み捨てられるような軽薄な作品ではなく、音読に値する重厚な小説を書くべきであるし、編集者は小説家の書いた作品の表現を音読にたえるような表現に改めて読者を楽しませるべきである、ということ。

③ 小説家は読者が暗記して他人に聞かせたくなるような、言葉の響きの面白さを重視した作品を制作するべきであるし、編集者は「この表現で読者の笑いがとれるかどうか」を基準として作品の表現を指導していくべきである、ということ。

④ 小説家は恍惚と不安を心中に抱えつつも、勇気を出して自分なりのやり方で先行の作家たちに挑むべきであるし、編集者はそうした作品を早く世に出して小説家に自信を与え、「大人の小説」を書けるようにすべきである、ということ。

⑤ 小説家は業界の都合に合わせて世間で売れるような作品ばかりを書かず、読みごたえのある作品も書くべきであるし、編集者は世間のすべての読者が満足できるように、多様な価値観を持つ作品を幅広く提供するべきである、ということ。

問5　次に掲げるのは、問題文を通じての筆者の主張に関して、五人の生徒が話し合っている場面である。問題文の筆者の意図を踏まえて最も適当な発言を、次の①～⑤のうちから一つ選べ。解答番号は 7 。

① 生徒A――最近、私たちはあんまり本を読まないし、筆者の言うように「一読→ぽいっ」というかたちでおおざっぱに読んでおしまいにしがちだよね。筆者は『山月記』を紹介することで、そうした私たちの読書態度を改めさせ、どんな本でもきちんと読まなければならない、ということを教えてくれたのだと思うよ。

② 生徒B――そうかしら。私は筆者が「川端康成や三島由紀夫」と「中島敦」とを比較して、音読してかっこいい小説の優位性を強調しているんじゃないかと思ったわ。声に出して読むと照れくさいような内容の小説は、どれほど世間で評価されていても重要な価値を持たない、ということを伝えたかったのだと思うわ。

③ 生徒C――それもあるけど、僕は難読漢字の多い、小難しい『山月記』が若い読者を惹きつける要因が筆者の伝えたいことだと思ったよ。同じ若者でありながら難しい言葉を使いこなそうとする「中島敦」の勇気と努力を格調高い文体から感じ取って、若者も勉学に励む必要がある、と筆者は言いたいんじゃないかな。

④ 生徒D――私は作品からにじみ出る「中島敦」の「恍惚と不安」や、虎になるほど詩作に打ち込んだ李徴の「真剣さ」が、若い読者の中に共感や反省を生み出すことが『山月記』の魅力だと言いたかったのだと思うわ。そして音読することでそうした昔の自分を思い出せる楽しみも読書にはあると筆者は言っているのよ。

⑤ 生徒E――筆者の言いたいことは、もっと単純に「音読」できる小説は楽しい、ということだと私は思う。それは自分が読んで楽しいだけではなく、覚える楽しみ、ひとに聞かせて笑わせる楽しみまでを含んでいる。そんな才能をきちんと育てられなかった編集者の努力不足を、筆者は遠回しに非難しているんだよ。

問6 この文章における表現と内容の特徴について、次の(i)・(ii)の問いに答えよ。

(i) この文章の表現の特徴として**適当でないもの**を、次の①～④のうちから一つ選べ。解答番号は **8** 。

① 波線部**a**の「自分一人」の部分に傍点を打つことによって、自分一人だけがわかっていて他の人は理解できない、と考えている高校生の優越感と自意識の強さを強調し、遠回しにからかうような印象を与えている。

② 波線部**b**の「ジュンブンガク」「エラい違い」の部分でカタカナを用いることで、「純文学」は一般的には高く評価されているものの、面白いとも思えず理解できなかった、という筆者の思いを暗示している。

③ 波線部**c**の「よし、と思ったはずだ。これで書いていける、と」という部分では意図的に語順が入れ替えられており、そこで生じた余韻によって、読者がこれまでの中島敦の苦労を振り返ることを可能にしている。

④ 波線部**d**の「隴西の李徴は博学才穎……」の部分の「……」には省略された部分を想起させる効果があり、これによって読者に冒頭の「隴西の李徴は……」を思い出させ、問題文全体を振り返って味わわせる役割を果たしている。

(ii) 『山月記』『名人伝』の[1]〜[4]の特徴や効果に関する説明として最も適当なものを、次の①〜④のうちから一つ選べ。解答番号は[9]。

① [1]の『山月記』の引用部分では、大半の漢字にふりがながふられているが、これは、この文を音として読んだり聞いたりした時の心地よさを読者が追体験できるように、意図的にふられたものである。

② [2]の『山月記』の引用部分では、李徴の挫折と挑戦の様子が簡潔に書かれているが、これは、自意識過剰の若者が将来たどる暗い人生を暗示する、という効果を若い読者に与えている。

③ [3]の『名人伝』の「人は高塔であった……」の引用部分では、多くの比喩表現を用いることによって、文学の本質が事実から離れた幻想性にこそ存在する、ということを読者に印象づけている。

④ [4]の『名人伝』の「既に、……」の引用部分では、認識や感覚の混乱を繰り返し強調することで、奇想天外な表現こそが中島敦の高揚と自信の現れである、ということを具体的に示している。

国語の問題は次に続く。

第3問　次の二つの文章は、それぞれ『撰集抄《せんじゅうしょう》』の一節である。【文章Ⅰ】と【文章Ⅱ】を読んで、後の問い（問1～6）に答えよ。（配点　50）

【文章Ⅰ】

その昔、頭おろして、尊き寺々参りありき侍りし中に、(ア)神無月かみのゆみはりのころ、長谷寺（注1）に参り侍りき。日暮れかかり侍りて、入相の鐘（注2）の声ばかりして、もの寂しきありさま、梢のもみぢ嵐にたぐふ姿、何となうあはれに覚え侍りき。

さて、観音堂に参りて、法施（注3）など手向け侍りて後、あたりを見めぐらすに、尼の念誦する侍り。ことに心を澄まして念珠をすり侍る。あはれさに、かく、

思ひ入りてする数珠音の声澄みて覚えずたまる我が涙かな

と詠みて侍るを聞きて、この尼声をあげて、「こはいかに」とて袖に取り付きたるを見れば、年ごろ偕老同穴の契り浅からざりし女の、早さま変へにけるなり。浅ましく覚えて、「いかに」と言ふに、しばしは涙胸にせける（注4）けしきにて、とかくもの言ふことなし。Xやや程経て涙をおさへて言ふやう、「君心を起こして出で給ひし後、何となく住み疲れて、宵ごとの鐘もそぞろに涙をもよほし、暁の鳥の音もいたく身にしみて、あはれのみなりまさり侍りしかば、過ぎぬる弥生のころ、頭をおろしてかくまかりなれり。一人の娘をば、母方のをばなる人のもとに預け置きて、高野の奥天野の別所（注5）に住み侍るなり。さてもまた、Y我を避けていかなる人にも慣れ給はば、よしなき恨みは侍りなまし。これはまことの道に赴き給ふめれば、つゆばかりの恨み侍らず。かへりて知識となり給ふなれば、嬉しくこそ。別れ奉りし時は、浄土の再会をとこそ期し侍りしに、思はざるに見つる夢とこそ覚ゆれ」とて、涙せきかね侍りしかば、さま変へけることの嬉しく、恨みを残さざりけむことの喜ばしさに、そぞろに涙を流し侍りき。さてあるべきならねば、さるべき法文など言ひ教へて、高野の別所へ尋ね行かむと契りて、別れ侍りき。

(イ)年ごろもうるせかりつる者とは思ひ侍りしかども、かくまであるべしとは思はざりき。女の心のうたてさはかなはぬにつけても、よしなき恨みを含み、絶えぬ思ひにありかねては、この世はいたづらになしはつるものなるぞかし。しかあるに、別れの

思ひをa知識として、まことの道に思ひ入りて、かなしき一人娘を捨てけむ、ありがたきには侍らずや。

（注）1 長谷寺――奈良の桜井市にある寺。
2 入相の鐘――夕暮れ時につく鐘。
3 法施――神仏に対して経文を読み、法語を唱えること。
4 せける――（胸に）こみ上げている、の意味。
5 高野の奥天野の別所――和歌山の高野山の奥にある、本寺から離れた修行場。

【文章Ⅱ】

昔、播磨国《はりまのくに》竹の岡（注1）といふ所に、庵を結びて行ふ尼侍り。もとは室（注2）の遊女にて侍りけるが、みめさまなどもあしからざりけるに や、醍醐（注3）の中納言顕基《あきもと》に思はれ奉りて、ひととせの程、都になむ住みわたり侍りけるが、いかなることか侍りけむ、すさめられ奉りて、室に帰りて後、またも遊女のふるまひなどし侍らざりけるとかや。

ある時、中納言の内（注4）の人の、舟に乗りて、西国より都ざまへ行きけるをうかがひ見て、髪を切りて、陸奥紙にひき包みて、かく書きたり。

Z尽きもせずうきをみるめの悲しさにあまとなりても袖ぞかわかぬ

と書きて、舟に投げ入れ侍りて後、ひたすら思ひ取りて、この所に、庵をとかくこしらへて、思ひ済まして侍りけるなり。中納言、これを見給ひて、雨しづくと泣きこがれ給ひけるなり。

さて、この尼は、ただわくかたなく朝暮れ念仏し侍りけるが、つひに本意のごとく往生して、来たりて拝む人、多く侍りけり。その庵の跡とて、今の世まで朽ちたるまろ木の見え侍りしは、柱などにこそ。ただ少し、すぐなる様にしたる木の節などもさながらいぶせくて侍りし。見侍りしに、(ウ)すずろに昔ゆかしく思ひやられて侍り。人里もはるかに遠ざかり侍るに、かなはぬ女の心にて、とかくしてあやしげにこそ、ひきつくろひ侍りけめ。糧などをばいかがかまへ侍りけむと、かへすがへすいぶせく侍り。同じ女といひながら、さやうの遊び人などになりぬれば、人にすさめられぬるわざをなど、いたく思ひ取るまではなかんなるものを、ひたすらうき世にことよせて、懲りはてにけむ心の程、いみじくおぼえて侍り。

この中納言も、いみじき往生人にていまそかりけむと、伝(注5)に載せて侍れば、さやう(注6)のことにてやいまそかりけむ。bつれもなき心の思ひおどろきて、世を秋風の吹きにけるにこそ。今はまた、むつましき新生の菩薩どもにてこそいまそかるらめと思はれて、そのことゝなくあはれにも侍るなり。

(注) 1・2 竹の岡・室――ともに地名で、「室」は「竹の岡」の近く。瀬戸内海沿岸の要港で、遊郭があった。
3 醍醐の中納言顕基――源顕基のこと。出家後、醍醐山に隠棲した。
4 内の人――家の者、の意味。
5 伝――『続本朝往生伝《ぞくほんちょうおうじょうでん》』を指すとみられる。
6 さやうのことにてやいまそかりけむ――そのように往生なさったのだろうか、と解する。

問1 傍線部(ア)〜(ウ)の解釈として最も適当なものを、次の各群の①〜⑤のうちから、それぞれ一つずつ選べ。解答番号は 1 〜 3 。

(ア) 神無月かみのゆみはりのころ 1
① 旧暦八月の七、八日の頃
② 旧暦八月の下弦の月の頃
③ 旧暦九月の望月の頃
④ 旧暦十月の七、八日の頃
⑤ 旧暦十月の下弦の月の頃

(イ) 年ごろもうるせかりつる者 2
① 長年気の利いた者
② 数年来親しかった者
③ 長年口うるさかった者
④ 数年来きちんとした者
⑤ 長年やっかいであった者

(ウ) すずろに昔ゆかしく思ひやられて侍り 3
① 何となく尼が生きていた当時に心引かれて思いを馳せないではいられません
② 無性に尼が暮らしていた庵のそばの木々を自然と見たく思われることです
③ あてもなく尼が暮らした庵の様子が慕わしくてあちこちさまようのです
④ 何と言うこともなく昔の庭の様子をふとなつかしく思ってしまうのです
⑤ 思いがけず尼の生きていた頃のつらさを思って心配せずにはいられません

問2 波線部「みめさまなどもあしからざりけるにや、醍醐の中納言顕基に思はれ奉りて」の文法的説明として**適当でないもの**を、次の①～⑤のうちから一つ選べ。解答番号は 4 。

① 活用語の未然形が二語用いられている。

② 中納言顕基への敬意を表す謙譲語が用いられている。

③ 断定の助動詞が一語用いられている。

④ 格助詞が二語用いられている。

⑤ 係助詞が一語用いられている。

問3 傍線部X「やや程経て涙をおさへて言ふやう」に至るまでのこの場面の説明として最も適当なものを、次の①～⑤のうちから一つ選べ。解答番号は 5 。

① 長谷寺に参詣した僧は、念誦する尼が長年連れ添った妻だと気づき、あなたの思いを込めた数珠の音に思わず涙が目に溜るという内容の歌を詠んだ。

② 念珠をする尼は、見知らぬ僧との出会いにとまどいながらも僧の袖に取りついて顔を見ると、長年連れ添った夫であることに気づき感動した。

③ 念珠をする尼は、歌を詠んだのが夫であることがわかり、どうしてあなたは出家をしたのですかと大声で叫び、僧の袖に取りついて涙をぬぐった。

④ 思いがけない場所で尼と出会った僧は、その尼が長年連れ添った妻であったとわかり、どうして尼になったのかと予想外の事態に驚いた。

⑤ 長年連れ添った妻が尼になっているのにとまどった僧は、どうしてこのようなことになったのかと驚きの声を上げ、涙にむせびものを言うこともできなかった。

問4　傍線部Y「我を避けていかなる人にも慣れ給はば、よしなき恨みは侍りなまし」の内容の説明として最も適当なものを、次の①～⑤のうちから一つ選べ。解答番号は 6 。

① 私を捨てて他の女と連れ添いなさるというわけではないのだから、決して恨みなどもつはずはありませんということ。
② 私以外のどのような女と親しくなさるのかはわからないのだから、つまらない嫉妬を抱くはずはありませんということ。
③ 私よりもこの上なくすばらしい女と親しくなさるのならば、私にとってあきらめもつくでしょうということ。
④ 私を捨ててどのような女を側に置こうかとお考えになっていると気づき、この上なくつらくなりましたということ。
⑤ 私から離れて別の女とお暮らしになっていることがわかったので、どうしようもない恨みを抱きましたということ。

問5　傍線部Z「尽きもせずうきをみるめの悲しさにあまとなりても袖ぞかわかぬ」の和歌の説明として最も適当なものを、次の①～⑤のうちから一つ選べ。解答番号は 7 。

① 「尽きもせずうきをみるめ」は、「いつも私につらい目を見させる」の意味である。
② 「尽きもせずうきをみるめの」は、直後の「悲しさ」を導く序詞である。
③ 「うき（浮き）」「みるめ（海松布）」「あま（海女）」が縁語となっている。
④ この歌は「私は海女なので袖も乾かず涙が流れる」と詠んでいる。
⑤ この歌は「三句切れ」の歌で、係り結びも効果的に用いられている。

問6 次に掲げるのは、**【文章Ⅰ】【文章Ⅱ】**について、生徒と教師が交わした授業中の会話である。これらを踏まえて、この会話の後に七人の生徒から出された発言①〜⑦のうち、適当なものを二つ選べ。ただし、解答の順序は問わない。解答番号は **8** ・ **9** 。

教師　よく気づいたね。「仏教用語」なのだよ。辞典には次のように説明されている。

生徒　**【文章Ⅰ】**の二重傍線部 **a**「知識」は、私たちが普通に使うのとは意味が違うように思うのですが……。

【資料Ⅰ】

「知識」（仏教語）　㋐　人を仏法に導く人。すぐれた仏法の指導者。善知識。
　　　　　　　　　　㋑　堂塔や仏像などの建立に金品を寄進すること。また、その人や金品。
　　　　　　　　　　㋒　対象を外界に実在すると認める心の働き。

「善知識」（仏教語）　①　人々を仏道へ誘い導く人。
　　　　　　　　　　　②　人を仏道へ導く機縁となる物事。

生徒　このような意味があるなんて知りませんでした。

教師　ここの「知識」はどの意味だろうか。また、具体的にどのようなことを指しているのかを皆で考えてみるといいね。

生徒　**【文章Ⅱ】**も、尼になるというよく似たストーリーですが、こちらも「知識」が関連しているのですか。

教師　二重傍線部 **b** が参考になるよ。これは女が尼になったことを言っているのだが、丁寧に口語訳をしてみるといい。「秋」は漢字で書かれているが、別の漢字をあてることもできそうだね。

生徒　「掛詞」になっているんですね。

教師　そうだよ。そこまでわかるのなら、もう一つ資料を示すことにするよ。【文章Ⅱ】とほぼ同じ内容の話が『閑居友』にあって、その文章の最後の部分は、次のようになっている。二重傍線部**b**と**c**とを比較して、「知識」との関連について皆で意見を出し合ってごらん。

【資料Ⅱ】
中納言は、いみじき往生人にておはしけると、往生伝にも侍るめれば、さるべきことにて、**c**驚かれぬ袂にも染めかしとて、秋風も吹き初めけるやらむ、とまで覚ゆ。

① 生徒A――二重傍線部**a**の「知識」は「善知識」という①の意味で、すばらしい仏法の指導者としての夫を指しているんだね。だから夫が妻に「さるべき法文など言ひ教へて」という行動が意味をもつことになると思うよ。

② 生徒B――わたしは違う意見だよ。二重傍線部**a**の「知識」は「善知識」という②の意味で、夫に捨てられたのが原因で尼になったけど、夫を恨みはしても結果的にはよかったと思えるという複雑な心境を表しているんだと思う。

③ 生徒C――二重傍線部**b**は「男に対して薄情な女の心がふと目ざめて、飽きることなくずっと女は愛情を注ぎ続けたのであるなあ」の意味なので、人を仏道に導くという意味の「知識」とは無関係だと考えられるよ。

④ 生徒D――そうかなあ、二重傍線部**b**は「仏道に無縁な心がふと目覚めて、秋風が吹くようにこの世を飽き出家を思い立ったのであるなあ」の意味だと思う。この二重傍線部**b**には仏教用語の「知識」と直接関係があるとは書かれていないね。

⑤ 生徒E――二重傍線部**b**の後半の「秋」は「飽き」と掛詞になっていて、ここは「世を飽き」すなわち「出家する」の意味と理解できる。この部分の主体である尼が、ここでは「知識」なんだと思うな。

⑥ 生徒F――二重傍線部**c**の前半は「自分では無常に気づくことのない遊女にもわからせようとする」の意味だよ。「わ

からせよう」の主体は出家の機縁となった秋風で、「秋風」が「知識」を指すと考えられるね。

⑦ 生徒G――いや、Fさんの口語訳は正しいけど、「知識」に関する理解が違うと思うな。ここは「わからせようとする」の主体が中納言であって、出家の契機という「知識」につながっているんだと思うよ。

第4問　次の**【漢詩】**と**【文章】**は、ともに七夕伝説をもとにしたものであり、**【漢詩】**は『懐風藻《かいふうそう》』所収の百済和麻呂《くだらのやまとまろ》の作である。一方の**【文章】**は『剪灯新話《せんとうしんわ》』所収の「鑑湖夜泛記《かんこやはんき》」の一節で、突如天上に連れて行かれた主人公に対して織姫が語る言葉である。**【漢詩】**と**【文章】**を読んで、後の問い（**問1～6**）に答えよ。なお、設問の都合で返り点・送り仮名を省いたところがある。（配点　50）

【漢詩】

七夕　　百済和麻呂

仙《せん》(注1)期《き》呈《あらは》レ二織《しょく》室《しつ》ニ一
神《しん》(注2)駕《が》逐《お》フ二河 X 一ニ
笑《せう》瞼《けん》飛《ひ》花《くわ》映ジ
愁心燭《しょく》処《しょ》煎《せん》ズ
(1)<u>昔惜河難越</u>
今ハ傷(ア)二漢《かん》ノ(注3)易キヲ一レ旋《めぐ》リ

誰カ能ク玉《ぎよく》機《き》ノ上
留メテレ怨ミヲ待タン二明年ヲ一

（注）1 仙期——神仙にとって楽しい時。七月七日のこと。
2 神駕——神仙の乗り物。織姫が牽牛（彦星）のところに行くための乗り物。
3 漢——天の川のこと。

【文章】

妾《せふ》ハ乃チ A天帝之孫、霊星之女《むすめ》ニシテ、B夙《つと》ニ稟《う》ケ二貞性ヲ一、離テレ群ヲ索《もと》ムレ居ヲ。豈ニ意《おも》ハン、C下《か》土《ど》ノ無クレ知ル、愚民ノ好ミレ誕ヲ、(イ)妄伝ヘ二秋《しう》夕《せき》之期ヲ一、指《ゆびさ》シテ作サントハ二牽《けん》牛《ぎう》之配ト一。致ルレ令ムルニ三清潔之操ヲシテ受ケ二此ノ汚辱之名ヲ一。開ク二其ノ源ヲ一者ハ、斉《せい》諧《かい》（注1）多詐之書ナリ。(2)鼓スル二其ノ波ヲ一者ハ、楚（注2）俗不経之語ナリ。傅《ふ》（注3）上会《くわい》シテ其ノ説ヲ一而倡《しやう》スルレ之ヲ者ハ、柳《りう》宗《そう》元《げん》（注4）ノ乞《きつ》巧《こう》之文ナリ。鋪《ほ》（注5）上張《ちやう》シテ其ノ事ヲ一而和スルレ之ヲ者ハ、張《ちやう》文《ぶん》潜《せん》（注6）ノ七《しち》夕《せき》之詠ナリ。強詞雄弁ニシテ、無シ二以テ自ラ明ラカニスル一。D鄙《ひ》語《ご》邪《じや》言《げん》、何レノ処ニカ不ランレ至ラ。E褻《せつ》上侮《ぶ》シ神霊ヲ一、罔《な》シレ知ル二忌憚《きたん》ヲ一。(3)是可レ忍也、孰不レ可レ忍。

（注）1　斉諧――書名。『荘子』に見える。

2　楚俗不経――楚俗は六世紀に著された『荊楚歳時記《けいそさいじき》』のこと。不経はでたらめなこと。

3　傅会――こじつけること。

4　柳宗元乞巧之文――唐の時代に柳宗元が記した文章「乞巧文」のこと。「乞巧」は、七夕の夜に婦女子が、針仕事の上達を牽牛と織女の二星に祈る行事。

5　鋪張――大げさに言うこと。

6　張文潜――宋の時代の詩人。

問1 波線部(ア)「傷」・(イ)「妄」の読み方として最も適当なものを、次の各群の①～⑤のうちから、それぞれ一つずつ選べ。解答番号は 1 ・ 2 。

(ア) 「傷」 1

① いたム
② おもフ
③ きずツク
④ そこなフ
⑤ なげク

(イ) 「妄」 2

① しきりニ
② あやまリテ
③ みだリニ
④ ほしいままニ
⑤ しばしバ

問2　空欄**X**に入る漢字として最も適当なものを、次の①～⑤のうちから一つ選べ。解答番号は［3］。

①　流　　②　水　　③　岸　　④　辺　　⑤　上

問3　傍線部(1)「昔惜河難越」の返り点の付け方と書き下し文との組合せとして最も適当なものを、次の①～⑤のうちから一つ選べ。解答番号は［4］。

①　昔惜レ河レ難レ越　　昔は越え難き河を惜しみ

②　昔惜河難レ越　　昔惜しみし河は越え難く

③　昔惜二河難一レ越　　昔は河の越え難きを惜しみ

④　昔惜二河難一越　　昔は河の難きを惜しみて越ゆ

⑤　昔惜レ河難レ越　　昔の河を惜しむも越え難く

問4 傍線部(2)「鼓㆓其波㆒者」の解釈として最も適当なものを、次の①～⑤のうちから一つ選べ。解答番号は 5 。

① その波及していく間違った流れをでっち上げたのは
② その話が波のように伝わるのをせき止めたのは
③ その波のように伝わった話をあおり立てたのは
④ その波及していく間違った話に同調したのは
⑤ その波のように消えたはずの話を蘇らせたのは

問5 傍線部(3)「是可レ忍也、孰不レ可レ忍」の書き下し文と解釈との組合せとして最も適当なものを、次の①～⑤のうちから一つ選べ。解答番号は **6** 。

① 是れ忍ぶべきや、孰《いづ》れも忍ぶべからずや
　これは我慢できることでしょうか、それともどれも我慢できないことでしょうか

② 是れ忍ぶべきなり、孰《たれ》か忍ぶべからざらん
　これは私が我慢すべきことで、私以外の誰がこのことを隠すことができましょう

③ 是れ忍ぶべきや、孰《たれ》か忍ぶべからざる
　これは隠しておくべきことなのに、隠しておけなかったのは誰なのでしょうか

④ 是れ忍ぶべきも、孰《いづ》れも忍ぶべからざりき
　これは秘密にすべきことですが、どれも秘密にすることができませんでした

⑤ 是れ忍ぶべくんば、孰《いづ》れか忍ぶべからざらん
　もし私がこれを我慢できるなら、何も我慢できないものなどありません

問６　次に掲げるのは、某高校の漢文研究会の部室で**【漢詩】**と**【文章】**について話し合った部員と顧問の会話である。これを読んで、後の(i)～(iii)の問いに答えよ。

部員Ａ　**【漢詩】**が収められている『懐風藻』は、奈良時代の漢詩を集めたものだから、この時代にはもう織姫と牽牛の話は伝わっていたんだね。

部員Ｂ　先生、この**【漢詩】**は、織姫のことをうたったものですか。

顧問　そうだよ。詩の中の［ａ］や［ｂ］という言葉からそれはわかるね。七月七日にようやく会えた嬉しさと同時に、また一年間会えないつらさという相反する心情が見事に描かれていて、いい詩だね。

部員Ｃ　これに対して**【文章】**は、この詩の世界を全否定しているようだなあ。

部員Ｂ　どうしてこんなに織姫は七夕伝説を否定しているのかな？

顧問　それは**【文章】**に［ｃ］とあるように、織姫は七夕伝説の根本から事実と違うと言っているからだね。

部員Ａ　なるほど。それなら確かに織姫は「汚辱之名」（d）を受けたことになるよ。

部員Ｃ　根も葉もない話を作り上げられたあげく「汚辱之名」を受けているんだから、否定するのも無理ないね。

(ⅰ) 空欄a・bに入る言葉の組合せとして最も適当なものを、次の①～⑤のうちから一つ選べ。解答番号は 7 。

① a 仙期　b 明年
② a 仙期　b 留怨
③ a 織室　b 玉機
④ a 織室　b 飛花
⑤ a 笑瞼　b 愁心

(ⅱ) 空欄cには、**【文章】**の中の傍線部A～Eの一つが入る。最も適当なものを、次の①～⑤のうちから一つ選べ。解答番号は 8 。

① A「天帝之孫、霊星之女ニシテ」
② B「夙ニ稟二ケ貞性一ヲ、離レレテ群ヲ索レム居ヲ」
③ C「下土ノ無レク知ル、愚民ノ好レミ誕ヲ」
④ D「鄙語邪言、何レノ処ニカ不レラン至ラ」
⑤ E「褻二侮シ神霊一ヲ、罔レシ知二ル忌憚一ヲ」

(iii) 傍線部d「汚辱之名」とあるが、【文章】の織姫はなぜそう考えたのか。その理由の説明として最も適当なものを、次の①～⑤のうちから一つ選べ。解答番号は 9 。

① 織姫は何も悪いことはしていないのに、事情を知らない下界のあちこちで人々が自分を非難しているから。

② 織姫は神霊という高貴な存在なのに、下界の人々は自分を見下したいいかげんな話を信じているから。

③ 織姫は女性としての純潔を守っているはずなのに、牽牛の妻であることが暴露されてしまったから。

④ 織姫は女性としての純潔を守り通してきたのに、真実を知らない下界の人々は牽牛の妻だと考えているから。

⑤ 織姫は牽牛の妻でありながら女性としての純潔を守っているのに、下界の人々はそう考えていないから。

模試 第2回

（200点 80分）

〔国語〕

注 意 事 項

1 **国語解答用紙（模試 第2回）をキリトリ線より切り離し，試験開始の準備をしなさい。**

2 **時間を計り，上記の解答時間内で解答しなさい。**
ただし，納得のいくまで時間をかけて解答するという利用法でもかまいません。

3 この回の模試の問題は，このページを含め，41ページあります。問題は4問あり，第1問，第2問は「近代以降の文章」及び「実用的な文章」，第3問は「古文」，第4問は「漢文」の問題です。

4 **解答用紙には解答欄以外に受験番号欄，氏名欄，試験場コード欄があります。その他の欄**は自分自身で本番を想定し，**正しく記入し，マークしなさい。**

5 **解答は解答用紙の解答欄にマークしなさい。**例えば，**第2問**の 10 と表示のある問いに対して③と解答する場合は，次の(例)のように**問題番号**2**の解答番号10の解答欄**の③に**マーク**しなさい。

(例)

2	解	答	欄						
	1	2	3	4	5	6	7	8	9
10	①	②	●(③)	④	⑤	⑥	⑦	⑧	⑨

6 問題冊子の余白等は適宜利用してよいが，どのページも切り離してはいけません。

7 試験終了後，問題冊子は持ち帰りなさい。

第1問　次の文章と図表を読んで、後の問い（問1～6）に答えよ。なお、設問の都合で段落の冒頭に段落番号を付してある。（配点　50）

1　人工物を理解するには、人工物を作る知――工学的な認識論が必要だ。人工物を作る知が、技術、そして人工物を考えるモデルとして取り上げられるべきである。

2　工学は部品を「総合」し、「限定合理性」(注)の中で、最適な人工物の完成を目指す。その時、工学の知識の中心になるのは「設計」である。設計の営為を自動車を例に(ア)ガイカンしてみよう。

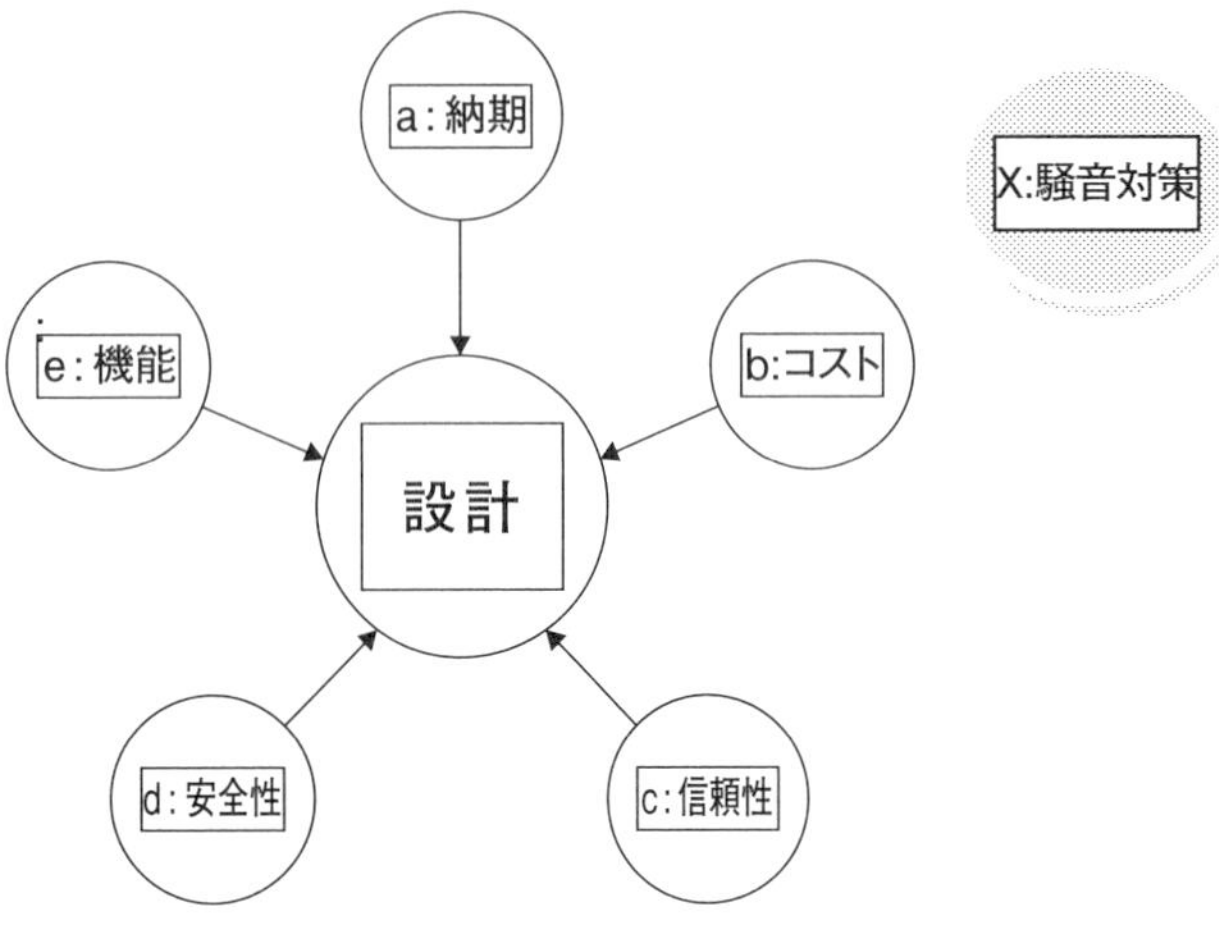

図1　設計のマンダラ　設計を中心に、外にあるのが制約条件である。場合によっては、最初の時点では大きく考慮されていなかった制約条件（この図の場合は騒音対策）が、新たな制約条件として出てくることもある。

3　A自動車の製造には、機能、寸法、材質、コスト、保守、時間、安全性、信頼性などの多様な制約があり、設計はその制約を満たさねばならない（失敗学を提唱した畑村洋太郎が良く使ういわゆるマンダラで表現するのが分かりやすい）（**図1**）。このそれぞれの制約条件は、何を重視するかを示す価値であり、それをどう満たすか、どの程度満たすかということが自動車の設計に関わる。その違いによって、多様な自動車が生まれることになる。

4　そして、具体的なひとまとまりの個物、人工物を作る。安全性について見るならば、横転、室内発火、衝突など、自動車のトラブルは様々だ。そこで、横転に対してはボディの剛性で対応し、発火についてはガソリンに火がつかないような仕組みを考え、衝突に対してはエアバッグなどでフロントガラスに体が突っ込まないようにと考える。もちろん、普通に、走り、止まり、曲がる機能も必要だ。設計者は、これらのすべての機能を、自動車というそれほど大きくない一個の機械で実現する必要がある。

5 だが、時として、一つの機能を求めると、他の機能を犠牲にしなければならないということが生じる。スピードの出る車は、燃料を多量に消費し、燃費が悪くなる。そこで、車の燃費を良くしようとしてボディの鉄板を(イ)ウスくすると、重量が減って効果的である。しかし、それによって衝突安全性は悪くなる。つまり、燃費性能と安全性は、あちらを立てればこちらが立たずという関係にあり、相互に作用している。このような状況を、「トレードオフ」という。

6 自動車という信じられないほど多様な事故を起こし得る人工物に対しては、安全に関わるどの点を重視して車両を設計するかということは単純ではない。多様な安全のポイントにすべて応えるために設備を増やせば完璧な自動車ができると思う人もいるかもしれないが、それによって、乗用車の設計をしているのにバスぐらいの大きさになるかもしれない。その時、必要になるのが、このトレードオフという考え方である。

7 「トレードオフ」を、どのように扱うか——それが、設計のポイントとなる。

8 仮に、ある種の軽金属が開発され、燃費性能と安全性のトレードオフが解決できたとしよう。だが、軽金属を使うとコストが上がるかもしれないし、溶接などの加工性能の問題もあるかもしれない。つまり、いくつもの機能、制約は複雑に絡み合っている。時には、それぞれの機能を実現しようと使われた部品同士が、相互作用を起こし、トラブルとなるかもしれない。

9 このような複雑なトレードオフの関係を踏まえての設計は、なかなか簡単ではない。設計一〇年とよく言われるが、設計の仕事を始めて二〇年ぐらい経たなければ製品や構造物の設計はなかなか任せられないとも言われている。自動車設計においては、全体にわたる数学的な最適解など、あり得ないのだ。

10 設計において、使える資源（資金量、納期、技術力など）は無限ではない。すると、あらゆる点に配慮することは実際的に不可能になる。

11 例えば、橋を設計するとしよう。

12 橋を掛ける地点の記録を調べ、カン(ウ)ソク史上の最大風速が秒速五〇メートルであれば、余裕を持って秒速八〇メートルに耐える橋を作るのは、なかなか納得のいく設計上の想定だと考えられる。しかし、可能性としては秒速一〇〇メートルとか二〇〇メートルがあり得ないとは言えない。ただ、ここまでキョクタン(エ)な条件を満たす橋を作るとすると、信じられないほどのコストがかかることになってしまう。その意味で、設計者は、どこかで「割り切る」ことをしなければならない。

13 仮に秒速二〇〇メートルに耐えられる橋を作ることができたとしよう。だが、それは風速に関わるリスクを考慮しているだけであり、あらゆるリスクに完璧な対応ができたと主張することはできない。橋の上で自動車事故が起こり、炎上するかもしれないし、液体水素を運んでいたり、硫酸を運んでいる自動車が橋げたに衝突するかもしれない。そうなれば、当然、橋の強度は弱まるだろう。これらを含めたあらゆる可能性とその影響を、設計者が予《あらかじ》め詳細に考慮することは不可能だ。そして、何十年も使っていれば、様々な影響が多様に重なり合ってひどい結果を生むかもしれない。もちろん、経験を積むことによって、ある程度の予測は可能になるだろう。しかし、それでも限定合理的である設計者には「完全」な予測は不可能であり、「割り切り」を行って設計するしかない。このことは、明石海峡大橋でも、福島第一原発でも同じことが言える。

14 ものづくりを行う工学者は、事故を起こさない人工物を作ることが重要な役割だと考えられる。

15 一般に、倫理的規範は、「人に迷惑をかけない」ということが基本である。科学者が論文を書く場合であれば、盗作をしない、データを捏造《ねつぞう》しない、というように、著作権に関して倫理的であるかどうかが問題になる。これは研究者倫理である。そして、エンジニアの場合、それは「事故を起こす人工物を作らない」というのが、まず基本となる。

16 だが、それは、我々が通常考えているような人間関係における倫理観から大きく乖離《かいり》している。まずは、そのことを確認してみよう。

17 エンジニアはいわば「普通の人」とは違っている。まず、専門的な知識を持っている。だから、専門家の倫理が問題になる。これを考える場合、古来からの専門家である医師や法律家に関する専門家倫理が参考になる。しかし、エンジニアの倫理は、医師や法律家のそれとは決定的に違うところがある。

18 医師や弁護士は、サービスを行う相手が目の前にいる。つまり、患者であり依頼人である。この場合、倫理規範は、患者や依頼人に対して「危害を加えない」ということがまず基本である。専門家は当然、素人よりも多量の深い知識を持っている。その

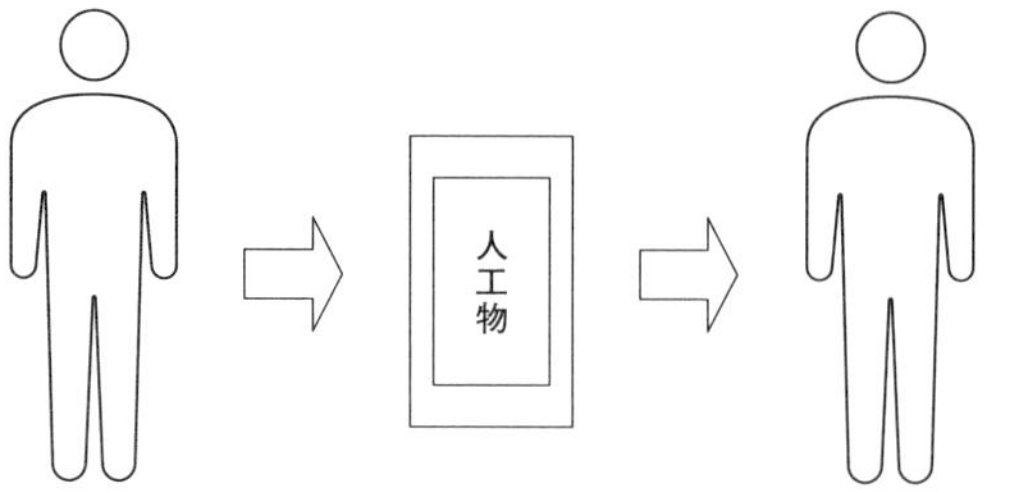

図2-2 倫理関係②

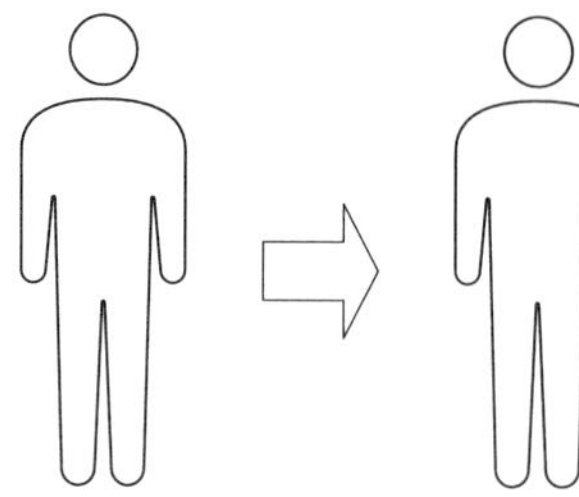

図2-1 倫理関係①

知識を悪用して依頼人に不当なことをしないということが、専門家の倫理の基本である。「素人を騙《だま》さない」とも言い換えられる。すると、患者に対するインフォームド・コンセントを医師が行うことや、弁護士が依頼人に対立する人の依頼を受けるべきではないという利益相反の問題が、典型的な専門職の倫理問題となる。

19 それに対して、エンジニアは、人工物を作っている。そして、テレビのような人工物が、消費者が使っているうちに発火して火事を起こすことがある。エンジニアの「設計」行為によって作られた人工物は、他人に被害を与える可能性がある。

20 普通、倫理的問題は、対人関係、つまり他人に対する行為について言われており、「人」対「人」の、二項対立が前提となっている。これは、目の前に患者や依頼人がいる弁護士にも当てはまる（**図2―1**）。

21 ところが、設計という行為においては、作る人（エンジニア）と使う人（消費者）の間に人工物が介在している（**図2―2**）。ものづくりで作られた人工物が、事故やトラブルを通じて他人を傷つけることがある。その意味で、エンジニアは、通常の倫理関係が問題としている他人――つまり(オ)ドウリョウといった「目の前」の人だけでなく、人工物を使う第三者を配慮して設計・製造しなければならない。人工物に媒介された行為という点が、他の専門家や、普通の人々とは違ったエンジニアの倫理のポイントである。（中略）人間関係の学問であった倫理学が、その基本要素として人工物に特に着目せざるを得ない時代になったのである。

22 だが、このような人工物が介在した倫理関係は、なかなか複雑な問題をはらんでいる。

23 技術者が構造物を作ったとしよう。何年か経ち、そこから部品が落下して下を歩く人に怪我《けが》をさせるとする。エンジニアは、故意に他人を陥れようとしたわけではないのに、他人に迷惑をかけることになる。こうして、人工物を媒介して倫理的行為をするエンジニアは、対人関係の倫理とは違ったことを顧慮して行動することが要請される。これが「人工物に媒介された倫理」の一つの典型事例である。

24 だが、果たして、この技術者は、設計時、その構造物の遠い将来を見通すことはできたのであろうか。この技術者に、どのような責任があるのだろうか。

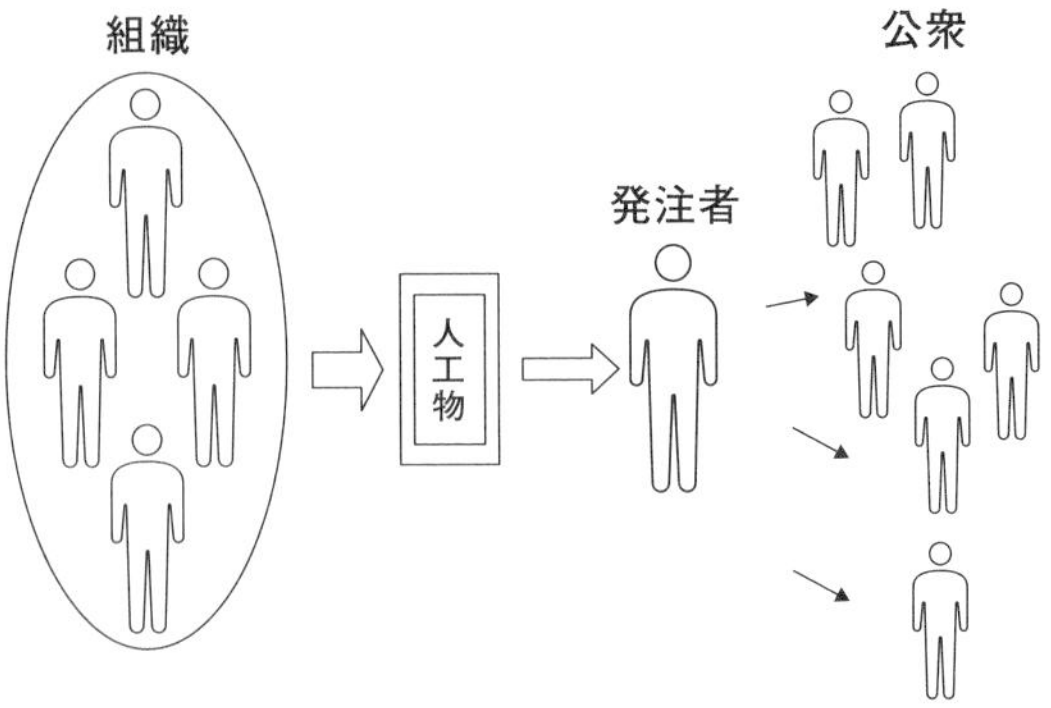

図2-3　倫理関係③
人工物が媒介する倫理関係②において、「作る人」が「組織」に属し、「使う人」が発注者に限らず多数存在し「公衆」となる場合には、「作る人」の倫理的行為は、単純に機能しない。

25 さらに、エンジニアは、組織の中で働いているケースがほとんどである。そして、人工物の使用者が一人の個人ではなく公衆となる場合もある（**図2―3**）。この時、これまでの「人」対「人」の二項関係を前提とした倫理観では捉《とら》えられない問題が発生しよう。そして人工物をめぐる制度、法もまた、この倫理観を前提としているが故《ゆえ》、様々な問題をはらむことになる。

26 人工物の世界では、「正しい」設計、安全を考慮した設計をしても、それが単純な仕方では、自発的な倫理的行為とならない。B「他人を思いやる」ということが、常識的な理解から乖離する。この時、我々の知っている世界は、奇妙な歪《ひず》みを見せることになろう。

27 この歪みを捉えるためには、これまで見てきたエンジニアの営為を通して、人工物そのものについて考えなければなるまい。

（齊藤了文《さいとうのりふみ》『事故の哲学　ソーシャル・アクシデントと技術倫理』による）

（注）　限定合理性――限られた能力しか持たないこと。ここでは、多くの部品の組み合わせからなる人工物が引き起こす事象について全体を予測することができず、局所的にしか把握できないさまを述べている。

問1 傍線部(ア)～(オ)に相当する漢字を含むものを、後の各群の①～⑤のうちから、それぞれ一つずつ選べ。解答番号は 1 ～ 5 。

(ア) ガイカン 1

① ショウガイ学習の時代
② キガイのある有望な新人
③ ガイトウ者はない
④ 故国にガイセンする
⑤ カンガイにふける

(イ) ウスく 2

① ハクシンの演技
② ハクヒョウの勝利
③ ハクシキな人物
④ ハクジツのもとにさらす
⑤ 塗装がハクリする

(ウ) カンソク 3

① 原因をスイソクする
② 販売をソクシンする
③ ソクブツテキな考え
④ ヘイソク状況を打破する
⑤ キソクを遵守《じゅんしゅ》する

(エ) キョクタン 4

① ヒタンにくれる
② コンタンを見抜かれる
③ 文献をタンネンに調べる
④ タンテキに説明する
⑤ レイタンな態度をとる

(オ) ドウリョウ 5

① カンリョウとして活躍する
② 虫歯をチリョウする
③ リョウシキのある人物
④ 全巻をドクリョウする
⑤ 簡潔かつメイリョウな発言

問2 傍線部A「自動車の製造には、機能、寸法、材質、コスト、保守、時間、安全性、信頼性などの多様な制約があり、設計はその制約を満たさねばならない」とあるが、**図1**「設計のマンダラ」の条件a～eおよびXと、「設計」の関係はどのように説明できるか。最も適当なものを、次の①～⑤のうちから一つ選べ。解答番号は **6** 。

① aからeの制約条件はそれぞれ独立しており、aにとってはcとdが対立する関係にある。設計者は各条件のバランスを考慮して設計するが、Xのような新たな制約条件が加わると当初のバランスが崩れてしまう。このような問題を解消し、すべての条件を完全に満たすことが設計者には求められる。

② aからeの制約条件は設計を成り立たせるうえで必須の条件であり、これらの条件はときに複雑な相互作用を生み出す。Xのような想定外の制約条件が必須条件に加わることもあり、設計における数学的な最適解はない。しかし、経験を積むことによって、あらゆる条件を満たした設計が可能になる。

③ aからeの制約条件は互いに相反する側面をもち、すべてを満たすことはできない。さらにXのような、当初は考慮されていなかった制約条件が加わることもある。設計においてあらゆる機能を完璧に満たすことは不可能であるため、事故が起きないように安全第一で設計する必要がある。

④ aからeの制約条件は設計者が事前に考慮していた条件であり、各条件の相互関係を踏まえて設計が行われる。ところが、Xのような予期しない条件が加わった場合、それを最優先にして他の機能を犠牲にしなければならない。したがって、事前に条件を設定しすぎないで柔軟に設計しなければならない。

⑤ aからeの制約条件は相互に作用しており、その相互作用を踏まえて設計を行うためには経験が必要とされる。さらに、Xのように新たな制約条件が加われば、その営為はさらに複雑なものとなる。したがって、どんなに設計者が経験を積んでも、あらゆる条件を満たす設計は限りなく難しい。

問3 **図2―1**、**図2―2**、**図2―3**は、問題文ではどのような役割を果たしているのか。その説明として適当なものを、次の①～⑥のうちから**二つ**選べ。解答番号は 7 ・ 8 。

① **図2―1**と**図2―2**は、従来の専門家の倫理の前提となる通常の倫理関係と、エンジニアが直面する倫理関係を単純化して表し、両者の着目する要素の違いを明確にしている。

② **図2―1**と**図2―2**は、通常の倫理関係と専門家の倫理関係の違いを示しており、倫理関係の前提となる考え方が時代の移り変わりに伴って変化していることを明示している。

③ **図2―1**と**図2―2**は、通常の倫理関係とエンジニアが直面する倫理関係との比較によって、人工物が介在する倫理関係自体に内包されている複雑な問題を表している。

④ **図2―3**の関係は、**図2―2**の関係に時間の経過という要素を加えたものであり、エンジニアの倫理関係と**図2―1**における関係との差異を明確にして、従来の倫理観の限界に関する筆者の主張につなげている。

⑤ **図2―3**の関係は、**図2―2**の関係が実際にはさらに複雑になる場合があることを示したものであり、**図2―1**や**図2―2**における関係を前提とした、倫理観だけではとらえられない問題が生じうるという主張の根拠としている。

⑥ **図2―3**の関係は、**図2―2**の関係をさらに詳細に分析して現代における倫理関係を示したものであり、**図2―1**における関係を前提とした倫理観がもはや時代に合わなくなっている、という主張の裏づけとしている。

問4　図2－3について議論をした場合、問題文の「設計」に関する内容を踏まえた意見として**適当でないもの**を、次の①～⑤のうちから一つ選べ。解答番号は 9 。

① 介護用のベッドを作る場合について考えると、設計から製造に至るまで、組織のなかのさまざまな部署が関与しているということになるよね。これを利用する人も不特定多数で、作る側と使う側とが一対一の関係をもつことはないということだね。

② 作る側が組織に属する場合、作る側の組織全体が使う側を配慮しなければならないことになるけれども、製品に問題があったときに、組織としてどうするべきかという問題が生じるよ。

③ 問題や事故が起きた場合、設計者としては、まず発注者に対してどう対処するかという問題が生じるよね。それに、使う側の大多数に対する組織の責任をどう考えるべきかという問題も生じるね。

④ 介護の現場でも同様の問題が生じることになると言えるね。福祉施設の場合は、チームという組織で介護をしているから、介護者と施設の利用者との関係は通常の倫理関係ではとらえられないよ。

⑤ 介護ベッドなどの製品を、作る側の想定とは異なる使い方をすることもあるんじゃないかな。そのような場合、想定外の使い方を考慮していなかった作る側の組織に対して、どこまで責任を問えるのかという問題も、関連する問題だと言えそうだね。

問5　傍線部B「『他人を思いやる』ということが、常識的な理解から乖離する」とあるが、それはなぜか。その説明として最も適当なものを、次の①～⑤のうちから一つ選べ。解答番号は 10 。

① 人工物を媒介にして直接面と向かうのは組織の中で働くエンジニアと発注者であることから、人工物を使う公衆がどのような人間であるのかを事前に知ることは難しいうえに、人工物が媒介する倫理関係においては、通常の「人」対「人」の二項関係よりもさらに複雑な問題が生じる可能性があるから。

② 人工物をめぐる制度や法が旧来の「人」対「人」の倫理観を前提にしていることから、人工物を作る人の責任を問うことが難しいうえに、エンジニアは組織に属する受動的な立場であるために、人間の自発性を前提としたこれまでの倫理観を人工物の世界にあてはめることは難しいから。

③ 設計の時点で人工物の将来の可能性と影響を完全に予測することは不可能であるうえに、作る人が組織に属し、使う人が公衆となる場合もあることから、人工物が媒介する倫理関係においては、個人としてのエンジニアが個人としての消費者を配慮するということには必ずしもならないから。

④ 人工物を媒介して公衆とつながるエンジニアの多くは組織の中で働いているうえに、設計当時に人工物の将来を予測することはきわめて難しいことから、正しい設計をすることが求められることはあっても、エンジニアが発注者や公衆を配慮して設計をすることは求められていないから。

⑤ 人工物が将来どのような事故を起こすのかについては予測することができないうえに、人工物が媒介する倫理関係において作る人がつながるのは、人ではなく人工物であるために、安全な設計を心がけるということが必ずしも人工物を使用する人を考慮するということにはならないから。

問6　問題文の構成に関する説明として最も適当なものを、次の①〜⑤のうちから一つ選べ。解答番号は 11 。

① さまざまな制約条件や限界を踏まえつつ行われる設計の営為について論じた 1 〜 13 段落が前半部、人工物が介在した倫理関係の特徴について論じた 14 〜 27 段落が後半部となっており、この二つの部分から人工物を作る知や人工物に対する理解の意義を説明している。

② 1 ・ 2 段落が人工物を作る知という主題の提示、 3 〜 20 段落が人工物を設計する際の倫理関係の説明、 21 〜 25 段落が想定される反論の紹介、 26 ・ 27 段落が全体総括というように、四つの部分が起承転結の形をなし、人工物の特色について考察している。

③ 1 段落で提示した主題に即して、 2 〜 4 段落で一般的な設計のあり方、 5 〜 15 段落で例外的な事例、 16 〜 21 段落で一般的な倫理関係、 22 〜 27 段落で組織における倫理関係というように、一般論と例外とを交互に紹介し、人工物の知の両義性を明らかにしている。

④ 1 〜 10 段落で人工物を作る知という論点を明示し、 11 〜 23 段落で自動車の設計や橋の設計などの具体的な事例をもとにして考察を行い、人工物が介在する倫理関係が生じる経緯を明らかにしたうえで、 24 〜 27 段落で全体をまとめるという形をとっている。

⑤ 1 〜 4 段落で提示した人工物を作る知に関する主張について、 5 〜 21 段落では設計には限界があるという、想定される反論を提示し、これに対して 22 〜 27 段落では人工物が介在した倫理の複雑さを認めつつも再度反論を行うという形で、多面的に考察している。

国語の問題は次に続く。

第2問

次の【詩】と【文章】は、宮澤賢治が二十八歳のとき（一九二四年）に作った「業の花びら」という詩と、ある仏教学者がこの詩について解説した文章である。これらを読んで、後の問い（問1〜6）に答えよ。なお、設問の都合で【詩】の三つの部分にⅠ〜Ⅲ、【文章】の段落の冒頭に1〜5の番号を付してある。（配点　50）

【詩】

業の花びら

Ⅰ

夜の湿気が風とさびしくいりまじり
松ややなぎの林はくろく
空には暗い業の花びらがいつぱいで
わたくしは神々の名を録したことから
はげしく寒くふるへてゐる

Ⅱ

ああたれか来てわたくしに言へ
「億の　**a** 巨匠が並んでうまれ
　しかも互《たがい》に相犯さない
明るい世界はかならず来る」と
……遠くでさぎが鳴いてゐる
　夜どほし赤い眼を燃やして
つめたい　**b** 沼に立ち通すのか……

Ⅲ

c 松並木から雫が降り
空のどこかを
d 風ががうがう吹いてゐる
わづかのさびしい e 星群が
f 雲から洗ひおとされて
その偶然な二っつが
黄いろな芒《のぎ》〈注1〉で結んだり
残りの巨《おお》きな草穂の影が
ぼんやり雲にうつつたりする

【文章】

1 賢治は、一方では、夜の湿気がさびしく風と入りまじった暗い松や柳の林、すなわち、この人生を苦悩に満ちた暗いものと見ながら、一方では、空いっぱいに暗い業の花びらを見ている。日本の詩、または仏教の用語で「花」というときは必ず「人のいのち」のことを指しているから、「業の花びら」とは「(ア)宿業を負うた人のいのちの数々」ということになる。

2 賢治は法華経に「曼荼羅華《まんだらげ》〈注2〉を雨《ふ》らして仏および大衆に散ず」と説かれたあのマンダーラヴァの花びらを、過去・現在・未来にわたってこの世に充満しているさまざまないのちの群れ、という風に受けとったのであろう。

3 仏教の重要な教えのひとつに「諸法無我」(存在するものは独立して存在しているのではなく互いに関係しあって存在している)という考え方がある。人間はひとりで生きているのではなく多くの他のいのちとさまざまに関係しあいながら生きている。周囲の人々に(イ)規定され、影響され、またこちらからも周囲の人々に影響を与えながら生きている。①人間だけでなく、他のさまざまないのちあるものとも、さまざまに関係し合いながら生きている。しかもこの関係は現在だけのものではなく、過去にも未来にもひろがっている。空間的に、横にひろがる関係だけでなく、縦に、時間的にもひろがっている。それは賢治のよく言うA四次元の世界である。

4 たとえばわたしのいのちは、広島の原爆で亡くなった父のいのち・母のいのち・姉妹のいのち、さらに遠い祖先のいのちのありかたに規定され、動かされている。またこれから生まれるであろう子どものいのちや、近づいて来るであろうさまざまのいのち、知り合いふれ合う多くの人々のいのちのあり方にも動かされる。わたしが今、戦争に対して烈《はげ》しい(ウ)嫌悪を感じているのは、②広島や長崎で無惨に殺された者たちのいのちのあり方がわたしを動かしているからである。わたしが今、血縁を超えて他人のいのちにより深い愛を感じているのは、孤独なわたしのいのち、故里を失い、愛する者たちを失い、すべてのものを失った③わたしのいのちが、もろもろの他人のいのちによって温かくつつまれ、その中で大きく成長して来たことをひしひしと感じているからである。B肉親の死はかえってわたしに、人間への信頼を強め、深めてくれたのである。それは④消え去ったかに見えたいのちが、なおわたしのいのちをつつみ、働きかけているからであろう。これが業の姿である。またわたしは、さまざまにふれ合ういのちのこと、未来に生まれるであろう子供のこと、近づいて来るであろう迷いに満ちたいのちのことを考えれば、現在を謙虚に生き、人間を信じ、わたしのまわりに明るい深い平和な世界を作っておかねばならぬ責任をひしひしと感ずる。つまり、⑤わたしは未来に生まれ、あらわれるであろういのちからすでに働きかけられていることになる。これが業の姿である。

5 賢治もまた、これを感じ、そのことを幻想的に、空いっぱいにひろがる業の花びらと見たのであろう。業の花びらと特に「業」を強調したのは、花びら、つまり、ひとつひとつのいのちが離れがたく関係しあい、結びあっているからである。

（紀野《きの》一義《かずよし》『いのちの世界・法華経』による）

（注）1　芒――稲や麦などの実の殻に生えている細い毛。ここでは星から発する細い光の筋をたとえたもので、「光芒《こうぼう》」に同じ。

2　曼荼羅華――仏教において天上に咲くとされる想像上の花の名。古代インド語（サンスクリット語）のマンダーラヴァを、それと似た音の漢字の組み合わせによって漢語表記（音訳）したもの。

問1 傍線部(ア)「宿業」の「業」、(イ)「規定」の「定」、(ウ)「嫌悪」の「悪」と同じ読み方をする「業」「定」「悪」を含むものを、次の各群の①〜⑤のうちから、それぞれ一つずつ選べ。解答番号は 1 〜 3 。

(ア)「宿業」 1

① 業績
② 業務
③ 偉業
④ 非業
⑤ 学業

(イ)「規定」 2

① 定石
② 定規
③ 必定
④ 勘定
⑤ 認定

(ウ)「嫌悪」 3

① 悪寒
② 悪態
③ 悪評
④ 凶悪
⑤ 罪悪

問2　【詩】の［I］の語について【文章】の［1］・［2］で説明されているように、【詩】の中では、さまざまなものを示す語が、別のあるものごとを表すシンボルとしても用いられている。二重傍線部a〜fの語を、それらがシンボルとなって表しているもののごとによって二つのグループに分けたときの組合せとして最も適当なものを、次の①〜⑥のうちから一つ選べ。解答番号は［4］。

① a・d――b・c・e・f
② a・e――b・c・d・f
③ a・b・f――c・d・e
④ a・c・d――b・e・f
⑤ a・b・c・f――d・e
⑥ a・c・e・f――b・d

問3 【詩】にこめられた作者の思いの背景には、ある認識が存在していると【文章】の筆者は見ている。とくにⅡの前半4行にこめられた思いと同一の内容を述べている文は、【文章】の波線部①～⑤のうち、どれか。最も適当なものを、次の①～⑤のうちから一つ選べ。解答番号は 5 。

① 人間だけでなく、他のさまざまないのちあるものとも、さまざまに関係し合いながら生きている

② 広島や長崎で無惨に殺された者たちのいのちのあり方がわたしを動かしている

③ わたしのいのちが、もろもろの他人のいのちによって温かくつつまれ、その中で大きく成長して来た

④ 消え去ったかに見えたいのちが、なおわたしのいのちをつつみ、働きかけている

⑤ わたしは未来に生まれ、あらわれるであろういのちからすでに働きかけられている

問4　傍線部A「四次元の世界」とは、ここではどのような世界のことを言っているか。その説明として最も適当なものを、次の①～⑤のうちから一つ選べ。解答番号は 6 。

① 人間が、過去・現在・未来にわたってこの世に充満する無数のいのちとの緊張関係の中で、苦悩しつつ生きている世界。

② 人間が、周囲の人々や人間以外のさまざまな生き物と関わり合い、互いに影響し合いつつ生きている世界。

③ 人間が、いま生きている人々や生き物のほか、過去や未来の人々・生き物とも互いに働きかけ合って生きている世界。

④ 人間が、両親・兄弟姉妹・祖先・子どもという四通りの血縁者たちとの深い絆《きずな》に支えられて生きている世界。

⑤ 人間が、血縁を超えた多くの人々や生き物に対して、両親・祖先などの血縁者と同様の愛情を抱いて生きている世界。

問5 傍線部B「肉親の死はかえってわたしに、人間への信頼を強め、深めてくれた」とあるが、「わたし」がそのように考える理由の説明として最も適当なものを、次の①～⑤のうちから一つ選べ。解答番号は 7 。

① 孤独な「わたし」がこれまで生き、成長できたのは周囲の多くの人々とのつながりのおかげであることを、肉親の死によってより自覚することになったから。

② 肉親を原爆で失ったことは、人間を信じ、世界平和の実現に努力しなければならないという「わたし」の責任感を生み出す原体験になったと感じているから。

③ 戦争による肉親の死は、戦争の原因となる人間どうしの相互不信の愚かさと、他人を信頼することの大切さを「わたし」に教えてくれたと感じているから。

④ 肉親を奪った戦争を憎む者として、同じ境遇にある他の人々も「わたし」と同じように戦争を憎んでいるはずだという信頼感を持てるようになったから。

⑤ 肉親は、死んでもそのいのちは消え去らずに「わたし」を守る働きをなお続けているという、肉親との宿縁の深さに対する信頼感を持てるようになったから。

問6　【文章】の筆者は、「業の花びら」をどのような詩としてとらえているか。その説明として最も適当なものを、次の①～⑤のうちから一つ選べ。解答番号は 8 。

① 法華経の説く仏教の教えの要点を、この世の人生は苦しみに満ちた暗黒の生であるという悟りとして理解し、そのことを幻想的に詠じた詩。

② 「諸法無我」という仏教の教えの意味を、時空の隔たりを超えた生きとし生けるものの関係性として受け止め、そのことを象徴的に表現した詩。

③ 仏教の精髄《せいずい》を、人間はひとりではなく他の人々に支えられて生きているという教えに見出し、利他的な生き方の重要性を情熱的に説いた詩。

④ あらゆる生きものの生は過去から未来へとつながる宿業によって運命的に定まっているという仏教的真理を、わかりやすく比喩的に説明した詩。

⑤ 人間どうしは平和的に連帯しつつ共存すべきであるという仏教の精神に基づき、戦争による殺し合いを憎む思いを、美しく抒情《じょじょう》的に歌った詩。

国語の問題は次に続く。

第3問

平安時代の物語には、後の時代の享受者によって改作されたものがある。次の【文章Ⅰ】と【文章Ⅱ】とは、そのような関係にある作品で、【文章Ⅰ】は『夜《よる》の寝覚《ねざめ》』という平安時代後期に成立した物語であり、【文章Ⅱ】はその改作本で、鎌倉時代に成立した『夜寝覚物語《よるのねざめ》』である。

中納言は、太政大臣の娘・大君と婚約した後、自身の乳母を見舞うために、九条を訪れた。その時、たまたま隣家に来ていた、大君の妹である中の君と一夜の契りを結ぶ。その際に中納言は、相手の女性を但馬守の娘であると誤解し、また、自らを宮の中将と偽った。その後、中納言は大君と結婚し、太政大臣邸に通うようになる。中の君のいとこで、中の君と行動をともにする対《たい》の君は、大君の夫が、九条で出会った男性であったと気づき、それを中の君に伝える。一方で中納言も、九条で出会った女性が妻の妹であることを知った。以下は、それに続く場面である。【文章Ⅰ】と【文章Ⅱ】を読んで、後の問い（問1〜6）に答えよ。（配点　50）

【文章Ⅰ】

「誰と知らざりつるほどは、蓬萊《ほうらい》（注1）の山といふとも、そこにその人は、と聞きつけなば、かならず尋ね上《のぼ》りて行き逢ひなむ我が心と、のどむるをりこそありけれ、わたつ海の底にも、我が心の深きは、思ひ入りなば、見る目の難《かた》かるべきかと思ひつるにこそ、慰むかたもありつれ、明け暮れ立ち馴れつる同じ麓《ふもと》（注2）の草ながら、つゆもかくべきかたなく、わびし」とおぼしなりぬ。「このかたには、いとかく心入れて惑はじと思ひしものを、口惜しくも乱れぬる心かな。雲のよそのことならば、思ひ寄りがたかるべきことにもあらず。さすがに近く見聞きわたらむが、鎮めがたくいみじかるべき」など思ひつづくるに、胸せき上る心地のみして、「文をやるとも、げにと承《う》け引くべき人もなし。対の君に(ア)いかで会ひてしがな」と思へど、隙《ひま》あるべくもなし。「我（注3）があるを、おのづから見聞き知りもやしにけむ。うちとけて出で入りしつる、さはいへど、いかに見聞きつらむ。わづらふとのみ聞きわたるは、かやうの心乱れにこそありけれ。思ひ寄らざりけるよ」と、人の心のうちをさへ推し量るに、言ふかたなくぞあるるや。（注4）

女君の、いと気高く、恥づかしきさましたるを見るにつけても、思ひやられて、ともすれば涙ぐましく、静心《しづごころ》なくて人間《ひとま》（注5）には中障子《なかさうじ》（注6）のもと立ち離れず。(イ)心にくくのみもてなして、つゆも女房のけはひなども漏れ聞こえず。心はそらにあくがれて、涙こぼるるをりのみ多かるを、「人目いかにあやしと思ふらむ」と思へば、静心なく、夜は、いとどつゆもまどろまれぬままに、人の寝入りたる隙《ひま》には、やをら起きて、そなたの格子《かうし》のつらに寄りて立ち聞きたまへば、人はみな寝たる気色なるに、帳《ちやう》のうちとても、廂一間《ひさしひとま》を隔てたれば、程なきに、衾《ふすま》（注7）押しのけらるる音、忍びやかに鼻うちかみ、おのづから寝入らぬけはひのほのかに漏り聞こゆるを、「同じ心に寝覚めたるにこそあめれ」と思ふに、「他事《ことごと》ならじを。ありし（注8）夢の名残の覚むる夜なきにこそは」と聞き渡さるるさへ、身もしみこほり、あはれに悲しきにもつつみあへず、

「**X**　はかなくて君に別れし後《のち》よりは寝覚めぬ夜なくものぞ悲しき

（注9）なになり、袖の氷とけずは」と、格子に近く寄り居てひとりごちたまふ気色を聞きつけて、胸つぶれて顔引き入れたまひぬるに、対の君も、とけて寝る夜なくのみ嘆き明かせば、「この君は聞きつけたまへるにこそありけれ。わづらはしきわざかな」と思ふものから、あはれなど、**A**聞き知り顔ならむやは。

それより後は、さる心して、つゆ寝覚めの気色漏り聞かせず。心も知らざりつる日ごろこそ見聞き咎《とが》むることなかりつれ、さるべきひまひま、あながちにうかがふに、「対の君といふは、その暁、（注10）『かかる契りを』と答へし人なりけり」と聞きなして、（注11）あらはかすべくもあらず、寝覚めのよなよな夜々《よるよる》、暁の紛れなどに、対に、（注12）いとわりなく紛れおはして、月ごろ思ひわづらふ心のうちを、涙に浮き沈みつつ言ひ聞かせ、明け暮れは、御文を隙なく書きおこせたまへど、「聞きつけたまひてけるを、せめてあらがひ隠れても、たけかるべきやうあらじや。さりとて、受け取り、あはれをかけても、何の甲斐あるべうもあらぬ」ものゆゑ、ものの聞こえいみじうわづらはしかるべければ、荒からぬものから、受け引くことなし。ことわりに、恨みやるべきかたなく、我も人も、あいなかりける人違へに、あらぬ名のりを変へつつ、はかなく空にただよひて、互ひにかかる契りの、前《さき》の世まで恨めしきに、「（注13）身を知らずは」と、心は思ひなされず。「心づくしなりや。いかにせむ」とのみ、明け暮れはわぶる気色もて隠せど、**B**いかが人も思ひ咎めざらむ。

（注）1　蓬萊の山――東方の海上にあり、仙人が住むとされる霊山。中国の伝説上の理想郷。
2　同じ麓の草――姉妹の比喩。
3　このかた――女性関係の方面。
4　うちとけて出で入りしつる――大君のもとに、夫として親しく通っていたことをいう。
5　人間――人が見ていない間。
6　中障子――部屋と部屋とを隔てる襖《ふすま》障子のこと。
7　衾――掛け布団などの夜具。
8　ありし夢――九条での逢瀬を指す。
9　なになり、袖の氷とけずは――どうしたことか、（あなたの涙で）私の涙に凍る袖が溶けないのは、の意と解する。
10　『かかる契りを』と答へし人――九条での逢瀬の際、中納言の歌に対して、対の君が「白露のかかる契りを見る人も消えてわびしき暁の空」と返歌したことを踏まえる。
11　あらはかすべくもあらず――はっきりさせることもできず、の意。
12　対――対の屋（＝母屋とは別棟の建物）のこと。対の君の部屋がある。
13　身を知らずは――我が身をわきまえないのはよくない、の意。

【文章Ⅱ】

中納言は、知らざりし程は、虎伏す野辺《のべ》、蓬《よもぎ》が島、千尋《ちひろ》の底なりとも、ありどころ聞かば時をかへず尋ねおはしぬべくおぼえ給ひしをこそ慰めに思ひ給ひしに、わづらはしかるべき方に聞き給ひてより、口惜しく、思ひ続くるに胸せきあぐる心地して、「文やるとても受け引くべきやうもなし。わが気配をばおのづから聞き知るらん。うち解けて出で入りつるを、あさましと見思ふらん」と思ふにも、夜は(ウ)つゆまどろまれ給はぬままに、人みな寝入りたるも、やをら起き出でて、そなたの格子のもとに寄りて聞き給へば、人はみな寝入りたるけしきなるに、几帳のうちも廂一間ばかり隔てたれば、鼻うちかみなどして、泣くにやとおぼゆるけしきほのかに聞こゆ。「同じ心にまどろまれぬにこそ。異《こと》思ひにはあらじ。ありし夜のことを思すならん。その後《のち》常に乱り心地に沈みてと聞こえ給ひしも、それなりけり」と、今ぞ思ひ合はせ給ふ。さほどの人にもの思はせ奉ること、返す返すわが身の口惜しさも添ひて、

Y 現《うつつ》とも思ひぞ分かぬうたた寝の床《とこ》に紛れし夢の寝覚めは

と口ずさみ給ふ。

問1　傍線部(ア)〜(ウ)の解釈として最も適当なものを、次の各群の①〜⑤のうちから、それぞれ一つずつ選べ。解答番号は 1 〜 3 。

(ア)　いかで会ひてしがな　1
① どうすれば会えるのだろうか
② どうあっても会わねばならない
③ どうにかして会いたいものだ
④ どうしても会ってほしいものだ
⑤ どうして会えないことがあろうか

(イ)　心にくくのみもてなして　2
① 完璧なまでに自制した様子で
② ひたすら奥ゆかしく振る舞って
③ 憎らしいほど見事な応対をして
④ 上品さだけは失わずに接待して
⑤ 辛く感じるぐらいに無愛想で

(ウ)　つゆまどろまれ給はぬままに　3
① 多少でもお休みになろうと努めるものの
② 少しもうとうとすることさえできないために
③ いったんは仮眠を取って様子を窺《うかが》いつつも
④ なんとかして眠りに落ちなさらないように気をつけながら
⑤ まったくお眠りになることもかなわないのにまかせて

問2 波線部「そこにその人は、と聞きつけなば、かならず尋ね上りて行き逢ひなむ我が心と、のどむるをりこそありけれ」の文法的説明として最も適当なものを、次の①〜⑤のうちから一つ選べ。解答番号は **4**。

① 代名詞「その」が一度用いられている。
② 完了・強意の助動詞「ぬ」が二度用いられている。
③ 順接の確定条件の接続助詞「ば」が一度用いられている。
④ 願望の終助詞「なむ」が一度用いられている。
⑤ 可能の助動詞「る」が一度用いられている。

問3 傍線部**A**「聞き知り顔ならむやは」とあるが、この時の対の君の心情の説明として最も適当なものを、次の①～⑤のうちから一つ選べ。解答番号は **5** 。

① 中納言が、中の君がいる場所を聞きつけなさったようで、面倒なことであるとは思うものの、事情をわかった様子でいることもできないと感じている。

② 中の君が、中障子の向こうに中納言のいることにお気づきになって動揺し、夜具の中に顔までお入りになってしまったので、いくらなんでも中納言が気の毒だと感じている。

③ 中納言が、中の君の居場所に気づきなさって、状況がいっそう複雑になってしまったと思うので、中の君の苦悩を中納言になんとかわかってほしいと感じている。

④ 中の君が、中納言の独詠を聞きつけなさったために、病状がいっそう深刻になったご様子だと心配するものの、中の君の心情を察すると安易に慰めるわけにもいかないと感じている。

⑤ 中納言が、中の君の様子を聞きつけなさったのだと理解し、恐ろしいことになってしまったとは思うが、わかった風に中納言に同情することはできないと感じている。

問4 傍線部B「いかが人も思ひ咎めざらむ」とあるが、このような状態に至るまでの中納言の様子の説明として最も適当なものを、次の①〜⑤のうちから一つ選べ。解答番号は 6 。

① 中の君どころか女房の様子も、部屋の外にまったく漏れ聞こえないようになったあとは、心が上の空になって涙のこぼれる時も増えたが、「中の君がどれほど不快に思うだろう」と思うので、平静を装った。

② 対の君をよく知らなかった間は見聞きしても気づかなかったが、機会あるごとに観察したことで、「かかる契りを」と返歌したのは、中の君ではなく対の君であったのだと気づいた。

③ 眠れない夜や夜明け前などに、対の屋に強引に忍び込み、この数カ月間の苦しい気持ちを口に出して聞かせ、朝晩手紙をひっきりなしに書いて送った。

④ 手紙を受け取らない対の君の態度は道理であり、自分の些細《ささい》な勘違いが原因で、対の君と中の君との名を取り違えて理解した結果、むなしくすれ違うことになったことを前世からの因縁だと恨んだ。

⑤ 「我が身をわきまえないのはよくない」と頭では理解しているものの、不安な気持ちばかりを抱えてしまい、一日中辛そうな様子を周囲に隠す努力が足りなかった。

問5　和歌**X**・**Y**に関する説明として最も適当なものを、次の①～⑤のうちから一つ選べ。解答番号は［7］。

① **X**は、「はかなくて君に別れし」とあり、二人の別れがあっけないものであったと詠んでいるのに対し、**Y**は、「現とも思ひぞ分かぬ」とあり、二人の別れが現実のことだとは理解できないと詠んでいる。

② **X**は、「君に別れし後よりは」とあり、別れたあとの強い悲しみを詠んでいるのに対し、**Y**は、「うたた寝の床に紛れし」とあり、うたた寝の床についたようなはっきりとしない悲しみを詠んでいる。

③ **X**は、「寝覚めぬ夜なく」とあり、別れの悪夢から覚める夜のない苦しみを詠んでいるのに対し、**Y**は、「うたた寝の床に紛れし夢」とあり、苦しい気持ちはうたた寝の夢のように一時的なものであると詠んでいる。

④ **X**は、「君に別れし後よりは」とあり、九条邸での一夜以来続いている悲しさを詠んでいるのに対し、**Y**は、「うたた寝の床に紛れし夢の寝覚めは」とあり、九条邸での一夜の逢瀬を思って詠んでいる。

⑤ **X**は、「寝覚めぬ夜なくものぞ悲しき」とあり、毎晩のように眠れない悲しさであると詠んでいるのに対し、**Y**は、「うたた寝の床に紛れし夢の寝覚めは」とあり、うたた寝の間は悲しみが紛れると詠んでいる。

問6　**【文章Ⅰ】**と**【文章Ⅱ】**の内容や表現の説明として**適当でないもの**を、次の①～⑤のうちから一つ選べ。解答番号は 8 。

①　**【文章Ⅰ】**の「蓬莱の山といふとも」の箇所は、**【文章Ⅱ】**では「虎伏す野辺、蓬が島、千尋の底なりとも」というように辿り着くのが困難な場所が並べられ、一夜をともにした女性との再会への決意が**【文章Ⅰ】**よりも強調されている。

②　**【文章Ⅰ】**の「わたつ海の底」は、**【文章Ⅱ】**の「千尋の底」とほぼ同義であるが、**【文章Ⅰ】**ではさらに「見る目」という言葉を続け、海藻の「海松布《みるめ》」との掛詞として「わたつ海」の縁語となっており、和歌的な修辞が用いられている。

③　**【文章Ⅱ】**の「わづらはしかるべき方」の箇所は、**【文章Ⅰ】**では「明け暮れ立ち馴れつる同じ麓の草」と比喩的に表現され、さらにそのあとの「つゆ」は、「露」との掛詞で、「草」との縁語でもあるなど、修辞的な表現が用いられている。

④　**【文章Ⅱ】**の「口惜しく」の箇所は、**【文章Ⅰ】**でも「口惜しくも」とあるが、さらに、相手が宮中のような雲の彼方にいる高貴な身分の人のように恋い慕うことが困難な相手であればよいのに、という中納言の願望が説明されている。

⑤　**【文章Ⅰ】**の「いかに見聞きつらむ」の箇所は、**【文章Ⅱ】**では「あさましと見思ふらん」とあり、中の君が中納言の行動をあきれたものだと思っているだろう、という中納言の苦しい心情が直接的に描写されている。

第4問 次の【文章Ⅰ】は唐代と宋代の、それぞれの復讐事件とその処罰について書かれたものであり、【文章Ⅱ】は唐代の復讐に関する上奏文の一部である。【文章Ⅰ】と【文章Ⅱ】を読んで、後の問い（問1～7）に答えよ。なお、設問の都合で返り点・送り仮名を省いたところがある。（配点 50）

【文章Ⅰ】

（注1）楊万頃《やうばんけい》殺ス二（注2）張審素《ちやうしんそ》一ヲ。審素ノ二子（注3）瑝《くわう》・琇《しう》為ニレ父ノ復シレ仇ヲ殺ス二万頃ヲ一。（注4）張九齢《ちやうきうれい》ハ欲スルモレ活カサントレ之ヲ、（注5）李林甫《りりんぽ》ハ必ズ欲スレ殺サントレ之ヲ。而シテ二子竟ニ伏ス二大刑ニ一。蓋シ九齢ハ君子ニシテ、喜ブ二人ノ為スヲレ善ヲ。林甫ハ小人ニシテ、嫉ム二人ノ為スヲレ善ヲ。好（ア）悪不ルレ同ジカラ故也。

苟シクモ其ノ父ノ罪当タラバレ死ニ、子不レ当ニカラレ報ズレ讐ヲ。A父死不以罪、或イハ非ズシテレ出ヅルニ二上ノ命ヨリ一、B而為リ三人ノ所ト二（注6）擠陥《せいかん》スル一、以テ死スレバ、可ケンレ不ルレ報ゼ乎。審素之讐、所レ当ニキレ報ズ也。

（注7）太宗ノ雍熙《やうき》三年七月癸未《きび》、（注8）京兆府《けいちやうふ》鄠県《こけん》ノ民（注9）甄婆《しんば》ノ児、報ジテ二母ノ讐ヲ一殺スモレ人ヲ、C詔シテ決シテレ（注10）杖ニ遣ラシムレ之ヲ。惜シイ乎、D瑝・琇之不ルハレ遇ハ二聖時明主ニ一也。

（王𣝣《おうえい》『燕翼詒謀録《えんよくいぼうろく》』による）

（注）1　楊万頃――唐代玄宗朝の監察御史（＝官吏や地方行政を監視する役割）であった楊汪《ようおう》という人物。万頃は改名後の名。
2　張審素――唐代玄宗朝の嶲州《けいしゅう》都督府、今の四川省西昌市周辺の地方長官であった人物。
3　瑝・琇――張審素の息子。当時張瑝は十三歳、張琇は十一歳。
4　張九齢――唐代玄宗朝の文人・政治家。李林甫や楊国忠《ようこくちゅう》らと衝突し、左遷された。玄宗皇帝に諫言した人としても知られ、賢相として名高い。
5　李林甫――唐代玄宗朝の政治家。宰相の地位にあったが楊貴妃《ようきひ》一派との権力争いに苦戦し、安史の乱の遠因をつくるなど、邪心をもった人物と評される。
6　擠陥――人を陥れる。
7　太宗雍熙三年七月癸未――太宗は北宋の皇帝。雍熙三年七月癸未は九八六年の七月。
8　京兆府鄠県――京兆府は長安のこと。今の陝西省咸陽市鄠県にあたる。
9　甄婆――甄は姓。甄ばあさん、の意味。
10　杖――棒たたきの刑。死に及ぶことはない比較的軽い刑罰。

【文章Ⅱ】

復讐ハ拠レバ二(注1)礼経ニ一、則チ義トシテ不レ同ジウセレ天ヲ。徴スレバ二法令ニ一、則チ殺スレ人ヲ者ハ死ス。礼法二事ハ、皆王教之(イ)端ニシテ、E有リ二此ノ異同一。蓋シ以為ヘラク不レバレ許サ二復讐ヲ一、則チ傷ヒテ二孝子之心ヲ一、而乖《そむ》カン二先王之訓ヘニ一。許セバ二復讐ヲ一、則チ人将ニテ二倚リテレ法ニ専ラ殺サント一、無シト三以テ禁二止スル其ノ端ヲ一矣。

（韓愈《かんゆ》「復讐状《ふくしゅうじょう》」による）

（注）1 礼経――儒教の経書の一つである『礼記』。『礼記』曲礼篇上に「父の讐は共に天を戴かず」とあり、その注に「父は子の天なり。己の天を殺せると共に天を戴くは、孝子に非ず。行きて求めて之を殺して止む」とある。四字熟語「不倶戴天」はこれによる。

問1 二重傍線部(ア)「悪」・(イ)「端」と同じ意味の「悪」「端」を含む熟語として最も適当なものを、次の各群の①〜⑤のうちから、それぞれ一つずつ選べ。解答番号は 1 ・ 2 。

(ア) 「悪」 1
① 嫌悪
② 悪逆
③ 邪悪
④ 悪筆
⑤ 悪銭

(イ) 「端」 2
① 端正
② 末端
③ 端的
④ 端緒
⑤ 万端

問2 傍線部**A**「父死不以罪」の返り点の付け方と書き下し文との組合せとして最も適当なものを、次の①～⑤のうちから一つ選べ。解答番号は **3** 。

① 父死不レ以レ罪　　父死するに罪を以てせず

② 父死不レ以罪　　父死するは以てせざるの罪にて

③ 父死レ不二以罪一　　父以て罪せざるに死すれども

④ 父死レ不レ以レ罪　　父罪を以てせざるに死するも

⑤ 父死不二以罪一　　父死すれば以て罪せず

問3 傍線部**B**「為三人所二擠陥一、以死、可レ不レ報乎」の説明として最も適当なものを、次の①～⑤のうちから一つ選べ。解答番号は **4** 。

① 父親が何者かを陥れて恨まれ殺された場合には、その息子は父親の仇討ちをしてはならないということ。

② 父親が何者かに陥れられて死んだ場合でも、その息子が父親の仇討ちをしてもよいかどうかは即断できないということ。

③ 父親が何者かに陥れられて死んだ場合には、その息子は父親の仇討ちをしたあと、役所に報告すべきだということ。

④ 父親が何者かを陥れて恨まれ殺された場合でも、その息子は役所に報告したあとなら父親の仇討ちができるということ。

⑤ 父親が何者かに陥れられて死んだ場合には、その息子は父親の仇討ちをすべきだということ。

問4 傍線部**C**「詔決レ杖遣レ之」の解釈として最も適当なものを、次の①～⑤のうちから一つ選べ。解答番号は **5** 。

① 京兆府の長官は役人を遣わして、甄ばあさんの息子を棒たたきの刑に処してから解放させた。
② 京兆府の長官は甄ばあさんの息子を棒たたきの刑と判決を下し、刑場に送致させた。
③ 太宗皇帝は臣下に命令し、甄ばあさんの息子を棒たたきの刑と裁いて仕置きしたあと、解き放たせた。
④ 太宗皇帝は臣下に甄ばあさんの息子の刑を量らせ、棒たたきの刑を加えて追放させた。
⑤ 太宗皇帝は臣下を派遣して、甄ばあさんを殺した男に棒たたきの刑を下させた。

問5 傍線部**D**「瑝・琇之不レ遇二聖時明主一也」とあるが、「瑝・琇」がもし「聖時明主」に「遇」っていたならば、どのような処置となったと筆者は考えているか。その説明として最も適当なものを、次の①～⑤のうちから一つ選べ。解答番号は **6** 。

① 瑝・琇の張兄弟は、死刑になることはなく、棒たたき程度の軽い刑罰で済まされただろうと考えている。
② 瑝・琇の張兄弟は、称賛されて、棒たたき程度の軽い刑罰さえも加えられることはなかっただろうと考えている。
③ 瑝・琇の張兄弟は、大きな罪には問われないが、棒たたき程度の軽い刑罰は自ら進んで受け入れただろうと考えている。
④ 瑝・琇の張兄弟は、罪を問われる前に、本当に罪を犯したか真実を明らかにしてもらえただろうと考えている。
⑤ 瑝・琇の張兄弟は、君子であるとの名声を得ることができて、孝行の心を広めることが叶っただろうと考えている。

問6　傍線部Ｅ「有㆓此異同㆒」の説明として最も適当なものを、次の①～⑤のうちから一つ選べ。解答番号は 7 。

① 礼経によると復讐は父母に対する孝子の犠牲を称賛して人としての道を広めるものであるが、法令によると王の天下を秩序づける糸口になるものであるということ。

② 礼経によると復讐は父母のための勇気ある行為であり孝を広める基であるが、法令によると個人的な復讐は禁止して王権秩序を安定させるべきものであるということ。

③ 礼経によると復讐は父の仇を殺したのち自分も死ぬべき行為であるが、法令によると正当な法に依拠しない死刑に相当するべきものであるということ。

④ 礼経によると復讐は孝子の父を思う心により推奨されるものであるが、法令によると殺人行為であり死刑に相当するものであるということ。

⑤ 礼経によると復讐された者・復讐した者ともに死がふさわしいが、法令によると復讐は単に殺人であり行為者は必ず死刑にすべきだということ。

問7 次に掲げるのは、授業の中で【文章Ⅰ】【文章Ⅱ】について話し合った生徒の会話である。会話中の発言①～⑧のうち、**適当でないもの**を二つ選べ。ただし、解答の順序は問わない。解答番号は 8 ・ 9 。

① 生徒A――復讐というと恐ろしいイメージがあるけれど、【文章Ⅱ】を読むと、その是非にはさまざまな考え方があることがわかるね。

② 生徒B――そうだね。【文章Ⅰ】からは、敵討ちが起こった場合、官吏の人柄や政治的な立場によって処断に違いがあったことが読み取れるよ。

③ 生徒C――【文章Ⅰ】の張審素の子どもの瑝・琇は、高官であった楊万頃を殺したから、礼経の考えに基づき死刑になったんだよね。

④ 生徒D――いや、死刑になったのは、復讐を善行だと思って容認しようとした張九齢とは違う、私情の混じった李林甫の処断による犠牲と考えるべきだと思うよ。

⑤ 生徒A――政治的な判断もからんでいるけれど、そもそも相対立する部分をもつ礼経と法令の両方の価値観を満たすような処断を下すのは無理なんじゃないかな。

⑥ 生徒B――礼経では親族を殺した者は、「不倶戴天（＝同じ天のもとには生かしてはおけない間柄であること）」として復讐を正当性のある行為だとしているね。

⑦ 生徒C――でも、【文章Ⅱ】の「復讐状」が依拠する礼経の注を正確に読むと、父親を殺した者に対する復讐のみを認めているように理解できるよ。

⑧ 生徒D――だから、【文章Ⅰ】で太宗皇帝が母親である甄ばあさんの仇討ちをした息子を軽微な刑罰で許したことは、【文章Ⅱ】で述べられている礼経の思想を拡大解釈したものといえるんじゃないかな。

模試 第3回

（200点 80分）

〔国語〕

注 意 事 項

1 **国語解答用紙（模試 第3回）をキリトリ線より切り離し，試験開始の準備をしなさい。**

2 **時間を計り，上記の解答時間内で解答しなさい。**
ただし，納得のいくまで時間をかけて解答するという利用法でもかまいません。

3 この回の模試の問題は，このページを含め，42ページあります。問題は4問あり，第1問，第2問は「近代以降の文章」及び「実用的な文章」，第3問は「古文」，第4問は「漢文」の問題です。

4 **解答用紙には解答欄以外に受験番号欄，氏名欄，試験場コード欄があります。その他の欄**は自分自身で本番を想定し，**正しく記入し，マークしなさい。**

5 **解答は解答用紙の解答欄にマークしなさい。**例えば，**第2問**の 10 と表示のある問いに対して③と解答する場合は，次の(例)のように**問題番号**2**の解答番号10の解答欄**の③に**マーク**しなさい。

（例）

2	解答欄								
	1	2	3	4	5	6	7	8	9
10	①	②	●(③)	④	⑤	⑥	⑦	⑧	⑨

6 問題冊子の余白等は適宜利用してよいが，どのページも切り離してはいけません。

7 試験終了後，問題冊子は持ち帰りなさい。

第1問　次の【資料Ⅰ】〜【資料Ⅲ】を読んで、後の問い（問1〜5）に答えよ。（配点　50）

【資料Ⅰ】　インターネットでの人権侵害の事例

大好きなアイドルＫのコンサートに持って行くために、Ｋの顔写真入りのうちわをインターネットの通信販売で購入したミドリさんは、品物が届いて驚きました。販売画面では、Ｋの笑顔が美しくプリントされた丈夫なつくりのうちわに見えたのですが、実物は薄いプラスチックで、大きく振るとグニャグニャとなってしまいます。不(ア)ユカイに思ったミドリさんは、同じ物を買った友人にその話をすると、彼女もやはり同様の感想を持っており、販売会社に商品の質に対するクレームの電話をしたが、聞き入れてもらえなかったということを教えてくれました。そこでミドリさんは、きっと自分と同じ気持ちでいる人が多くいるに違いないと思い、あるインターネットの掲示板に、通信販売の会社が売っている品はサイトにあげているものとは別物の不良品で、その会社の社長は誠実さやモラルに欠ける経営者にちがいない、といった(イ)チュウショウを書き込みました。友達と一緒に会社を批判してすっきりする、その程度の軽い気持ちでした。もちろん(ウ)トクメイです。

後日、ミドリさんの家に地方裁判所から訴訟が提起された旨の通知が届きます。通信販売の会社が、インターネットの掲示板の書き込みによって名誉が棄損されたというものです。この会社による「発信者情報開示請求」によって、プロバイダの契約者であるミドリさんの父親が特定され、原告として通知が届いたのです。

（Ｚ会オリジナル文章による）

【資料Ⅱ】

［1］名誉権

「名誉」といっても様々な意味がありますが、法律上でＡ名誉棄損というときの「名誉」とは、ある人が社会から受けている客観的評価のことを指します。

人が社会でどのような評価を受けているか、ということは、その人が社会生活を営むうえで重要なものです。こうした社会的評価を低下させることは、その人の尊厳が傷つけられるため、人権として守られるべき権利と考えられています（名誉権として憲法13条により保障されます）。

なお、指摘した事実が真実であれば名誉棄損にはならない、という誤解がありますが、真実であってもそれが人の社会的評価を低下させる場合には名誉棄損になる可能性があります。

ただし、政治家による不正など、社会に広めることが必要な事実もあります。そこで、公益目的で公共の利害に関する事実を摘示することは、それが真実であること（あるいは真実であると信じるに足る根拠があったこと）を要件として正当な行為として許されることになっています。

[2]インターネットにおける人権侵害

さて、このように人の名誉は厚く保護されているのですが、インターネット上の掲示板やSNSでは、人の名誉を貶《おとし》める投稿が後を絶ちません。

今回は名誉棄損の事例を取り上げましたが、ほかにも無断で個人の住所や氏名がインターネットにさらされるような事例や、人の写真が無断で投稿されるケースもあります。前者はプライバシー権の侵害、後者は(エ)ショウゾウ権の侵害として、同様に問題になることが多いものです。

[3]削除を要求することができるか

こうした人の権利を侵害する情報がインターネットにアップされた場合に、サイトの管理者やプロバイダに削除を要求することはできるのでしょうか。

被害者の側からすると、「名誉毀損《きそん》だ。即刻削除してくれ！」という要求をするでしょう。しかし一方で発信者は、「みんなの利益となる事実だ。公にして是正させるためにネットに載せたんだ」という主張をするでしょう。

プロバイダは、削除しても、しなくても、両方から損害賠償責任を追及される恐れがあり板挟み状態に陥ります。これでは権利を侵害する投稿も削除することができず野放しになってしまいます。

そこで、プロバイダの責任に制限をかけるため、いわゆるプロバイダ責任制限法、という法律が制定されました。

[4] プロバイダ責任制限法上の送信防止措置

プロバイダが記事の削除（法令上「送信防止措置」といいます）に応じた結果、実は後からそれが公益目的の正当な記事だったと判明するようなこともあります。プロバイダ責任制限法では、こうした場合でも、削除した時点で、①プロバイダがその記事によって他人の権利が不当に侵害されていると信じるだけの相当な理由があるか、または②情報の発信者に削除に同意するかどうか問い合わせても7日以内に返答がなければ、記事を削除しても、あとから損害賠償責任を負わされないとされています。

逆に、被害者からの削除要求に応じない結果、プロバイダが損害賠償請求される可能性もあるわけですが、こうした場合でもプロバイダが権利侵害を知っていたか、知ることができたような場合でない限りは損害賠償責任を負わないとされています。

このように法律でプロバイダの責任を軽減してあげることで、権利侵害の速やかな救済が図れるように工夫されているのです。

[5] 発信者情報開示請求

B プロバイダ責任制限法は発信者情報の開示という手続きも定めています。

いかにインターネットのトクメイ性が高いといっても、インターネットの入り口であるインターネット業者[注1]（接続プロバイダ）や携帯電話会社には利用者の住所や氏名などの個人情報があります。

もっとも、利用者の個人情報はプライバシーにかかわるものですし、通信の秘密は憲法で保障されていますから、こうした情報が安易に開示されることはありません。しかし、それではインターネット上で権利を侵害された人の救済ができませんので、一定の手続で記事を投稿した人の情報（以下、「発信者情報」と略します）が開示されるようになっているのです。

プロバイダ責任制限法では、①その情報の流通による権利の侵害が明らかで、②発信者情報が損害賠償請求権の(オ)コウシのために必要である場合その他正当な理由があるときには、インターネットプロバイダ等に対して発信者の情報の開示を請求できるとされています。

多くの投稿では（中略）、記事が投稿されたコンテンツプロバイダ（注2）に対する請求でＩＰアドレスを特定して、そのＩＰアドレスに基づいて接続プロバイダなどに再度開示請求を行う、という手順で記事を投稿した人の氏名や住所などの個人情報の開示までたどり着きます。

（澤《さわ》田《だ》真《しん》哉《や》「ＩＴ・情報と法律問題」による）

（注）1　接続プロバイダ――インターネット接続の際の電気通信役務を提供する組織。
2　コンテンツプロバイダ――検索サービスやニュース配信など、デジタル化されている情報を提供する事業者。

【資料Ⅲ】

日本国憲法第13条

すべて国民は、個人として尊重される。生命、自由及び幸福追求に対する国民の権利については、公共の福祉に反しない限り、立法その他の国政の上で、最大の尊重を必要とする。

第三十四章　名誉に対する罪（刑法）〈抄〉

（名誉毀損）

第二百三十条　公然と事実を摘示し、人の名誉を毀損した者は、その事実の有無にかかわらず、三年以下の懲役若《も》しくは禁錮《きんこ》又は五十万円以下の罰金に処する。

（公共の利害に関する場合の特例）

第二百三十条の二　前条第一項の行為が公共の利害に関する事実に係り、かつ、その目的が専ら公益を図ることにあったと認める場合には、事実の真否を判断し、真実であることの証明があったときは、これを罰しない。

2　前項の規定の適用については、公訴が提起されるに至っていない人の犯罪行為に関する事実は、公共の利害に関する事実とみなす。

3　前条第一項の行為が公務員又は公選による公務員の候補者に関する事実に係る場合には、事実の真否を判断し、真実であることの証明があったときは、これを罰しない。

（損害賠償責任の制限）〈抄〉

平成十三年法律第百三十七号

（注）特定電気通信役務提供者の損害賠償責任の制限及び発信者情報の開示に関する法律（抄）

第三条　特定電気通信による情報の流通により他人の権利が侵害されたときは、当該特定電気通信の用に供される特定電気通信設備を用いる特定電気通信役務提供者（以下この項において「関係役務提供者」という。）は、これによって生じた損害については、権利を侵害した情報の不特定の者に対する送信を防止する措置を講ずることが技術的に可能な場合であって、次の各号のいずれかに該当するときでなければ、賠償の責めに任じない。ただし、当該関係役務提供者が当該権利を侵害した情報の発信者である場合は、この限りでない。

一　当該関係役務提供者が当該特定電気通信による情報の流通によって他人の権利が侵害されていることを知っていたとき。

二　当該関係役務提供者が、当該特定電気通信による情報の流通を知っていた場合であって、当該特定電気通信による情報の流通によって他人の権利が侵害されていることを知ることができたと認めるに足りる相当の理由があるとき。

2　特定電気通信役務提供者は、特定電気通信による情報の送信を防止する措置を講じた場合において、当該措置により送信を防止された情報の発信者に生じた損害については、当該措置が当該情報の不特定の者に対する送信を防止するために必要な限度において行われたものである場合であって、次の各号のいずれかに該当するときは、賠償の責めに任じない。

一　当該特定電気通信役務提供者が当該特定電気通信による情報の流通によって他人の権利が不当に侵害されていると信じるに足りる相当の理由があったとき。

二　特定電気通信による情報の流通によって自己の権利を侵害されたとする者から、当該権利を侵害したとする情報（以下この号及び第四条において「侵害情報」という。）、侵害されたとする権利及び権利が侵害されたとする理由（以下この号において「侵害情報等」という。）を示して当該特定電気通信役務提供者に対し侵害情報の送信を防止する措置（以下この号において「送信防止措置」という。）を講ずるよう申出があった場合に、当該特定電気通信役務提供者が、当該侵害情報の発信者に対し当該侵害情報等を示して当該送信防止措置を講ずることに同意するかどうかを照会した場合において、当該発信者が当該照会を受けた日から七日を経過しても当該発信者から当該送信防止措置を講ずることに同意しない旨の申出がなかったとき。

（注）　特定電気通信役務提供者――プロバイダ・サーバーの管理者・運営者など。

問1　傍線部(ア)～(オ)に相当する漢字を含むものを、次の各群の①～⑤のうちから、それぞれ一つずつ選べ。解答番号は 1 ～ 5 。

(ア)　ユカイ　1
① 改めるようセツユする
② 政治家とユチャクしていた
③ ユエツに浸っていた
④ ヒユ表現を用いる
⑤ 香港をケイユした

(イ)　チュウショウ　2
① 無作為にチュウシュツした
② チュウバイカ
③ チュウセイを誓った
④ 和洋セッチュウ
⑤ キョウチュウを打ち明けた

(ウ)　トクメイ　3
① フトクの致すところだ
② 現場カントク
③ 情報提供者をヒトクする
④ 奥義をエトクした
⑤ 彼はトクシ家だ

(エ)　ショウゾウ　4
① フショウの息子
② リョウショウを得た
③ 平和をテイショウする
④ コウショウな趣味
⑤ すべてショウアクしている

(オ)　コウシ　5
① センコウは哲学だ
② 改革をダンコウする
③ 世界キョウコウ
④ 医療費コウジョ
⑤ カッコウのチャンス

問2 傍線部A「名誉棄損」とあるが、**【資料Ⅱ】**・**【資料Ⅲ】**を踏まえて「名誉棄損」にあたる可能性のある事例として最も適当なものを、①～⑤のうちから一つ選べ。解答番号は **6** 。

① レストランが特定できる名称や場所を明記して、「金額のわりにはおいしくなかった」という感想を、公開範囲が限定されている自分のSNSにアップした。

② 通勤ラッシュ時の人々が多く行きかう駅前で選挙運動を行う候補者が、演説の中で他党の党首の掲げた政策を批判することで、聴衆の共感を促した。

③ ある会社の社長の顔つきから、この人物はいかにも秘書につらく当たっていそうだという印象を持ち、その印象が事実であるかのように、公開範囲を限定していないSNSに書き込んだ。

④ ある政治家が過去に道路改良工事の公共入札の不正の仲介を行って見返りに金銭を受け取った、という物的証拠と証言を得て、それを政治家自身に確認せずに新聞記事として公開した。

⑤ インターネット通販でイヤホンを購入した後、その商品評価コメント欄に、「商品説明で言われているほど音はよくない」という書き込みをした。

問3　傍線部B「プロバイダ責任制限法」について、**【資料Ⅲ】**を踏まえて説明したものとして**適当でないもの**を、次の①〜⑤のうちから**二つ**選べ。解答番号は［7］・［8］。

① 個人の住所や氏名などをインターネット上にさらすなどのプライバシー権の侵害や、顔写真を無断で載せるなどの人権侵害があった場合、侵害を受けた当事者から削除を要請されたプロバイダは、人権保障の観点から早急に削除するものとし、それを怠れば、いかなる場合でも損害賠償責任を追及される可能性がある。

② 権利を侵害されたとする者から、侵害にあたる情報をプロバイダに削除するよう申し出があった場合に、情報を書き込んだ相手に対して削除に同意するかどうかを照会してから七日経過しても、その旨を承諾しないという意思表示がなければ、削除によって情報の発信者に生じた損害についての責任を負わなくてもよい。

③ 違法な情報や有害な情報、特定の個人を傷つけるような情報が公然と流通する中で、プロバイダが権利を侵害している情報の存在を認知したうえで、それを削除しなかった場合でも、プロバイダは無関係であり、傷つけられた当事者個人の名誉に対する責任を負う必要はない。

④ ある情報によって第三者の権利が不当に侵害されていることが真実であると明らかに判断できるとしてその情報を削除した結果、侵害された者とその情報を発信した者との間で、もともとの情報の発信者側に損害が生じた場合でも、プロバイダは責任を負う必要はない。

⑤ 不特定多数が閲覧可能なインターネットの掲示板などにおいて、誹謗《ひぼう》や名誉棄損だと思われる書き込みがなされた場合、書き込まれた情報の当事者は、発信者の情報の開示や情報の削除をプロバイダに要求することができるが、必ずしも削除の要求が通るわけではない。

問4 次に掲げるのは、**【資料Ⅰ】**～**【資料Ⅲ】**を読んだ生徒が話し合っている会話文である。これを読んで、後の問いに答えよ。

生徒A――ネット上の個人情報や名誉棄損の問題は、私たちにとっても他人事じゃないよね。

生徒B――たとえば部活でのいざこざで、つい学校名や個人名が特定できるような書き込みをSNSでしてしまったり、悪意はなくても一緒に撮った写真を第三者が公開してしまったことで思わぬトラブルに巻き込まれたりっていう話も聞くよね。

生徒A――名誉を守るために法律が適用されるというのはわかったけど、子どもどうしのトラブルは、大人のケースよりも丁寧に解決を考えないといけないこともあるんじゃないかな。たとえば悪口を書き込んだ当事者が、実はその相手から不当な嫌がらせを受けていて、いたたまれなくなってついやってしまった場合とか。

生徒B――なるほど。そういう書き込みはよくないけれど、人間関係や子ども自身の心の問題をケアしていくことの両輪で解決を図るべきだね。その点では、法律というものも万能な問題解決策ではないってことか。

波線部「法律というものも万能な問題解決策ではない」とあるが、そのように言えるのはなぜか。会話文の事例に当てはめて説明しているものとして最も適当なものを、次の①～⑤のうちから一つ選べ。解答番号は 9 。

① 自分の名誉がインターネット上の書き込みで不当に傷つけられた際の救済を申し立てたとしても、法律は特定電気通信役務提供者をはじめとしてさまざまな立場を守るようにも作られており、名誉棄損を受けたとする者に不利に働く場合もあるから。

② 法律の規定を適用しても、名誉を傷つけたという事実を認めて加害者の側に損害賠償や刑罰を負わせるだけであり、特にその根底にある人間関係の軋轢《あつれき》を解消するには至らず、同じようなケースが生じる可能性を排除する結果とはなりにくいから。

③ 名誉棄損にあたる書き込みが事実であるかを認めることが重視されているため、加害者側がそのような行為に至るまでに当事者間にどのような軋轢が生じていたのかについての検証や、実際の名誉の回復は、当事者個人に委ねられてしまうから。

④ 刑法においては、名誉棄損の加害者に対する罰則が、三年以下の懲役若しくは禁錮又は五十万円以下の罰金という軽微なものになっているため、この書き込みによって名誉を棄損された側の精神的な苦痛が解消するには至らないから。

⑤ 未成年による名誉棄損の場合は、インターネット教育の充実や、被害者・加害者の両方に対する心のケアも含めて法律として整備すべきであり、罰則の適用だけは不十分だから。

問5 **【資料Ⅰ】**～**【資料Ⅲ】**を踏まえた説明として**適当でないもの**を、次の①～⑤のうちから一つ選べ。解答番号は 10 。

① インターネット上の書き込みがたとえ事実であることが明らかであっても、書き込まれた側の社会的信用や評価を著しく低下させてしまった場合には、名誉棄損の事例にあたる可能性がある。

② いわゆるプロバイダ責任制限法は、表現の自由を主張する発信者と名誉棄損の被害者の間に立つプロバイダの責任を軽減することで、権利侵害にあたる情報の削除の有無の判断やその対応に関して速やかなアクションを起こしやすいようにしている。

③ 発信者情報の開示を請求する場合には、個人情報保護の見地から、まずコンテンツプロバイダに対して名誉棄損の事実を訴え、それが事実と認定された段階で接続プロバイダに再度名誉棄損が立証されてはじめて、ＩＰアドレスが開示されるに至る。

④ すべての国民は個人として尊重されるが、いくら個人の意見といっても、人の名誉を貶めるものや他人の個人情報を含むものを不特定多数に公表することは問題が発生するケースが多いので注意が必要である。

⑤ 社会から受けている客観的評価というものは、社会的生活を営む上で重要なものであり、それが低下した場合には著しい不利益を被ることになるため、名誉は憲法において守られるべきものだと定められている。

第2問　次の文章を読んで、後の問い（問1〜6）に答えよ。（配点　50）

　実家を建て替えたとき、小さなガレージを造った。正確には車入れと呼ぶべき代物で、いちおう家の内部とつながっているため、道路に面するシャッターを除いた三方は壁になっており、隣家と接している一面に設けられた**a**天窓から光を採り込んだり空気を入れ換えたりしていたのだが、窓といっても木枠の引き戸だから、小魚の尻尾のかたちをした平たい鍵のつまみを回すのが楽しくて、用もないのによく開け閉めしていたものだ。

　その窓のある壁際に、やがてさまざまな物が積まれていつしか山をなし、開け閉めどころか窓に近づくことさえ難しくなっていった。当然、車を収める余裕はない。車入れは、黴《かび》臭い物入れに変貌《へんぼう》してしまったのである。しかし子どもにはそれがかえってよい方向に働いた。運び込まれた工具や板切れを使えば、たちどころに秘密基地を組み立てることができたからだ。

　日野啓三の短篇集『天窓のあるガレージ』を手にしたとき、そのようなわけで私はすぐさま表題作の主人公である少年の内面に同化することができた。少年の家のガレージは、一度空《から》になっている。収まるべき自動車が事故で大破し、修理もされなければ買い替えられることもなかったためだ。車の影が消えたあとのがらんとした箱のなかで、やがて彼は壁にボールをぶつけて孤独なキャッチボールに興じたり、自転車の練習をしたりするようになる。

　ところが、小学校の高学年から中学二年までのあいだ、彼はほとんどガレージに近寄らなかった。事の成り行きとして、不要な物たちがどんどん積みあげられていった。ふたたびガレージに入ると、母親が使っていた旧式のラジオカセットで「ニューウェーブのロック」を流しながら、コンクリートの冷たい床の上で腕立て伏せに励み、がらくたを整理し、押し込められていたスチールの机や書棚を救い出して自分だけのコーナーを立ちあげた。

　A面白いことに、当初彼はガレージに注いでいる光の源に気づいていなかった。ガレージで遊ぶときには、雨の日でないかぎり、たいていシャッターを上げるか半開きにするかして光を採り込む。だから十分に明るいのだ。五十の断章で構成された「天窓のあるガレージ」の冒頭二章は、以下のようになっている。

ガレージには天窓があった。　1

少年は長い間、それに気づかなかった。　2

b天窓なんてどうでもいいと思っていたわけではない。ボールをきちんと跳《は》ね返してくれる壁の方が大切だったのだ。日野啓三は、少年の心の動きをわずか二行でみごとに表現している。

それにしても、子どもの頃《ころ》に覚えた言葉の意味、というより言葉そのものをめぐる触感的な記憶はなかなか抜けないもので、私はずっと、天窓という言葉を通常よりも高い位置にある窓の意と解釈していた。外を眺めるためのものではないからどんなに小ぶりでもかまわないし、磨《す》りガラスを嵌《は》めて向こうが見えなくても、脚立や梯子《はしご》を使わなければ手が届かないほどの高さにあっても、機能的にはなんら問題はない。

実際、これまで通ってきた教育施設の体育館などには、かならずc天窓があった。仮設の舞台を組んだり映画を上映したりする複合施設だから、天井近くの壁際にずらりと並んだすべての開口部に、暗幕というか黒い遮光《しゃこう》カーテンを引いて明るさを調整できる仕掛けになっていた。中学、高校を通して私は卓球をやっていたのだが、白いボールが見えにくくなるのを防ぐため、よく晴れた日になるとこの重いカーテンを引いて館内を真っ暗にしてから水銀灯で明かりを採るという、カラーボールの使用が認められるようになった現在からすると信じられないような環境で練習に精出していた。少なくとも六年間は、天窓は光を採るのではなく遮断するためのものだったのである。ただし、ここでの天窓とはあくまで壁面上部にある窓、すなわち高窓と同義で、両者のあいだに厳密な区別はなく、みな「d天窓に暗幕を引く」という言い方をしていた。

そんなわけで、日野啓三の小説の冒頭に魅せられ、先を読み進めているあいだも、私は途中まで、天窓とは高窓のことだとばかり思っていたのである――、第十八章で、次の一節に出会うまでは。

ある夜、天窓が妙に明るいことに、少年は気づいた。

いつも天窓は昼間ぼんやりと薄明るく、夜は茫々《ぼうぼう》と暗いだけなのに、澄んだ水中を覗《のぞ》きこむように冴え冴えと青く、しかしその青色が燐光《れんこう》を含んだように冷たく光って見えたのだ。

真下に立って、改めて天窓を見上げた。

コンクリートの分厚い天井に円筒状の穴があいていて、先端に直径約三十センチの丸いガラスがはめてある。その円筒の途中に、蜘蛛《くも》の巣が見えた。きれいに張りめぐらされた巣の糸が、ガラスの彼方からの不思議な光を受けて、銀色にきらめいていた。

仰向けにならなければよく見えない、夜空に垂直に向けられた望遠鏡。いや、船から水中を覗き込むガラス窓をさかさまにする要領だろうか。翌日、おなじように見あげると、そこには蜘蛛の巣も蜘蛛の姿もなかった。逃げ場などないと思われた空間から、虫はやすやすと出て行くのである。

少年の内面は、さほど深く描き出されてはいない。しかし、父親と波長が合わず、学校生活になんら意義を感じていない鬱屈《うっくつ》した気持ちは、幻のような蜘蛛の逗留と逃走に重ねられているようにも読める。母親からの借り物だったラジカセを、貯めた小遣いで買った最新型と入れ替えて、彼はガレージにこもった。コンクリート、スチール、シンセサイザー。パーソナルコンピュータが市販される直前の、いまとなっては懐かしさすら感じられる最先端の舞台装置に、彼は流し台やお手洗いを加えてほしいと、こんなときだけ父親に訴える。ぬくもりのある事物を排除してできあがった(ア)無機物のガレージにライフラインさえあれば、想像のなかでこの世のしがらみを断ち切り、そのままシェルターもしくは宇宙船を幻出させることができるのだ。開閉不可能な丸い窓は四十数億の孤独を抱えた青い球体を見つめるための装置に、蜘蛛の巣は電波をキャッチするしなやかなアンテナになる。

宇宙船の船室にとじこもってひとり飛び続けているのだ、と少年はガレージの中で考える。ひとりでも別に退屈ではない。故郷の星の記憶はない。もしかすると、故郷の星を飛び立ったのは、実はもう何代も何十代も前の祖先のときで、自分は宇宙船の中で生まれたにちがいない。（第二十七章）

内面の宇宙に彼は飛び立つ。もっとも、シャッターを上げた宇宙船には、ときどき見知らぬ若者や子どもや老人たちが悪意なく侵入してくるし、少年自身、船外活動としてみずから屋根にのぼり、外から e 天窓の拭《ふ》き掃除をしたりする。家は道路に面したガレージの脇から石段を上がったところにあるため、ガレージの屋根が母屋の一階の床とおなじ高さになっていて、地上と地下が混在する構造になっているのだが、内から外を仰ぎ見ることはできても外から内を恒常的に見下ろすことのできないガラスを磨くのは、彼があくまで B 精神的な窓としてその円筒と向かい合っていることの証左だろう。出入りにまったく関係のないその窓を透かして、少年は自身の姿を幻視し、床に崩れ落ちるほどの (イ) 陶酔を感じる。自分の身体に聖霊が入り込む。そう彼は確信し、床に仰向けになって天井を見あげる。

視野の中央に、明るい円が浮き出して輝いていた。冷たいほど白々と冴えながら、ねっとりと甘美な濃い黄色である。晴れ晴れと澄んだ気持と、温く抱きかかえられるようなやさしい思いとが溶け合って、体じゅうをみたし始める。（第四十五章）

視線を上に向けるだけでは不十分だ。視線が仰角どころか直角に、垂直にのび、しかも身体が想像のうちで浮遊しているような、冷静かつとろけた状態を保ちながら見あげること。そのためには、ぬるい湯を張った浴槽ではなく、ひんやりした手術台のような場所に横になるのがいい。天の中央にある窓。あちらとこちらの交信を媒介するという意味では、サン・ピエトロ寺院のドームの頂点のような、ガラスもなにも入っていない穴に近い、(ウ) 野放図にして高貴な精神性を継承したものだとも考えられる。

だから、少年は天窓の彼方に「透明な青い闇」を見出すのだ。ガレージの外の宇宙は、漆黒ではなくて青い闇である。沈黙の支配するコンクリートとスチールの宇宙船から蘇生したとき、彼はある意味で生まれ変わり、窓の外を眺める術を習得して、「かつて意識したことのない力を、深く身内に感じながら」、一九八〇年代に飛び出していく。「私」語りの形式から離れつつ、物質や空間との感性的な同一化を果たして、彼は、夢の島、エアーズ・ロック、カッパドキアといった、新旧の驚くべきガレージに聖霊を見出すことになるだろう。さらに、一九九五年に刊行された長篇『光』（文藝春秋）に到ると、空想のなかの宇宙飛行士の陶酔は、月面から戻った現実の宇宙飛行士の苦悩と再生の劇に姿を変えているだろう。

天窓が矩形《くけい》ではなく船窓のように円形で、しかも天の中心の手の届かない高さに位置し、その光が読書を通して私たちの身体に注がれるとき、C世界の風景は一変する。言葉の宇宙の青い闇は、私たちを深々と吸い込んで、容易に逃してはくれない。

（堀江敏幸『戸惑う窓』による）

問1 傍線部(ア)〜(ウ)の本文中における意味として最も適当なものを、次の各群の①〜⑤のうちから、それぞれ一つずつ選べ。解答番号は 1 〜 3 。

(ア) 無機物 1
① 生命的な温かみのないもの
② 想像力をかきたてないもの
③ 面倒なしがらみのないもの
④ 古臭さを感じさせないもの
⑤ 電気を使用していないもの

(イ) 陶酔を感じる 2
① 落ち着きがなくなる
② 心地よい気分に浸る
③ 小さな違和感を抱く
④ 強い衝撃を受ける
⑤ 悪い予感を覚える

(ウ) 野放図 3
① 荒々しい力に満ちあふれている
② 落ち着きがあって安定している
③ 攻撃的で危うさを感じさせる
④ 自由で何にもしばられていない
⑤ 高い位置にあって手が届かない

問2　波線部a〜eの「天窓」を、問題文の記述に沿ってⅠ・Ⅱの二つのグループに分けるとすると、どのように分けたらよいか。その組合せとして最も適当なものを、次の①〜⑤のうちから一つ選べ。解答番号は 4 。

① Ⅰ　b・c・d ―― Ⅱ　a・e
② Ⅰ　c・d ―― Ⅱ　a・b・e
③ Ⅰ　a・c・d ―― Ⅱ　b・e
④ Ⅰ　a・d ―― Ⅱ　b・c・e
⑤ Ⅰ　c・e ―― Ⅱ　a・b・d

問3 傍線部**A**「面白いことに」とあるが、筆者はどのような点を「面白い」と言っているのか。その説明として最も適当なものを、次の①～⑤のうちから一つ選べ。解答番号は 5 。

① 壁を相手にしたキャッチボールばかりしていて壁以外のものが目に入らなくなっていく様子が、少年の孤独に対する共感を呼び起こす点。

② ガレージに近寄らない間にものがたまってしまうエピソードが、大切なものを失った際に生じた少年の迷いを端的に表している点。

③ シャッターが開いている間は十分明るいために気づかなかったが、夜になると少年の目にも光が見えてくるといった逆説が描かれている点。

④ 小学校低学年まで社会や自分の内面といったものにあまり関心が向いていなかった少年の様子が、作品の冒頭から浮かび上がってくる点。

⑤ 天窓から光を採り込めば、ガレージがさらに明るく快適になることに気づかなかったことが、少年の未熟さを明らかにしている点。

問4　傍線部B「精神的な窓としてその円筒と向かい合っている」とは、どのようなことか。その説明として最も適当なものを、次の①～⑤のうちから一つ選べ。解答番号は 6 。

① 中の様子を知るためでも通行に使用するためでもなく、少年は自我の殻の中に閉じこもりながらも自己と社会のつながりを知るために天窓を仰ぎ見ている、ということ。

② 外を眺めて景色を見るための窓として磨いたのではなく、ふだんは周囲から見下されがちな少年が、外から見下ろされる恐れのない空間の中に身を置くことで安心している、ということ。

③ 出入りに無関係な、実用性のない窓をわざわざ磨くという、本人から見ても無意味な行為にあえて没頭することによって、社会とのしがらみを断とうとする姿勢を示している、ということ。

④ ガレージの構造上、天窓は光を採り込む上で役に立たないものではあるが、闇を室内に取り込み、自分だけの世界に浸る上では欠かせないものとして手入れをしている、ということ。

⑤ 円形の窓を、少年は広がりのある面としてとらえていたのではなく、奥行きのある筒としてとらえており、自分の内面の奥深くにいる「聖霊」と出会うために窓から外を眺めている、ということ。

問5 傍線部C「世界の風景は一変する」とあるが、どのようなことを言っているか。その説明として最も適当なものを、次の①～⑤のうちから一つ選べ。解答番号は 7 。

① 宇宙という広大な世界を空想し、疑似体験することによって、現代社会の進歩についても興味関心が深まる、ということ。

② 孤独な時間を過ごすことによって、むしろ周りの人たちから見守られて過ごしているのだということを知り、安心感が得られる、ということ。

③ 「天窓」を通して自分の心と向き合うことによって、自我を確立しつつ、自分は世界に生かされているのだと肯定できるようになった、ということ。

④ 降り注いでくる光の下に横たわり、青い闇をのぞき込むことによって、ものごとには二面性があるのだと気づき、視野が広がる、ということ。

⑤ 想像の中で世の中とは隔絶された空間に浸ることによって、世俗的な感情を断ち切って社会の中で生き抜いていく覚悟が生まれる、ということ。

問6 この文章の表現について、次の(i)・(ii)の問いに答えよ。

(i) この文章の表現に関する説明として最も適当なものを、次の①～④のうちから一つ選べ。解答番号は 8 。

① 「開け閉めどころか窓に近づくことさえ……」「視線が仰角どころか直角に……」などの強調表現によって、ガレージ内部の様子を読者が的確に想像できるように書かれている。

② 「懐かしさすら感じられる最先端の舞台装置」「冷静かつとろけた状態」などの相反する表現によって、少年が大人に成長していく上で経験する心の揺れ動きが描き出されている。

③ 「光を採るのではなく遮断するためのもの」「漆黒ではなくて青い闇」などの直前を否定する表現によって、ものごとの多面性が強調され、読者に考える機会を与えている。

④ 「内から外を仰ぎ見ることはできても外から内を恒常的に見下ろすことのできないガラス」という表現によって、他人を見下しがちな少年の内面に抱える歪《ひず》みが描き出されている。

(ii) 筆者は日野啓三の作品を引用しながら文章を進めているが、その引用の効果の説明として最も適当なものを、次の①～④のうちから一つ選べ。解答番号は 9 。

① 比喩的な表現を多用することにより少年の心境の変化を描いている日野の作品を引用することで、筆者自身がその魅力をつかみ損ねて戸惑う気持ちを表現している。

② 少年の心情を表す豊かな色彩表現が用いられている日野の作品を引用することで、少年の心情を読者に直感的に伝えることができ、内容に深みを与えている。

③ 短い文のたたみかけをくり返すことにより文章にリズムを生み出している日野の作品を引用することで、筆者自身の回顧表現とは異なる、その表現の面白さを際立たせている。

④ 世間との関わりを遮断することで安堵《あんど》する少年の様子が書かれた日野の作品を引用することで、筆者独自の解釈を加えながら論理的に説明している。

第3問 次の文章は『転寝草紙《うたたねのそうし》』の一節である。ある公卿《くぎょう》の姫君は、ある日のうたたねの夢の中で美しい貴公子から恋文を贈られ、それ以降、夢の中で何度もその男性と契りを結んだ。以下の文章は、その後、姫君が観音信仰で有名な石山寺に参詣した場面である。これを読んで、後の問い（**問1〜6**）に答えよ。（配点　50）

夜うち更くるほどに、隣なる局《つぼね》は、かの紫式部（注1）が、源氏の物語作りしその所とかや、まづめづらしく見まほしく思《おぼ》すに、いとよしある声気配して、「宰相《さいしやう》（注2）中将」と呼ぶは、殿の左大将殿（注3）なるべし。その中将と聞こゆる人の声にて、

X「さても何事の御祈りにか、司召《つかさめし》（注4）もほど近くて、朝廷《おほやけ》、私《わたくし》の御いとまもありがたき頃しも、かく参り籠《こも》り給《たま》ふは、いといぶかしく思ひ給へらるるにつけて、御袖《そで》の上も、おほかたの露の秋には、ことわり過ぎぬるさまになん、見なし奉るに、ほのかにも、その故と語り聞こゆることのおはせぬこそ、御心の隔ても深く、恨めしく侍《はべ》れ。罪障懺悔《さんげ》（注5）とかやにもなずらへて、わざとこの御参りのついでに、かつ語り聞こえ給へ」

と、せちに恨み給へば、

Y「いさとよ、夜語らず（注6）といふは、夢のことなるものを。とてもかくてもかう恨み給ふ上に、今日まで参り籠るも、少しも思ひの行方や、晴るるすべもあらんと、念じ奉れば、仏に任せ聞こゆる身なれば、思ひつつみても詮《せん》なし」

など、うちとけ給ふさまの、夢に通ひつる人に、少しもたがはずおぼゆるにも、まづ胸騒ぎて、せちに見まほしきに、御供の人々は、今日の道に(ア)いたくくづほれぬるにや、いといぎたなくて、大殿油《おほとのあぶら》も消えぬるに、隣なる火は、いと赤く見ゆるほど、物の隙《ひま》よりやをらのぞき給へば、なよびかなる狩衣《かりぎぬ》姿に(イ)やつれなし給へる、ただありし夢に、つゆもたがふ所なければ、これもまた例の思ひ寝にやと、かきくらさるる御心を、いたく念じて、聞き見給ふに、「大和《やまと》、唐土《もろこし》は、夢をしるべにて、あるは傅巌《ふがん》（注7）の野にかたちを求め、あるは明石の浦（注8）に、舟をまうけ侍るためしは、みなたしかに、思ひ合はするうつつもあることなるに、これは去年《こぞ》の弥生の末つかた、女のもとよりとおぼしくて、しなやかなる藤にむすびて、

A　頼めただ思ひ合はする思ひ寝のうつつにかへる夢もこそあれ

とありしを見しより、宵《よひ》々ごとの夢には、かなたに訪《と》ひ、こなたに迎へて、(注9)つらなる枝の枯れぬ色を誓ひ、並ぶ翼の、分かれぬ中を思ひて、この二歳《ふたとせ》ばかりを過ぐし侍るに、朝廷に仕ふるも、私にかへりみるも、折にふれたる月雪のなさけにも、ただこの夢の行方の、片時のうつつにも、思ひ合はするよすがもがなと、ひしと心にかかるままに、何事も身に添はず。うつし心もなく、身もむげに弱くなりぬるを、とかく念じて、出で仕うまつるになん」と、うちくどき給ふより、ただ我が身の恋しかなしと思ふはかなき夢の契りをのみ、泣きみ笑ひみ、Z語り給ふを聞く心地、ただならむやは。これぞ見しや夢、ありしやうつつ、せんかたなき心迷ひには、声も立てつべく、やがてこの障子をも引き開けて、夜な夜なの契りの行方をも、語り合はせまほしけれど、さすがに女のさるべきことにしもあらねば、心強く忍び過ぐす。我が御心もいとつれなし。さてもはかなき夢ばかりにてだに、なほ面影は忘れがたきを、まいて同じ心の夢物語、同じさまなる姿を見て、このまうはの空に、立ち離れては、片時もながらふべくもなし。またさりとて、人の心をも知らず、(注10)うちひたたけて、言ひ出《いだ》し、慕ひゆくべきことにもあらねば、ただ今の見るを逢《あ》ふにて、(注11)来《こ》ん世の海女《あま》ともなりなば、なかなか絶えぬ逢瀬《あふせ》にもやめぐり合はましと、たけく思しとるにも、母上亡くなり給ひて後は、父大臣《おとど》をのみ頼もしき陰と頼み思ひぬるに、大臣もまた、さばかり(ウ)かなしきことにし給ひしに、今はと先立ちぬべき道の空も、いかに罪深からんと思すはさるものにて、あからさまに出でしを、限りとだに知られ奉らで、明日はいつしか待ち給はんに、むなしく聞きなし給はん、いかばかりか思し嘆かんと思すに、今はと思ひとる際なれば、消えぬる火をともしつけさせて、父君への御文書い給ふ。涙にくれて定かならんやは。

B　嘆くなよつひには誰も消え果てん小萩《こはぎ》が露のあだし命を

（注）1　かの紫式部が……その所とかや——紫式部が石山寺に参籠して『源氏物語』を作ったという伝承が古くからあった。
2　宰相中将——参議で、近衛府（天皇を護衛する役所）の中将を兼ねた者。
3　殿の左大将——「殿」は摂政・関白のこと。「左大将」は左近衛の大将で、「宰相中将」の上官になる。
4　司召——司召の除目《じもく》。在京官庁の官吏任命の儀式。

5　罪障懺悔――解脱《げだつ》・往生の妨げとなるような悪い行いを仏に告白して詫《わ》びること。

6　夜語らずといふは、夢のことなるものを――夜には夢の話をしないものだとする俗信があった。『源氏物語』「横笛」の巻には「かの夢は、夜語らずとか、女房の伝へに言ふなり」とある。

7　傅巌の野にかたちを求め――『書経』に、殷の高宗が夢の中で補佐役を得て、現実に傅巌の野で傅説という人材を見出した、という故事が見える。

8　明石の浦に、舟をまうけ侍る――『源氏物語』「明石」の巻に、明石の入道が、夢のお告げによって、光源氏を明石の浦へと舟で迎え出た話が見える。

9　つらなる枝の……分かれぬ中を思ひて――白居易の「長恨歌」の「在《あ》リテハレ天ニ願ハクハ作《な》ラン二比《ひ》翼《よく》ノ鳥ト一。在リテハレ地ニ願ハクハ為《な》ラン二連《れん》理《り》ノ枝ト一」を踏まえる。そこから「比翼の鳥」や「連理の枝」という成語ができ、ともに夫婦の契りの深いことを表す。

10　うちひたたけて――心が乱れたままで。「ひたたく」は雑然としている・しまりがないことを言う。

11　来ん世の海女ともなりなば――『古今和歌六帖』の和歌「この世にて君をみるめのかたからば来ん世の海人となりてかづかん」を踏まえる。

問1 傍線部(ア)～(ウ)の解釈として最も適当なものを、次の各群の①～⑤のうちから、それぞれ一つずつ選べ。解答番号は 1 ～ 3 。

(ア) いたくくづほれぬるにや 1
① ひどく迷ってしまったのであろうか
② 苦痛で歩けなくなったのであろうか
③ 非常に疲れてしまったのであろうか
④ 苦しくて休んでいるのであろうか
⑤ いささか体調を崩したのであろうか

(イ) やつれなし給へる 2
① わざと目立たない身なりをしていらっしゃるのは
② 表情にあまり精彩がなくていらっしゃるのは
③ やせ細っても優美な様子でいらっしゃるのは
④ ひどく落ちぶれた姿をしていらっしゃるのは
⑤ 華やかな衣装で着飾っていらっしゃるのは

(ウ) かなしきことにし給ひしに 3
① 悲しいことだとお嘆きになっていたのに
② 残念なことだとお思いになっていたのに
③ 不憫《ふびん》なことだと思っていらっしゃったのに
④ 悔やまれることだとおっしゃっていたのに
⑤ かわいい者として扱ってくださったのに

問2 波線部「今はと先立ちぬべき道の空も、いかに罪深からん」についての文法的な説明として**適当でないもの**を、次の①～⑤のうちから一つ選べ。解答番号は 4 。

① 副詞「いかに」が一度用いられている。
② 打消の助動詞「ず」が一度用いられている。
③ 推量の助動詞「べし」が一度用いられている。
④ 推量の助動詞「む（ん）」が一度用いられている。
⑤ 係助詞「も」が一度用いられている。

問3 本文中の会話文**X**（宰相中将の会話）・会話文**Y**（左大将の会話）に見られる心情の説明として最も適当なものを、次の①～⑤のうちから一つ選べ。解答番号は 5 。

① 宰相中将は、公私ともに多忙な左大将があえて石山寺に参詣し、しかも涙がちで悲しそうなのにそのわけを話してくれないので、ひたすら恨めしく思っている。一方、左大将は、もはや心を閉ざすのはやめようと思っている。
② 宰相中将は、朝廷に仕える身の左大将が石山寺に籠《こ》もり仏法を極めようとしていることに対し、なぜそこまでこだわるのか不審がっている。一方、左大将は、今まで参詣の本当の理由を隠してきたことを今後も守り続けようと思っている。
③ 宰相中将は、秋も深まった寒い頃なのに、左大将がわざわざ石山寺に参籠《さんろう》していることに対し、納得できないでいる。一方、左大将は、宰相中将の誤解を解くためにも、今や内心の苦悩を隠していても仕方がないと感じている。

④ 宰相中将は、左大将が何か悩み事を隠して石山寺に参拝しているのを、自分につれない振る舞いだと恨めしく思っている。一方、左大将は、内心の苦悩をなかなか打ち明けられないのも、やむを得ないことだと思っている。

⑤ 宰相中将は、あれこれと自分が忙しい時期に、左大将の石山寺参詣に付き合わされて、強い憤りを感じている。一方、左大将は、いいかげんに仲違いをやめて、宰相中将に自分の内心のつらさをわかってほしいと思っている。

問4 傍線部**Z**「語り給ふを聞く心地、ただならむやは」とあるが、その説明として最も適当なものを、次の①～⑤のうちから一つ選べ。解答番号は 6 。

① 宰相中将は、左大将に対して、夢の中で契った女性と現実世界で逢うための方法を助言している。それを姫君が聞き取って、夢の中だけでなく、実際にこれから左大将と逢えるのではないかと強く期待している。

② 宰相中将は、隣の部屋にいる女性こそ左大将の夢の中に現れた姫君なのではないかと述べている。それを左大将が聞き、この不思議な偶然にどう対処すればよいのかわからず、半信半疑のままひどく心を乱している。

③ 姫君は、夢の中で逢った男性が隣の部屋にいると知り、自分の見た夢の話を宰相中将に伝えた。それを聞いた左大将は、その女性が夢の中で契りを結んだ姫君なのかどうか、ぜひ真実を確かめたいと強く思っている。

④ 左大将は、自分の夢に現れた姫君と隣室の女性とが同じ姿なので、同一人物かどうか確かめたいなどと述べている。それを聞いた宰相中将は、そんな夢のような出来事が現実にあるものだろうかと強く疑っている。

⑤ 左大将は、姫君が見た夢の内容と同じ話を語り、夢の中で逢瀬を重ねた女性と現実でも逢える縁がほしいのになどと述べている。それを姫君が聞いて、夢の中で結ばれた男性が隣の部屋にいるとわかって動揺している。

問5　本文中の和歌**A**・**B**に関する説明について、五人の生徒から出された発言①～⑤のうちから、最も適当なものを一つ選べ。解答番号は［7］。

①　生徒A――**A**は、三句切れの歌で、好きな人を夢に見ると実際に恋が成就するかもしれないと頼りにしなさい、という意味だと思う。**B**は、倒置法が用いられた歌で、結局現実での恋の成就をあきらめて出家を決意した左大将が、きっぱりと俗縁を断って隠遁《いんとん》してしまってもどうか嘆かないでほしいと、申し訳なさそうに父に訴えているんじゃないかな。

②　生徒B――**A**は、句末を命令形で言い切った歌で、現実でも恋が叶うようになる夢を見せてほしいと仏に祈願しなさい、という意味だよ。**B**は、初句切れ及び三句切れの歌で、現実での恋の断念を契機としてこの世の無常を悟った姫君が、俗世を捨て去って仏の道に入ることをどうか嘆かないでほしいと、切実に父に訴えているんだと思う。

③　生徒C――**A**は、係り結びで思いが強調された歌で、好きな人を夢に見ると実際にその人と恋ができるとあてにしなさい、という意味じゃないかな。**B**は、「露」と「消え」が縁語で、現実での恋の成就を断念して自ら命を絶つことを決意した左大将が、人間はいずれ死ぬのだから、自分が先に死んでも嘆かないでほしいと、強く父に訴えていると考えられるよ。

④　生徒D――**A**は、初句切れの歌で、好きな人を思いながら寝て見た夢が現実になることもあると期待しなさい、という意味だと思う。**B**は、「小萩」に「子」の意を掛けて、現実の恋をあきらめてすぐにでも命をなくすことを覚悟した姫君が、子の自分が先に死ぬことをどうか嘆かないでほしいと、遠回しに父に訴えているんだ。

⑤　生徒E――**A**は、初句切れおよび三句切れの歌で、現実でも恋が叶うようになる夢を見せてくださいと仏に祈りなさい、という意味だと考えたよ。**B**は、「露」が「涙」のたとえで、夢の中で実った恋が実際に叶うことに絶望した姫君が、父よりも先に死んでしまうことをどうか嘆かないでほしいと、涙に暮れながら父に訴えているよ。

問6 この文章の表現と内容に関する説明として最も適当なものを、次の①～⑤のうちから一つ選べ。解答番号は **8** 。

① 「はかなき夢の契り」を現実の世界においても本当の契りにしたいと希望しながら、現世で結ばれることが難しいと悟った男女が、「来ん世の海女ともなりなば、なかなか絶えぬ逢瀬にもやめぐり合はまし」と、互いに来世での逢瀬を願って行動することで、最終的にはかない結末を迎えてしまう悲劇的なありさまが対句を多用して印象的に描かれている。

② 「かの紫式部が、源氏の物語作りしその所とかや」「夜語らずといふは、夢のことなるものを」「明石の浦に、舟をまうけ侍るためしは」などと、とくに『源氏物語』を意識した構成になっていて、光源氏に似せた左大将が、夢の中で結ばれた女と現実でも逢おうと苦しみもがき、最後は人生に絶望していくさまが技巧的かつ叙事的に描かれている。

③ 「さても何事の御祈りにか」「今日まで参り籠るも～任せ聞こゆる身なれば」など、石山寺参詣の現世利益《りやく》を話題に絡め、「傅巌の野にかたちを求め～舟をまうけ侍るためしは」「つらなる枝の～分かれぬ中を思ひて」など、和漢の古典から語句や趣向を取り入れながら、夢の中で逢った男女が現実でも巡り逢おうとする内容が想像力豊かな構想で描かれている。

④ 先行する古典作品を適宜引用したり、「罪障懺悔とかやにもなずらへて」「来ん世の海女ともなりなば」「いかに罪深からん」と、因果応報の観念に基づく表現を盛り込んだりしながら、夢の中での出逢いをきっかけに現実でも逢おうとした男女の、前世からの因縁に翻弄《ほんろう》されて逢えなくなってしまう苦しみや悲しみが、和漢混淆《こんこう》文で巧みに描かれている。

⑤ Aの歌で「頼めただ」と石山寺の観音の加護を強く期待させながら、「ただ我が身の～はかなき夢の契りをのみ」「さてもはかなき夢ばかりにてだに」「むなしく聞きなし給はん」のように、結局は夢が頼りにならないものであることが示されるなど、仏教的無常観を基調にして、高貴な男女のせつない純愛の心理が豊かな比喩的表現によって描かれている。

第4問　次の文章を読んで、後の問い（問1～8）に答えよ。なお、設問の都合で返り点・送り仮名を省いたところがある。（配点　50）

元(注1)微之、白(注2)楽天ハ在ツテ二唐ノ元和・長慶ノ間一ニ、斉《ひと》シクシテレ名ヲ共ニ賦二詠ス(注3)天宝ノ時事一ヲ。連昌宮詞、長恨歌ハA皆膾《くわい》二炙《しや》シ人口一ニ、使丁読レムヲ之者ノ情性ヲシテ蕩《たう》揺《えう》シ如丙クセ身ハ生二キ其ノ時一ニ親《みづか》ラ見乙ルガ其ノ事甲ヲ、殆《ほとん》ド未レダ(1)易下カラ以テ二優劣一ヲ論上ジ也。B然長恨歌不レ過レ述下明皇追二憶貴妃一始末上、無二シ他ノ激揚一。C不若連(注4)昌詞有監(注5)戒規《き》諷《ふう》之意。如レシ云下フガ姚《えう》崇《すう》(注6)・宋《そう》璟《えい》作リ二相公一ト、勧《くわん》二諫《かん》スルニ上皇ヲ一言語切、ナリ長(注7)官清平、ニシテ太(注8)守好ムハ二揀《かん》選《せん》(注9)スルヲ一、皆言上レフト由ルト二相公一ニ。開元之末姚宋死シ、朝廷漸漸トシテ由ル二妃子一ニ。禄《ろく》山《ざん》(注10)宮裏ニ養ハレテ作リレ児ト、D号シテレ国ニ、門前閙《さわ》ガシキコト如シレ市ノ。弄《もてあそ》ビレ権ヲ、E宰相不レ記サレ名ヲ、依《い》稀《き》トシテ憶ヒ得タリ。楊《やう》(注11)与レ李《り》廟《べう》(注12)謨《ぼ》シテ顛《てん》倒《たう》ス。四海揺レテ、五十年来作ル二瘡《さう》痏《ゐ》(注13)一ト。其《そ》ノ末章ハ及ンデ三官軍討ツニ二淮《わい》西《せい》一ヲ、乞フ二廟《べう》謀《ぼう》シテ(2)休一レ用キルヲレ兵ヲ之語ナリ。蓋シ元和十一二年間ノ所レナラン作ル。F殊ニ得テ二風スルレ人ヲ之旨一ヲ、非ズト二長恨ノ比一ニ云フ。

（洪邁《こうまい》「容斎随筆《ようさいずいひつ》」による）

（注）
1 元微之――中唐の詩人元稹《げんしん》。「連昌宮詞」の作者。
2 白楽天――中唐の詩人白居易。「長恨歌」の作者。
3 天宝時事――唐の皇帝・玄宗が楊貴妃《ようきひ》を寵愛《ちょうあい》し、宮廷が腐敗したことから、安禄山《あんろくざん》と史思明らが起こした安史の乱のこと。天宝十四年（七五五年）より広徳元年（七六三年）まで続いた。
4 連昌詞――「連昌宮詞」のこと。
5 監戒規諷――起こったことを反省し、将来の戒めとし、為政者の誤りを正し諭すこと。
6 姚崇・宋璟――盛唐開元年間に玄宗に仕えた宰相。
7 長官――中央の長官。
8 太守――郡の長官。
9 揀選――人物を選んで任用する。
10 禄山宮裏養作児――安禄山が玄宗に寵愛され、楊貴妃の養子になったこと。
11 楊与李――楊国忠《ようこくちゅう》と李林甫《りりんぽ》。ともに宰相となり安禄山と対立した。
12 廟謨――朝廷で決める方策・方針。後の「廟謀」と同じ。
13 瘡痏――できもの。ここでは、平和の世が終わり戦乱状態になることを表している。

問1　傍線部(1)「易」・(2)「休」と同じ意味の「易」「休」を含む熟語の組合せとして最も適当なものを、次の①〜⑤のうちから一つ選べ。解答番号は 1 。

① (1) 交易　(2) 休憩
② (1) 不易　(2) 帰休
③ (1) 難易　(2) 休戦
④ (1) 易者　(2) 休息
⑤ (1) 改易　(2) 休養

問2　傍線部A「皆膾二炙人口一」とは、「連昌宮詞」と「長恨歌」のどのようなことを述べているのか。その説明として最も適当なものを、次の①〜⑤のうちから一つ選べ。解答番号は 2 。

① 多くの人々に愛誦《あいしょう》されているということ。
② 多くの人々の批評の対象となっているということ。
③ 多くの人々に暗誦されているということ。
④ 多くの人々に読み継がれているということ。
⑤ 多くの人々にさまざまに解釈されているということ。

問3 傍線部B「然長恨歌不レ過レ述下明皇追‐愴二貴妃一始末上」について、書き下し文と解釈との組合せとして最も適当なものを、次の①～⑤のうちから一つ選べ。解答番号は **3** 。

① ［書き下し文］ 然れども長恨歌は明皇貴妃を追愴《つひさう》するの始末を述ぶるを過《とが》めず
　［解　釈］ しかしながら長恨歌は玄宗が楊貴妃を追憶して悲しむ気持ちを処理するのを咎《とが》めず

② ［書き下し文］ 然れども長恨歌は明皇貴妃を追愴するの始末を述ぶるに過《あやま》たず
　［解　釈］ しかしながら長恨歌は玄宗が楊貴妃を追憶して悲しむ顚末《てんまつ》を述べるのに間違ってはおらず

③ ［書き下し文］ 然れども長恨歌は明皇貴妃を追愴するの始末を述ぶるに過ぎず
　［解　釈］ しかしながら長恨歌は玄宗が楊貴妃を追憶して悲しむ顚末を述べているに過ぎず

④ ［書き下し文］ 然れども長恨歌は明皇貴妃を追愴して始末するを述ぶるに過ぎず
　［解　釈］ しかしながら長恨歌は玄宗の楊貴妃を追憶して悲しむ気持ちの処理を述べているに過ぎず

⑤ ［書き下し文］ 然れども長恨歌は明皇貴妃を追愴して始末するを述ぶるに過たず
　［解　釈］ しかしながら長恨歌は玄宗が楊貴妃を追憶して悲しむ気持ちの処理を述べるのに間違ってはおらず

問4　傍線部C「不若連昌詞有監戒規諷之意」について、返り点のつけ方と書き下し文との組合せとして最も適当なものを、次の①～⑤のうちから一つ選べ。解答番号は **4** 。

① 不㆔若連昌詞有㆓監戒規諷之意㆒
若《なんぢ》は連昌詞の監戒規諷の意有らず

② 不㆑若㆔連昌詞有㆓監戒規諷之意㆒
連昌詞の監戒規諷の意有るに若《し》かず

③ 不㆘若㆓連昌詞㆒有㆗監戒規諷之意㆖
連昌詞のごときは監戒規諷の意有らず

④ 不㆑若㆓連昌詞有監戒規諷之意㆒
連昌詞有らば監戒規諷の意に若《し》かず

⑤ 不㆑若㆓連昌詞㆒有㆓監戒規諷之意㆒
連昌詞のごとくせざれば監戒規諷の意有らん

問5 傍線部**D**「号ㇾ国、門前鬧如ㇾ市」の解釈として最も適当なものを、次の①〜⑤のうちから一つ選べ。解答番号は **5** 。

① 安禄山は国の腐敗を嘆き、彼の邸宅の前に集まった大勢の人々にわめき散らしていた。
② 安禄山は国政を動かす権力者となり、彼の邸宅の前には彼にへつらう人々が群がり集まっていた。
③ 人々は国を憂えて泣き叫び、安禄山の邸宅の前は抗議する大勢の人で、市場のように賑《にぎ》わっていた。
④ 人々は安禄山の件を国中に言いふらし、彼の邸宅の前には大勢の人が集まり騒いでいた。
⑤ 安禄山が国中に命令を発して人を集め、彼の邸宅の前は市場のように賑やかになっていた。

問6　傍線部E「宰相不レ記レ名、依稀憶得」は誰《だれ》のどういう様子を述べているのか。その説明として最も適当なものを、次の①～⑤のうちから一つ選べ。解答番号は 6 。

① 宰相が安禄山の名をうろ覚えであるほど、年老いて頭の働きがにぶっているさま。
② 宰相が安禄山の名を書き記すことさえ避けるほど、権力者の彼を恐れているさま。
③ 宰相が安禄山の名を覚えていないほど、玄宗の威光に頼る彼を軽視しているさま。
④ 安禄山が玄宗に抜擢《ばってき》されて、宰相の名を覚える必要がないほど尊敬を集めているさま。
⑤ 安禄山が玄宗に寵愛されて、宰相の名もうろ覚えであるほど慢心しているさま。

問7 傍線部**F**「殊得二風レ人之旨一、非二長恨比一云」は、「連昌宮詞」と「長恨歌」に対する筆者の評価である。五人の生徒から出された発言①～⑤のうちから、筆者の評価を詳しく説明したものとして最も適当なものを一つ選べ。解答番号は **7** 。

① 生徒A――「長恨歌」は玄宗が楊貴妃を追憶して悲しむ心情を終始一貫して描写していて、「連昌宮詞」が安史の乱を検証して将来への戒めを主旨としていることよりも、詩としては優れていると言えるよ。

② 生徒B――「長恨歌」は玄宗が楊貴妃を追憶して悲しむ心情を一部始終描写している点で、また「連昌宮詞」は安史の乱を検証して将来への戒めを主旨としている点で、ともに優れていて優劣を比べるべきではないと言えるんじゃないかな。

③ 生徒C――「長恨歌」と「連昌宮詞」は多くの人々に親しまれ、優劣をつけられないけど、前者が玄宗の心情描写に終始するのに対して、後者は安禄山を厳しく非難している点で、前者よりも優れていると言えると思う。

④ 生徒D――「長恨歌」は玄宗が楊貴妃を追憶して悲しむ心情描写に終始しているだけだけど、「連昌宮詞」は安史の乱を検証し将来への戒めを主旨としている点で、「長恨歌」よりもはるかに優れていると言えると思うな。

⑤ 生徒E――「長恨歌」は終始一貫して叙情詩的であるのに対して、「連昌宮詞」は叙事詩的で政治的な教訓や人を教化する主旨はあるけど、「長恨歌」の豊かな詩情とは比べものにならないと言えるよ。

問8　この文章から読み取れる「連昌宮詞」の構成として最も適当なものを、次の①〜⑤のうちから一つ選べ。解答番号は 8 。

① 前段が姚崇・宋璟による善政とそれに続く楊貴妃と安禄山の台頭、後段が楊国忠・李林甫と安禄山の対立から反乱の勃発《ぼっぱつ》と終結に至るまでの二段構成。

② 初めに姚崇・宋璟による善政、次に安禄山の朝廷における専横と楊国忠・李林甫の反目、最後に安史の乱の勃発と終結に至るまでの三段構成。

③ 初めに姚崇・宋璟の玄宗に対する戒め、次に姚・宋死後の楊貴妃と安禄山の台頭、最後に楊国忠・李林甫と安禄山の対立と反乱の顚末を述べた三段構成。

④ 初めに姚崇・宋璟による善政、次に安禄山の台頭と専横ぶり、次に禄山への反目と反乱の勃発、最後に反乱の平定と戦争終結を願うまでの四段構成。

⑤ 初めに姚崇・宋璟の玄宗を諫《いさ》めた善政、次に楊貴妃と安禄山の台頭、次に安禄山の専横ぶり、最後に安史の乱の勃発と終結に至るまでの四段構成。

模試 第4回

（200点 80分）

〔国語〕

注 意 事 項

1 **国語解答用紙（模試 第4回）をキリトリ線より切り離し，試験開始の準備をしなさい。**

2 **時間を計り，上記の解答時間内で解答しなさい。**

ただし，納得のいくまで時間をかけて解答するという利用法でもかまいません。

3 この回の模試の問題は，このページを含め，45ページあります。問題は4問あり，第1問，第2問は「近代以降の文章」及び「実用的な文章」，第3問は「古文」，第4問は「漢文」の問題です。

4 **解答用紙には解答欄以外に受験番号欄，氏名欄，試験場コード欄があります。その他の欄**は自分自身で本番を想定し，**正しく記入し，マークしなさい。**

5 **解答は解答用紙の解答欄にマークしなさい。**例えば，**第2問**の 10 と表示のある問いに対して③と解答する場合は，次の(例)のように**問題番号**2**の解答番号10の解答欄**の③に**マーク**しなさい。

（例）

2	解	答	欄						
	1	2	3	4	5	6	7	8	9
10	①	②	③（塗りつぶし）	④	⑤	⑥	⑦	⑧	⑨

6 問題冊子の余白等は適宜利用してよいが，どのページも切り離してはいけません。

7 試験終了後，問題冊子は持ち帰りなさい。

第1問　次の【文章Ⅰ】・【文章Ⅱ】を読んで、後の問い（問1～6）に答えよ。（配点　50）

【文章Ⅰ】

ことばそのものとは、大まかに言って、人が話すときに口から出てくるオトや、ラジオから出してくるオトのつらなりである。このオトのつらなり、オトそのものを最も自然にうつし出そうと思うならば、ローマ字でうつすことである。

もし外国人で、ローマ字をふだん自分のことばで使う人ならば、日本語をゆっくりテープでまわして聞けば、その聞いたオトをローマ字でつづることになるだろう。

ところが日本人にはそうはいかない。日本人はオトはカナでうつすから、子音と母音に分けてうつすことはできない。「カ」というオトは「k」という子音ではじまり、すぐそのあとに「a」という母音が続くのだということを理解するのが、カナになれた日本人にはまず一苦労である。英語にかぎらず、すべての外国語について、日本人は、オトを分析的につかもうとすれば、こうして第一歩からのつまずきが現れる。あとでも述べるが、これが、日本人がローマ字書き日本語を学ぶ効用の一つである。

こう言うとすぐに、次のように反論する人がいるだろう。――日本語では子音と母音を分けずに一体として意識することが確立しているのだから、それを分けることがジッ(ア)タイに反している、カナで十分なのだと。私もこういう気持のいいタンカを切ってみたいものだ。

ところが、日本語を分析的にみようとするとき、Aローマ字書きが日本語人自身にもどんなに多くのことを教えてくれるかを知っておかなければならない。

たとえば爪《ツメ》と摘《ツマ》むとは漢字で書けば一見全く関係のない別の単語のように見えるが、tume tuma-mu と子音、母音にわけてローマ字書きしてみると、両者は下線で示したようにeとaという、たった一つの母音のちがいで区別されることがまず明らかになり、aで終わるときは動詞だが、eになると、その動作と関係のある名詞になるという、いわゆる、e↓aの母音のいれかわりが大きな文法的役割をしていることがあきらかになる。このたいせつな、日本語にそなわった文法能力を、漢字は別の文字をあてがってブン(イ)ダンし、消し去ってしまうのである。

しかし、日本のカナは子音と母音をひとまとめにしているから、そのなかみが見えない（服部四郎が「漢字が日本語を破壊してしまった」〔中略〕と言っているのは、このことを指している）とは言え、しかし漢字に比べれば、まだはるかによくオトそのものを露出させている。つめ、つまむを漢字にすれば「爪」、「摘む、撮む、抓む」などと書かれ、このなかで「抓む」と言う字は「爪」との語源的つながりを示しているけれども、「摘む」のどこにも「ツメ（爪）」のかくれている気配がない。

以上述べてきたこと、すなわち、日本語では、子音をきりはなした母音そのものが、品詞の区別をしたり新しい単語を作る上で、いかに大活躍したか、そのさまをまとめて示しておいた。

ここにわざわざ書き出すこともないくらいすでに多くの人が気づいていることであろうが、古代日本語ではいきいきとはたらいていたこのような原理が、オトをかくしてしまう漢字によって、全く別の単語に切りはなされてしまったか、このことをよく味わっていただきたいのである。

すでに述べたように、私は、この言語を学ぼうとすればいろいろ問題があると知りながらも、それを知った上で、とにかく日本語共同体になるべく多くの人に参加してほしいと思う。こうしてできた、日本語にむすばれた同志、日本語なかまとも呼ぶべき人々の関係を、(注)ガーベレンツにならってまことに心あたたまる Sprach《シュプラーハ》-genosse《ゲノッセ》 ということばで呼んでみよう。

この人たちの日本語共同体の参加に私が期待するわけは、日本語を書くにあたって私たちがふだん気がつかない問題、その使いにくさ、不具合を、かれらに指摘してほしいと思うからである。ことばというものは、さまざまな出自のちがう人が参加して使ってみることによって試され、改良されるのであって、独占的、特権的言語エリートが、高みから見おろして命令し、自分の趣味を絶対とし、それに従わせているだけでは発展しないし、活力がなく、ひろまらないのである。言語問題にも、事業仕分に劣らぬ、多くの仕分作業が残っているが、政府から任命された仕分け人たちは、ますます事態をわるい方に押しやるばかりである。

そこで日本語共同体の原人である我々には、そこに参入しようと志をたてた新参者が、なるべく日本語、その書きことばを身につけやすいように工夫しておくことが、共同体の安全、したがって自分の利益になる。

すでに述べたように、文法や発音はどんなに改良しようとしても、もはや手のつけようがないから、せめて文字のつづりがわかりやすく、すぐにおぼえられるようにしておかなければならない。この点では、もうすでにあんなにわかりやすく、うまくできているドイツ語の正書法が、さらに改良案を発表し、実行にうつされてから、もう十年にもなる。このようなドイツ語には、ドイツで最も規範的な辞書ドゥーデンがすでに一八七二年に「文字は学者のためならず、全人民のためにある」とたからかに宣言した歴史がある（中略）。

日本のように、おびただしい漢字をおぼえていることを得意がり、そのこった使いかたを見せびらかせていい気になっているときではない。きびしい言語の国際競争の場にさらされて、その［　X　］がせりにかけられているのである。

（田中克彦《たなかかつひこ》『漢字が日本語をほろぼす』による）

（注）ガーベレンツ――ドイツの言語学者（一八四〇～九三）。

【文章Ⅱ】

日本語の文字改革の二大主張は、①ローマ字化と②ひらがな化の二つです。前者の提唱者を「**B**ローマ字論者」、後者の提唱者を「**C**かな文字論者」と呼んでいます。

私が小学校の五・六年生だったのは一九五〇年代の中頃ですが、週に一時間「ローマ字」の授業がありました。ローマ字だけで書かれた教科書があり、これを朗読して日本語に書き直すのが授業内容でした。私は、日本語に戻すくらいなら何で最初から日本語で書かないのかと甚《はなは》だ不思議な気がしたものです。ローマ字の授業は、私より二歳年下の弟の時にはなくなっていました。ローマ字論者は占領軍（当時は進駐軍と言っていましたが）の後押しもあり、なかなかの勢力でした。現在でも駅名の横には必ずローマ字表記がありますが、ああした表示方法が全国津々浦々《つつうらうら》にまで及んだのは占領軍の要請があってのことだそうです。

最近は、北海道や九州に行きますとハングルや中国の簡体字の駅名表示があり、世の中の推移が窺《うかが》われます。

　私が子供時分のローマ字論者としては、童話作家の小川未明氏が有名でした。氏は童話もローマ字で書いていましたが、そんなものをすらすら読める母親はおらず、売り上げに響いたのか、氏も童話をローマ字で書くことを永くは続けなかったようです。

　ローマ字論者に比べれば、「かな文字論者」は伝統もあり、勢力も遙《はる》かに大きなものでした。現在でも数は激減していますが(ウ)ケンザイなようです。明治期の提唱者の代表格は、私たちが〝近代郵便制度の父〟としてその名を知っている前島密《ひそか》氏です。以来、戦後まで永く勢力を保った「かな文字論者」の主張の基本は、漢字が煩雑で教育やタイプライターといった機械化に不向きだというものでした。それは単に日本の子供の負担になるばかりでなく、外国人が日本語を覚える際の負担にもなり、日本語が世界に普及しない原因となっているというのがホ(エ)ソクの主張でした。確かに、昔の和文タイプライターのバカでかさを見たら、ひらがな書きだけならどれほど能率が上がるだろうと思いたくなるのは無理からぬところだったかもしれません。一九八〇年代にワープロの開発と普及があれほど急速に進まなかったなら、かな文字論者が勢力を伸ばし、漢字が日本語表記に占める割合は今よりもずっと小さくなっていたかもしれません。

　一九世紀のアメリカにロブシャイドという言語学者がおり、彼が著した『ロブシャイド英語辞典』は明治期の日本で大変に(オ)チョウホウされましたが、彼はD米語の綴《つづ》りを発音と一致させるための運動家でもありました。例えば、「high《ハイ》 light《ライト》」を「hi《ハイ》lite《ライト》」と表記しようと提唱したのです。しかし、彼の提案はインテリ階層と上流階級の猛反発を喰《く》らい、運動資金も得られずにあえなく敗退してしまいました。もしも彼の提案が日の目を見ていたなら、外国人が米語を学ぶのに便利であるばかりか、移民国家アメリカの識字率を上げるのにおおいに貢献したことでしょう。

　というわけで、すべての文字改革に反対するのは誤りですが、文字改革というものは、いったん変えたなら元には戻せないものであることだけは肝に銘《めい》じておく必要があります。

　すでに触れたように韓国では漢字を廃してハングル表記化を推し進める際に、漢字は大学で古典や歴史を学びたい者が、大学入学後に習得すればよいと考えました。ところが、大学で初めて漢字を学ぶとなると実に膨大《ぼうだい》な時間とエネルギーを割《さ》かなければならないことが判明したのです。そこで改めて小学校の段階から基礎的な漢字を教えるよう修正しようとしたのですが、その時には漢字教育のノウハウが失われていました。そこでプロジェクトチームを創り、その一員が私が勤めていた高校へ来て、私の漢文の授業を参観していったことがありました。その時のリーダーは戦前の小学校で日本語教育を受けた流暢《りゅうちょう》な日本語を話す年輩の大学教授でしたが、高校二年の生徒がたどたどしく読む漢文の教科書を覗《のぞ》き込んで、「ああ、韓国の漢字教育はこの先五〇年たっても日本に追いつけないくらい破壊されてしまった」と涙を流さんばかりに慨嘆《がいたん》していました。

　一九九一年にソ連が崩壊した直後に、モンゴルには民族主義的な政権が誕生し、それまでロシア文字で表記されていたモンゴル語をパスパ文字で表記する法案が議会で可決しました。当初は直《す》ぐにでも復活できると思われていたのですが、パスパ文字は七〇年以上も使用されていなかった上に、ロシア文字に比べれば煩雑であり、今では何年後に達成されるのか、果たして達成すべきか否かを巡《めぐ》って揉《も》め続けているようです。

（佐久《さく》協《やすし》『日本一愉快な国語授業』による）

問1 傍線部(ア)〜(オ)に相当する漢字を含むものを、次の各群の①〜⑤のうちから、それぞれ一つずつ選べ。解答番号は 1 〜 5 。

(ア) ジッタイ 1
① 社会主義タイセイ
② 不真面目なタイド
③ タイギ名分
④ 隣国とのタイリツ
⑤ 天下アンタイ

(イ) ブンダン 2
① ダンカイを踏む
② ボールのダンリョク
③ 国交がダンゼツする
④ 友人にソウダンする
⑤ オンダンな気候

(ウ) ケンザイ 3
① ケンギョウ農家
② ケンメイな判断
③ 高層ビルをケンセツする
④ ケンゴな城
⑤ ガンケンな身体

(エ) ホソク 4
① シュンソクの選手
② チームのケッソク
③ ソクトウ部が痛む
④ ソクザに回答する
⑤ ソクドを落とす

(オ) チョウホウ 5
① 本にラクチョウがある
② スーツをシンチョウする
③ イチョウが弱い
④ 時代のフウチョウ
⑤ テイチョウにもてなす

問2 傍線部**A**「ローマ字書きが日本語人自身にもどんなに多くのことを教えてくれるか」とあるが、どのようなことを教えてくれるのか。最も適当なものを、次の①～⑤のうちから一つ選べ。解答番号は **6** 。

① 日本語では、当たり前のように子音と母音を一体としてとらえるが、そのような音の聞き方は世界的に見て少数派であり、外国語を学ぶには、子音と母音を分けてとらえる聞き方へ変えていかねばならないということ。

② 日本語では、母語とする人々は漢字で書き表された意味を重要視しがちであるが、本来言葉とは人が話すときに口から出てくるオトのつらなりであり、オトには文字に先立つ重要性があるということ。

③ 日本語では、古来、子音をきりはなした母音そのものが、文法的に大きな役割を果たしていたが、現代の日本語ではそのような原理が失われ、日本語が新しい単語を創り出す活力を失っているということ。

④ 日本語では、語に含まれる母音の違いが品詞の区別や新しい単語を作るうえで重要な役割を果たしており、漢字やカナで書いている時には無関係に見える単語同士にも、意味上のつながりがあるということ。

⑤ 日本語では、多くの外国語と違って、ほとんどの場合子音と母音が一体となって発音されるため、子音と母音に分けて表記することには多大な労力が伴う、ということ。

問3 空欄**X**に当てはまるものとして最も適当なものを、次の①～⑤のうちから一つ選べ。解答番号は 7 。

① 歴史的、民族的な意義
② 荘重さ、高度な文化性
③ 学びやすさ、使いやすさ
④ 発音しやすさ、聞き取りやすさ
⑤ 革新性、柔軟性

問4　傍線部B「ローマ字論者」、傍線部C「かな文字論者」、傍線部D「米語の綴りを発音と一致させるための運動家」の間で共通する点についての説明として最も適当なものを、次の①～⑤のうちから一つ選べ。解答番号は 8 。

① 三者とも、外国の圧力や機械化など、外部的な要因を受けて主張を展開した。
② 三者とも、外国人のためではなく、自国民の利益のために自説を提唱した。
③ 三者とも、かつて精力的に自説を主張していたものの、その後勢いを失った。
④ 三者とも、ワープロの普及で文字を書くことが容易になったことで廃《すた》れた。
⑤ 三者とも、主に学校現場で自説を実践する教育者たちで構成されていた。

問5 次に掲げるのは、**【文章Ⅰ】**・**【文章Ⅱ】**で論じられている日本語のローマ字表記について話し合った生徒の会話である。五人の生徒の発言①〜⑤のうち、**【文章Ⅰ】**・**【文章Ⅱ】**の内容を踏まえたものとして**適当でないもの**を一つ選べ。解答番号は 9 。

① 生徒A――**【文章Ⅰ】**では日本語のローマ字化を強く主張しているけど、**【文章Ⅱ】**の筆者は文字改革の説の一つとしてローマ字化を説明しているね。戦後に学校でローマ字教育を受けたけど、二年後にはその授業がなくなっていたという経験があるから、ちょっと退いた視点なのかな。

② 生徒B――そうだね。**【文章Ⅰ】**・**【文章Ⅱ】**に出てくるローマ字化は、違う時期の主張なんだよ。**【文章Ⅰ】**は現代、**【文章Ⅱ】**は戦後日本に占領軍がいた時代だね。

③ 生徒C――**【文章Ⅱ】**では、日本語を改良する二つの方向性として、ローマ字化とかな化を同列に扱っているけど、**【文章Ⅰ】**ではむしろ、かなを日本語の文法的原理を見えにくくしている壁と考えているのも違っているね。

④ 生徒D――**【文章Ⅰ】**で、日本語の音はローマ字でつづることが難しいと言いながらローマ字表記を主張しているのは、あえてローマ字表記にすることで、外国人にとって発音しやすいように言葉そのものを変えていこうということなんだね。**【文章Ⅱ】**で、文字改革はいったん変えたら元には戻せないと言っているのは、こういうことだと思うよ。

⑤ 生徒E――**【文章Ⅰ】**の主張は外国人のためだけではないと思うよ。日本語共同体に新参者が参入することで、日本語が試され、改良されると書かれているよ。日本語そのものの発展や生き残りのためのローマ字化という視点は、**【文章Ⅱ】**には出てこないものだね。

問6　【文章Ⅰ】・【文章Ⅱ】の構成・展開について説明したものとして最も適当なものを、次の①～⑤のうちから一つ選べ。解答番号は 10 。

① 【文章Ⅰ】は、子音と母音に分けて言葉をとらえるローマ字表記が、オトのつらなりであることばそのものを表すにはより適切なものであるということを、自身の主張は前面に出さずに実例の検討から浮かび上がらせる抑制した論調である。一方、【文章Ⅱ】は、自身の幼少期の体験にふれながら、国内外の文字改革の歴史を他人事でなく身近なレベルに引きつけようとしている。

② 【文章Ⅰ】は、ローマ字表記によって日本語の文法的原理がよりわかりやすくなることを例を挙げて示した上で、ローマ字表記によって外国人の日本語学習者が増えることが、日本語にとって有益であるとの自説を強く打ち出している。一方、【文章Ⅱ】は、これまで議論されてきた日本語の文字改革の二大主張について、自説を前面に出さない形で見解を出している。

③ 【文章Ⅰ】は、日本語の使いにくさや不具合を指摘し、ローマ字表記の導入による改善を迫る厳しい論調だが、それはオトとしての日本語の伝統的な原理を守り伝えようとする愛着ゆえであることを暗示している。一方、【文章Ⅱ】は、日本語の表記改革の問題を、あくまで世界各国で試みられてきた表記改革の事例の一つとして扱い、客観的な立場から説明している。

④ 【文章Ⅰ】は、日本語の文法的原理をわかりにくくしているのはかな表記であるとして、漢字が日本語の文法的原理に及ぼす影響に関しては厳しい追及を行っていない。一方、【文章Ⅱ】では、日本語が世界に普及しない原因は漢字であるととらえており、かな化はローマ字化と並んで、外国人にとって日本語を学びやすくする打開策の一つの方向性であるとして、肯定的に論じている。

⑤ 【文章Ⅰ】は、日本語の表記をローマ字に変えることで外国人の学習者が増え、文法や発音も、さまざまな日本語話者の視点を取り入れて改良されていくことを肯定的にとらえている。一方、【文章Ⅱ】は、ローマ字化を否定こそしないものの、表記の改革は単にそれだけの問題にとどまらず、教育や文化に与える影響が大きすぎるとして、否定的な見解を示している。

国語の問題は次に続く。

第2問　次の文章は、【文章Ⅰ】夏目漱石『門』の冒頭部と、【文章Ⅱ】中島敦『文字禍《もじか》』の一節である。これを読んで、後の問い（問1〜5）に答えよ。（配点　50）

【文章Ⅰ】

（親友であった安井《やすい》から、彼の妻御米《およね》を奪った野中宗助《のなかそうすけ》は、実家と断絶し、大学も辞めて、妻と二人、罪の意識を抱えながらひっそりと暮らしていた。）

宗助は先刻《さっき》から縁側へ坐蒲団《ざぶとん》を持ち出して、日当りの好《よ》さそうな所へ気楽に胡坐《あぐら》をかいてみたが、やがて手に持っている雑誌を放り出すと共に、ごろりと横になった。秋日和と名のつくほどの上天気なので、往来を行く人の下駄の響《ひびき》が、静かな町だけに、朗らかに聞えて来る。肱枕《ひじまくら》をして軒から上を見上げると、奇麗《きれい》な空が一面に蒼《あお》く澄んでいる。その空が自分の寝ている縁側の窮屈な寸法に較《くら》べて見ると、非常に広大である。たまの日曜にこうして緩《ゆっ》くり空を見るだけでもだいぶ違うなと思いながら、眉を寄せて、ぎらぎらする日をしばらく見つめていたが、眩《まぶ》しくなったので、今度はぐるりと寝返りをして障子の方を向いた。障子の中では細君が裁縫《しごと》をしている。

A「おい、好《い》い天気だな」と話しかけた。細君は、

「ええ」と云《い》ったなりであった。宗助も別に話がしたい訳《わけ》でもなかったと見えて、それなり黙ってしまった。しばらくすると今度は細君の方から、

「ちっと散歩でもしていらっしゃい」と云った。しかしその時は宗助がただうんと云う生返事を返しただけであった。

二三分して、細君は障子の硝子《ガラス》の所へ顔を寄せて、縁側に寝ている夫の姿を覗《のぞ》いて見た。夫はどう云う了見か両膝《ひざ》を曲げて海老のように窮屈になっている。そうして両手を組み合わして、その中へ黒い頭を突っ込んでいるから、肱《ひじ》に挟まれて顔がちっとも見えない。

「あなたそんな所へ寝ると風邪引いてよ」と細君が注意した。細君の言葉は東京のような、東京でないような、現代の女学生に共通な一種の調子を持っている。

　宗助は両肱の中で大きな眼をぱちぱちさせながら、

「寝やせん、大丈夫だ」と小声で答えた。

　それからまた静かになった。外を通る護謨《ゴム》（注1）車のベルの音が二三度鳴った後から、遠くで鶏の時音《とき》をつくる声が聞えた。宗助は仕立おろしの紡績織（注2）の背中へ、自然《じねん》と浸《し》み込んで来る光線の暖味《あたたかみ》を、シャツの下で貪ぼるほど味《あじ》わいながら、表の音を聴くともなく聴いていたが、急に思い出したように、障子越しの細君を呼んで、

「御米、近来の近の字はどう書いたっけね」と尋ねた。細君は別に呆《あき》れた様子もなく、若い女に特有なけたたましい笑声も立てず、

「近江のおうの字じゃなくって」と答えた。

「その近江のおうの字が分《わか》らないんだ」

　細君は立て切った障子を半分ばかり開けて、敷居の外へ長い物指を出して、その先で近の字を縁側へ書いて見せて、

「こうでしょう」と云ったぎり、物指の先を、字の留った所へ置いたなり、澄み渡った空を一しきり眺め入った。宗助は細君の顔も見ずに、

「やっぱりそうか」と云ったが、冗談でもなかったと見えて、別に笑《わらい》もしなかった。細君も近の字はまるで気にならない様子で、

「本当に好い御天気だわね」と半ば独り言のように云いながら、障子を開けたまままた裁縫を始めた。すると宗助は肱で挟んだ頭を少し擡《もた》げて、

「どうも字と云うものは不思議だよ」と始めて細君の顔を見た。

「なぜ」

「なぜって、いくら容易《やさし》い字でも、こりゃ変だと思って疑ぐり出すと分らなくなる。この間も今日《こんにち》の今《こん》の字で大変迷った。紙の上へちゃんと書いて見て、じっと眺めていると、何だか違ったような気がする。しまいには見れば見るほど今らしくなくなって来る。――御前《おまい》そんな事を経験した事はないかい」

「まさか」

「おれだけかな」と宗助は頭へ手を当てた。

「あなたどうかしていらっしゃるのよ」

「やっぱり神経衰弱のせいかも知れない」

「そうよ」と細君は夫の顔を見た。夫はようやく立ち上った。

【針箱と糸屑《いとくず》の上を飛び越すように跨《また》いで茶の間の襖《ふすま》を開けると、すぐ座敷である。南が玄関で塞《ふさ》がれているので、突き当りの障子が、日向から急に這入《はい》って来た眸《ひとみ》には、うそ寒く映った。そこを開けると、廂《ひさし》に逼《せま》るようなコウ(ア)バイの崖が、縁鼻《えんばな》から聳《そび》えているので、朝の内は当って然るべきはずの日も容易に影を落さない。崖には草が生えている。下からして一側《ひとかわ》も石で畳んでないから、いつ壊《くず》れるか分らない虞《おそれ》があるのだけれども、不思議にまだ壊れた事がないそうで、そのためか家主も長い間昔のままにして放ってある。もっとも元は一面の竹藪《たけやぶ》だったとかで、それを切り開く時に根だけは掘り返さずに土堤《どて》の中に埋めて置いたから、地は存外緊《しま》っていますからねと、町内に二十年も住んでいる八百屋の爺《おやじ》が勝手口でわざわざ説明してくれた事がある。その時宗助はだって根が残っていれば、また竹が生えて藪になりそうなものじゃないかと聞き返して見た。すると爺は、それがね、ああ切り開かれて見ると、そううまく行くもんじゃありませんよ。しかし崖だけは大丈夫です。どんな事があったって壊《く》えっこはねえんだからと、あたかも自分のものを弁護でもするように力んで帰って行った。】

崖は秋に入っても別に色づく様子もない。ただ青い草の匂《におい》が褪《さ》めて、不揃《ぶそろ》にもじゃもじゃするばかりである。薄《すすき》だの蔦《つた》だのと云う洒落《しゃれ》たものに至ってはさらに見当らない。その代り昔の名残りの孟宗《もうそう》(注3)が中途に二本、上の方に三本ほどすっくりと立っている。それが多少黄に染まって、幹に日の射すときなぞは、軒から首を出すと、土手の上に秋の曖昧を眺められるような心持《こころもち》がする。宗助は朝出て四時過《すぎ》に帰る男だから、日の詰まるこの頃は、滅多《めった》に崖の上を覗《のぞ》く暇を有《も》たなかった。暗い便所から出て、手水鉢《ちょうずばち》の水を手に受けながら、ふと廂《ひさし》の外を見上げた時、始めて竹の事を思い出した。幹の頂に濃《こま》かな葉が集まって、まるで坊主頭のように見える。それが秋の日に酔って重く下を向いて、寂《ひっ》そりと重なった葉が一枚も動かない。

宗助は障子を閉《た》てて座敷へ帰って、机の前へ坐《すわ》った。座敷とは云いながら客を通すからそう名づけるまでで、実は書斎とか居間とか云う方が(イ)オントウである。北側に床があるので、申訳のために変な軸を掛けて、その前に朱泥(注4)の色をした拙《せつ》な花活《はないけ》が飾ってある。欄間《らんま》には額も何もない。ただ真鍮《しんちゅう》の折釘《おれくぎ》だけが二本光っている。その他には硝子戸の張った書棚が一つある。けれども中には別にこれと云って目立つほどの立派なものも這入っていない。

宗助は銀金具の付いた机の抽出《ひきだし》を開けてしきりに中を検《しら》べ出したが、別に何も見つけ出さないうちに、はたりと締めてしまった。それから硯箱《すずりばこ》の蓋《ふた》を取って、手紙を書き始めた。一本書いて封をして、ちょっと考えたが、

「おい、佐伯《さえき》(注5)のうちは中六番町何番地だったかね」と襖越《ふすまごし》に細君に聞いた。

「二十五番地じゃなくって」と細君は答えたが、宗助が名宛《なあて》を書き終る頃になって、

「手紙じゃ駄目よ、行ってよく話をして来なくっちゃ」と付け加えた。

「まあ、駄目までも手紙を一本出しておこう。それでいけなかったら出掛けるとするさ」と云い切ったが、細君が返事をしないので、

「ねえ、おい、それで好いだろう」と念を押した。

細君は悪いとも云い兼ねたと見えて、その上争いもしなかった。宗助は郵便を持ったまま、座敷から直《す》ぐ玄関に出た。細君は夫の足音を聞いて始めて、座を立ったが、これは茶の間の縁伝いに玄関に出た。

「ちょっと散歩に行って来るよ」

B「行っていらっしゃい」と細君は微笑しながら答えた。

（夏目漱石『門』による）

（注）1　護謨車《ゴム》——人力車。それまでは車輪が木製だったが、ゴム製のものが作られるようになった。
2　紡績織——紡績機械でつむいだ綿糸で織った布地。ここではその布地でできた着物のこと。
3　孟宗——孟宗竹《もうそうちく》。大型の竹の一種。
4　朱泥——中国江蘇省や日本の岡山県・愛知県などでつくられる硬質の陶器で、赤褐色が特徴。
5　佐伯——亡くなった宗助の叔父の家。宗助の亡父の財産の管理をしていたが、叔父の死後、そこから出していた宗助の弟の学資を出せないとの連絡があり、叔母と話し合いをする必要に迫られていた。

【文章Ⅱ】

（アシュル・バニ・アパル大王の治世第二十年目の頃、宮廷内の図書館に夜な夜な文字の精霊の声が聞こえるという噂が立った。王は老博士ナブ・アヘ・エリバを図書館に遣わし、文字の精霊の性質を調べさせる。）

その日以来、ナブ・アヘ・エリバ博士は、日ごと問題の図書館（それは、その後二百年にして地下に埋没し、更に二千三百年にして偶然発掘される運命をもつものであるが）に通って万巻の書に目をさらしつつ研鑽《けんさん》に耽《ふけ》った。両河地方《メソポタミヤ》では埃及《エジプト》と違って紙草《パピルス》を産しない。人々は、粘土の板に硬筆をもって複雑な楔《くさび》形の符号を彫りつけておった。書物は瓦であり、図書館は瀬戸物屋の倉庫に似ていた。老博士の卓子《テーブル》（その脚には、本物の獅子の足が、爪さえそのままに使われている）の上には、毎日、累々たる瓦の山がうずたかく積まれた。それら重量ある古知識の中から、彼は、文字の霊についての説を見出そうとしたが、無駄であった。①文字はボルシッパなるナブウの神の司《つかさど》りたもう所とより外《ほか》には何事も記されていないのである。文字に霊ありや無しやを、彼は自力で解決せねばならぬ。博士は書物を離れ、ただ一つの文字を前に、終日それと睨《にら》めっこをして過した。卜者《ぼくしゃ》(注)は羊の肝臓を凝視することによってすべての事象を直観する。彼もこれに倣《なら》って凝視と静観とによって真実を見出そうとしたのである。その中《うち》に、おかしな事が起った。②一つの文字を長く見詰めている中に、いつしかその文字が解体して、意味の無い一つ一つの線の交錯としか見えなくなって来る。単なる線の集《あつま》りが、なぜ、そういう音とそういう意味とを有《も》つことが出来るのか、どうしても解《わか》らなくなって来る。老儒ナブ・アヘ・エリバは、生れて初めてこの不思議な事実を発見して、驚いた。今まで七十年の間当然と思って(ウ)カンカしていたことが、決して当然でも必然でもない。彼は眼から鱗《うろこ》の落ちた思《おもい》がした。単なるバラバラの線に、一定の音と一定の意味とを有たせるものは、何か? ここまで思い到った時、老博士は躊躇《ちゅうちょ》なく、文字の霊の存在を認めた。③魂によって統《す》べられない手・脚・頭・爪・腹等が、人間ではないように、一つの霊がこれを統べるのでなくて、どうして単なる線の集合が、音と意味とを有つことが出来ようか。

この発見を手初めに、今まで知られなかった文字の霊の性質が次第に少しずつ判《わか》って来た。④文字の精霊の数は、地上の事物の数ほど多い、文字の精は野鼠のように仔《こ》を産んで殖《ふ》える。

（中島敦『文字禍』による）

（注） 卜者——占い師。

問1 傍線部(ア)～(ウ)に相当する漢字を含むものを、次の各群の①～⑤のうちから、それぞれ一つずつ選べ。解答番号は［1］～［3］。

(ア) コウバイ ［1］
① ハイリョが足りない
② カンパイの音頭をとる
③ シンパイが停止する
④ 異端分子のハイジョ
⑤ 神社にサンパイする

(イ) オントウ ［2］
① オンシン不通になる
② オンコウな性格
③ シャオンカイに出席する
④ 会えたらオンの字だ
⑤ オンビンに解決する

(ウ) カンカ ［3］
① 店のカンバンを取り去る
② 敵にカンゼンと立ち向かう
③ 草野球のカントクをする
④ 注意をカンキする
⑤ 商品にケッカンが見つかる

問2　傍線部A「『おい、好い天気だな』と話しかけた。細君は、『ええ』と云ったなりであった」とあるが、ここから読み取れる宗助夫婦の様子として最も適当なものを、次の①～⑤のうちから一つ選べ。解答番号は 4 。

① お互いに心に根深いうらみを抱えていることを相手に隠しており、何気ない風を装ってはいるが上の空で、相手の話をよく聞いていない様子。

② 夫婦の関係はすでに冷め切っており、夫のほうは修復を試みようと熱心に話しかけてみるものの、妻のほうは冷淡に拒絶する態度で接している様子。

③ 打ち解けた気の置けない間柄であり、夫からの他愛ない語りかけも妻はあっさりと受け止めて、おだやかな日常を淡々と過ごしている様子。

④ 思慮深く相手を思いやり合って、日差しの心地よさを共有しようと話しかけた意図を妻も敏感に感じ取り、言葉少なだが細やかにその思いに応える様子。

⑤ 妻は夫に訴えたいことがあるが、気の重い話であるため、夫がなんとか避けようと別の話題を持ち出したことを、妻が不満に感じている様子。

問3　【文章Ⅰ】の【　】でくくった箇所で表現されている、二人が住む家についての描写は、文章全体の中でどのような効果をもたらしているか。その説明として最も適当なものを、次の①～⑤のうちから一つ選べ。解答番号は **5** 。

① 宗助の家が非常に環境の悪い場所に建てられていることを示すことによって、そのような環境を選ばざるを得ない夫婦の貧しい暮らしが暗示されている。立地は悪くてもその地盤は竹のために堅固であることから、困窮しても夫婦の気持ちの結びつきは揺るぎないものであることを表現している。

② 崖の前に建つ家に不安を感じる宗助に、「根があるから土は大丈夫だが、竹が生えて藪になることはない」という、理屈に合わない言い訳をする八百屋の爺がユーモラスに描かれており、会話の続かない二人の姿が淡々と描かれた、閉塞感に満ちた場面にあって、爽快感を与える役割を果たしている。

③ これまでの部分では夫婦のごくありふれた会話を中心に物語が進行しており、宗助が無気力な様子で、御米との会話にも上の空である理由は示されていないが、この場面の描写によって、宗助の心痛が安全性を担保されない現在の暮らしに不安を抱えているからであるということが明らかにされている。

④ 日が当たらない、崖の前の家という陰鬱《いんうつ》とした場面設定が、一見おだやかに見える二人の生活の根底に拭《ぬぐ》いがたい罪の意識があることを表現しており、この家の安定が「昔、一面の竹藪であった」という不確かな根拠のもとに成り立つのと同じく、二人の行く末にも不安定さが漂っていることが示唆されている。

⑤ 宗助と御米夫婦の仲睦まじい様子を中心に描き、二人の幸福な日々が淡々と続いていくことを描写するこの物語の中にあって、この場面だけが、二人が置かれている厳しい状況を対照的に浮き彫りにしており、現実から目を背けて生きようとする二人の姿を鮮やかに表現している。

問4　傍線部B「『行っていらっしゃい』と細君は微笑しながら答えた」とあるが、ここから読み取れる御米の心情として最も適当なものを、次の①～⑤のうちから一つ選べ。解答番号は 6 。

① 一日を無為に過ごす宗助の姿をかたわらで見守らなければならないことに辟易《へきえき》しており、ようやく宗助が出かける気になったことによって解放感を覚え、ほっとしている。

② 向き合ってきちんと話し合いがしたいと願う自分を避け、散歩に行くふりをしてその場を逃げ出した宗助に対し、軽い失望を感じ、期待しても無駄だとあきらめている。

③ 漢字だけでなく番地もあやふやになり、明らかに衰弱している宗助の様子から、散歩に行ったまま帰ってこないのではないかという不安を抱き、それを打ち消そうとしている。

④ 宗助が自分の提案を言葉では拒絶していても、散歩に行くふりをして実は佐伯の家に直談判に行くつもりであることを察し、自分の思いどおりの結果になったことに満足している。

⑤ やるべきことを避けている宗助の態度には不満もあるが、先ほどは聞き流していた「散歩に行くとよい」という自分の提案を受け入れた宗助なりの譲歩の姿勢に、理解を示している。

問5　次に掲げるのは、問題文を読んだ後に、二人の生徒が話し合っている場面である。問題文の趣旨を踏まえた、空欄に入る発言として最も適当なものを、空欄Xは【文章Ⅱ】の波線部①～④（あとの【a群】の①～④）のうちから、空欄Yはあとの【b群】の①～⑤のうちから、それぞれ一つずつ選べ。解答番号は 7 ・ 8 。

教　師――夏目漱石の『門』は一九一〇年、中島敦の『文字禍』は一九四二年に書かれた小説です。ここで取り上げられた文字についての知覚現象は「ゲシュタルト崩壊」と呼ばれ、認知心理学でこの概念がはじめて報告されたのは一九四七年であるとされていますが、それより以前に、日本の文学の中で相次いでこれが取り上げられているのは興味深いですね。

生徒A――宗助は、いつも書いている「近」という字が急にわからなくなったのですね。このとき宗助が感じたのと同じ感覚が、『文字禍』の中では「 X 」と描写されています。

生徒B――同じような感覚、私も覚えがあります！　でも、宗助と博士では、これにいたる経緯やその背景はまったく違っていますね。 Y 。

生徒A――これは、夏目漱石と中島敦の主題の違いにも結びついているのかもしれませんね。

【a群】

① 文字はボルシッパなるナブウの神の司りたもう所とより外には何事も記されていないのである

② 一つの文字を長く見詰めている中に、いつしかその文字が解体して、意味の無い一つ一つの線の交錯としか見えなくなって来る

③ 魂によって統べられない手・脚・頭・爪・腹等が、人間ではないように、一つの霊がこれを統べるのでなくて、どうして単なる線の集合が、音と意味とを有つことが出来ようか

④ 文字の精霊の数は、地上の事物の数ほど多い、文字の精は野鼠のように仔を産んで殖える

【b群】

① 宗助の文字に対する違和感は世界からの疎外感を象徴的に示し、「おれだけかな」というつぶやきからも宗助の不安が感じられるのに対し、博士の感覚が文字という記号のあり方を通して世界観の変化に結びつき、「精霊」という存在の発見に至ったことが、「目から鱗の落ちた思」という言葉からもわかります

② 妻との関係修復という動機から宗助の文字についての話題が始まり、「まさか」という御米の短い返答によって思惑が破綻《はたん》した後は急速に関心を失っていくのに対し、博士は王の命令という外的な働きかけを発端とし、「文字に……自力で解決せねばならぬ」という責任感から、どこまでも突き詰めようとしています

③ 宗助は心地よい陽気と対照的に無気力な様子ですが、文字の話題をきっかけにして「神経衰弱のせいかもしれない」と独白することから、彼がすでに精神を蝕《むしば》まれていると明らかになるのに対し、博士は、「日ごと問題の……研鑽に耽った」などの表現から、強い意志と自主性をもつ人物であることが読み取れます

④ 宗助は役人として勤めていますが、「今日の今の字で大変迷った」という言葉から、彼が事務仕事に不向きであり、この時代ならではの生きづらさを感じていることが読み手に示唆されるのに対し、博士はもともと言葉についての専門家であるからこそ、「凝視と静観」が文字への違和感を引き起こしています

⑤ 宗助の文字についての感覚について、「『こうでしょう』と云ったぎり……眺め入った」と、身近な人にも共有されず、宗助だけの個人的な問題として取り上げられているのに対し、博士はこの感覚を「文字の霊の性質」として、だれしもが感じる文字の特性として普遍化しようとしているという違いがあります

国語の問題は次に続く。

第3問　次の文章は『落窪物語《おちくぼ》』の一節である。中将は、継母《ままはは》に虐げられていた女君（通称「落窪の君」）を見初めて結婚し、二条の邸に救い出した。その後、中将には右大臣家の娘との縁談話が持ち上がり、中将の乳母《めのと》は右大臣家との縁談を望んでいたが、中将自身にその気がまったくなく、破談になった。一時動揺した女君も、落ち着きを取り戻し、二人は理想的な夫婦生活を送っていた。以下の文章は、それに続くものである。これを読んで、後の問い（問1〜6）に答えよ。（配点　50）

かく思ふやうに、のどやかに思ひかはして住みたまふほどに、孕《はら》みたまひにければ、(ア)ましておろかならず。（注1）四月、（注2）大将殿の北の方、（注3）宮たち、桟敷《さじき》にて物見たまふに、中将の君に、「二条に物見せ聞えたまへ。若くものしたまふ人は、物見まほしくしたまふものを。おのれも今まで対面せぬ、心もとなきに、『かかるついでに』となむ思ふ」と聞えたまへば、中将、いとうれしと思ひたまへるけしきにて、「いかなるにか侍らむ、人のやうに(イ)物ゆかしうもしはべらざめり。今そそのかして参らせむ」と聞えたまひて、二条におはして、「上《うへ》はかくなむのたまふかし」と聞えたまへば、「心地の悩ましうて、あやしげになりたるも思ひ知られて。物見に出でたらば、我見えたらむに、いとわりなからむ」とて、A物憂げなれば、中将、「誰《たれ》か見む。上、中の君こそは。それ、まろが見たてまつる、同じこと」とて、強《し》ひてそそのかし聞えたまへば、「御心《みこころ》」と聞えたまふ。北の方、御文にも、

「なほわたりたまへ。をかしき見事も、『今はもろともに』となむ思ひたまふる」

と聞えたまへり。見たまふにつけても、（注4）かの石山詣での折、ひとり選《え》り捨てたまひしも思ひ出でられて、心憂し。

一条の大路《おほぢ》に、檜皮《ひはだ》の桟敷いといかめしうて、御前にみな砂子《すなご》敷かせ、前栽うゑさせ、久しう住みたまふべきやうにしつらひたまふ。暁にわたりたまひぬ。（注5）衛門、少納言「（注6）一仏浄土《いちぶつじやうど》に生れたるにやあらむ」とおぼゆ。この君にいささか心寄せあらむ人をば、（注7）ねたきものに言ひののしりしを見ならひたるに、（注8）対の御方の人たち、労《いたは》り用意したまふさま、いとめでたしと思ふ。（注9）乳母のおとど、（注10）さこそ言ひしか、出で来て、心しらひつかうまつりて、「いづれか（注11）惟成《これなり》があるじの君」と問ひありきて、若き人々に笑はる。女君は、「何かうとうとしくは思ひ聞えむ。思ふべき仲は、むつましくなりぬるのみなむ、後《のち》もうしろやすく心やす

き」とて、上や中の君などおはする所にB入れたてまつりたまふ。見たまふに、わが御女《むすめ》、姫宮にもおとらず、をかしげにて見ゆ。紅の綾の打ち袷一襲《あはせひとかさね》、二藍《ふたあゐ》の織物の袿《うちき》、薄物の濃き二藍の小袿《こうちき》着たまひて、恥かしと思ひたまへる、いとをかしうにほへり。姫宮は、(ウ)げにただの人ならず、あてにけだかくて、十二ばかりにおはしませば、まだいと若ういはけなう、をかしげなり。中の君は、若き御心に、をかしと思《おぼ》して、こまやかに語らひ聞えたまふ。

物見はてぬれば、御車寄せて帰りたまふ。中将の君、やがて二条にと思せど、北の方、「騒がしうて、思ふこと聞えずなりぬ。いざ給へ。一、二日も心のどかに語らひ聞えむ。中将の物騒がしきやうに聞ゆるはなぞ。おのが聞えむことに従ひたまへ。C中将はいと憎き心ある人ぞ。な思ひたまひそ」とて、笑ひたまへり。御車寄せたれば、口には宮、中の君、後《しり》には嫁の君と我と乗りたまふ。つぎつぎに皆乗りたまひて、引きつづきて大将殿におはしぬ。寝殿の西の方をにはかにしつらひて、おろしたてまつりたまうつ。御達《ごたち》(注12)の居所《ゐどころ》には、中将の住みたまひし西の対のつまをしたり。いみじくいたはりたまふ。大将殿も、いみじく思ふ子の御ゆかりなれば、御達にいたるまでいたはり騒ぎたまふ。四、五日おはして、「いと悩ましきほど過して、のどやかに参らむ」とて、帰りたまひぬ。まして、対面したまひて後は、あはれなるものに思ひ聞えたまへり。

(注) 1 四月――賀茂《かも》神社の祭礼が行われる。祭では、斎院《さいいん》や勅使の行列が練り歩き、多くの人々がそれを見物する。

2 大将殿の北の方――大将殿は中将の父、北の方は大将殿の妻で、中将の母にあたる。後にある「上」も北の方を指す。

3 宮――中将の姪《めい》である姫宮を指す。

4 かの石山詣での折、ひとり選り捨てたまひし――女君が実家にいた頃、継母たちが、女君一人を石山寺参詣に連れて行かなかったことを指す。

5 衛門、少納言――どちらも女君の侍女。女君が実家にいた頃から仕えている。

6 一仏浄土――阿弥陀仏の支配する極楽浄土。

7 ねたきものに言ひののしりし――女君の継母は、女君に関心を寄せる人がいると、その人のことを悪《あ》しざまに言っていた。

8 対の御方――中将を指す。中将が、大将殿の邸宅の西の対に住むところからの呼び名。

9 乳母のおとど――中将の乳母。

10 さこそ言ひしか――ここより以前の場面で、乳母が右大臣家の娘との縁談を中将に勧めていたことを指す。

11 惟成があるじの君――女君を指す。惟成は乳母の実子。乳母から見て中将は息子・惟成のあるじにあたるため、その中将の夫人である女君のことを〝惟成の主人の奥方〟と呼んでいる。右大臣家の娘との縁談を望んでいた手前、女君への遠慮があり、ことさら遠回しな呼び方になっている。

12 御達――女君の侍女たち。

人物関係図　本文に登場する人物は□で囲んだ。（　）内は通称や別称。

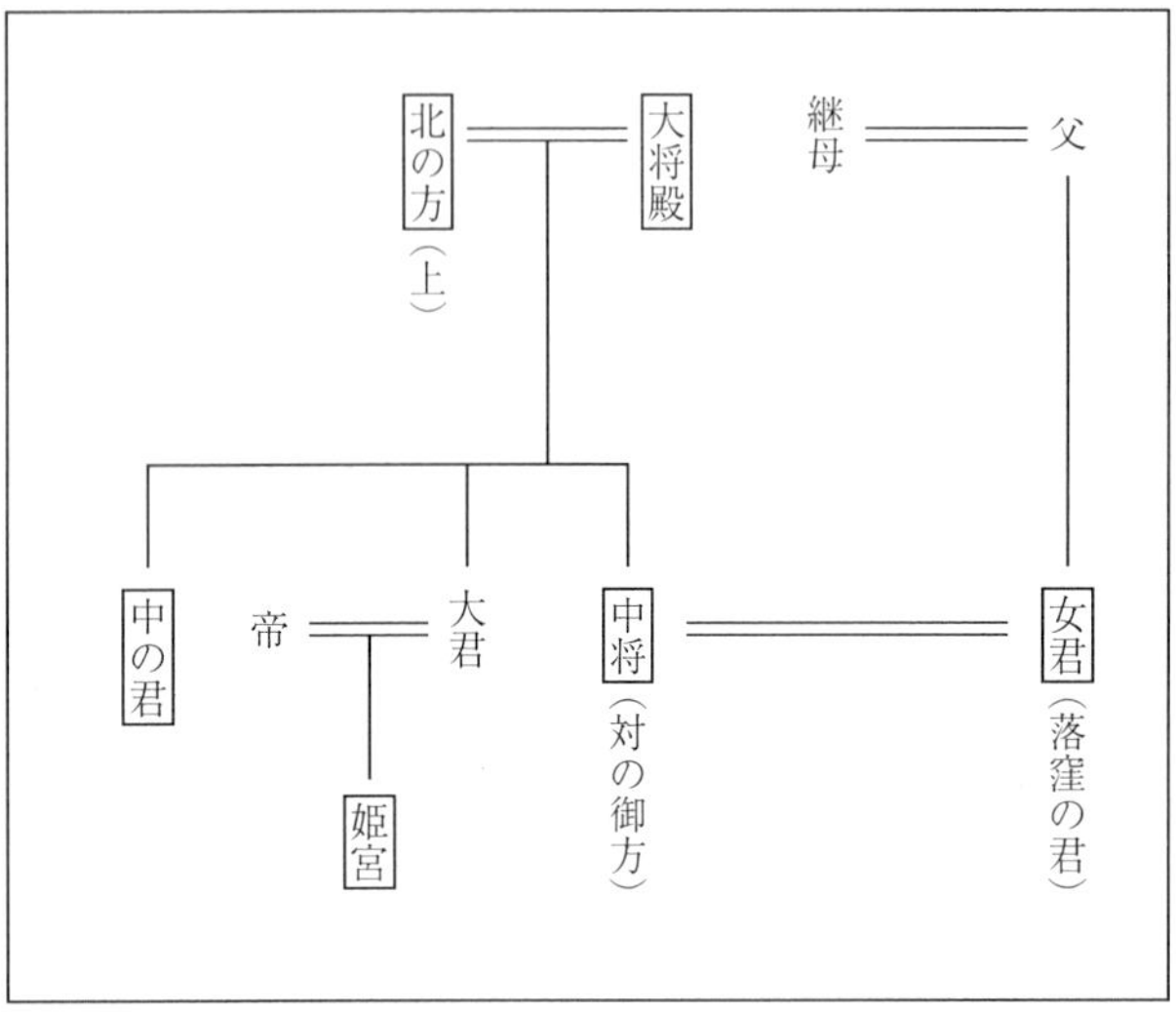

問1 〜 3 傍線部(ア)〜(ウ)の解釈として最も適当なものを、次の各群の①〜⑤のうちから、それぞれ一つずつ選べ。解答番号は 1 〜 3

(ア) ましておろかならず 1
① なおいっそう成熟した様子である
② なおいっそうおだやかに振る舞う
③ まったくもって気が気でない
④ 言うまでもなくおろそかに扱わない
⑤ 言うまでもなく見劣りすることはない

(イ) 物ゆかしうもしはべらざめり 2
① 祭好きなのかどうか分からないのです
② 祭見物がしたいとも思わないようです
③ 祭見物がしたいのを隠しているのです
④ 母上との対面も希望しているようです
⑤ 人目に触れるのを好まないようです

(ウ) げにただの人ならず、あてにけだかくて 3
① あまりに身分の高い人で、とても近づきがたくて
② たしかに中の君とは異なり、華やかで目を引いて
③ さすがに幼さを感じさせず、上品で大人びていて
④ いかにも自信に満ちあふれ、格別に誇り高くて
⑤ なるほど普通の人とは違い、高貴で気品があって

問2　波線部「乳母のおとど、さこそ言ひしか、出で来て、心しらひつかうまつりて、『いづれか惟成があるじの君』と問ひありきて、若き人々に笑はる」の説明として最も適当なものを、次の①〜⑤のうちから一つ選べ。解答番号は **4** 。

① 「さこそ」の「こそ」は、過去の意を表す助動詞「しか」と呼応関係にある。
② 「言ひしか」の「しか」は、過去の意を表す助動詞「き」の連体形である。
③ 「つかうまつり」は、乳母のおとどに対して用いられている尊敬語である。
④ 「惟成があるじの君」の「が」は、接続助詞である。
⑤ 「笑はる」の「る」は、作者から乳母のおとどに向けられた、尊敬の意を表す助動詞である。

問３　傍線部Ａ「物憂げなれば」とあるが、このときの女君の心情の説明として最も適当なものを、次の①〜⑤のうちから一つ選べ。解答番号は［５］。

①　気分がすぐれず、妊娠のために見苦しい姿になったとも思い、祭見物に出かけて、ほかの人に自分の姿を見られるのが、この上もなくつらいだろうと心配している。

②　気持ちがふさぎ込んで、夫の家族と対面する気にはならないものの、祭見物に出かければ、多少は気分も晴れるかと考え、無理にでも行こうと思い詰めている。

③　体調が悪くなり、いつ倒れてもおかしくないように感じられて、もし祭見物に出かけて、夫の家族の前で倒れたら、大変なことになるだろうと不安に思っている。

④　決心はつかないものの、対面を断ると失礼にあたると思い至り、祭見物に出かけても、なるべく目立たないようにするにはどうすればよいかとあれこれ思案している。

⑤　妊娠のため、ひどい顔色になっていると思い込み、祭見物に出かけて自分が姿を見せたなら、夫の家族たちにかえって心配をかけることになるだろうと悩んでいる。

問4　傍線部B「入れたてまつりたまふ」とあるが、誰《だれ》が、どうしたということか。その説明として最も適当なものを、次の①〜⑤のうちから一つ選べ。解答番号は 6 。

① 大将殿の北の方が、「自分や中の君が女君を目障りに思うことはなく、夫婦の仲というものはしだいに親密さを深めてゆくものであり、自分や中の君のいるところに、女君を同席させるのは当然である」と言って、中将に女君を同伴させたということ。

② 大将殿の北の方が、「自分も中の君も女君を煩わしく思う理由などはなく、親や兄妹というものは、子や兄の夫婦仲がよい状態であることを、心底望んでいるものである」と言って、女君を、自分や中の君のいるところに同席させたということ。

③ 中将が、「妻である女君が母たちをうとましく思っているわけはなく、敬意を持って接する関係だけが、本当の意味での信頼感を育むものだ」と言って、女君を、大将殿の北の方や中の君のいるところへ同伴することに同意してもらったということ。

④ 中将が、「母や中の君たちが女君を疎遠に思うことはなく、互いに思い合うはずの家族の仲というものは、すっかり親密になった場合だけが、将来も安心できて気楽なものである」と言って、女君を、大将殿の北の方や中の君のいるところへ同席させたということ。

⑤ 女君が、「自分は大将殿の北の方や中の君のことを深く敬愛してはいるものの、信頼し合う肉親の仲というものは、身内同士でいる方が安心してくつろげるものである」と言って、中将一人を、大将殿の北の方たちのいるところへ行かせたということ。

問5 傍線部C「中将はいと憎き心ある人ぞ。な思ひたまひそ」とあるが、これは、大将殿の北の方の、どのような態度が表れた言葉か。その説明として最も適当なものを、次の①～⑤のうちから一つ選べ。解答番号は 7 。

① 祭の喧噪《けんそう》のために女君とあまり話せなかったが、それをわざと、中将が話をさえぎったからであるとかこつけることで、女君を引き留められるだろうと確信している態度。

② もう少し女君と話したいと考え、すぐに彼女を連れて帰ろうとする中将を、あえて、つれない人であるかのように言いなすことで、たくみに引き留めようとする態度。

③ 女君を正式な嫁として認め、彼女を強引に引き留めるような、いかにも姑らしい振る舞いをすることで、すでに彼女は家族の一員であると、間接的に伝えようとする態度。

④ 遠慮がちな女君の様子を見て、彼女がどのくらい中将のことを思っているのか判断しかね、わざと中将の悪口を言うことで、女君の本心を探ろうとする態度。

⑤ 母親の立場から、自分の言葉に従うよう、中将にきっぱりと命じることで、本当は留まりたいという女君の気持ちを、彼女に代わって中将に伝えようとする態度。

問6　この文章の内容に関する説明として最も適当なものを、次の①～⑤のうちから一つ選べ。解答番号は 8 。

① 大将殿の北の方は、女君の懐妊に半信半疑であったため、「二条に物見せ聞えたまへ」と祭見物に誘い、直接会ってこの真偽を確かめようとした。

② 中将は、女君が大将殿の北の方との対面をかたくなに拒むので、何とか祭見物に誘い出そうと、「誰か見む」と強い調子で嘘までついて説得した。

③ 衛門と少納言は、女君が虐げられてきたことを知っているので、中将付きの侍女たちが女君を大切にお世話する様子を見て「いとめでたし」と感激した。

④ 大将殿の北の方は、女君が、中の君や姫宮に劣らぬ美しさを持ちながらも、「恥かしと思ひたまへる」という謙虚な態度であることを褒めた。

⑤ 大将殿は、女君のことを「いみじく思ふ子」のように思っているので、女君の親類縁者まで呼び寄せて、この上なく丁重なもてなしをした。

国語の問題は次に続く。

第4問

次の【漢詩】は、詩人・呉偉業《ごいぎょう》が、勉強させている自分の娘のことを詠んだものである。また、【文章】は孔子の弟子で、徳行に優れた閔子騫《びんしけん》の幼い頃の逸話である。【漢詩】と【文章】を読んで、後の問い（問1〜7）に答えよ。なお、設問の都合で返り点・送り仮名を省いたところがある。（配点　50）

【漢詩】

課（注1）スレ女ニ　　呉偉業

漸ク長ジテ憐レミ二渠（注2）《かれ》ノ(ア)易一

A 将レ衰覚二子 **W** 一

晩ニ来タリテ二灯下ニ一立チ

携ヘテ就キテ二月中ニ一看ル

(イ)弱喜ビ二従ヒテレ師ニ慧ナルヲ一

貧シケレバ疑フ二失ヒテレ母ヲ寒カラント一

B 亦知ルレ談ズルヲ二往事ヲ一
生日在リト二長(注3)安ニ一

(『梅村集《ばいそんしゅう》』による)

(注) 1 課女——娘に勉強させる。
2 渠——「彼」に同じ。ここでは娘・女の子、という意味。
3 長安——都の意味。当時の都は北京。

【文章】

閔《びん》損《そん》字ハ子騫《しけん》、早ク喪フレ母ヲ。父娶《めとり》二後妻ヲ一、生ム二二子ヲ一。損至孝ニシテ不レ怠ラ。C母疾悪之、所生子以綿絮《めんじょ》(注1)衣之、損ニハ以テス二蘆花《ろくわ》(注2)ノ絮《じょ》ヲ一。父冬月令ム二損ヲシテ御セ一レ車ヲ。体寒《こごエテ》失フレ靮《たづな》ヲ。父責ムルモレ之ヲ、損不二自ラ理(注3)ラ一。D父察シテ知リレ之ヲ、欲スレ遣ラント二後母ヲ一。損泣キテ啓《けい》シテ(注4)父ニ曰ハク、「母在レバ X 寒エ、母去レバ Y 単(注5)ナラント。」父善シトシテレ之ヲ而止ム。母モ亦悔ヒ改メ、待ツコトレ Z ヲ平均ニシテ、遂ニ成ル二慈母ト一。

(李瀚《りかん》撰『蒙求《もうぎゅう》』による)

（注）1　綿絮——暖かい綿入れ。「絮」も、綿という意味。

2　蘆花ノ絮——葦《あし》の穂を綿の代わりにした粗末な服。

3　理——言い訳をする。

4　啓シテ——申し上げて、という謙譲の意味。

5　単——裏地のない、非常に粗末な服。

問1 二重傍線部(ア)「易」・(イ)「弱」の意味として最も適当なものを、次の各群の①～⑤のうちから、それぞれ一つずつ選べ。解答番号は 1 ・ 2 。

(ア) 「易」 1
① 育てやすい
② 病気になりやすい
③ すぐに気が変わる
④ 簡単に勉強をやめる
⑤ 性格が穏やかである

(イ) 「弱」 2
① 学力は劣るけれども
② 幼い頃から
③ 何も知らない頃から
④ 知恵もつかないうちに
⑤ 弱々しくても

問2 傍線部**A**「将㆑衰覚㆓子**W**㆒」について、(a)空欄**W**に入る語と、(b)この句全体の解釈との組合せとして最も適当なものを、次の①〜⑤のうちから一つ選べ。解答番号は **3** 。

① (a) 安――(b) 私は老年になろうとするが、子どもたちは官職に就き心配がない

② (a) 苦――(b) 私はもう死んでも構わないが、残された子どもたちの生活が苦しくなるだろうと不安だ

③ (a) 絶――(b) 私はすでに死にそうなのに、正式な跡継ぎがいなくなってしまうことが気がかりだ

④ (a) 賢――(b) 私は老年というべき年齢になって、やっとやはり男子の方が賢いとわかった

⑤ (a) 難――(b) 私はもう老年になろうとしていて、今さら男子をもうけることは難しいと感じる

問3 傍線部**B**「亦知㆑談㆓往事㆒　生日在㆓長安㆒」の解釈として最も適当なものを、次の①〜⑤のうちから一つ選べ。解答番号は **4** 。

① この娘はまた、昔の出来事を語ることを心得ていて、「私は都で生まれたの」などと言う

② この娘はまた、昔に語ったことを覚えていて、「私はまた都に行ってみたいの」などと言う

③ この娘はまた、行った先々の思い出話をして、「私は都で誕生日祝いをしたの」などと言う

④ この娘はまた、昔の話を聞きかじっていて、「私は都で暮らしたことがあるの」などと言う

⑤ この娘はまた、以前の出来事を聞き知っていて、「私は都で大きくなったの」などと言う

問4 傍線部**C**「母疾悪之、所生子以綿絮衣之」の返り点の付け方と書き下し文との組合せとして最も適当なものを、次の①～⑤のうちから一つ選べ。解答番号は **5** 。

① 母疾悪之、所㆑生子以㆓綿絮㆒衣㆑之　　母疾悪して之《ゆ》き、生まるる所の子には綿絮を以て之に衣《き》せ

② 母疾㆓悪之㆒、所㆘生㆑子以㆓綿絮㆒衣㆖㆑之　　母之を疾悪すとも、子を生めば綿絮を以て之に衣する所にして

③ 母疾悪之、所㆑生㆑子以㆓綿絮㆒衣㆑之　　母疾悪して之き、子を生む所には綿絮を以て之を衣て

④ 母疾㆓悪之㆒、所㆑生子以㆓綿絮衣之㆒　　母之を疾悪すれども、生む所の子には綿絮衣を之に以てし

⑤ 母疾㆓悪之㆒、所㆑生子以㆓綿絮㆒衣㆑之　　母之を疾悪し、生む所の子には綿絮を以て之に衣せ

問5 傍線部**D**「父察知㆑之」とあるが、父はどのような事情を察知したのか。その説明として最も適当なものを、次の①～⑤のうちから一つ選べ。解答番号は **6** 。

① 母を亡くした損が喪に服し粗末な服しか着ないせいで、体が震えて手綱を放したこと。

② 継母が損には粗末な服しか着せていないせいで、損は体が凍えて手綱を放したこと。

③ 損は冬の馬車の扱いに不慣れで、手綱を放したことを注意しても言い訳をしなかったこと。

④ 継母と損とは仲が悪く、損は十分な食事もできず、体が凍えて力も出ずに手綱を放したこと。

⑤ 損は親孝行で継母に暖かい服を着せ、自分は寒さで手綱を放しても言い訳をしなかったこと。

問6　空欄X・Y・Zに入る語の組合せとして最も適当なものを、次の①～⑤のうちから一つ選べ。解答番号は 7 。

① X 一子　Y 二子　Z 二子
② X 二子　Y 一子　Z 三子
③ X 一子　Y 三子　Z 三子
④ X 二子　Y 三子　Z 二子
⑤ X 三子　Y 二子　Z 三子

問7　次に掲げるのは、授業の中で【漢詩】【文章】について話し合った生徒の会話である。会話中の発言①〜⑧のうち、**適当でないもの**を二つ選べ。ただし、解答の順序は問わない。解答番号は 8 ・ 9 。

① 生徒A──【漢詩】では呉偉業が、娘が勉強に励むことを喜んで大切にしているのに、【文章】では、当初は閔子騫が継母から冷遇されていてかわいそう。

② 生徒B──【文章】の閔子騫は勉強熱心で怠らなかったとあるけど、【漢詩】の娘は自分だけでは勉強しないから呉偉業が積極的に先生につかせて勉強させようとしたわけだね。

③ 生徒C──呉偉業が娘を気遣っていることは、夜に呉偉業のところにやって来た娘の手を引いて、月の光で顔を見つめたり、生活の苦しさを気にかけたりしていることからもわかるね。

④ 生徒D──娘に対して心配していたことは、実母がいなくて、貧しく寒い思いをさせているのではないか、ということだったと思うよ。

⑤ 生徒A──幼いうちに母親が亡くなって、貧しい生活をしているという状況に直面して、【文章】の閔子騫のエピソードが思い起こされたんじゃないかな。

⑥ 生徒B──確かに【漢詩】の「貧しければ母を失ひて寒からんかと疑ふ」という句の発想のもとには、【文章】の「早く母を喪ふ」「損には蘆花の絮を以てす」「体寒えて」などがあると考えられるね。

⑦ 生徒C──でも閔子騫の逸話は、実母を亡くした後は貧乏になって葦の穂の粗末な服で寒い思いをしたけれど、継母の慈愛によって困窮から逃れることができたという話だったよね。

⑧ 生徒D──【文章】を踏まえて【漢詩】を読むと、母親を失った子どもに対する、父親としての親心を一層深く詠いあげていることがわかってあたたかい気持ちになるね。

模試 第5回

（200点
80分）

〔国語〕

注　意　事　項

1　**国語解答用紙（模試 第5回）をキリトリ線より切り離し，試験開始の準備をしなさい。**

2　**時間を計り，上記の解答時間内で解答しなさい。**
ただし，納得のいくまで時間をかけて解答するという利用法でもかまいません。

3　この回の模試の問題は，このページを含め，39ページあります。問題は4問あり，第1問，第2問は「近代以降の文章」及び「実用的な文章」，第3問は「古文」，第4問は「漢文」の問題です。

4　**解答用紙には解答欄以外に受験番号欄，氏名欄，試験場コード欄があります。その他の欄**は自分自身で本番を想定し，**正しく記入し，マークしなさい。**

5　**解答は解答用紙の解答欄にマークしなさい。**例えば，**第2問**の 10 と表示のある問いに対して③と解答する場合は，次の（例）のように**問題番号**2の**解答番号10の解答欄**の③に**マーク**しなさい。

（例）

2	解答欄								
	1	2	3	4	5	6	7	8	9
10	①	②	③	④	⑤	⑥	⑦	⑧	⑨

6　問題冊子の余白等は適宜利用してよいが，どのページも切り離してはいけません。

7　試験終了後，問題冊子は持ち帰りなさい。

第1問

次の文章は落合陽一『日本進化論』の一部である。これを読んで、後の問い（**問1〜6**）に答えよ。なお、設問の都合で段落の冒頭に段落番号を付してある。（配点　50）

1　財政問題における最大の(ア)ケンアンのひとつが、社会の高齢化に伴う社会保障費の増大です。たしかに、高齢者の増加による国家財政の破綻《はたん》は現実味のあるシナリオに思えます。「日本が老人に食い潰《つぶ》される」という未来予測を前に危機感を感じている人もいるでしょう。

2　しかし、そこに正確な数字の裏付けはあるのでしょうか。

3　ざっくり今後の社会保障費の伸びを見ていきましょう。新聞などでは、2040年度に社会保障費は190兆円、2018年の1・6倍になると報道されていますが、慶應義塾大学教授の権丈善一氏によると、これは単純な誤報であり、将来の社会保障給付費は対GDP比で見なければならないということです。それでいうと、2018年5月に新聞各紙が報じた政府の社会保障費の長期試算については、5月23日付けの読売新聞の社説だけが、「対GDP比でみると1・1倍だ。際限なく膨《ぼう》張《ちょう》して制度が崩壊する、といった一般的なイメージとは異なるのではないか」と正しく報道していたということです。日本の財政問題については様々な議論があり、未来のことである以上、確実な予測はできませんが、この数字は、ひとつの足掛かりになるのではないでしょうか。

図表1　今後の負担増は、実は2000年代よりマイルド

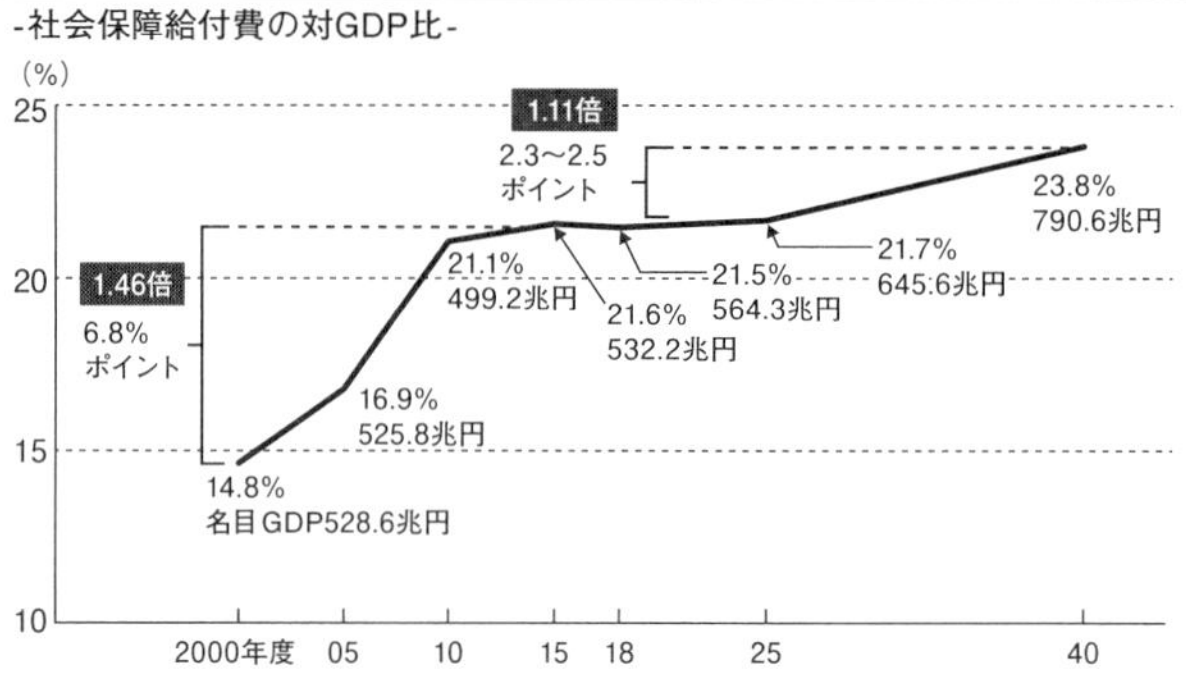

※厚生労働省の資料に野村明弘氏加筆
出典：東洋経済オンライン「社会保障が2040年に1.6倍は本当なのか？」
（野村明弘、2018年6月1日配信）

4　今後の社会保障費は、国民が負担できないほどに増えるわけではない。まずはそこから議論をスタートしましょう。

5　これから社会保障費はどのように変化していくのか。より詳細なデータをもとに検討してみましょう。

6　まず1つ目は、先ほども指摘した社会保障費の対GDP比の増減で、2040年までの変化を予測したものです（**図表1**）。

図表2　社会保障給付費（対GDP比）の将来見通し

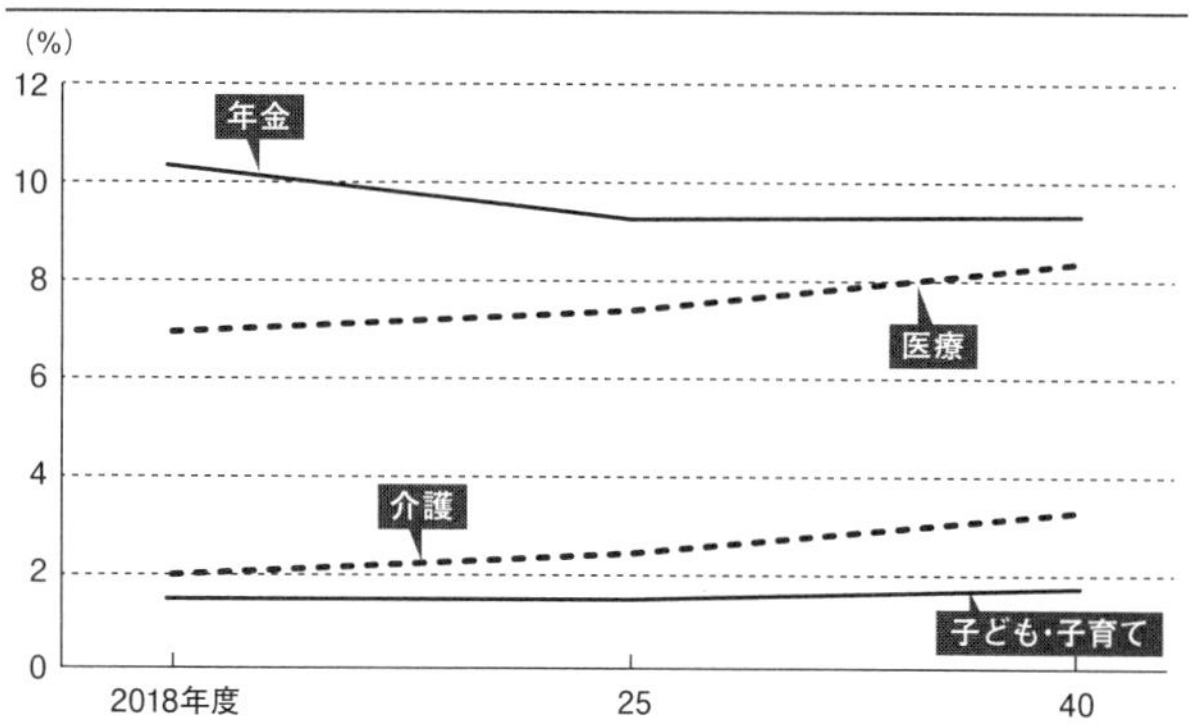

注：経済前提がベースラインケース
出典：厚生労働省「2040年を見据えた社会保障の将来見通し（議論の素材）」
のデータを基に権丈善一氏作成

２０００年からの10年間で、社会保障費の対ＧＤＰ比は急増しています。しかし、２０１０年以降は急速になだらかになり、２０１８年現在までほぼ横ばいが続いています。２０２５年以降は再び増加に転じるという予測ですが、15年間で１・１１倍程度と、その変化は(イ)ユルやかです。

7　つまり、２０２５年以降の15年間で増加する２～３ポイント程度の負担を、労働力の拡充やテクノロジーの配備でいかに担うか、ここさえ解決できれば、少なくとも現状維持は可能ということになります。

8　さらに社会保障費の内訳を見てみましょう。**図表2**のグラフは２０４０年までの社会保障費のうち「年金」「医療」「介護」「子ども・子育て」の占める割合（対ＧＤＰ比）とその変化をグラフにしたものです。これを見ると、年金と医療の占める割合が大きく、介護や子育てはそれほど多くないことがわかります。また、将来的な変化として、年金は微減傾向にあり、子育ては現状維持。増加するのは医療と介護の分野だけです。つまり、Ａこれからの20年では、医療と介護、この２つでコストを抑えるための(ウ)シサクが重要になってくると考えられます。

（中略）

9　現在の日本の社会保障費を支えているのは、私たち国民が国に納めている税金です。この税収を増やすことも社会保障費を考えるうえでの重要なシサクです。

10　２０１９年10月には消費税の増税が予定されていますが、景気を減速させる可能性の高い増税よりも、継続的な経済成長を実現したほうが、長期的な税収の増加につながるのはいうまでもありません。

11　この20年の日本の実質ＧＤＰ成長率は、１％程度の低い水準に留まっています。一般的には、人口が減少する社会ではＧＤＰ

図表3　日本とデンマークの人口構成比

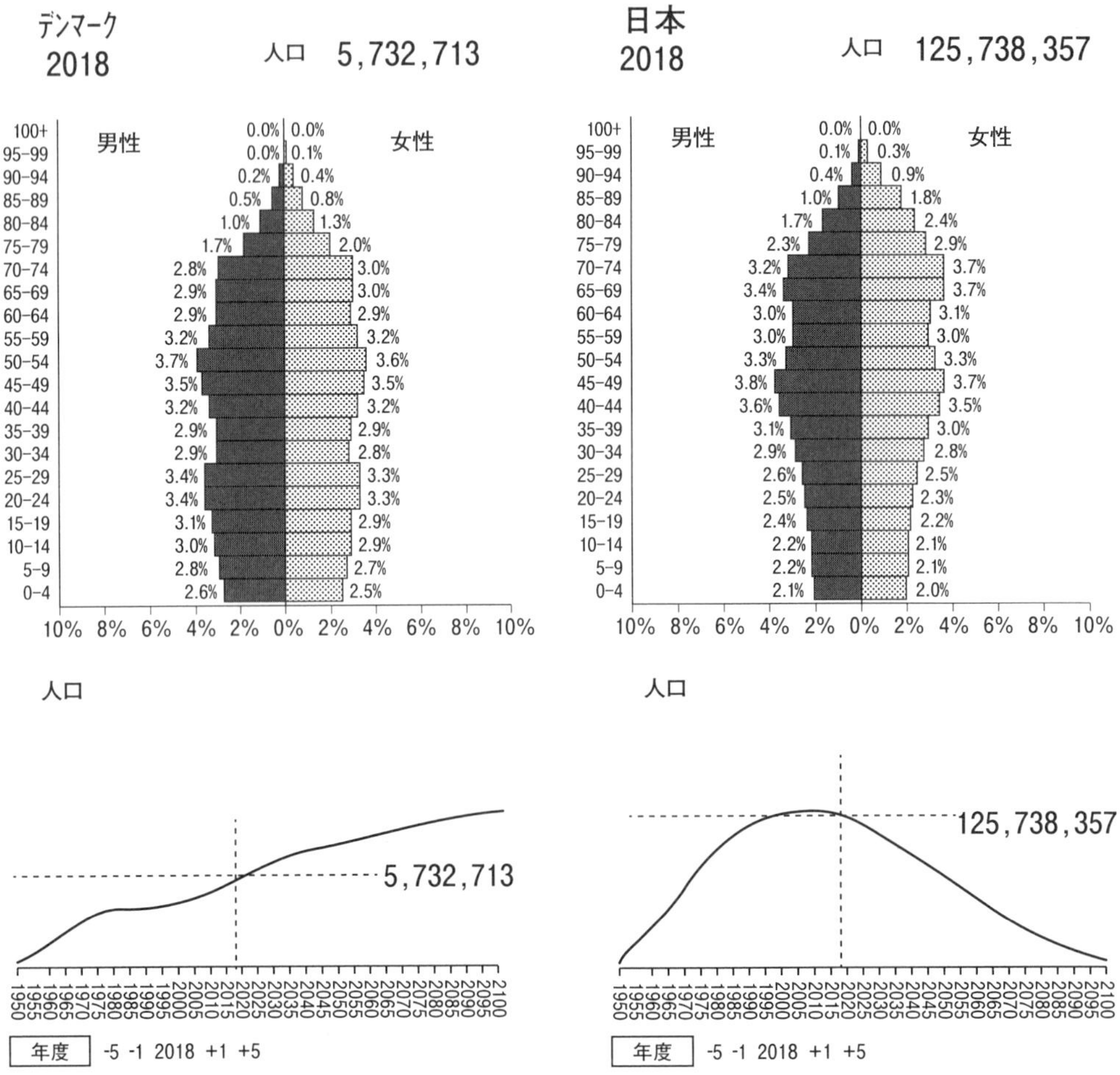

出典：Population Pyramid.net にて作成

も減少するといわれており、特に日本の場合、高齢化の進行によって労働者人口が減り続けているため、安定した経済成長路線に転じるのは困難とされてきました。

12　しかし、本当に高齢社会で経済成長は実現できないのでしょうか。

13　日本とよく似た人口構成比の国に、Bデンマークがあります。デンマークと日本の人口ピラミッドを比較してみましょう（**図表3**）。どちらも(注)第一次・第二次ベビーブーム世代が人口のピークを形成しており、それが高齢化率の高さにつながっています。

14　その一方で注目したいの

は、デンマークのＧＤＰの変化です。日本と同じ高齢化社会でありながら、デンマークのＧＤＰは２０００年代以降も安定して伸び続けています。日本ほど少子化は進んでいないものの、人口に占める高齢者の割合は高く、また北欧の高福祉国家らしく社会保障費の負担が大きいところも日本とよく似ています。さらに約５７０万人という人口では、内需に頼ることも難しい。このような条件下で、デンマークはどのようにして安定した経済成長を実現しているのでしょうか。

15 大きな理由として挙げられるのは、産業構造の転換と行政の効率化です。製造業が主体の日本とは異なり、デンマークでは主要産業を流通・小売業へと転換しはじめています。ゼロからものをつくる産業ではなく、既存の製品に価値を付与する産業へとシフトしつつあるのです。

16 またデンマークでは、テクノロジーを活用した政府運営の効率化も進んでいます。自治体が公開したビッグデータを民間企業が活用するなど、官民一体となった取り組みが行なわれているほか、特に医療分野においては、個人の通院(エ)リレキを集めたデータベースが完備されるなど、電子化が幅広く展開されています。

17 政府機能の電子化を進めている国としてはエストニアが有名ですが、デンマークはＥＵで最も電子化が進んだ国であり、医療、福祉、金融、教育などのＩＴ技術を介した連携が、国家戦略によって推進されています。簡単な事務手続きひとつとっても、なかなか制度が改められない日本は、大いに見習うところがあるのではないでしょうか。

18 このように、高齢化社会に移行しつつも経済成長を続けている国は存在します。その国がどのような社会的・経済的な構造によって成長を実現しているかを知ることは、これからの日本のあり方を考えるうえで、参考になると思います。日本は人口が多い国なので、国を挙げて一度に舵《かじ》を切るのは難しいかもしれませんが、地方自治体の単位からでも、少しずつ手を打っていくべきだと思います。

19 ここまで、社会保障費を抑制するためのプランと、高齢社会でも経済成長を続けるデンマークの例を紹介してきましたが、C日本の社会保障費の問題の本当の根底にあるもの。それは「シルバー民主主義」であると、僕は考えています。

20 現在の日本では、60歳以上が有権者全体の約4割を占めるという歪《いびつ》な構造が生まれています。そして、残りの人生が短い高齢者には、数十年先の未来の問題について真剣に考える動機づけが少なくなってしまうことも、しばしばあります。自分が人生

図表4　衆議院議員総選挙における年代別投票率（抽出）の推移

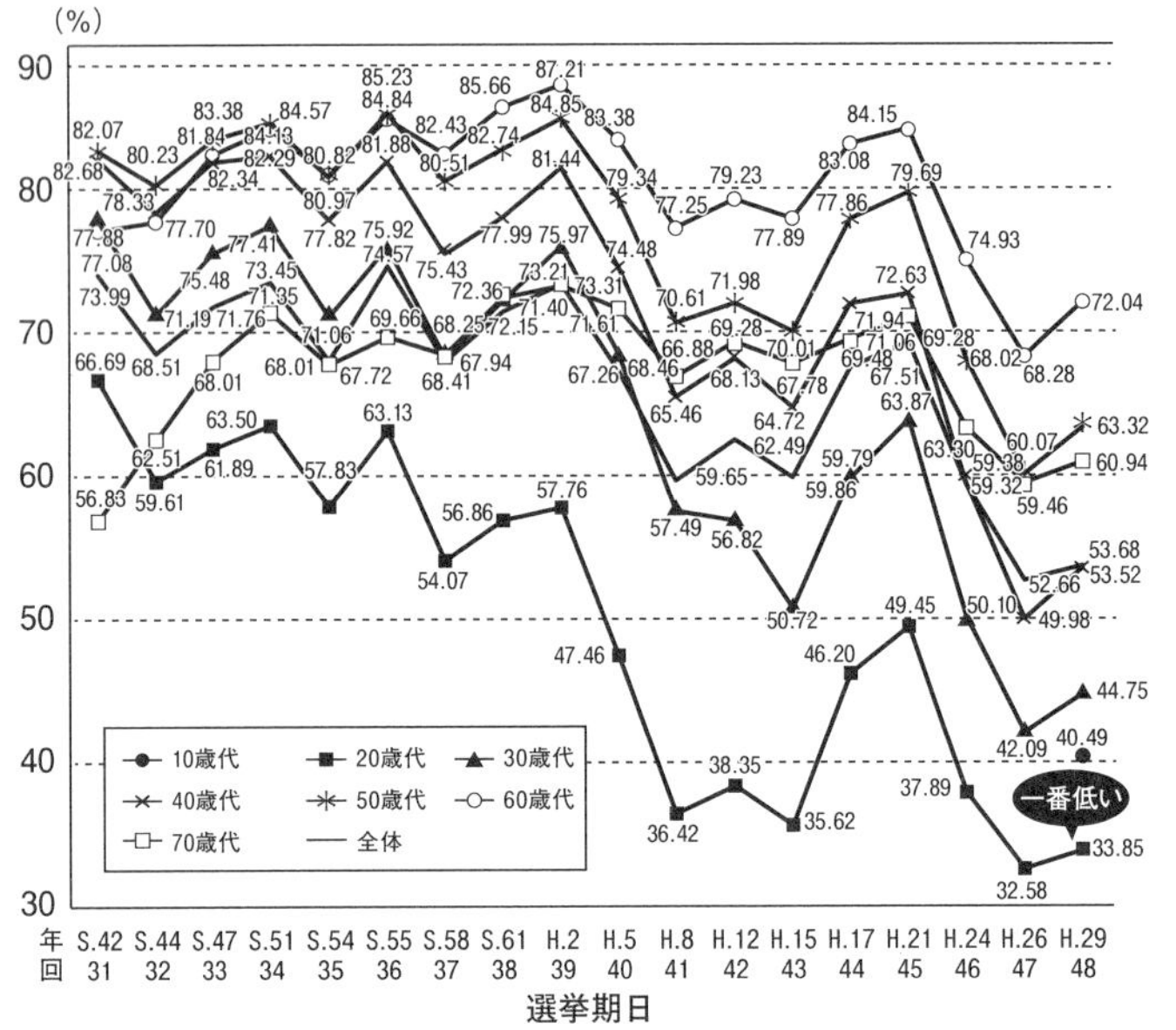

出典：総務省「衆議院議員総選挙における年代別投票率の推移」

を終えた後に深刻化する問題であれば、あえて痛みに耐えるようなことはせず、耳触りがよいことを言って解決を先送りしてしまう。この本のテーマに即して言うなら、「テクノロジーへの投資をします」と言うよりも「介護保険料を安くします」と言ったほうが、65歳以上の有権者には受け入れられやすいという現実があるのです。

21　同じことは政治家についてもいえます。財政や社会保障といった問題は、数十年単位の長いスパンで政策を考える必要がありますが、多くの政治家は次の選挙に当選して生き残ることに頭が一杯で、自分が議員でいられるかもわからない未来について考えをめぐらす余裕のある政治家は、ほんの一握りでしょう。結果、当選したい政治家は高齢者に優しい公約を掲げざるをえないし、長期的に見て価値があると思える政策があっても、支持母体である高齢者層の意にそぐわない以上、自分の政治家人生の中ではやるべきではないという判断になります。

22　加えて、ただでさえ数が少ない若年層の投票率は、低下のイッ（オ）トをたどっています（**図表4**）。実際に僕の同世代を見ても、政治的な議論に参加できる人の数は限られ、長期的な視点に基づいた意見や判断を述べられる人はごくわずかという印象です。

23　今の若年世代は可処分時間と可処分所得の少なさが視野を狭めている部分があって、要するに目の前の生活に精一杯で、先のことを考える余裕がないために、政治参加へのモチベーションが失われているという面もあると思います。とはいえ、その構造に陥った時点ですでに敗北したも同然です。時間やお金がかかることではないので、せめて選挙権は行使してほしいと思います。

24 今後、人口が減少し続ける日本は、グローバルな人口増加のトレンドと逆行している数少ない国家です。参考になる他国の事例が少ない以上、独自に解決策を模索していくしかないのですが、人口減少に伴う社会保障の問題は、いずれ他の国々も直面することになる問題です。この課題に日本がどう向き合うのか、世界各国が注目しています。これからの20年をどのように乗り切るか。それによってD日本という国と、それを担う私たちの世代の真価が試されることになると思います。

（注） 第一次・第二次ベビーブーム世代――「第一次ベビーブーム世代」は一九四七～四九年、「第二次ベビーブーム世代」は一九七一～七四年。

問1 傍線部(ア)～(オ)に相当する漢字を含むものを、次の各群の①～⑤のうちから、それぞれ一つずつ選べ。解答番号は 1 ～ 5 。

(ア) ケンアン 1
① インケンなやり口に腹が立つ
② ケンメイに努力する
③ 自己ケンオに陥る
④ ケンキュウ熱心な学者
⑤ 質素ケンヤクを重視する

(イ) ユルやか 2
① カン極まって泣いてしまった
② 初志カンテツして夢を叶えた
③ カンセイな住宅街
④ カンシの目をくぐり抜けて逃げ出す
⑤ カンキュウをつけた動き

(ウ) シサク 3
① 医師がシジュツする
② 持っているシカクを利用する
③ いたずらっ子におシオきする
④ シアイに出してもらえなかった
⑤ シリメツレツな言動

(エ) リレキ 4
① リショク者が後を絶たない
② ノウリによみがえった発言
③ ゾウリをはいてお祭りに行く
④ リコ的な振る舞い
⑤ ショリ速度がはやい

(オ) イット 5
① 相手のイトが読めない
② 財産をジョウトする
③ トロウに終わった
④ シト不明金を追及される
⑤ 看板用にトリョウを準備する

問2 **図表1**をもとにした筆者の主張として最も適当なものを、次の①〜⑤のうちから一つ選べ。解答番号は 6 。

① 高齢者が増加することで財政にどのような影響があるかを新聞や識者たちが論じているが、正確な数字の裏づけがまったくない議論となっているので、気にする必要はない。

② 2040年度には社会保障費の金額が2018年度の約1・6倍になるとした新聞の報道は計算を間違っており、本来の金額である1・1倍を土台に議論を進めていきたい。

③ 2000年度から2010年度にかけて名目GDPが減少したために社会保障費の負担が増加したように、未来の負担は不確実であるため、そもそも議論すること自体が適切ではない。

④ 社会の高齢化による財政破綻という未来予測は、現実味を感じやすいために報道も危機感を煽《あお》りがちだが、実際は負担はそれほど大きくなく、まだ対処可能な範囲だと言える。

⑤ 社会保障費の増加予測については、計算方法によって結果が異なり情報が錯綜《さくそう》しているので、実情を踏まえた統一指標で未来を論じなければ無意味である。

問3　傍線部A「これからの20年」について筆者はどのような主張をしているか。ここまでの議論を踏まえた具体的な説明として最も適当なものを、次の①〜⑤のうちから一つ選べ。解答番号は 7 。

① 社会保障費全体で見ると費用が増大するものの、領域ごとに分析すればその増減は一様ではない。外国人労働者や介護ロボットなどを集中的に取り入れることで、財政上は今とさほど変わらぬ状態でいられる。

② 一貫して対GDP比で将来を見通すことで真の将来像が明らかになる。年金に関する負担は今後微増する傾向にあり、年金未納者に対する強制徴収など、収支の安定に努めなければならない。

③ 過去20年に比べれば、これからの20年の社会保障費の増加は穏やかである。よって、保育士の増員に注力し、高齢者でも扱いやすいＩＴ機器を開発することで、その増加分を十分吸収することができる。

④ 少子高齢化社会に即して年金の支給や待機児童ゼロを目指した保育園建設などが行われているが、年金に必要な金額は大きなものではない。むしろ医療・介護に対する予算を減らすことが先決である。

⑤ 今後も社会保障費の負担が重くなっていくこと自体は事実である。中でも医療・介護についての支出が増大することを踏まえれば、医療保険・介護保険などの加入を通じて、国民それぞれが必要経費を抑える必要がある。

問4 傍線部B「デンマーク」について、**図表3**と関連づけた筆者の主張として最も適当なものを、次の①〜⑤のうちから一つ選べ。解答番号は **8** 。

① **図表3**から、日本とデンマークが似たような人口構成比であるものの、デンマークは今後も人口が増加傾向にあることが読み取れる。これは将来的にGDPが伸びていくことが推測されるためであり、日本も経済面・行政面の改革によってGDPと人口両方の増加を目指すべきである。

② **図表3**から、日本とデンマークが似たような人口構成比であり、ともに社会保障費の負担が大きいことが読み取れる。同じ条件であるにもかかわらずデンマークが安定した経済成長を成し遂げているのは、主要産業の転換や政府運営の効率化に成功したおかげだと言えるが、日本は別の方法でアプローチすべきである。

③ **図表3**から、日本とデンマークが似たような人口構成比であると同時にデンマークの方が人口が少ない分、日本はいっそう厳しい状況に置かれていることが読み取れる。それでも経済成長を続けているデンマークの改革を学び、小規模でも実際に取り入れていくことで、安定的な税収の増加を図っていくべきである。

④ **図表3**から、日本とデンマークが似たような人口構成比であるのに、デンマークのGDPはこれからも伸びていく傾向であることが直接読み取れる。これは日本のほうが少子化が進んでいるためであり、日本もデンマークを見習って、官民をあげた電子化などで、人々が生活しやすい環境を整えて少子化を抑止する必要がある。

⑤ **図表3**から、日本とデンマークが似たような人口構成比である一方で、デンマークの人口が日本の5％未満であることが読み取れる。こうした小国の利点は国家戦略を推し進めようとするときに制度の変更が容易なところにあり、今後、規模の大きな日本でも自由に国の制度を改革できるようにしていかなければならない。

問5 傍線部C「日本の社会保障費の問題の本当の根底にあるもの。それは『シルバー民主主義』であると、僕は考えています」とあるが、**図表4**を用いることで、筆者は「シルバー民主主義」についてどのような主張をしているか。最も適当なものを、次の①～⑤のうちから一つ選べ。解答番号は 9 。

① 高齢化が進んでいる日本では、シルバー世代の割合と投票率が他の世代と比べて相対的に高いのは必然である。結果として高齢者に有利な近視眼的な政策が採用されやすくなっているが、これを打破するためには若年世代の人口を増やすこと以外に方策は見当たらない。

② 残された寿命が短い高齢者は今の生活を維持することを優先しがちであるとともに、政治家も自分が当選するために高齢者を優遇する政策を打ち出すことが多い。こうした社会構造は日本の未来に悪影響を与えかねないため、全世代が平等となるよう選挙制度の変革を進めていくべきである。

③ この50年間で多くの世代の投票率が下がっている中、60歳代以上ではそうした傾向が弱い。これは政治的な議論に参加できる有権者が多いことに加え、可処分時間・可処分所得が多いためであり、若年層には経済的援助を通じていっそうの政治参加を促す必要がある。

④ 今の日本が直面している人口減少は世界的な傾向と逆行しているため、独自の政策によって危機を脱するほかはない。そのためには幅広い世代の意見を取り入れる必要があるのに、有権者も政治家もシルバー世代の割合が多いので、まずは若年世代と交流を持ち、現状を深く知ってもらうところから始めるべきである。

⑤ 社会保障費は高額な予算を計上するため、一時的には痛みを伴う改革も受け入れる必要がある。数十年先の未来の問題のために議論に参加すべき若年層で、生活に余裕がないために投票率が下がっているが、政治家たちが高齢者向けの政策を打ち出しやすくなっている現状を打破するためにも、せめて選挙権は行使すべきである。

問6 次に掲げるのは、六人の生徒が、傍線部**D**「日本という国と、それを担う私たちの世代の真価が試される」とはどのようなことかについて話している場面である。問題文の内容を踏まえると**明らかに誤って理解している**と思われるものを、次の①～⑥のうちから**二つ**選べ。解答番号は 10 ・ 11 。

① 生徒A――筆者は多くのデータを使って僕たちが抱きがちな誤解を解いてくれたと思う。日本は財政破綻は避けられないんだって暗い気持ちでいたけれど、ある程度の工夫と努力で乗り切れそうな気がしてきたよ。

② 生徒B――でもそれは今後も日本の経済が順調に成長していくのが前提よね。たしかにこれまでは経済の拡大のおかげでなんとか乗り越えてきたけれど、未来は不確実だから、社会保障費を抑制する方法を真剣に考えなければいけないわね。

③ 生徒C――もちろんそれも大切だけど、経済を成長させる方法を考えることも大切だよ。人口が減少する以上、大量生産大量消費でお金を回すのは難しいはず。もっと知的生産の割合を増やしていくべきだね。

④ 生徒D――それとテクノロジーの助けを借りるのもよいと思う。短期的には価値を見出しにくくても、国を挙げてしっかり改革を進めれば、長い目で見たときに財政に大きく貢献してくれると思う。

⑤ 生徒E――問題はそうした政策が選ばれるかどうかだな。民主主義は多数派の意見が通りやすく少数意見が無視されやすい制度だから、そうした仕組みからの脱却を見据えて行動するのが若者のつとめだよ。

⑥ 生徒F――私たちが変われないとしたら、日本という国が没落していくのは間違いないと思うの。いや、すでにその流れは始まりつつあるみたい。世界有数の先進国だった日本だけど、今後もその地位を守れるのか、今こそ明らかになるのかもしれないわね。

第2問

次の文章を読んで、後の問い（問1～6）に答えよ。なお、設問の都合で段落の冒頭に段落番号を付し、挿入された詩や小説（要約を含む）の冒頭には記号（【Ⅰ】～【Ⅳ】）を付してある。（配点　50）

1　【Ⅰ】　或る日　雨の晴れま
　路に竹の皮の包みが落ち
　なかから　つくだにがこぼれ出た
　つくだにの小魚は水たまりにつかつたが
　たうとう生きて返らなんだ

2　井伏鱒二の小説、『洋之助の気焔《きえん》』（昭和九年）の冒頭に掲げられた詩なのだが、彼が得意としていたナンセンス・ユーモアの(ア)面目躍如《めんもくやくじょ》たるものがある。ちなみにこの詩はすでに先行して発表されていたものの改作であり、のちに〈「サヨナラ」ダケガ人生ダ〉で知られる、『厄除《やくよ》け詩集』（昭和二七年）に収められることも付け加えておくことにしよう。

3　そもそも小魚が〈つくだに〉でしかなかったことを知る哀《かな》しみとは一体何なのだろう。

4　われわれは現実生活のつましさ(注1)に対抗するため、せめて想像力によって日常の事物を夢の世界に置きかえてみようと試みるのだが、それが過剰な思い入れであったことに気づいたとき、結局「物」は一個の「物」にすぎないという、過酷な現実に復讐《ふくしゅう》されてしまうことになる。世界に働きかけるコトと、モノとしての現実世界と。この場合この両者を一個のAかけちがいの感覚としていかにペイソス(注2)に塗り替えていくかに、方法としての「ナンセンス」の成否がかけられているらしい。

5　実は『洋之助の気焔』は井伏と太宰の〝共作〟であり、太宰が師匠の急場を救うために一部を代筆した小説なのだった。この時期、太宰は新進作家として劇的な変貌《へんぼう》を遂げつつあったのだが、その陰には師から学び取った「ナンセンス」の精神が大きく介在していたのである。

6 ちなみに同じ年に太宰が発表した、『葉』の一節をあげてみることにしよう。

7 【Ⅱ】 ある日、私が朝食の鰯《いわし》を焼いてゐたら、庭のねこが(イ)ものうげに泣いた。私も縁側へでて、にゃあ、と言つた。ねこは起きあがり、静かに私のはうへ歩いて来た。私は鰯を一尾なげてやつた。ねこは逃げ腰をつかひながらもたべたのだ。私の胸は浪《なみ》うつた。わが恋は容《い》れられたり。ねこの白い毛を撫《な》でたく思ひ、庭へおりた。背中の毛にふれるや、ねこは、私の小指の腹を骨までかりりと噛《か》み裂いた。

8 かけちがいの感覚、と言ったらよいのだろうか。あるいは片想いの感覚、とでも言ったらよいのだろうか。読み比べてみると、先の詩と外見以上の共通点が見えてくるようだ。こうしたディスコミュニケーションの創出はその後の太宰が最も得意としたところでもあるのだが、この場合、B「ナンセンス」を徹底的に意識化された演技(ポーズ)にまで変奏していくところにそのオリジナリティがかけられていたように思われる。

9 一般にある人物がAという意味内容を主張し、もう一人がBという内容を主張してスレちがいに終わったとき、そこから浮かび上がってくるのはAとB、それぞれの意味内容の対立なのであって、「かけちがい」に伴う悲哀やペーソスが前面に浮上することはありえない。それでは意思疎通にまつわる悲哀やペーソスのみを抽出し、強調するにはどうすればよいのか。内容をAでもBでもない、いわば意味そのものを空白、つまり「無意味(ナンセンス)」なものに置きかえてしまえばよいのではないか。仮にコミュニケーションを運搬にたとえるなら、運んでいるカバンの中身(具体的な意味内容)が空であることを知りつつ、なおかつ中身のある「ふり」をして運ばなければならなくなったとき、はじめて伝達そのものに由来するペイソスが浮かび上がってくることだろう。「ナンセンス」とは日常的なコミュニケーションに意図的に楔《くさび》(注3)を打ち込み、世界に揺さぶりをかけていくための強力な手立てにほかならぬのだ。

10 一つの対象から何らかの価値を見いだしていく行為を「意味づけ」と命名するなら、「意味づけ」の対義語、つまり既成の価値観を無化し、解体していく行為を何と名付けたらよいのだろう。仮に「意味はずし」、とでも言ってみたらよいのだろうか。「意味づけ」をするのが小説の機能であるとするなら、同時にC「意味はずし」をする機能もまた小説の重要な任務であるにちがいない。

11 そもそも江戸戯作を中心に、近代以前の文学には何と豊富に「ナンセンス」の伝統が息づいていたことだろう。明治以降の文学の展開は、現実をリアルに写実しようとする擬似科学主義が浸透するのに反比例するように、非合理的な「嘘《うそ》」や「出鱈目《でたらめ》」が周縁に追いやられてきたプロセスでもあった。このように考えてみると、太宰治、高見順、織田作之助ら一連の作家に「新戯《しんげ》作派《さくは》」という呼称が与えられたのはきわめて(ウ)象徴的であるといわなければならない。彼ら二十世紀初頭のポスト・モダニズム(注4)の先駆者たちは、かつて江戸戯作に豊かに内包されていた「嘘」「出鱈目」「荒唐無稽《こうとうむけい》」の役割を再発見し、「虚実皮膜(近松門左衛門)」、つまり「嘘」と「真実」とのあわい(注5)を渡り歩くことを自らの身上《しんじょう》とすることによって、「近代」を支配してきた価値観に果敢に戦いを挑んだのである。当初ひたすらマルクス主義的(注6)な世界観に沿って自己と世界との関係を「意味づけ」ようとしていた太宰が、今度は一転してナンセンスを標榜《ひょうぼう》(注7)するようになるのも、科学的、合目的的な世界観を内側から掘り崩していこうとしていたからにほかならない。

12 一般に小説に特定の意味や教訓を求めようとするわれわれの先入観は非常に根強いものがある。たとえば『舞姫』(森鷗外、明治二三年)にあっては「恋愛」と「功名」、『羅生門』(芥川龍之介、大正四年)にあっては「悪」の相対性、『こころ』(夏目漱石、大正三年)の場合は無意識のエゴイズム、といった具合に……。いわゆる「主題」、それも短いことばで概括できるようなそれが寓意《ぐうい》(注8)として託されていなければ近代小説——少なくともすぐれた近代小説——とは言えないのではないか、といった強迫観念から、われわれはなお自由ではないのである。しかし実はそのような受け止め方そのものが、小説の長い享受の歴史にあって、むしろ特殊なものだったのではないだろうか。

13 われわれは人生の役に立つ教訓を得るためだけに小説を読んでいるわけではない。フィクションは単にフィクション(絵空事)であってよいはずだ。絶えず自分の行為に意味づけをしなければ生きていけぬのが人の哀しい性《さが》であるとするなら、フィクションからアレゴリー(注9)を求めようとするこうした読み方自体を風刺し、笑い飛ばしてみせるのもまたフィクションの役割にほかならないのである。

14 たとえば太宰の『晩年』の中に『ロマネスク』（昭和九年）という短編が収められているが、その中にさらに「喧嘩《けんか》次郎兵衛」という小編がある。【Ⅲ】舞台は江戸時代の東海道三島の宿。鹿間屋という造り酒屋の次男である次郎兵衛は、商人根性を嫌って毎日酒を飲み、ならず者扱いされていた。やがて彼は二十二歳の夏に〈喧嘩の上手〉になることを決意する。そのきっかけは三島大社の祭りの日、近所の習字のお師匠の娘に傘を貸そうとし、ならず者たちに冷やかされたのがきっかけなのであったという。彼はまず酒で度胸をこしらえ、喧嘩の口上を練習し、松林の中で毎日根株を拳で殴《なぐ》る練習をする。世の中は価のないものこそ貴いのだ、と確信し、日々松林の中で〈おまへ、間違ってはゐませんか〉と口上をつぶやき、枯れた根株をぽかりぽかりと殴って回るのである。やがて修行が成ってみると、周囲は彼の貫禄《かんろく》と風貌におののき、誰も相手になる者がいなくなってしまっていた。やがて習字のお師匠の娘を嫁にもらうのだが、戯《たわむ》れに喧嘩の強いところを見せようとしたところ、嫁はあっけなく命を落とし、彼もまた入牢の憂き目を見るのだった……。

15 以上、小説ははなはだ荒唐にして無稽な展開をたどるのだが、この小編は、まさしく荒唐無稽であるがゆえにこそ、小説から何か役に立つ教訓を導き出そうとするわれわれの先入観をはぐらかしてしまう。結末で語り手は確かに〈ものの上手の過ぎた罰〉であるという教えを説くのだが、まさかこれをそのまま真面目な教訓として受け取る読者はいないだろう。このような教訓の示し方それ自体が、実は小説の「テーマ」なるもののあざやかなパロディ（注10）になっているのである。

16 もっとも「真面目」なテーマを揶揄《やゆ》しているはずのこの小説も、実は哀しい寓意を一つ背負ってしまっている。すなわち「無意味」は常に「意味」の前に敗北するという哀しいテーマを……。

17 結末で次郎兵衛は牢の中で次のような歌を哀れな節で口ずさむのであるという。

18 【Ⅳ】岩に囁《ささや》く
頬《ほお》をあからめつつ
おれは強いのだよ

岩は答へなかつた

19 彼の企てる荒唐無稽は、〈岩〉、すなわち日常的現実世界からむなしくはねかえされてしまう。そしてまさしくこの連戦連敗であるという一点において、D「ナンセンス」は初めて「センス」に拮抗《きっこう》(注11)することができるのである。

（安藤宏『太宰治』による）

（注）
1 つましさ——生活が質素であるさま。
2 ペイソス——もの悲しさ。哀愁。後の「ペーソス」も同じ。
3 楔を打ち込み——仲を裂くために親しい間柄にじゃまを入れて。
4 ポスト・モダニズム——近代的な価値観である〈単一性・普遍性〉を乗り越え、〈多様性・歴史性〉を重視する価値観。建築や芸術一般、思想活動などに影響を与えた。
5 あわい——あいだ。すきま。
6 マルクス主義——人間生活の前提を物質的生活の諸条件に設定し、それを土台にして経済活動や歴史を科学的運動法則として解明しようとする思想。
7 標榜する——主義・主張などをかかげ示すこと。
8 寓意——他の物事に結びつけて、ある事柄や意味をほのめかすこと。
9 アレゴリー——たとえ。比喩。
10 パロディー——元の作品をまねつつ、内容を変えて当の作品を滑稽《こっけい》にまねてからかうこと。
11 拮抗する——ほぼ同じ勢力や力をもって、互いに対抗して張り合うこと。

問1 傍線部(ア)〜(ウ)の文中における意味として最も適当なものを、次の各群の①〜⑤のうちから、それぞれ一つずつ選べ。解答番号は 1 〜 3 。

(ア) 面目躍如たる 1
① 評価が人によって分かれるような
② 本来の実力に見合わないような
③ 実力が存分に発揮されたような
④ これまでの苦労が実ったような
⑤ 努力せずに偶然手にしたような

(イ) ものうげに 2
① 何も知らない様子で
② がむしゃらな様子で
③ 何か言いたげな様子で
④ 気が晴れない様子で
⑤ かわいらしい様子で

(ウ) 象徴的 3
① ある事柄を合理的に示しているありさま
② ある事柄を比喩的に示しているありさま
③ ある事柄を絶対的に示しているありさま
④ ある事柄を感覚的に示しているありさま
⑤ ある事柄を神秘的に示しているありさま

問2　傍線部A「かけちがいの感覚」について、筆者はどのように説明しているか。最も適当なものを、次の①～⑤のうちから一つ選べ。解答番号は 4 。

① つくだにの小魚が水たまりの中で生き返ることを期待したが、一度つくだにになった小魚は生き返ることを受け入れようとしない、ということ。

② つくだにの小魚が水たまりにつかったので、つくだにが生き返って泳ぎ出すかと思われたが、もはや小魚に泳ぎ出すだけの力は残っていない、ということ。

③ ねこの鳴き声を自分への呼びかけと勘違いしてねこの言葉で語りかけてみたが、ねこは指を鰯と勘違いして嚙《か》み裂くほどの知能しかない、ということ。

④ ねこが自分の投げた鰯を食べたことで自分の恋心をねこが理解してくれたと思ったが、ねこは鰯をもらった程度では人間に心を許さない、ということ。

⑤ ねこに対する自分の思いが通じたと考えて、ねことの親密な心のつながりを夢見たが、ねこが人間とわかりあえることなどはない、ということ。

問3 傍線部B「『ナンセンス』を徹底的に意識化された演技（ポーズ）にまで変奏していく」とは、どういうことか。その説明として最も適当なものを、次の①～⑤のうちから一つ選べ。解答番号は 5 。

① ある人物が主張した意味内容とは反対の意味内容を、別の人物にあえて主張させることで、最初の人物の主張する意味内容を無化して「かけちがい」に伴う悲哀やペーソスを前面に浮上させようとすること。

② 意思疎通の際の会話の内容を、意図的に「無意味（ナンセンス）」なものに置きかえることによって、日常的なコミュニケーションが根本的に無意味なものに過ぎないことを証明しようとすること。

③ 師匠である井伏鱒二から学び取った「ナンセンス」の精神を、「詩」の形ではなく人間たちが演じる「小説」という形に変えていくことで、作家としてのオリジナリティを確立しようと試みること。

④ 伝達の際の具体的な意味内容を「無意味（ナンセンス）」なものに置き換えて、それをあえて「意味」のあるふりをして語るという状況を作り出すことで、思いを伝えること自体のむなしさを強調しようとすること。

⑤ 日常的なコミュニケーションで行われているありふれた会話内容を、あえて「無意味」なものにしてしまうことで、この世界が当たり前のように存在しているという先入観を打ち砕こうとすること。

問4　傍線部C「『意味はずし』をする機能もまた小説の重要な任務であるにちがいない」とあるが、筆者はどのような点で「意味はずし」が「小説の重要な任務」であると考えているのか。その説明として最も適当なものを、次の①～⑤のうちから一つ選べ。解答番号は 6 。

① 近代以前の文学に豊かに息づいていた「ナンセンス」の伝統を復活させることで、明治以降の文学の持つ擬似科学主義を否定し、西洋の影響を排した日本の小説のあり方を「本来の小説の姿」として近代以降も継承しようとする点。

② 江戸時代に豊かに内包されていた「嘘」「出鱈目」「荒唐無稽」の役割を引き継ぐことで、「近代」の持つ科学的・合目的的な世界観や、小説に特定の意味や教訓を求めようとする先入観を風刺し、笑いとばしてみせようとする点。

③ 「近代」的な世界観に基づいて自己と世界との関係を意味づけようとする強迫観念から人々を自由にし、自分の行為を自由に意味づけすることができるような新たな価値観を、「フィクション（絵空事）」によって提供しようとする点。

④ 小説から何か役に立つ教訓を導き出そうとするわれわれの先入観を、「荒唐無稽」な小説の展開によって無化・解体して、「ナンセンス」の伝統が豊かに残る近松門左衛門などの作った「江戸戯作」へと、読者の目を向けさせようとする点。

⑤ 「新戯作派」を自称するポスト・モダニズムの先駆者たちが「嘘」と「真実」の間を渡り歩くような小説を提供することで、人生に意味づけを強要する近代的な価値観を相対化し、科学的・合目的的な人生のあり方を楽しめるようにする点。

問5 次に掲げるのは、傍線部**D**『ナンセンス』は初めて『センス』に拮抗することができるのである」とする理由や条件について、生徒の間で話し合ったことをまとめたものである。「拮抗することができる」理由や条件に当てはまるものとして最も適当なものを、次の①〜⑥のうちから**二つ**選べ。解答番号は 7 ・ 8 。

① 生徒A――わたしは4段落にある〈想像力で日常を夢の世界に置きかえる〉ことが「拮抗することができる」理由だと思う。〈現実＝センス〉に匹敵する〈夢＝ナンセンス〉を作り上げることでつまらない現実世界を楽しくすることが、「拮抗」の中身だと思うわ。

② 生徒B――ぼくは4段落にある〈かけちがいの感覚を持てる〉ことが「拮抗することができる」理由だと思う。人間は「かけちがいの感覚」によって〈現実＝センス〉から抜け出て現実に働きかけることができる。この働きかけが「拮抗」なんだよ。

③ 生徒C――そうかしら。わたしは同じ4段落でいうなら〈ペイソスが生じる〉ことが「拮抗することができる」理由だと思うわ。〈夢＝ナンセンス〉は〈現実＝センス〉にかなわないという「哀しみ」が現実と夢の対比を強く感じさせることによって、「拮抗」を可能にするのよ。

④ 生徒D――ぼくは10段落にある〈小説による「意味はずし」〉が「拮抗する」ための条件だと思う。これによって〈既成の価値観＝センス〉が無化・解体され、〈真実＝センス〉は〈嘘＝ナンセンス〉に取って代わる。このことを「拮抗」と言っているんだよ。

⑤ 生徒E――わたしは13段落にある〈自己の人生の風刺〉が、「拮抗する」ための条件だと思う。「フィクション」によって人は〈自分の人生の無意味さ＝ナンセンス〉を笑って受け入れ、〈意味＝センス〉を放棄する。それが「拮抗」という状態だと思うわ。

⑥ 生徒F――ぼくは16段落にある〈ナンセンスの敗北〉が「拮抗する」ための条件だと思う。〈荒唐無稽（無意味）＝ナンセンス〉は岩のような〈日常＝センス〉にはねかえされる。それが〈無意味＝ナンセンス〉を逆に強く印象づけて、「拮抗」を生むんだよ。

問6　文中に挿入された詩や小説（【Ⅰ】〜【Ⅳ】）の問題文における役割についての説明として最も適当なものを、次の①〜④のうちから一つ選べ。解答番号は 9 。

① 【Ⅰ】の「つくだにの小魚は……たうとう生き返らなんだ」という結末は4段落の「過剰な思い入れ」に対応しており、日常生活での哀しみを避けるには「過剰な思い入れ」を持たずに現実と向き合うことが賢明だ、ということを暗示している。

② 【Ⅱ】の「わが恋は容れられたり」という内容は8段落の「片想いの感覚」に対応しており、ディスコミュニケーションを理解せずに「片想いの感覚」で相手に接触することがハラスメントにつながる、という現代社会の問題を予言している。

③ 【Ⅲ】の荒唐無稽な話の内容は、13段落の「フィクション（絵空事）」と16段落の「『真面目』なテーマを揶揄」に対応しており、小説に人生の教訓を求めようとする近代以降の読者たちのあり方を風刺し笑いとばせる小説としての具体例を提示している。

④ 【Ⅳ】の「岩に囁く」から「岩は答へなかつた」という論理の展開は19段落の「彼の企てる荒唐無稽は……はねかえされてしまう」に対応しており、「新戯作派」が最終的には読者の支持を得なくなる、という太宰の苦い思いを示唆している。

国語の問題は次に続く。

第3問

次の文章は、『源氏物語』「藤裏葉《ふじのうらば》」巻とその注釈書の一節である。光源氏の息子・夕霧《ゆうぎり》と内大臣の娘・雲居雁《くもいのかり》はいとこ同士であり、祖母である大宮のもとで育った幼なじみであった。二人は成長するにつれ思い合い、「乙女」巻で思いを交わすものの、女房らの噂話から二人が深い関係であると知った内大臣が、雲居雁を自邸に引き取り二人の仲は裂かれた。互いの父親がライバル関係であったことなどから二人の仲が許されることはなかったが、会えない期間も手紙を交わし合い、ついに「藤裏葉」巻でその思いが実り結婚を許される。**【文章Ⅰ】**は内大臣が夕霧を婿として迎え入れることを承諾した宴のあと、夕霧が内大臣の息子・柏木《かしわぎ》によって雲居雁のもとへ導かれてからの場面である。**【文章Ⅱ】**と**【文章Ⅲ】**は、**【文章Ⅰ】**のA歌・B歌の解釈について論じた文章である。**【文章Ⅰ】**〜**【文章Ⅲ】**を読んで、後の問い（**問1〜6**）に答えよ。（配点　50）

【文章Ⅰ】『源氏物語』「藤裏葉」巻

男君（注1）は、夢かとおぼえたまふにも、わが身いとどいつかしうぞおぼえたまひけんかし。女（注2）は、いと恥づかしと思ひしみてものしたまふも、ねびまされる御ありさま、(ア)いとど飽かぬところなくめやすし。「世の例にもなりぬべかりつる身を、心（注3）もてこそかうまでも思しゆるさるめれ。あはれを知りたまはぬも、さまことなるわざかな」と、X恨みきこえたまふ。「少将（注4）の進み出だしつる葦垣《あしがき》（注5）のおもむきは、耳とどめたまひつや。いたき主かな。『河口の』（注6）とこそ、(イ)さし答へまほしかりつれ」とのたまへば、女いと聞きぐるしと思して、

「あさき名をいひ流しける河口はいかがもらしし関のあらがき　…《A歌》

Yあさまし」とのたまふさま、いと子めきたり。すこしうち笑ひて、

「もりにけるくきだの関を河口のあさきにのみはおほせざらなん　…《B歌》

年月の積もりも、いとわりなくて悩ましきに、ものおぼえず」と酔ひにかこちて苦しげにもてなして、明くるも知らず顔なり。人々聞こえわづらふを、大臣（注7）、「したり顔なる朝寝かな」と咎《とが》めたまふ。されど明かしはてでぞ出でたまふ、ねくたれの御朝顔見るかひありかし。

（注）1 男君――夕霧。
2 女――雲居雁。
3 心もて――心以て。自分の心から。自発的に。
4 少将――弁少将。内大臣の息子で、雲居雁の兄。美声で名高く、先の宴でも「葦垣」を謡いあげた。
5 葦垣――催馬楽の一曲。「葦垣をかき分けて、男が女を背負って連れ出そうとするのを、誰が親に告げ口したのだろう」という、男が女を連れ出そうとするものの、何者かの告げ口によって失敗するという内容の歌。
6 『河口の』――「河口」は催馬楽の一曲。「河口の関守が番をしていたけれども、女は関の荒垣の外に出て、恋人と共寝してしまった」という内容の歌。
7 大臣――内大臣。

【文章Ⅱ】 北村季吟《きたむらきぎん》『源氏物語湖月抄《こげつしょう》』

《A歌》師（注1）曰く、かの夕霧の関の荒垣は堅く守れりしかども、忍び忍びに心をかよはしたるとの心に、「河口の」とこそさしいらへまほしかりつれとのたまへるをとがめて、河口の関をいかがもらしたる事のありしぞやとなり。いふ心は、我が父は随分我らの上の聞こえを思ひてまもられしかば、かの乙女巻にて知り給ひしより、終に我らが対面をゆるされし事なければ、我が父の浅きやうに名をいひながし給ふはいかがととがめたる心なり。それ故に詞にも浅ましとはいへるなるべし。

《B歌》師曰く、この返歌の心は女君の我が父の浅き名をいひながしけるをかこちたるを、夕霧のげにとことわり給へる心なり。まことに内府（注2）の守《も》り給へることは、菊田のせきの厳《きぶ》きほどなりしを、河口の関の守れども出て我寝ぬといふやうに、浅きかたにばかり内府にとがをおふせいふべき事にはあらざらんとなり。されば次の詞にも物おぼえずなどいひのがれたるなるべし。

（注）1　師——季吟の師である箕形如庵《みのかたじょあん》。師の説を引用しているが季吟自身の説と同一視してよい。
2　内府——内大臣。

【文章Ⅲ】賀茂真淵《かものまぶち》『源氏物語新釈《しんしゃく》』

《A歌》　こは右によりて(注1)雲ゐのあらそひことわる事と思へる説は皆わろし。ただわれらが心おきなく浅はかなりし事の名をたて、人口にいひながされしはいかがつつみもらせしにかありけん、人口はおぞましきものなりとみづからなげく、故に女子してなだらかなりと男もおぼすさまなり。あさましはおぞまし。こめきたりは女子らしきてふことなることいと前にもいひし如く、後人この語をも思ひ誤る故に歌をもとき違へり。

《B歌》　くきだの関といふは物に見えず、なみだの関を見そこなひて書けるなるべし。さて女君のはかなだちてなだらかにいひ給ひし故に男君の心もなごみて少しわらひて、こは人口の浅くいひなせしとのみ、あまりに涙せきあへずもらせし故にあらはれしものなりけりと、今はをれてのたまひたるなり。(ウ)かくとかではこの少しわらひてとあるも聞こゆべからず。

（注）1　右によりて——これ以前の記事において真淵が、夕霧が「河口の」の歌を引いたのは「関守ならば厳しく関をしておけよ。粗があったために女も男と心をあわせて関から出たのだ」と言いたかったからだと解釈したことを指す。

問1 傍線部(ア)〜(ウ)の解釈として最も適当なものを、次の各群の①〜⑤のうちから、それぞれ一つずつ選べ。解答番号は 1 〜 3 。

(ア) いとど飽かぬところなくめやすし 1

① いよいよ不足するところがないほど感じがよい
② 大して満足できるところがないほど上等でない
③ ますます満たされるところがないほど見苦しい
④ いっそう不満を感じるところがないほど楽しい
⑤ まったく飽きるところがないほど美しい

(イ) さし答へまほしかりつれ 2

① 言い返さなければよかった
② 返事をしたかっただろうに
③ 言い返してもらいたかった
④ 歌を唱和してほしかったなあ
⑤ 言い返してやりたかった

(ウ) かくとかでは 3

① このようでなかったのであれば
② このような状況であったならば
③ このように解釈しなければ
④ こうであるとか言ったのでは
⑤ このように考えたのであれば

問2 波線部「いつかしうぞおぼえたまひけんかし」の文法的説明として**適当でないもの**を、次の①～⑤のうちから一つ選べ。
解答番号は 4 。

① 動詞はヤ行下二段活用の動詞のみである。
② 助動詞は一語しか含まれていない。
③ ウ音便と撥音便が含まれている。
④ 助詞は係助詞と終助詞の二種類のみである。
⑤ 尊敬の補助動詞が含まれている。

問3 傍線部X「恨みきこえたまふ」とあるが、誰がどのような恨み言を、なぜ言ったのか。その状況の説明として最も適当なものを、次の①～⑤のうちから一つ選べ。解答番号は 5 。

① 突然の訪問に身支度のできていなかった雲居雁が、このような有様を見られるのは恥ずかしく、情緒を解す心のある人がすることではないと夕霧に恨み言を言っている。

② 夕霧が、念願の再会にもかかわらず雲居雁が恥ずかしがってばかりいるので、自分の一途な愛情によって結婚を許されたのに、ひどい仕打ちだと雲居雁に恨み言を言っている。

③ 雲居雁が思い人である夕霧の突然の訪問に驚き、世間の噂になってしまうようなことは許されないので、どうか情けをかけて帰ってほしいものだと夕霧に恨み言を言っている。

④ 世間の噂になってしまうような危険を冒して会いに来たのに、雲居雁がそれを許さないので、そのような情緒を解さない雲居雁に対して夕霧が恨み言を言っている。

⑤ 夕霧を連れて来た柏木に対し、世間の噂になるほどの人物である夕霧へのもてなしとして不十分であり、まるで情緒を知らない者のようだと雲居雁が恨み言を言っている。

問4 傍線部Y「あさまし」とあるが、【文章Ⅱ】【文章Ⅲ】はこの「あさまし」をそれぞれどのように解釈しているか。その説明として最も適当なものを、次の①〜⑤のうちから一つ選べ。解答番号は 6 。

① 二人の噂が流れたために世間の噂を恐ろしがる雲居雁の心情が込められていると解釈する【文章Ⅲ】と違い、【文章Ⅱ】では、自分の父親に対する悪い評判を流すような夕霧の行いをとがめる雲居雁の心情を表していると読み取る。

② 【文章Ⅲ】はA歌を、【文章Ⅱ】のように雲居雁が夕霧を感情的に批判するものと解釈せず、自分たちの軽率な行動によって父親に噂を流されたことが恐ろしいという雲居雁の嘆きの心情が表されていると読み取る。

③ 二人の軽率さを悔やむ心情を表す【文章Ⅲ】と異なり、「乙女」巻に注目した【文章Ⅱ】は、父親が夕霧を遠ざけていた状況から、父親が夕霧の悪い評判を流していたことを批難する雲居雁の気持ちが込められていると読み取る。

④ 【文章Ⅱ】をはじめとする注釈書において「こめきたり」が誤解されてきたことを指摘した【文章Ⅲ】は、女子であるがゆえに恐ろしくも人々の言いなりになってきたことを嘆く雲居雁の心情を読み取る。

⑤ 夕霧が実はこれまでも人目を忍んで通っていたことを匂わしているという解釈は【文章Ⅱ】【文章Ⅲ】で共通するが、その上で【文章Ⅱ】は、どうして夕霧がその秘密を父親にもらすのかという雲居雁のあきれた気持ちを読み取る。

問5 **【文章Ⅰ】**の後朝の描写に関する説明として最も適当なものを、次の①～⑤のうちから一つ選べ。解答番号は 7 。

① 朝寝をよく思わない女房や内大臣をはばかってきまり悪さを感じた夕霧は、起き抜けの姿のままで帰った。
② 酒に酔って気分が悪くなった夕霧は、夜が明けるのにも気づかず、女房達に看病されたのちに帰った。
③ 夜が明けるのにも素知らぬ顔をしていた夕霧であったが、そのことを女房達が内大臣に告げ口したため、帰った。
④ 得意顔で朝寝をしていると内大臣にとがめられた夕霧であったが、夜が明けきる前に帰った。
⑤ 夜明けまで滞在した夕霧は、雲居雁の朝の寝乱れた顔を見て、見るかいがあったと満足して帰った。

問6 文章の内容に関する説明として最も適当なものを、次の①～⑤のうちから一つ選べ。解答番号は 8 。

① 夕霧が催馬楽「河口」を引いた意図に関しては季吟・真淵両説とも一致しているが、季吟は「こめきたり」などの語釈の誤りを指摘し、結果的に解釈が異なっている。
② 両歌の応酬から、季吟は夕霧の行き過ぎた冗談を批難する雲居雁と、言い訳をしてごまかそうとする夕霧という二人の姿を見出し、真淵もその点には賛同した。
③ 真淵はB歌の「くきだの関」を菊田の関と解釈する季吟の説に対し、菊田の関はなみだの関を見誤った表現であり、菊田の関そのものが書物に見出せないとして批判した。
④ B歌の「もりにける」に季吟は「守る」を見出しているが、真淵は二人の涙や気持ちが「漏る」とのみ解釈して悲恋という側面が強調されていると論じている。
⑤ 両歌の争点に雲居雁の父の存在を見出す季吟に対し、真淵は夕霧と雲居雁二人の問題に終始させ、その結果として雲居雁の心情の解釈に大きな違いが生じている。

第4問　次の文章を読んで、後の問い（問1〜7）に答えよ。なお、設問の都合で送り仮名を省いたところがある。（配点　50）

訟《うつたへ》之生《ズルハ》、由《ル》レ無《キニ》二礼義一也。A苟知二礼義一、訟何以生。故《ニ》善《ク》(1)牧《スル》レ民《ヲ》者《ハ》、必《ズ》以《テ》二礼義《ヲ》一為《シ》二先教《ト》一、以《テ》為《ス》二無《クスル》レ訟《ヲ》之大本《ト》一。B世《ノ》昧《くらキ》レ此《ニ》者《ハ》、不《ル》レ知《ラ》レ務《ムルヲ》レ是《ヲ》、而(a)惟《ダ》深刑・酷法《ヲ》以《テ》威《おどス》レ之《ヲ》。譬《フルニ》レ之《ヲ》、(b)将《ニ》レ止《メント》二流波《ヲ》一、而不《レバ》レ塞《ガ》二其《ノ》源《ヲ》一、(c)未《ダ》レ有《ラ》二能《ク》止《ムル》者一也。故《ニ》欲《スレバ》二訟之弭《やマンコトヲ》一、無《シ》レ過《グル》下以《テ》二礼義《ヲ》一為《スニ》上レ教《ト》焉。教《フルニ》レ民《ヲ》以《テシ》レ礼《ヲ》、C使二之譲而不レ争、教《フルニ》レ民《ヲ》以《テシ》レ義《ヲ》、使二之知《リテ》レ止《マルヲ》（注1）而不レ濫《らんセ》（注2）、一言一動、有《リテ》レ礼存《シ》焉、一交一接、有《リテ》レ義行《ナハル》焉。如《クニシテ》レ此《クノ》而多《キコトハ》レ訟者、未二之《ヲ》信《ゼ》一也。(d)仍於《テ》二境内《ニ》一、詢《とヒ》（注3）下人之健《たケ》（注4）二於興《スニ》上レ詞《ヲ》、(2)素善《ク》鼓《こスル》（注5）レ訟《ヲ》者《ヲ》上、善言《モテ》教《ヘ》レ之《ヲ》、以《テ》レ法《ヲ》戒《メ》レ之《ヲ》、俾《しメ》三務《メテ》改《メ》二其《ノ》前過《ヲ》一、D如《シ》果《シテ》貧《ひん》窶《くナラバ》（注6）、則《チ》勉《メテ》二好《ム》レ義《ヲ》之人《ニ》一、資二助《シ》其《ノ》力《ヲ》一、以《テ》治《メシム》二其《ノ》生《ヲ》一。如《クニシテ》レ此《クノ》而(e)猶不レ悛《あらたメ》。然《ル》後痛法《モテ》加《フレバ》レ之《ニ》、則《チ》訟必《ズ》自《おのづから》息《やマン》矣。

（朱逢吉《しゅほうきつ》『牧民心鑑《ぼくみんしんかん》』による）

（注）1　止――それぞれの分限に安んずること。
2　濫――物事の度を越す。道理にはずれる。
3　詢――たずねて調べる。
4　健ニ於興レ詞――訴訟を起こさせるのが上手な、の意。
5　鼓レ訟者――訴訟を煽動《せんどう》し、そそのかす者。
6　貧窶――貧しいこと。

問1　二重傍線部(1)「牧」・(2)「素」の意味として最も適当なものを、次の各群の①～⑤のうちから、それぞれ一つずつ選べ。解答番号は 1 ・ 2 。

(1)「牧」 1
① 愛する
② 教える
③ 治める
④ 育てる
⑤ 信ずる

(2)「素」 2
① 一層
② いつも
③ 本当に
④ とても
⑤ 元来

問2 波線部(a)「惟」・(b)「将」・(c)「未」・(d)「仍」・(e)「猶」の説明の組合せとして最も適当なものを、次の①～⑤のうちから一つ選べ。解答番号は **3** 。

① (a)「惟」は「これ」と読む指示語で、(b)「将」は「まさに～す」と読む再読文字。

② (a)「惟」は「ただ」と読み限定の意を表し、(d)「仍」は「よりて」と読み順接を表す。

③ (b)「将」は「もつて」と読み手段・方法を示し、(c)「未」は「いまだ～ず」と読む再読文字。

④ (c)「未」は「いまだ～ず」と読む再読文字、(e)「猶」は「なほ～ごとし」と読む再読文字。

⑤ (d)「仍」は「すなはち」と読んで順接を表し、(e)「猶」は「なほ～ごとし」と読む再読文字。

問3 傍線部**A**「苟知㆓礼義㆒、訟何以生」の解釈として最も適当なものを、次の①～⑤のうちから一つ選べ。解答番号は **4** 。

① 為政者がたとえ礼と義とを知ったとしても、どうして訴訟がなくなることがあろうか。

② 為政者は礼と義をわかっているのに、そもそもどうして訴訟が起こるのだろう。

③ 為政者がもし礼と義を知ったなら、どうして訴訟の原因がわからないことがあろうか。

④ 人々は礼と義をわきまえているのだから、そもそも訴訟などおこるはずがない。

⑤ 人々がもし礼と義とを知ったなら、どうして訴訟などおこることがあろうか。

問4 傍線部B「世味レ此者」とあるが、「世味レ此者」はなぜ訴訟を減らすことができないのか。その理由の説明として最も適当なものを、次の①～⑤のうちから一つ選べ。解答番号は 5 。

① 流れの源を塞がないと流れは止まらないのに、訴訟のおこる根源を知らずに、人々を礼と義で教化しようとするから。
② 流れの源を塞げば流れが止まるように、訴訟のおこる根源はわかっているが、まだそれを実行できていないから。
③ 流れの源を塞がないで流れを止めようとするように、訴訟のおこる根源を知らず、人々を礼と義で教化しないから。
④ 流れの源を塞ぐと流れが止まるように、重い刑罰やひどい法律が、人々の礼と義の欠如の根源と考えているから。
⑤ 流れの源を塞いでも流れを止められない以上、人々を重い刑罰やひどい法律で取り締まるしかないと考えているから。

問5 傍線部C「使二之譲而不レ争」の書き下し文として最も適当なものを、次の①～⑤のうちから一つ選べ。解答番号は 6 。

① 之に譲るも争はざらしめ
② 之を譲りて争はざるを使ひ
③ 之の譲りをして争はざらしめ
④ 之をして譲りて争はざらしめ
⑤ 之をして譲りて争はざるを使ひ

問6 傍線部**D**「如果貧窶、則勉㆓好㆑義之人㆒、資㆓助其力㆒、以治㆓其生㆒」の内容の説明として最も適当なものを、次の①～⑤のうちから一つ選べ。解答番号は 7 。

① 貧しい者が訴訟をする時には、道義を重んずる人に力添えしてもらい訴訟に勝てるようにするということ。

② 貧しさから訴訟をする者には、道義を重んずる人に財政的援助をさせてその人を困窮から救うということ。

③ もし貧しい者があれば、道義を重んずる人の所で働かせ、生活を成り立たせるようにするということ。

④ 訴訟によって貧乏になったら、道義を重んずる人から財政的支援を受けて訴訟を継続させるということ。

⑤ 貧しい者に対しては、道義を重んずる人の所で勉強させ、能力を高めて生活できるようにするということ。

問7　この文章全体から読み取れる筆者の主張について、五人の生徒から出された発言①～⑤のうちから、最も適当なものを一つ選べ。解答番号は 8 。

①　生徒A――訴訟をなくすには、まず為政者が礼と義を学んで、互いに謙譲の心を持ち、道理にはずれた行為をしないようにすることが第一だけど、それでも礼と義を実行しない者には厳罰で臨むべきだと主張しているよ。

②　生徒B――訴訟をなくすには、その根源となっている重い刑罰をいったん停止して、為政者が礼と義で人々に接するようにすることが第一で、それが実現できてから徐々に刑罰を重くするべきだということじゃないかな。

③　生徒C――訴訟をなくすには、重い刑罰とともに人々に礼と義を教えて、礼に基づいて行動し、義が実践される社会を作ることが第一だけど、もしそれでも効果がない場合はさらに刑罰を重くするべきだという内容じゃない？

④　生徒D――訴訟をなくすには、人々に礼と義を教えて譲り合いの精神を持たせ、度を越えた望みなどを抱かないようにさせるのが第一だけど、もしそれでも改めない場合は厳しい刑罰を下すべきだという内容だと思ったけど……。

⑤　生徒E――訴訟をなくすには、その根源である礼と義のない社会を改善し、人々に礼と義を教えることが理想だけど、そのような社会の実現には時間がかかるから、当面は重い刑罰を用いるべきという主張かなと思ったよ。

模試 第6回

（200点 80分）

〔国語〕

注 意 事 項

1 **国語解答用紙（模試 第6回）をキリトリ線より切り離し，試験開始の準備をしなさい。**

2 **時間を計り，上記の解答時間内で解答しなさい。**
ただし，納得のいくまで時間をかけて解答するという利用法でもかまいません。

3 この回の模試の問題は，このページを含め，46ページあります。問題は4問あり，第1問，第2問は「近代以降の文章」及び「実用的な文章」，第3問は「古文」，第4問は「漢文」の問題です。

4 **解答用紙には解答欄以外に受験番号欄，氏名欄，試験場コード欄があります。その他の欄**は自分自身で本番を想定し，**正しく記入し，マークしなさい。**

5 **解答は解答用紙の解答欄にマークしなさい。**例えば，**第2問**の［10］と表示のある問いに対して③と解答する場合は，次の(例)のように**問題番号**［2］**の解答番号10の解答欄**の③**にマーク**しなさい。

（例）

2	解答欄								
	1	2	3	4	5	6	7	8	9
10	①	②	●③	④	⑤	⑥	⑦	⑧	⑨

6 問題冊子の余白等は適宜利用してよいが，どのページも切り離してはいけません。

7 試験終了後，問題冊子は持ち帰りなさい。

第1問 次の【文章】は、柄本三代子《えのもとみよこ》『健康の語られ方』（二〇〇二年）の一部である。【資料】は二〇一六年に改正された「食生活指針」の全文であり、【文章】の中の「食生活指針」（一九八五年）が二〇〇〇年の改正を経てさらに改正されたものである。これらを読んで、後の問い（問1～6）に答えよ。（配点　50）

【文章】

私たちには、生活や健康を脅かすさまざまなリスクが提示される。そのリスクを自力で回避して自己で責任を負って生きぬいていくためのリテラシーを、あらためて自発的に(ア)カクトクしなければならない。そのリテラシーを高めるための場の典型例が、地域の保健所・保健センターを中心にしておこなわれるヘルスプロモーション活動である。「ヘルスプロモーションとは、人びとが自らの健康をコントロールし、改善することができるようにするプロセスである。身体的、精神的、社会的に完全に良好な状態に到達するためには、個人や集団が望みを確認・実現し、ニーズを満たし、環境を改善し、環境に対処（cope）することができなければならない」。健康になるために必要な知識の取得をめざしたり、情報を収集したり、実践に移すために必要とされるヘルスリテラシーを、参加者たちはここで習得することになる。

健康増進に積極的に取り組まない人が病気になることは、国全体の医療コストを圧迫して、社会の医療保健制度をあやうくするという言説は、ヘルスプロモーション活動の現場で保健婦(注1)や栄養士の口からたびたび聞かれた。「ここに来ている人たちは健康に気をつけている人たちだからいいんですけど、問題はここに来ていない人たちなんです」「ですから、ここで勉強したことはこれでおしまいにしないで、ぜひまわりの人を巻き込んで」ということになる。少子・高齢化社会、保健医療制度のヒ(イ)ヘイと破綻《はたん》……これらのリスクについては、とくに関心が深いわけでなくても大衆的理解はすでに得られていると考えても無理はない。そして、あなたの生活習慣にその解決と回避の糸口がある、と説明されるのである。ヘルスリテラシーを高めることに積極的でない人は、その人個人が病のリスクを負うにとどまらなくなってくる。それはもはや個人的な事柄などではけっしてなく、社会全体の利益を損ねることになるのだ。したがって、わがことではあってもみんなで生活習慣を見なおし、リスク回避に取り組んでいかなくてはいけないのだ。そのようにして社会全体の責任が、個人の生活習慣に負わされている、そんな時代に私たちは生きている。

名称はさまざまだが、A都内Q市でおこなわれているヘルスプロモーション活動を事例として検討してみよう。ここでおもに考察対象とするのは表1（【文章】末尾参照）にあるようなものである。

当然のことながら、何かを学び、何かをなさねばならないからセミナーが開かれ、新聞に折り込まれた広報などで(ウ)カイサイを知った参加者たちは、啓蒙されるために集う。したがって、いま現在私たちの身体や生活習慣にどのような問題があるのかを見いだすことからセミナーは始まる。たとえば、「間違っていませんかあなたのダイエット?」「私の食生活チェック　足りているもの・不足しているもの」（表1：ヘルシーセミナー②の第1回、シルバーエイジのヘルシーセミナー第3回）、といったようにみずからの現在について、反省することを前提としながらみずからチェックするのだ。

二〇〇〇年から二〇一〇年にかけて国をあげて日本で実施される「21世紀の国民健康づくり運動（健康日本21）」という運動がある。この目標は「21世紀の我が国を、すべての国民が健やかで心豊かに生活できる活力ある社会とするため、壮年期死亡の減少、健康寿命の延伸及び生活の質の向上を実現すること」である。「健康日本21」の特徴は、具体的な数値目標をこまかく設置している点にある。「危険因子の低減」目標の一項目である、「自分の適性体重を認識し、体重コントロールを実践する人の増加」という項目の数値目標は、女性で現状（一九九八年の国民栄養調査による）の八〇・一パーセントを二〇一〇年には九〇パーセント以上に、男性で現状（同前）の六二・六パーセントを二〇一〇年には九〇パーセント以上に、と掲げられている。

この適性体重の標準は、「BMI＝22」と示される。BMIとは、体格指数（body mass index）であり、キログラムで表した体重をメートルで表した身長の二乗で割った数値である。これによると、身長百六十センチの人の適正体重は、一・六メートル×一・六メートル×二二＝五六・三二キロとなる。つまりこの「BMI＝22」とは、ギデンズ(注2)のいう「創造された象徴通標」として機能する。この「BMI＝22」を維持することがいかに危険因子を低減させるか、その説明には科学的知を駆使した専門家システムが作動し、人びとを信頼させるのだ。ヘルスプロモーション活動では、適正体重をおのおの算出して、その値から逸脱していてもいなくても、いずれにしても適正体重を維持することの重要性が講じられる。しかも適性体重を維持するために自分の身体をコントロールすることは、もはやたんにやせてきれいになるためのダイエットなどではなく、そうしないとさまざまな病気を(エ)マネくことになるからだ。太っていることがいかにリスクを負うものであるのか、科学的な知識が総動員される。

ここではとくに食をとおして、みずからの身体をコントロールする側面について考察しよう。

さて、ヘルスプロモーションにかかわる主要な科学である栄養学の歴史と発展は、食物のなかに「栄養素」を発見するということにつきる。その栄養素（糖質、脂質、タンパク質、ミネラル、ビタミン）にはもちろん、身体に対してなんらかの作用がある。そしてそれが欠乏するとどのような症状が身体に表れるのか、またその栄養素はどこに存在しているのか。これら因果関係の発見過程が、すなわち栄養学という科学の発展の過程なのである。このことを、たとえば表2（**【文章】**末尾参照）のようにまとめられたビタミンの分類表の一部（ビタミンAの例）をみるとわかるだろう。また、私たちにとってすでに知るところとなっている、食物繊維やポリフェノールといったような生理学的に活性をもつ食品成分は非栄養成分に分類され機能性成分とも称されている。いずれにしても、「医学と食品科学とが融合し、特化した科学」である栄養学において、これらもまた対象とされていることにはちがいない。

したがって本書では、栄養成分であれ非栄養成分であれ、「成分」として栄養学において語られているという意味で、食品成分という実際に栄養士らによって使用されている総称を用いる。いずれにしても、私たちが口にする食品を、栄養素を含む「成分」に分解・還元してそのそれぞれの身体に対する主作用がなんであるか、それが欠乏するとどのような症状が身体に表れるのか、それはどの食品に存在するのか、といったことを特定するのが栄養学である。このような食品成分還元主義は、近代科学の進歩を意味してきた要素還元主義と同根である。

しかし食生活指針は違う。そのなかに栄養素は登場しないのである。ヘルスプロモーション活動の根幹をなす栄養指導の根拠となっているのは、「第六次改定日本人の栄養所要量」「健康づくりのための食生活指針」「健康日本21（各論：栄養・食生活）」である。これらは「公衆栄養活動のいわばゴールドスタンダードである。これらは、いずれも栄養評価（nutritional assessment）

と栄養計画（nutritional planning）に用いられる」。

さて、食生活指針の特徴は、生活への入り込み方がきわめて(オ)コウミョウである点にある。それは少なくとも抑圧的なものなどであるはずもなく、かなり懇切丁寧に私たちの食生活に口をはさんでくる。厚生省主導で一九八四年に、食生活指針策定検討委員会が設けられた。そして、食生活指針の趣旨は次のようにうたわれていた。「今後の本格的な高齢化の進展に伴ない、がん、脳卒中、心臓病、糖尿病等の成人病の一層の増加が予想されるが、成人病については、日頃の健康管理、特に適正な食生活の実践によって相当程度予防することができることから、国民のひとりひとりが自覚をもち、食生活の改善に努めることが重要である」。そこで策定されたのがB次の食生活指針である。

1　多様な食品で栄養バランスを
　一日30食品を目標に
　主食、主菜、副菜をそろえて

2　日常の生活活動に見合ったエネルギーを
　食べすぎに気をつけて、肥満を予防
　よくからだを動かし、食事内容にゆとりを

3　脂肪は量と質を考えて
　脂肪はとりすぎないように
　動物性の脂肪より植物性の油を多めに

4　食塩をとりすぎないように
　食塩は一日10グラム以下を目標に
　調理の工夫で、むりなく減塩

5　こころのふれあう楽しい食生活を

食卓を家族ふれあいの場に
家庭の味、手づくりのこころを大切に

初期の段階からこの食生活指針の策定に深くかかわってきた専門家は次のように述べている。

「食生活指針」は厚生省の健康増進栄養行政における画期的な作品であったといえる。厚生省がアカデミックな、あるいはペダンティック（注3）な姿勢を弱めて、プラグマティック（注4）でプラクティカルな指針をつくり得たのである。このことは国民生活の中に、統制国家の統制的なアプローチではなく、なんとかガイドラインを導入して国民の自覚的な生活改善を成功させる必要性に迫られていたとはいえ、同課〔健康増進栄養課〕の英断に負うところ大である。（傍点と〔〕は引用者）

この食生活指針の肝《きも》は、「一日三十食品」と「栄養バランス」という点にある。専門家の考えた科学言説を食生活のなかによく浸透させ、統制的なアプローチではなく、自覚的なセルフコントロールによる生活改善を可能にすること、このことこそが食生活指針作成の主眼だった。（中略）

「食事の楽しみ」さえも食生活指針には盛り込まれている。楽しく食べなければ指針の意味はないというところだろう。おそらく指針を守った食生活を送るということは、現代人にとって簡単なことではないだろう。いろいろとこまかいことやむずかしいことを守れなければ、「楽しく食事することがいちばん」と開きなおることも容易に想像がつく。このような開きなおりは、こうあるべきだという食生活指針の示す適切性を裏切っている。しかし、生存するために不可欠な行為とはいえ、本来、食べることはほとんどの人間にとっておおいなる楽しみでもあるのだ。イデオロギーを実践レベルで浸透させるためには、この楽しみに着目するほかないだろう。あるべき食生活についての説明の様式を、「楽しみ」にまで拡張していくことによって、より実践的なレベルにイデオロギーを落下させていくのだ。高尚な理念は高尚であることによって、正面きって簡単には批判できないという不可侵領域をつくることができるけれども、それだけではイデオロギーは実践のレベルまで落下していかない。親しみやすさ、簡単さ、わかりやすさ、楽しさ、そういった現実的な実践可能性も含めた説明の様式をとらなくてはならない。このような要件を兼ね備えているのが、まさに食生活指針なのである。

表1　ヘルスプロモーション活動の事例

	ヘルシーセミナー①(2000年)	ヘルシーセミナー②(2001年)
目的	みんなで正しい健康習慣を身につけよう	健康で快適な毎日を過ごすために
対象	市内在住・在勤で、30から40歳代	20歳代から40歳代の女性を中心に
第1回	9月5日（火）am9:30～11:30　女性の健康づくりとあなたの健康目標（講師：保健センター所長、栄養士、保健婦）	10月12日（金）am10:00～pm3:00　骨密度・体脂肪・血圧測定（午前、午後の予約をとり実施） 10月17日（水）am9:30～11:30　女性の健康…身体の中からきれいに　間違っていませんかあなたのダイエット？（測定の結果と食生活チェック）（講師：保健センター職員）
第2回	9月8日（金）am9:30～11:30　ダイエット作戦1　体脂肪を減らし、適正体重を維持するには（講師：T短期大学教授）	10月19日（金）am9:30～11:30　知っておきたい最近の栄養情報　上手なサプリメントの利用と調査の結果から過剰な栄養素、不足な栄養素（講師:国立H研究所職員）昼食会「ヘルシー松花堂弁当」
第3回	9月14日（木）am9:30～11:30　ダイエット作戦2　調理実習「これだけ食べても500kcal）	10月24日（水）am9:30～11:30　リラックスして運動しよう　美しい歩き方&ストレッチと有酸素運動（一部講義）（講師：インストラクター）
第4回	9月18日（月）am9:30～11:30　生活の中に運動を　楽しくストレッチ&ソフトエアロ（講師：健康運動指導士）	10月29日（月）am9:30～11:30　調理実習「野菜たっぷり秋メニュー」食物繊維、カルシウムの多い食品の紹介
第5回	9月22日（金）am9:30～11:30　今、話題の栄養成分　ポリフェノール・リコピン等（管理栄養士）	10月31日（水）am9:30～11:30　これからの人生も、キラキラしているように…自分の「すてき」を見つけよう（講師：トレーナー）
第6回	9月27日（木）am9:30～14:30　午前：調理実習「不足しがちなビタミン・ミネラル・食物繊維たっぷりメニュー」（参加者の半分は別室でカロリー計算の講義を受ける。講師：センター職員）　午後：緑の中でウォーキングQ川にそって	
第7回	9月29日(金)am9:30～11:30　みんなの健康体操&ストレッチ	
第8回	10月6日（金）am9:30～11:30　運動生理を知ってストレッチ&リズムウォーキング（講師：健康運動指導士）	
第9回	10月10日（火）am9:30～11:30　つどい・語ろう・はじめよう　あなたの健康プラン、仲間づくり、健康なまちづくり（講師：保健センター職員）	
復習会	11月30日（木）am9:30～11:30　ヘルシーなもてなし料理（実演）試食	11月28日（木）am10:00～12:00　ストレッチ　自主グループについて

	シルバーエイジのヘルシーセミナー（2001年）	高脂血症予防セミナー（2000年）
目的		生活習慣病につながる高脂血症を予防しましょう
対象	市内在住・在勤の方	市内在住・在勤で原則として全日程参加できる方
第1回	10月10日（水）am10:00～12:00　体脂肪を減らす食のメカニズム気をつけたい食べ方・食品の選び方（講師：T病院管理栄養士）	9月5日（火）pm1:30～3:30　なぜ高くなるの　コレステロール・中性脂肪（講師：医師）
第2回	10月17日（水）am10:00～12:00　元気なからだと体型を保つためにソフトエアロビクス（ストレッチで身体を引き締めよう）	9月7日（木）pm2:00～4:00　動脈硬化予防はやっぱり食事が大事（講師：S病院管理栄養室長）
第3回	10月24日（水）am10:00～12:00　私の食生活チェック足りているもの・不足しているもの（講師：保健センター職員）	9月19日（火）pm1:30～3:30　体脂肪を燃やそう　ウォーキングとストレッチで（講師：運動指導士）
第4回	10月31日（木）am10:00～13:00　調理実習「1食の量を確認してみましょう　ヘルシーランチ」（昼食会・全員実習）	9月25日（火）pm1:30～3:30　高脂血症予防に歯も大切　毎日できる私の健康づくり（講師：保健センター職員・歯科衛生士）

	若いときからの健康プラン（2002年）
第1回	1月29日（火）am10:00～11:30　バランス食を考えてみよう　試食メニュー「芋おこわ、煮豚、ビーンズスープ」
第2回	2月5日（火）am10:00～11:30　バランス食でもサプリメントは必要か不要か　試食「カルシウムのサプリメント、ジョグメイト（バニラ味）」

表2　ビタミンの分類表（ビタミンAの例）

名称	化学名	主作用	欠乏症	存在	発見と同定
ビタミンA ピロビタミンA	レチノール カロチン カロチノイド	網膜色素成分 上皮保護	夜盲症、眼球乾燥、角膜軟化症、毛包性角化症、成長停止	肝油、バター、もつ、卵黄、ニンジン、トマト、ホウレンソウ、魚油（ビタミンA_2）、ノリ、ウナギ、イナゴ	ステップ（1909～12）、オスボーン、メンデル（1913）、マッカラ（1913）：脂溶性成長因子発見。マッカラム、シモンズ：抗眼症性発見（1917）。カラーら：構造決定（1931）。

【資料】「食生活指針」（二〇一六年）

食生活指針	食生活指針の実践
食事を楽しみましょう。	・毎日の食事で、健康寿命をのばしましょう。 ・おいしい食事を、味わいながらゆっくりよく噛んで食べましょう。 ・家族の団らんや人との交流を大切に、また、食事づくりに参加しましょう。
1日の食事のリズムから、健やかな生活リズムを。	・朝食で、いきいきした1日を始めましょう。 ・夜食や間食はとりすぎないようにしましょう。 ・飲酒はほどほどにしましょう。
適度な運動とバランスのよい食事で、適正体重の維持を。	・普段から体重を量り、食事量に気をつけましょう。 ・普段から意識して身体を動かすようにしましょう。 ・無理な減量はやめましょう。 ・特に若年女性のやせ、高齢者の低栄養にも気をつけましょう。
主食、主菜、副菜を基本に、食事のバランスを。	・多様な食品を組み合わせましょう。 ・調理方法が偏らないようにしましょう。 ・手作りと外食や加工食品・調理食品を上手に組み合わせましょう。
ごはんなどの穀類をしっかりと。	・穀類を毎食とって、糖質からのエネルギー摂取を適正に保ちましょう。 ・日本の気候・風土に適している米などの穀類を利用しましょう。
野菜・果物、牛乳・乳製品、豆類、魚なども組み合わせて。	・たっぷり野菜と毎日の果物で、ビタミン、ミネラル、食物繊維をとりましょう。 ・牛乳・乳製品、緑黄色野菜、豆類、小魚などで、カルシウムを十分にとりましょう。
食塩は控えめに、脂肪は質と量を考えて。	・食塩の多い食品や料理を控えめにしましょう。食塩摂取量の目標値は、男性で1日8g 未満、女性で7g 未満とされています。 ・動物、植物、魚由来の脂肪をバランスよくとりましょう。 ・栄養成分表示を見て、食品や外食を選ぶ習慣を身につけましょう。
日本の食文化や地域の産物を活かし、郷土の味の継承を。	・「和食」をはじめとした日本の食文化を大切にして、日々の食生活に活かしましょう。 ・地域の産物や旬の素材を使うとともに、行事食を取り入れながら、自然の恵みや四季の変化を楽しみましょう。 ・食材に関する知識や調理技術を身につけましょう。 ・地域や家庭で受け継がれてきた料理や作法を伝えていきましょう。
食料資源を大切に、無駄や廃棄の少ない食生活を。	・まだ食べられるのに廃棄されている食品ロスを減らしましょう。 ・調理や保存を上手にして、食べ残しのない適量を心がけましょう。 ・賞味期限や消費期限を考えて利用しましょう。
「食」に関する理解を深め、食生活を見直してみましょう。	・子供のころから、食生活を大切にしましょう。 ・家庭や学校、地域で、食品の安全性を含めた「食」に関する知識や理解を深め、望ましい習慣を身につけましょう。 ・家族や仲間と、食生活を考えたり、話し合ったりしてみましょう。 ・自分たちの健康目標をつくり、よりよい食生活を目指しましょう。

（注）1　保健婦――「保健師」の旧称。

2　ギデンズのいう「創造された象徴通標」――イギリスの社会学者アンソニー・ギデンズ（一九三八〜）の提唱した概念で、お金に代表されるような、個人や集団の特性にかかわらず流通できる相互交換の媒体のことをいう。

3　ペダンティック――学識や教養をひけらかすさま。

4　プラグマティックでプラクティカル――実用的で実践的なさま。

問1 傍線部(ア)〜(オ)に相当する漢字を含むものを、次の各群の①〜⑤のうちから、それぞれ一つずつ選べ。解答番号は 1 〜 5 。

(ア) カクトク 1
① 事態のカクシンに触れる
② 農作物をシュウカクする
③ 制度をカイカクする
④ カクセイの感がある
⑤ 希少生物のランカクを防ぐ

(イ) ヒヘイ 2
① 会社に保育所をヘイセツする
② ゴヘイを恐れずにあえて言う
③ 無遠慮なふるまいにヘイコウする
④ 新しいシヘイを発行する
⑤ 現状に対するフヘイを口にする

(ウ) カイサイ 3
① 生地をサイダンする
② 事務職員をサイヨウする
③ サイケンを回収する
④ 返事をサイソクする
⑤ 広告をケイサイする

(エ) マネく 4
① 議論のショウテンを絞る
② 医師がスイショウする健康法
③ 伝統文化のケイショウ者
④ オリンピックをショウチする
⑤ 経緯をショウサイに述べた

(オ) コウミョウ 5
① セイコウな模型を作る
② 勢力がキッコウする
③ 薬のコウヨウを説明する
④ 戦災からのフッコウを遂げる
⑤ キンコウを保つ

問2　傍線部A「都内Q市でおこなわれているヘルスプロモーション活動」とあるが、それはどのようなものか。**【文章】**全体および**表1**を踏まえた説明として最も適当なものを、次の①～⑤のうちから一つ選べ。解答番号は 6 。

① さまざまな分野の専門家による講習を通じて、参加者が現在抱えている自らの身体や生活習慣の問題点を知ることができるように、実践よりもその前提となる理解力を養成することに主眼をおいて、健康に対する意識を少しでも啓発しようとするもの。

② 専門家による科学的な知識に基づいた指導によって、参加者が楽しみつつ自らの身体や生活習慣の問題点を自覚できるように促し、参加者が自らの健康を自律的に改善する能力を、実践を通じて養うことによって、社会全体の利益につなげようとするもの。

③ 専門家の指導を通じて、まずは参加者が自らの現在の健康状態を反省するように促し、健康増進に対する関心を高めたうえで、より専門的な科学的知識を参加者が講義を受けながら習得して、社会全体の意識を高めるとともに医療コストを削減しようとするもの。

④ 科学的な知識を有する専門家による講習を通じて、主として健康増進に関心のない若年層を対象にして、日ごろの生活習慣を見直す機会を設けると同時に、健康に関するリスクと問題解決のための実践例を紹介して、より健康な社会を実現させようとするもの。

⑤ 各分野の専門家の指導を通じて、まずは参加者自身の生活や健康を脅かすリスクを提示し、社会全体のリスクに関する情報を段階的に提供することで、リスクを自力で回避することが社会全体の利益に通ずるという自覚と責任を促そうとするもの。

問3 傍線部B「次の食生活指針」とあるが、**表1**および**表2**と、**【文章】**における「食生活指針」との関係について、**【文章】**を踏まえた説明として最も適当なものを、次の①～⑤のうちから一つ選べ。解答番号は 7 。

① **表2**は、各成分の機能を「主作用」「欠乏症」「存在」とさらに分類して明示されているが、**表1**はこれらに基づいた健康指導の一例であり、「食生活指針」は**表2**のような栄養学のはらむ問題を改善するために策定されたものである。

② **表2**は、実際の食生活や健康との関連について、大衆の理解を得るために作られたものであるが、「食生活指針」はこれを生活に密着した形で丁寧に表現したものであり、**表1**は両者を参考にした健康指導の実践例である。

③ **表2**では科学的な知見が用いられているが、**表1**は栄養学を参考にした健康増進のための活動の一例であり、「食生活指針」は栄養学や**表1**のような活動を参考にして、個人の食生活を改善するための方策を簡潔に整理したものである。

④ **表2**は、科学を基礎にした栄養学の手法に則って作られたものであるが、**表1**は栄養学の知見を参考にして行われている現在の健康指導の実践例であり、「食生活指針」は栄養学の知見が導入される前の旧来の健康指導の標語である。

⑤ **表2**は、各成分と「主作用」「欠乏症」「存在」との因果関係が明示されているが、「食生活指針」はこれらを食生活に浸透させて生活を改善させるために策定されており、**表1**は栄養学や「食生活指針」を根拠にした啓蒙活動の一例である。

問4 「食生活指針」に関する筆者の考えと合致するものとして最も適当なものを、次の①～⑤のうちから一つ選べ。解答番号は 8 。

① 生活を改善し健康を増進するために必要とされる食生活を、食事の楽しみに言及することによって、理念を示すだけではなく実践可能な形で説明し、自覚的に生活を改善できるようにしている。

② 「一日三十食品」と「栄養バランス」という目標を示し、高尚な理念を丁寧に説明する一方で、食事の楽しみに言及することによって、簡単には批判できないという不可侵領域をつくり出している。

③ 統制的ではなく自覚的に生活を改善することを目標にして設定されたが、懇切丁寧な説明と食事の楽しさの両者に言及することによって、結果として食生活指針の適切性を裏切ってしまっている。

④ 私たちの食生活に対して懇切丁寧に説明し、食事の楽しさを伝えるべく策定されたものではあるが、その説明において栄養素を登場させなかったために、実践的ではない抽象的な理念になっている。

⑤ 人間にとって大いなる楽しみである食事の意義を、高尚な理念を示すのではなく実践可能な形で説明することによって、生活の改善や健康の増進よりも、本来あるべき食事の楽しみ方に重きを置いて伝えている。

問5 次に掲げるのは、三人の生徒が【文章】を読んだ後に、【文章】の中の「食生活指針」と改正された【資料】の「食生活指針」を比較して話している場面である。【文章】および【資料】を踏まえて、空欄Xに入る最も適当なものを、あとの【Ⅰ群】の①～⑤のうちから一つ選べ。解答番号は 9 。

生徒A――どちらも、食事を楽しむという点では共通しているけど、【資料】には【文章】の指針では書かれていなかったことがかなり加わっているよ。たとえば、【資料】には「ビタミン、ミネラル、食物繊維」「カルシウム」「栄養成分表示を見て」という記述があるね。

生徒B――【資料】では食品ロスの問題にも言及しているよ。

生徒C――それに、【資料】には「無理な減量はやめましょう」「特に若年女性のやせ、高齢者の低栄養にも気をつけましょう」というアドバイスがある。この問題も食品ロスの問題も、最近のニュースで取り上げられているよね。

生徒B――【文章】の指針では「家庭の味、手づくりのこころを大切に」と書かれていたのに、【資料】では「手作りと外食や加工食品・調理食品を上手に組み合わせましょう」に変わっている。現代では外食をしなければならないケースもあるからかな。

生徒A――【資料】にある「『和食』をはじめとした日本の食文化を大切に」「地域の産物や旬の素材を使う」も、これまでのものにはなかったよね。

生徒C――どうやら、改正された「食生活指針」では、 X ということが言えそうだね。

【Ⅰ群】

① 栄養素に関する知識が一般に浸透したことを踏まえて、社会の変化に惑わされることなく日本人らしく生きていくためにはどうすればよいのかを、食生活を通じて詳細に伝えていこうとしている

② 生活の習慣が多様化している日本の現状に理解を示しながら、日本人のこれまでの食生活や食習慣を続けるのが健康には最もよいということを、栄養学の知識を取り入れながら紹介している

③ 栄養学の知識を積極的に取り入れて、社会の変化や健康に関する課題の変化にも対応しながら、日本人としての意識や暮らしている地域を大切にする心を、食事を楽しみながら育てようとしている

④ 科学的な知識に頼らずに理想を提示するという点や、食事を楽しむという点はこれまでの指針と共通しているけれども、社会の変化や価値観の多様化に対応するため細かな部分まで言及している

⑤ 栄養素に関する知識が広く浸透したことに加えて、食生活が欧米化したことや外食が増えたことを踏まえて、栄養面での言及が簡潔になる一方で、「和食」の利点を多くの人に知ってもらおうとしている

問6 図表の表現に関する説明として**適当でないもの**を、次の①～⑤のうちから一つ選べ。解答番号は 10 。

① **表1**の「目的」では、「身につけよう」「予防しましょう」のように、それぞれの活動のねらいを参加者に対して訴えかける形で表現することで、参加者が自発的に健康増進に取り組めるよう働きかけている。

② **表1**では、「ビタミン」「ミネラル」「カルシウム」などの栄養成分や「500kcal」などの数値を具体的に記すことによって、参加者の生活習慣に対する危機意識をあおり、ヘルスプロモーション活動への参加を促している。

③ **【資料】**では、「食生活指針」と「食生活指針の実践」とに分けられ、前者で概略の説明が、後者で具体的な方法が示されており、指針全体の内容が読み手にとってわかりやすくなるように工夫されている。

④ **【資料】**の「食生活指針の実践」は、「……ましょう」という文末に統一されており、高圧的な表現を避けて一般の人々に対して日常生活における食事の指導をするように配慮されている。

⑤ **【資料】**では、食塩摂取量の目標値を「男性で1日8g未満、女性で7g未満とされています」のように「……とされています」と表現することによって、先行する研究を踏まえていることを示している。

第2問

次の【文章Ⅰ】は橋本治の『窯変《ようへん》 源氏物語』、【文章Ⅱ】は同じ場面を描いた田辺聖子の『新源氏物語』の一節である。これらを読んで、後の問い（問1～5）に答えよ。（配点　50）

【文章Ⅰ】

明けて私が四歳になった年の春、私の異腹の兄である一の皇子《みこ》が次の春宮《とうぐう》（注1）となることが内々に定まった。①御病弱とはいえ、既に帝の弟君が春宮として御健在であるにもかかわらずそのような儀に及んだのは、勿論《もちろん》私のせいだ。兄たる一の皇子を越えて私を春宮に立てたいという思し召しは、明らかに帝の御胸にあった。しかし私の後見をどうするのかという難しい問題もまた同時にあった。

右大臣家の思惑を越えて私を春宮に立てるなどという企《くわだ》てに、おとなしく従うものがあっただろうか？　それが世間に波風を立てずにいられたものだろうか？　答は明らかだった。帝はそのことを御了解遊ばされて、私を春宮に立てる御意志がおありだということをひた隠しにされた。雑談に隠された問わず語りのほのめかしにさえ、毛ほどもその気配をお示しにはならなかった。②帝はなにもお口になされず、しかしその帝の御寵愛の行く先は明らかだった。

「このままでは一の皇子の座が揺らいでしまう」――そう思わせる(ア)フオンな空気もあったのだろう。帝は「次の春宮には一の皇子を」という御内意を示された。

「あれほど御寵愛遊ばしたものを、及ばぬということもあろうよな」と、世人は嘲《あざけ》り嘆息した。弘徽殿《こきでん》の女御（注2）は(イ)カイシンの笑みを洩《も》らし、どうやら心を落ち着かせた。

人はそれを儚《はかな》いことと言うのかもしれない。しかしそれは、私にとっては生まれ落ちて初めて知った〝A屈辱〟というものだった。

四歳のこの身になんの野心のあろう筈《はず》もない。しかし、その身の周りに渦巻く、言葉にならず声には出ない人の思惑のうねりは、私のところにまで届いてはいたのだ。

「及ばぬということもあるのか」――その言葉の中に潜む憐憫《れんびん》、嘲弄《ちょうろう》。幼な子と思えば、人は容易にその波立つような胸のしぶきを露《あら》わにもする。

父帝という後楯《うしろだて》を持ちながら、しかしその父は後楯というものとは程遠い主上《しゅじょう》ではある。主上が絶対の権力を持つものであるなどとは、誰《だれ》も思わない。主上とは、ただ光り輝いて空にある、臣下を超えた不思議な〝何か〟なのだ。父帝という最大至高の後楯は、決して後楯とはなりえない。③私は愛され、輝きを与えられるだけで、それ以上の力を帝から与えられたりはしないのだ。

力とは、帝から一線を画した所にあって、そこで生まれ作用するものなのだ。たとえば、弘徽殿の女御に於《お》ける右大臣のように。右大臣に於ける弘徽殿の女御のように。

選ばれたものは、一の皇子だった。私は、この世の(ウ)スウヨウからはずされた。そしてそのことが多分、大きく作用したのだろう。私をそばへ引きつけて離そうとしなかった祖母は、その時から明らかに生きて行く張りを失った。④その頃《ころ》から祖母は、「御息所《みやすどころ》のお側《そば》へ行きたい」と、娘の後を追うことばかりを口にするようになった。そのことの甲斐《かい》があって、という訳でもなかろうが、しかしBそれから二年の後に私の祖母は死んでしまう。私が六歳になる年のことである。

帝は「また一人の更衣のようすが消えてしまった」とお嘆きになられ、私は、正直言ってほっとした。

(中略)

祖母を失って、私は初めて己れの非力さがもたらす心細さというものを知った。祖母が死んだその悲しさよりも、その瞬間に襲ってきた心細さが、私の目に涙を溢《あふ》れさせた。今際《いまわ》の時になって、祖母は「長年お見たて申し上げたてまつりましたそのお名残りが惜しうございます」と言った。その時になって、遂に彼女は、私が自分と今の世とを結びつけている唯一の縁《よすが》であることに気づいたのであろう。彼女とて、死ぬことが本意ではなかったのだ。

私の祖母は、何度も何度も「お名残り惜しうございます」を繰り返した。そのありさまを見て私が「祖母殿《ばばどの》」と泣き叫んだのは、この祖母が生きていさえすれば私も人並の情愛というものによって育まれることがあったのかもしれないという、悔恨《かいこん》のや

るせなさのせいだったのかもしれない。（中略）

七歳の年、私の読書《ふみ》始めの儀を帝御自身が執り行われて、私は与えられた書をすらすらと読んだ。「恐ろしいばかりの子だ」と帝がまたしても思し召されたのはいうまでもない。私はいつも、「末頼もしい」とは言われず、「末恐ろしい」と言われるのだ。なにがそれほど恐ろしいのか、なにをそれほど畏《おそ》れられるのか——。

そう、私は身よりのない哀れな幼な子でありさえすればよいのだ。

それでありさえすれば、人は誰も私のことを恐れたりはしない。

父のいる家で、私は、身よりのない哀れな幼な子でありさえすればよいのだ。私の父であるその人は、私の現在を保証し、そして決して私の未来を保証しようとはしない、後見の力を持たない、帝という〝この国の長〟であった。

「今となってはもう誰もこの子を憎む必要などないだろう、母のない子と思い可愛がっておくれ」と、弘徽殿にお渡りになるその時でさえ、供として私をお連れ遊ばした。仇敵《あだがたき》にも等しい私を、女御の住まう御簾《みす》内にまで平気でお入れになった。猛《たけ》き武士《もののふ》、あるいは東夷《あずまえびす》とも呼ばれかねない恐ろし気な男達でさえ、私のことを思えば笑みを洩《も》らしかねない——その愛らしさというものを目の辺りにして、弘徽殿の女御は私を睨《にら》みつけることさえ出来なかった。

美とは、力かもしれない。一の御子の下に、女宮が二人この弘徽殿の腹にはあって、しかし、そんな娘達が私には勝てる筈もない。美しいということは、この世界で最大の力を持つことでもあったのだ。数多《あまた》ある妃《きさき》連中も、私の前では姿を隠さずにいる。

私は美しく、そしてまだいとけなく愛くるしい幼な子なのだ。どんな御簾をも平気で掲げ、私は女達のいる奥へと入り込んで行く。

私は母を亡くした哀れな子供で、どんないかめしい顔をした男達をも微笑させずにはおかない、愛くるしい子供なのだ。

C 私は、女達が犇《ひし》めく宮中で、並の男達が誰一人として入って行くことの出来ない御簾の奥で、どのようにして身を処していけばよいのかを、当たり前に学びとってしまっていた。

私はそれを学びとり、私はその時にまだ七歳にしかなっていなかった。

もしも私が女なら、女達は私を畏《おそ》れ、遠ざけたであろう。それがどんなに幼い娘であろうと、その将来が約束されているような美貌が窺《うかが》える娘を、女達が野放しにしておく訳がない。それは大切に秘め置かれ、次の帝、あるいは更にその次の帝の御寵愛を得る武器として存在するもの、人々の警戒心をかき立てる存在となるものだからだ。

女達は、今の代《よ》の勢力を確たるものとする為に、寵愛を求め、争い、そして更に次の代に寵愛を得なければならない娘達の為に、母達はまた、娘を競って憎み合うのだ。

当代の女の中の女達である女御更衣といった妃達は、御簾の内に入りこむ私を見て、驚きと賛嘆の声をもらした。愛《いと》おしみ、そしてそれ以上は決して歩みよれない距離を隔てて、女達は私の顔の中に得体の知れない危険を見出だすのだ。女とも紛《まご》うなよやかな美貌、そして見るものの胸をさざ波立たせる気品。もしも私が大人の男であったなら、女達は決して私を御簾の内へは入れない。そのかわりに、女達は「契り」という名の掛け橋によって、御簾を隔てなければならない男達との距離を埋める。男と女の恋路に通う浮気心のはかなさに思いを乱し、不安の念に揺れながらも、男と契る女には、危ういものへの対処の途《みち》も残されている。

しかしこの私は、女にも紛う美貌と、人を危うくさせるような気品とを備えたこの私は、男ではなく子供なのだ。

私はその時、女達の胸にあって女達にさえ気づかれることのない惑乱の因《たね》を見てとっていた。まだ七歳の小児であったその時に。

「一体これはなんなのだろう?」——私は、私を招じ入れ、微笑《ほほえ》みかけ、私をからかう女達の表情のその奥に浮かび上がる不思議な困惑、押し潰しきれぬ怒りにも似た警戒心を発見して、黙ってそれを見つめていた。

「これはなんなのだろう?」

私はその時、女達にも男達にも見出だしようのない感情の亀裂を、それを持つ時代の限界を発見していたのだった。

男達と、そして女達とで作るこの世の中に潜む、敵の盲点とでもいうべき空虚を。

正式の学問――漢書の講義はいうまでもなく、琴、笛の音も、奏すれば人を驚かせ、すべてに一々、挙げ続ければ愚かとも言われかねない神童ぶりの子供だった。

私には人の習うべき学問も音楽も、すべてはどうということがなかったのだ。

「なぜこんな簡単なことが出来ないのか。なぜこのようにたやすいことで人は一々驚愕《きょうがく》の声を上げるのか」、私にはそれが訝《いぶか》しくさえあった。

すべてこの世のことはどうということもなかった。私が全身の力を集中させ見続けていたものは、人が学ぶべきことでも、人に教えるべきことでもなかったのだから――。

私は私で、その時すべての力の源泉となるべきものを吸い尽くしていた。即ち、すべての人に愛されるという究極の強さを。

ちょうどその頃、海を越えて半島の地より来たった高麗人《こまびと》の中にすぐれた観相《かんそう》士がいた。そのことを帝は聞こしめされたが、宮中に異人を入れることは宇多帝の御遺誡《いかい》によって禁じられていたことであったので、隠密《おんみつ》の内、私を彼の者の宿舎である鴻臚《こうろ》館《かん》へとお遣わしになった。私の後見に立つほどの格のものもないことから仕方なく、後見程度の世話を帝から仰せつかっていた右大弁《うだいべん》の子のように仕立てられ、私はそこへと連れて行かれた。

私の顔を見るなりその高麗の観相士は驚愕し、何度も首を傾《かし》げた。

「国の親となり、帝王の上すらなき位に上られる相を持ったお方だが、そうであると仮定すれば、国は乱れ憂慮すべき事態が出来《しゅったい》いたしましょう。朝廷の柱石となり朝廷の補佐をなさるお方として見れば、またその相も変わりましょうが」と、その高麗人は言った。（中略）

《帝は御自身の思惑から、既に高麗人以前、我が朝の観相士によって私のことを占わせていた。それ故に a 私は、ただ「帝の御子《みこ》」と呼ばれるばかりで、まだ正式の皇族の一員たるべき親王宣下《しんのうせんげ》の儀をすませてはいなかったのだが、「それを見抜いた観相士はさすがだ」と思し召し、確かな後見となるべき外戚を持たぬ私の処遇を、「このまま位を持たぬ無品《むほん》の親王《しんのう》として落ち着かぬままにしておくことは出来ないだろう。私の代とていつまで続くやも知れぬに、この先は臣下の身に降り、朝政に参ずるのが最も確かな道であろう」との御決断をなされた。

帝は、私に学問に励むよういよいよ強くお勧めになった。私もまた性には合っていたのだろう、教える博士達も驚くほどの出来映えではあった。

帝はその私の様子を御覧になり、b改めて皇族から臣籍へと降されることを惜しまれはしたものの、私が親王ということにでもなれば、「あちらを春宮にお立て直されるおつもりではないか」というあらぬ噂をまた立てられることにもなろうと、それを危惧なされ、宿曜《すくよう》占星の術に長《た》けた陰陽師《おんようじ》を召されて再度の判断を仰がれた。しかし結局はこちらもまた高麗人と同じ結論を出すばかり。御聖断《せいだん》は、私に「源《みなもと》」の姓を授《さず》け臣籍に降すとなった。》

（注）1 春宮――「東宮」とも書く。皇太子の住む居所の意から、転じて皇太子を表す。

2 弘徽殿の女御――次の春宮の母で、桐壺帝の第一妃。右大臣の長女として絶大な権力を持ち、帝の寵愛を得た源氏の母である桐壺更衣に激しく嫉妬し、つらく当たった。

【文章Ⅱ】

更衣の遺《のこ》した御子はそのころ三つで、光り輝くような美しさだった。母君の死も分らず、涙にくれていられる父帝を、ふしぎそうに見守っていた。

帝は恋人の忘れがたみであるこの若宮を、弘徽殿《こきでん》の女御の生まれた第一皇子より愛していられた。

帝のご本心は、第一皇子を超えて、この若宮を東宮《とうぐう》にお立てになりたかったのであるが、しっかりした後見人もなく、政治的な後楯もない上に、世間が納得するはずもなかった。そういうことを仄《ほの》めかされたら、かえって若宮の身に危険が及ぶと判断されて、色にもお出しにならなかった。若宮は母の実家で、祖母に養育されたが、D六つの年にその祖母も亡くなった。

このときは物心ついていたので、若宮はおばあちゃまを泣き慕った。

肉親に縁うすい、可憐《かれん》な若宮を慈《いつく》しまれた帝は御所に引きとられ、お手もとで育てられることになった。学問にも芸術にも秀《ひい》で、たぐいまれな美しい少年は、宮中での人気者となった。

そのころ、高麗人《こまびと》の人相見が、若宮を見て首をかたむけておどろいたことがあった。

「ふしぎでございますな。この御子は天子の位に昇るべき相がおありですが、そうとしてみると国が乱れ、民が苦しむことになりましょう。国家の柱石として国政を補佐する、という方面から見ますと、また、ちがうようにも思われます」

《帝はお心にうなずかれるところがおありであった。かねて若宮を、親王《しんのう》になさらなかったのも、深いお考えのあることだった。皇族とは名ばかりで、後楯も支持者もない不安定な人生よりは、むしろ臣下に降《くだ》して朝政に参与させた方が、**c**将来の運も開け、才能も発揮できるであろうと判断されたのであった。》

元服した若宮は、源氏の姓を賜わり、いまはもう「宮」ではなく、ただびととなった。——みずら(注)に結った髪を解いて、冠をいただいた源氏は、「光君《ひかるぎみ》」というあだなの通り、輝くばかり美しかった。

亡き更衣が、これを見たらどんなに喜ぶであろうかと、帝は耐えられず、ひそかに涙をこぼされるのであった。そのかみの帝と更衣との激しい恋や、更衣のはかない死など、昔の事情を知っている人々は、成長した源氏の姿に感慨をもち、涙ぐむのであった。

源氏には、ほかの人間にない陰影があるというのは、その過去のせいである。

(注) みずら——髪を左右に分け、両耳のあたりで丸く巻いて束ねる。平安時代の少年の髪の結い方。

問1 傍線部(ア)～(ウ)に相当する漢字を含むものを、次の各群の①～⑤のうちから、それぞれ一つずつ選べ。解答番号は 1 ～ 3 。

(ア) フオン 1
① オンコウな人柄
② 問題をオンビンに解決する
③ オンレイを申し上げる
④ オンシからの手紙
⑤ 二字めをダクオンで読む

(イ) カイシン 2
① けんかしたことをコウカイした
② 警官が町内をジュンカイする
③ システムを大きくカイカクする
④ 私の申し出をカイダクしてくれた
⑤ 宛先をショウカイして調べる

(ウ) スウヨウ 3
① ボンヨウな才能
② ドウヨウを隠せない
③ ヨウセキを量る
④ 堅固なヨウサイを築く
⑤ 氷がヨウカイする

問2　傍線部A「屈辱」とあるが、問題文の波線①～④のうち、「私（源氏）」が「屈辱」であると感じた内容が述べられているのはどれか。最も適当なものを、次の①～④のうちから一つ選べ。解答番号は 4 。

① 御病弱とはいえ、既に帝の弟君が春宮として御健在であるにもかかわらずそのような儀に及んだのは、勿論私のせいだ

② 帝はなにもお口になされず、しかしその帝の御寵愛の行く先は明らかだった

③ 私は愛され、輝きを与えられるだけで、それ以上の力を帝から与えられたりはしないのだ

④ その頃から祖母は、「御息所のお側へ行きたい」と、娘の後を追うことばかりを口にするようになった

問3　【文章Ⅰ】の傍線部Bと、【文章Ⅱ】の傍線部Dでは、いずれも祖母の死が描かれている。傍線部Bと傍線部Dの相違点について説明したものとして最も適当なものを、次の①～⑤のうちから一つ選べ。解答番号は 5 。

① 傍線部Bでは祖母に対する幼い光源氏の強い思慕が描かれ、祖母の喪失がその後の光源氏の人物像に影を落としたことが描かれているのに対して、傍線部Dでは祖母の死の中にも救いと今後の活路を見出そうとする光源氏のたくましさが生き生きと描写されている。

② 傍線部Bでは悲しみに沈む光源氏の様子が客観的に描かれる状況の説明に終始して、光源氏の心情にはあまり言及されていないのに対して、傍線部Dではその状況を受けとめようと葛藤する光源氏の内面がより深く描かれ、読者に感情移入させようとする働きかけがある。

③ 傍線部Bでは祖母との別れの描写は最低限にとどめられ、あくまでも美しくみなに愛される光源氏の「光」の部分に焦点が当てられているのに対して、傍線部Dでは祖母を亡くした光源氏の悲しみを執拗《しつよう》に描き、その後の人生にもたらした影響の大きさを暗示している。

④ 傍線部Dでは母に続いて祖母も亡くした光源氏の悲劇的な境遇が強調され、あくまでも無邪気でいたいけな光源氏が描かれるのに対して、傍線部Bではその幼さに似合わない洞察力で祖母自身の思いを分析する光源氏の様子が描かれ、その人物の特異性を強調している。

⑤ 傍線部Dでは祖母を亡くした年齢について「六つ」という事実だけを示しているのに対して、傍線部Bでは光源氏が春宮になるという夢を失ってから亡くなるまでの二年という年月を強調することによって、その間の二人の情愛の深さを想像させる演出が見られる。

問4　傍線部C「私は、女達が犇めく宮中で、並の男達が誰一人として入って行くことの出来ない御簾の奥で、どのようにして身を処していけばよいのかを、当たり前に学びとってしまっていた」とあるが、「私」が学んだ身の処し方とはどのようなものであったのか。その説明として最も適当なものを、次の①～⑤のうちから一つ選べ。解答番号は 6 。

① 女ではないゆえに、その美貌によって帝の寵愛を奪い合う敵となることはなく、恋の相手となって心を苦しめる大人の男でもない、ただの無力な子供としていることによって、ひたすらその存在を愛でられること。

② 比類なき美貌と才能に恵まれながら、実際的な権力はもたず、誰の脅威にもなりえないということによって、周囲の熱烈な愛情を一身に集めるという他の者にはなしえない方法で、絶対的な力を手に入れること。

③ 母を亡くしたばかりの哀れな子供として周囲の同情を集めることによって、仇敵である弘徽殿の女御が自分を害することをできないようにした上で、あえて彼女に近づいて神経を逆撫でし、遺恨を晴らすこと。

④ 内心では自分に愛情を向ける周囲の者たちの屈折した警戒心や嫉妬心を冷めた目で見つめながらも、表向きは無邪気で哀れな子供として振る舞い、自分を愛玩物へと貶《おとし》めた彼らにひそやかな復讐を果たすこと。

⑤ 哀れな子供としての立場を利用しつつ自身の美しさと才能を誇示することによって、自身を熱狂的に愛する者たちで周囲を固め、いずれ父の力を借りずに大きな権力を手に入れるための基盤を作り上げること。

問5 次の文は『源氏物語』の原文であり、**【文章Ⅰ】【文章Ⅱ】**中の《　》は、その現代語訳(翻案)にあたる部分である。次の**【ⅰ群】**の傍線部**a**～**c**の表現に関する説明として最も適当なものを、後の**【ⅱ群】**の①～⑥のうちから、それぞれ一つずつ選べ。解答番号は 7 ～ 9 。

帝、かしこき御心に、倭相《やまとさう》を仰せて、思しよりにける筋なれば、今までこの君を親王《みこ》にもなさせたまはざりけるを、「相人はまことにかしこかりけり」と思して、「無品の親王の外戚の寄せなきにては漂はさじ。わが御世もいと定めなきを、ただ人にて朝廷のご後見をするなむ、行く先も頼もしげなめること」と思し定めて、いよいよ道々の才を習はさせたまふ。際《きは》ことに賢くて、ただ人にはいとあたらしけれど、親王となりたまひなば、世の疑ひ負ひたまひぬべくものしたまへば、宿曜の賢き道の人に勘へさせたまふにも、同じさまに申せば、源氏になしたてまつるべく思しおきてたり。

【ⅰ群】

a **【文章Ⅰ】** 私は、ただ「帝の御子」と呼ばれるばかりで、まだ正式の皇族の一員たるべき親王宣下の儀をすませてはいなかった

b **【文章Ⅰ】** 改めて皇族から臣籍へと降されることを惜しまれはしたものの

c **【文章Ⅱ】** 将来の運も開け、才能も発揮できるであろうと判断されたのであった

【ⅱ群】

① 原文においてはっきりと示されている帝の意図をあえて曖昧にすることによって、帝の振るまいに対して光源氏が抱いている不満が暗示されている。

② 原文では特に語られることのなかった光源氏に対する帝の思いを補足して説明することで、実際の権力を何も持たない帝の無念な思いが描かれている。

③ 原文では作者の目線から三人称で描いた物語を光源氏の主観で描くことによって、人物の器量に見合わない不遇な身の上にある源氏の悲嘆が強調されている。

④ 原文では帝の主観で描かれている帝の思いを光源氏が想像する形によって説明することで、二人の心が深くつながっていることが表現されている。

⑤ 原文ではくわしく言及されていない帝の判断を具体的に説明することによって、帝が光源氏に抱いていた愛情と将来への希望に焦点が当てられている。

⑥ 原文では主語が明示されていない箇所だが、源氏の才能を惜しんでいた人物が誰であるかを指摘することで、帝が光源氏に向けた思慮の深さを表現している。

国語の問題は次に続く。

第3問　次の文章は、『雫《しずく》ににごる』の一節である。中納言からの一方的な恋慕が露見したことで、帝に離縁され実家に戻った内侍督《ないしのかみ》は、体調を崩し床に臥《ふ》してしまう。長い間、内侍督の実家に通うものの対面が許されなかった中納言は、内侍督が亡くなる数日前になってようやく対面を果たし、内侍督が息を引き取るところを見守った。以下の文章は、それに続く場面である。これを読んで、後の問い（**問1**～**6**）に答えよ。（配点　50）

中納言、「今は、さりとも」と、思ふことなくおぼえつるも、むなしく見なし奉る心地、「あるまじきわざをして、神仏のしわざなめり」と、亡き人に添ひ臥して、泣き焦がれ給ふさま、あはれなり。「(ア)そこらの月ごろ添ひたりつれど、声をだに聞かせ給はざりつるに、今はの折しも、いかばかり苦しかりつらむに、こころざしのほどを思し知りたりけるを言はんと思し寄りける御心のほど。とてもかくても、人の御心を尽くさせんとなりにける人かな」と思ふも、「この世には契りも思はざりけるを、後の世にだに、同じ蓮《はちす》の露と結ばばや」と思し惑ふさま、「**X**まして、同じ心に、あはれを交はし、まことの契りにておはせましかば、この世にもとどまり給はざらまし」と、見奉る人々も、いとほしき心地どもは、もよほさるる心地ぞしける。

Y(注1)宰相の中将は、「(注2)若宮の五夜・七夜のほどは候はせ給へ」と帝の仰せられ、我も、さ思しつるに、かくと聞き給ふに、ものおぼえ給はんやは。心もあわたたしく、内裏《うち》に「かうかう」と奏して、宰相の中将のまかで給ふを聞かせ給ふ御心、「今は、さは、よそながらだに聞くまじきにこそ」と、(注3)三瀬川《みつせがは》の渡りに、我も急ぎ行かまほしく、浅からず思し召さるるに、御衣《おんぞ》を引き被《かづ》きて、大殿籠《おほとのごも》りぬ。宰相の中将には、「さりとも、いかでか、さることあらん。確かなること聞かせよ」と、すくすくしく帝の仰せられなせども、(注4)一の宮の御こと、(注5)一日の御文などのあはれさに、よそなりとても、つゆ、おろかに思ひなさるべしとも思さず。

宰相の中将、急ぎおはして、見聞こえ給ふに、中納言、同じさまにて添ひ臥し給へり。亡き人の、寝入りたるやうにて、白くうつくしげなるを見聞こえ給ふ心地、なべてのはらからにてだに、かかる限りの御ありさま、「今は」と思はん悲しさはおろかなるまじきを、かたみに、またなき御思ひどもなれば、**Z**ものもおぼえ給はず。

「もしや」と、人々まもり給へど、(イ)今はの御ありさましるきわざなれば、悲しとても、さてあるべきならねば、音羽《おとは》(注6)の山の麓《ふもと》にて、煙《けぶり》となし奉り給ふに、さらに燃えやり給はぬを、人々、「思ひ置く御ことあるにこそ」と申す。「いかさまにも、一の御子の御ことにてこそはあるらめ」と思せば、忍びやかに、御心知りの人、このよしを奏し給ふに、あるかなきかにて大殿籠れるに、参りて、このよしを申すに、泣く泣く、「いかなるべきことぞ」と帝の仰せらるるに、「御文などの候ふべきにこそ」と、人の申すに、「この世にて、ありし文をたぶに言はずなりにしに、うれしきついでに言ふべきにこそ」と、あはれに悲しくて、泣く泣く書かせ給ふ。

A　燃えやらず結ぼほるらむ煙にも立ち後《おく》るべき思ひならぬを

B　三瀬川逢ふ瀬ありやと急ぎつる死出《しで》の山路は我も後れじ

C　この世こそ思はずならね蓮葉の上置く露は隔てざらなむ

あはれなること、さまざま書かせ給ひて、封《ふん》ぜさせ給ひて、その上に書かせ給ふ。

D　契り置きし心もあれば亡き後の送りこそやれ紫の雲(注7)

后《きさき》(注8)の宮の宣旨《せんじ》かぶらせ給ふ。一の宮の御こと思し召すにも、なほ飽かず思さるれば、今一際《ひときは》添ふべし。「一の宮の御母なるによりて、贈皇后宮《ぞうくわうごうぐう》と贈り奉らせ給ふ」と、宣命《せんみやう》読み上げたるを聞き給ふ宰相の中将・中納言などは、今一際の悲しさ添ひて、そぞろ寒きまで思しけるに、くちをしくてやみ給ひにしかば、中納言、「ただ、我ゆゑぞかし。人をも、(ウ)いたづらになし奉りぬ」と、恐ろしく、何につけても、女の御ためには、かたじけなき御宿世《すくせ》なり。せめて思ひあまり、そのこととなき御契りなれど、中納言も御送りし給へば、宰相の中将は、あはれと見給へるままに、内裏の御文を、煙の中にうち入れて後は、雲となり、まかで上り給ひにける。

(注) 1　宰相の中将――内侍督の兄。実家に戻った内侍督の世話をしていた。

2　若宮の五夜・七夜のほど――若宮は帝と内侍督の間の子どもで、生まれたあと、宮中に引き取られている。五夜・七夜は、子どもが生まれて五日目・七日目の祝いのこと。

3　三瀬川――死後、冥土《めいど》に行く際に渡る川。三途《さんず》の川。

4　一の宮――若宮のこと。あとに出てくる「一の御子」も同じ。

5　一日の御文――先日、内侍督から帝へと送られた手紙。

6　音羽の山――現在の京都府と滋賀県の境界にある山。

7　紫の雲――仏教で、極楽往生する者を迎えるために、阿弥陀如来《あみだにょらい》が乗ってくるという紫色の雲のこと。

8　后の宮の宣旨――亡くなった内侍督を、帝の正式な妻として一階級格上げするという、帝のご命令。

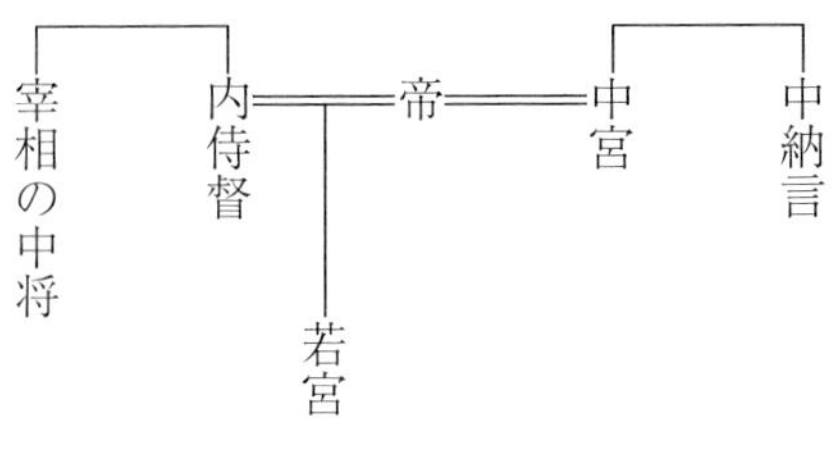

問1 傍線部(ア)〜(ウ)の解釈として最も適当なものを、次の各群の①〜⑤のうちから、それぞれ一つずつ選べ。解答番号は 1 〜 3 。

(ア) そこらの月ごろ添ひたりつれど 1
① 私は多くの月々にわたり内侍督のお側《そば》にいたが
② 私は月が変わるたびに内侍督のもとに参上してきたが
③ 私は月ごとに内侍督のもとに手紙を送り続けてきたが
④ お仕えする者たちが何ヶ月間も私の手紙を内侍督へ届けてくれたが
⑤ お仕えする者たちが数ヶ月にわたり内侍督のお近くに控えていたが

(イ) 今はの御ありさま 2
① 今生のお別れをすること
② お亡くなりになったご様子
③ 御葬礼を引き延ばせないこと
④ このままの状態を保ったお姿
⑤ 今にも生き返りそうなご様子

(ウ) いたづらになし奉りぬ 3
① 無用な苦悩を与え申し上げてしまったことだ
② 死への決意をさせ申し上げてしまったことだ
③ 死なせ申し上げてしまったことだ
④ 不義理をし申し上げてしまったことだ
⑤ 無駄な后の座に就け申し上げてしまったことだ

問2　波線部「今はの折しも、いかばかり苦しかりつらむに、こころざしのほどを思し知りたりけるを言はんと思し寄りける御心のほど」の説明として最も適当なものを、次の①〜⑤のうちから一つ選べ。解答番号は 4 。

①「折しも」の「しも」は、副助詞である。
②「苦しかりつらむ」の「らむ」は、完了の助動詞「り」の未然形と、推量の助動詞「む」の連体形である。
③「思し知りたりける」の「たり」は、断定の助動詞「たり」の連用形である。
④「苦しかり」の主語は内侍督、「思し寄りける」の主語は帝である。
⑤「こころざし」は、中納言の心情を、「御心」は、帝の心情を指している。

問3　傍線部X「まして、同じ心に、あはれを交はし、まことの契りにておはせましかば、この世にもとどまり給はざらまし」とあるが、その内容の説明として最も適当なものを、次の①〜⑤のうちから一つ選べ。解答番号は 5 。

① 中納言と内侍督はこの世では結ばれない仲であったが、来世では二人の恋はきっと成就するはずだということ。
② 帝と内侍督は深い愛情で結ばれることがなかったので、内侍督はこの世にとどまることが許されなかったということ。
③ 帝が内侍督を大切に思うほどには内侍督は帝を愛さなかったので、帝と内侍督は死に別れたのだということ。
④ 中納言の求愛を受け入れ、内侍督が中納言に深い愛情を抱けたならば、内侍督は死ぬことはなかったということ。
⑤ 中納言とは違い、内侍督は中納言を心の底から愛さなかったので、中納言は内侍督と一緒に死ねないでいるということ。

問4 傍線部Y「宰相の中将は」から傍線部Z「ものもおぼえ給はず」に至るまでの、宰相の中将の心情の変化の説明として最も適当なものを、次の①～⑤のうちから一つ選べ。解答番号は 6 。

① 宮中にいた折に内侍督の死を知り、あまりにそれが予想外のことであったために激しく困惑してしまい、急ぎ邸宅に戻ると、中納言が内侍督の傍らで悲嘆にくれている姿を見つけ、この場に中納言がいることを帝に知られたら大変だと非常に動揺してしまった。

② 宮中に参内している折に内侍督が亡くなってしまったという知らせを聞いて、あまりに衝撃を受け呆然《ぼうぜん》となってしまい、帝に退出の許しを願い出て慌てて邸宅に戻ったが、内侍督の亡くなった姿を見ると何も考えられないほどの深い悲しみに沈んでしまった。

③ 内侍督が亡くなったという知らせを宮中にいる折に突然知らされたものの、あまりに意外でどうしてもその死を信じる気持ちにはなれず、急ぎ邸宅に戻って内侍督と対面すると、亡くなった内侍督の傍らで中納言とともに茫然自失《ぼうぜんじしつ》の状態になってしまった。

④ 内侍督が亡くなったという知らせを宮中にいる折に受けて、その死をなかば予想していたとはいえ、あまりにそれが早く訪れたことに驚いてしまい、急ぎ邸宅に戻って内侍督の亡くなった姿を見ると、衰弱した内侍督のもとを離れた自分の判断力の甘さをひどく嘆いた。

⑤ 内侍督が亡くなったことを宮中にいる折に知らされ、内侍督が死ななければならなかった理不尽さにやり場のないほどの怒りを感じてしまい、すぐに邸宅に戻ったが、あまりに美しい内侍督の顔を見るととても亡くなった人とは思われず、その死を受け入れられなかった。

問5 **A**〜**D**の歌に関する説明について、五人の生徒から出された発言①〜⑤のうちから、**適当でないもの**を一つ選べ。解答番号は 7 。

① 生徒A——**A**の歌の「煙」とは内侍督をたとえたもので、また、「立ち後る」の主語は帝で、「燃えやらず」の「燃え」、「煙」、「立ち後る」の「立ち」、「思ひ」の「ひ」は縁語の関係になっているね。

② 生徒B——**B**の歌の「逢ふ瀬」とは、帝と内侍督とがあの世で再び会うことをなぞらえたもので、「急ぎつる」の主語は内侍督で、「我も後れじ」は自分も死にたいという帝の思いを表していると思うよ。

③ 生徒C——**C**の歌の「蓮葉の上」の「露」とは内侍督を象徴したもので、「隔てざらなむ」の「隔て」の主体は帝で、ここには、あの世でも必ず夫婦になるのだという帝の強い意志が表れているよ。

④ 生徒D——**D**の歌の「契り置きし」は直後の「心」を修飾していて、また、「亡き後の送り」とは、内侍督が極楽往生できるように阿弥陀如来が導いてくれることだと思うな。

⑤ 生徒E——**C**の歌と**D**の歌はどちらも係り結びを含むけど、**C**の歌は「思はずならね」の箇所が逆接となって下の句に続くのに対して、**D**の歌は「送りこそやれ」の箇所で切れる四句切れの歌になっているよ。

問6 この文章の内容に合致するものを、次の①〜⑤のうちから一つ選べ。解答番号は 8 。

① 内侍督が亡くなってしまったのは、内侍督と中納言の、互いにこの世で結ばれたいという思いを許そうとしない神仏の意思が働いたからだと中納言は考えている。

② 内侍督が死の間際に、中納言からの愛情を理解していると言おうとしたことに、中納言は感動しながらも、内侍督に気遣いをさせてしまったことを心苦しく思った。

③ 内侍督の死の知らせを聞いた帝は、自分がこれほどまでに大切に思っていたのに、自分よりも先に亡くなってしまった内侍督を薄情な人だと恨めしく思った。

④ 帝は、内侍督からもらった手紙の返事をしなかったことについて、内侍督が生きている間に返事をしていたらどれほどよかっただろうかと深く後悔した。

⑤ 宰相の中将は、中納言が内侍督に送った手紙を火葬の炎にくべたが、それは、宰相の中将が、内侍督への中納言の愛情を許容することを示すものであった。

第4問 次の文章を読んで、後の問い（問1～7）に答えよ。なお、設問の都合で返り点・送り仮名を省いたところがある。（配点 50）

孔子行游《ス》。馬逃《レテ》食《ム》レ稼《ヲ》(注1)。野人(注2)怒《リ》繋《グ》二其《ノ》馬《ヲ》一。子貢(注3)往《キテ》説《キ》レ之《ニ》、(1)卑レ詞《ヲ》而不レ得。孔子曰《ハク》、「夫《レ》以《テ》二人之所《ヲ》レ不《ル》レ能《ハ》レ聴《ク》説《クハ》レ人《ニ》、A譬《たとフルナリト》下以《テ》二太牢(注4)《ヲ》一享《シ》二野獣《ニ》一、以《テ》二九韶(注5)《ヲ》一楽《シマシムルニ》中飛鳥《ヲ》上也。」乃《チ》使《メ》二馬圉(注6)《ヲシテ》往《カ》一、謂《ヒテ》二野人《ニ》一曰《ハク》、「子不《ル》レ耕《サ》二于東海(注7)《ニ》一、予不《ル》レ游《バ》二西海《ニ》一也。吾馬《ガ》B安得レ不レ犯二子之稼一。」野人大《イニ》喜《ビ》、解《キテ》レ馬《ヲ》而予《フ》レ之《ニ》。

人各〻以《テ》レ類《ヲ》相通《ズ》。述《ブルハ》二詩(注8)・書《ヲ》于野人之前《ニ》一、C此腐儒(注9)之所以誤国也。［Ⅰ］之説《ハ》誠《ニ》善《ナルモ》、仮使《たとひ》出《ヅレバ》二［Ⅱ］之口《ヨリ》一、野人乃《チ》不《ラン》レ従《ハ》。何《なんトナレバ》則《チ》文質(注10)貌殊《ニシ》、其《ノ》人(2)固已《ニ》離《ルレバナリ》矣。然《ラバ》則《チ》D孔子曷不即遣馬圉而聴子貢之往耶。先《ニ》遣《レバ》二［Ⅲ］《ヲ》一則《チ》［Ⅳ］之心不《ラン》レ服《セ》。既《ニ》屈《シテ》二［Ⅴ］《ヲ》一、而［Ⅵ］之神始《メテ》至《ル》。聖人達人之情《ハ》、故《ニ》能《ク》尽《クス》二人之用《ヲ》一。後世以《テ》二文法(注11)《ヲ》一束《つかネ》レ人《ヲ》、以《テ》二資格《ヲ》一限《リ》レ人《ヲ》、又以《テ》二兼長(注12)《ヲ》一望《ム》レ人《ヲ》。E天下事豈有済乎。

（馮《ふう》夢《む》龍《りゅう》『智《ち》嚢《のう》』による）

（注）1 稼――畑の作物のこと。
2 野人――農夫のこと。
3 子貢――孔子の弟子の名。理論的で弁舌に優れていた。
4 太牢――牛、豚などを用いた祭礼用の一級品の供えもの。
5 九韶――高貴な宮廷の雅楽。
6 馬圉――馬を飼う人。馬子。
7 東海・西海――東と西の両端にある海。ここでは非常にかけ離れた地域のことをいう。
8 詩・書――儒家の基本的な教えを記した『詩経』と『書経』のこと。
9 腐儒――儒家の教えにかぶれて、ところ構わず儒家の教えを振りかざす者。
10 文質――言葉と内容。
11 文法――規律や法則。
12 兼長――いくつもの「長」という肩書きを持つ者。

問1　傍線部(1)「卑」・(2)「固」の意味として最も適当なものを、次の各群の①～⑤のうちから、それぞれ一つずつ選べ。解答番号は 1 ・ 2 。

(1)「卑」 1
① わかりやすくした
② さげすんだ
③ へりくだった
④ 押し付けがましくした
⑤ 田舎者っぽくした

(2)「固」 2
① いうまでもなく
② あらかじめ
③ ゆっくりと
④ 以前から
⑤ すぐに

問2 傍線部A「譬下以二太牢一享二野獣一、以二九韶一楽中飛鳥上也」から読み取れる孔子の考えを説明したものとして最も適当なものを、次の①～⑤のうちから一つ選べ。解答番号は **3** 。

① いくら贅沢《ぜいたく》な供えものや高貴な宮廷雅楽でも、野生の獣や鳥はその良さを理解しないということ。
② 相手が受け入れることができないものを用いて説得しても、聞き入れられることはなく無駄だということ。
③ 贅沢な肉の供えもので野獣を楽しませるのは、高貴な宮廷雅楽で野生の鳥を楽しませるのと同じだということ。
④ 相手が日頃聞きなれないことばを用いて語りかけたとしても、相手は獣のように怒り出すだけだということ。
⑤ 野生の獣を用いた贅沢な供えものは、野生の鳥の羽を用いた高貴な宮廷雅楽にたとえられるということ。

問3　傍線部B「安得レ不レ犯二子之稼一」の解釈として最も適当なものを、次の①～⑤のうちから一つ選べ。解答番号は［4］。

① どこにもあなたの畑の作物を食い荒らした犯人がいるはずはない
② どうしてあなたの畑の作物は食い荒らされずに済んだのだろうか
③ 何としてもあなたの畑の作物を食い荒らしたかったのだろう
④ どこでならあなたの畑の作物を落ち着いて食い荒らせただろうか
⑤ どうしてあなたの畑の作物を食い荒らさずにいられるものか

問4　傍線部C「此腐儒之所以誤国也」の書き下し文として最も適当なものを、次の①～⑤のうちから一つ選べ。解答番号は 5 。

① 此れ腐儒の以て国の誤つ所なり
② 此れ腐儒の所以は国を誤つや
③ 此れ腐儒の以て国を誤たしむる所か
④ 此れ腐儒の所は以て誤つ国なり
⑤ 此れ腐儒の国を誤たしむる所以なり

問5　空欄［Ⅰ］・［Ⅱ］・［Ⅲ］・［Ⅳ］・［Ⅴ］・［Ⅵ］に入る語の組合せとして最も適当なものを、次の①～⑤のうちから一つ選べ。解答番号は［6］。

① Ⅰ 馬圉　Ⅱ 子貢　Ⅲ 馬圉　Ⅳ 子貢　Ⅴ 子貢　Ⅵ 馬圉

② Ⅰ 子貢　Ⅱ 馬圉　Ⅲ 子貢　Ⅳ 馬圉　Ⅴ 馬圉　Ⅵ 子貢

③ Ⅰ 馬圉　Ⅱ 馬圉　Ⅲ 子貢　Ⅳ 馬圉　Ⅴ 子貢　Ⅵ 馬圉

④ Ⅰ 子貢　Ⅱ 子貢　Ⅲ 馬圉　Ⅳ 子貢　Ⅴ 馬圉　Ⅵ 子貢

⑤ Ⅰ 馬圉　Ⅱ 子貢　Ⅲ 馬圉　Ⅳ 子貢　Ⅴ 馬圉　Ⅵ 子貢

問6 傍線部**D**「孔子曷不即遣馬圉而聴子貢之往耶」の返り点の付け方とその読み方として最も適当なものを、次の①〜⑤のうちから一つ選べ。解答番号は **7** 。

① 孔子曷不㆘即遣㆓馬圉㆒而聴㆗子貢之往㆖耶
孔子曷《なん》ぞ即ち馬圉《ばぎよ》を遣《や》れども子貢の往くを聴《ゆる》さざるや

② 孔子曷不㆔即遣㆓馬圉㆒而聴㆓子貢之往㆒耶
孔子曷ぞ即ち馬圉を遣らずして子貢の往くを聴すや

③ 孔子曷不㆔即遣㆓馬圉㆒而聴㆔子貢之往㆒耶
孔子曷ぞ即ち馬圉を遣らずんば子貢の往くを聴すや

④ 孔子曷不㆔即遣㆓馬圉㆒而聴子貢之往耶
孔子曷ぞ即ち馬圉を遣らざるは聴す子貢を之れ往かしむるや

⑤ 孔子曷不㆘即遣㆓馬圉㆒而聴㆗子貢之往㆖耶
孔子曷ぞ即ち馬圉を遣りして子貢の往くを聴さざるや

問7　傍線部E「天下事豈有済乎」の読み方と筆者の主張の説明について、五人の生徒から出された発言①〜⑤のうちから、最も適当なものを一つ選べ。解答番号は **8** 。

① 生徒A――この文は「天下の事豈に済《な》る有《あ》るか」と訓読するよ。「天下のことが成就できるだろうか」と述べる筆者は、聖人や達人と違って表面的な規律や法則や肩書きで人材を絞り込もうとした孔子の行動から、優秀な人材を養成するのがよいという考えを導き出しているね。

② 生徒B――この文は「天下の事豈に済るを有《たも》たんや」と訓読すると思う。「天下の平穏を保つことはできない」と述べる筆者は、表面的な規律や法則や肩書きで人材を絞り込んだ孔子を見習うのではなく、人情に注目して登用を決めた聖人や達人のような意識が大切だと読者に示しているんじゃないかな。

③ 生徒C――この文は「天下の事豈に済る有らんや」と訓読するよ。「天下のことはなにも成就できない」と述べる筆者は、表面的な規律や法則や肩書きによって人材を絞り込むのではなく、孔子の行動に見られるようにその場の適性によって活躍させるのがよいと考えているんだ。

④ 生徒D――この文は「天下の事豈に有りて済らんや」と訓読するのが正しいよ。「天下のことは有能なものがいてこそ成り立つ」と述べる筆者は、人材は規律や法則や肩書きによって絞り込むのではなく、孔子が考えたように、活用の場があればいつでも使うべきものだと考えているね。

⑤ 生徒E――この文は「天下の事豈に有るは済るか」と訓読すると思う。「天下の人材は仕事をすべきだ」と述べる筆者は、規律や肩書きによって埋もれている人材を、孔子の行動を見習ってその場その場で発掘し、隠れた才能を天下のために活用すべきだと指摘しているんだ。

試験開始の合図があるまで，この問題冊子の中を見てはいけません。

国　　　語

（200点 80分）

注　意　事　項

1　解答用紙に，正しく記入・マークされていない場合は，採点できないことがあります。

2　この問題冊子は，43ページあります。問題は4問あり，第2問，第3問は「近代以降の文章」及び「実用的な文章」，第4問は「古文」，第5問は「漢文」の問題です。

※第1問「記述問題」は掲載していません。

3　試験中に問題冊子の印刷不鮮明，ページの落丁・乱丁及び解答用紙の汚れ等に気付いた場合は，手を高く挙げて監督者に知らせなさい。

4　解答は，解答用紙の解答欄にマークしなさい。例えば，**第2問**の **10** と表示のある問いに対して③と解答する場合は，次の(例)のように**問題番号**2の**解答番号10の解答欄**の③に**マーク**しなさい。

（例）

2	解答欄								
	1	2	3	4	5	6	7	8	9
10	①	②	●(③)	④	⑤	⑥	⑦	⑧	⑨

5　問題冊子の余白等は適宜利用してよいが，どのページも切り離してはいけません。

6　試験終了後，問題冊子は持ち帰りなさい。

第1問「記述問題」は、共通テスト本番では出題されませんので掲載していません。

第2問 次の【資料Ⅰ】は、【資料Ⅱ】と【文章】を参考に作成しているポスターである。【資料Ⅱ】は著作権法（二〇一六年改正）の条文の一部であり、【文章】は名和小太郎《なわこたろう》の『著作権2.0 ウェブ時代の文化発展をめざして』（二〇一〇年）の一部である。これらを読んで、後の問い（問1〜6）に答えよ。なお、設問の都合で【文章】の本文の段落に 1 〜 18 の番号を付し、表記を一部改めている。（配点 50）

【資料Ⅰ】

著作権のイロハ

著作物とは（「著作権法」第二条の一より）

☑「思想または感情」を表現したもの
☑思想または感情を「創作的」に表現したもの
☑思想または感情を「表現」したもの
☑「文芸、学術、美術、音楽の範囲」に属するもの

著作物の例

言語	音楽	舞踏・無言劇	美術	地図・図形
・小説 ・脚本 ・講演　等	・楽曲 ・楽曲を伴う歌詞　等	・ダンス ・日本舞踊 ・振り付け　等	・絵画 ・版画 ・彫刻　等	・学術的な図面 ・図表 ・立体図　等

著作権の例外規定（権利者の了解を得ずに著作物を利用できる）

〈例〉市民楽団が市民ホールで行う演奏会

【例外となるための条件】

a

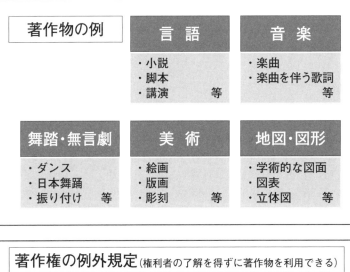

【資料Ⅱ】

「著作権法」(抄)

(目的)

第一条　この法律は、著作物並びに実演、レコード、放送及び有線放送に関し著作者の権利及びこれに隣接する権利を定め、これらの文化的所産の公正な利用に留意しつつ、著作者等の権利の保護を図り、もつて文化の発展に寄与することを目的とする。

(定義)

第二条　この法律において、次の各号に掲げる用語の意義は、当該各号に定めるところによる。

一　著作物　思想又は感情を創作的に表現したものであつて、文芸、学術、美術又は音楽の範囲に属するものをいう。

二　著作者　著作物を創作する者をいう。

三　実演　著作物を、演劇的に演じ、舞い、演奏し、歌い、口演し、朗詠し、又はその他の方法により演ずること(これらに類する行為で、著作物を演じないが芸能的な性質を有するものを含む。)をいう。

(技術の開発又は実用化のための試験の用に供するための利用)

第三十条の四　公表された著作物は、著作物の録音、録画その他の利用に係る技術の開発又は実用化のための試験の用に供する場合には、その必要と認められる限度において、利用することができる。

(営利を目的としない上演等)

第三十八条　公表された著作物は、営利を目的とせず、かつ、聴衆又は観衆から料金(いずれの名義をもつてするかを問わず、著作物の提供又は提示につき受ける対価をいう。以下この条において同じ。)を受けない場合には、公に上演し、演奏し、上映し、又は口述することができる。ただし、当該上演、演奏、上映又は口述について実演家又は口述を行う者に対し報酬が支払われる場合は、この限りでない。

(時事の事件の報道のための利用)

第四十一条　写真、映画、放送その他の方法によつて時事の事件を報道する場合には、当該事件を構成し、又は当該事件の過程において見られ、若しくは聞かれる著作物は、報道の目的上正当な範囲内において、複製し、及び当該事件の報道に伴つて利用することができる。

【文章】

1 著作者は最初の作品を何らかの実体——記録メディア——に載せて発表する。その実体は紙であったり、カンバスであったり、空気振動であったり、光ディスクであったりする。この最初の作品をそれが載せられた実体とともに「原作品」——オリジナル——と呼ぶ。

2 著作権法は、じつは、この原作品のなかに存在するエッセンスを引き出して「著作物」と定義していることになる。そのエッセンスとは何か。A記録メディアから剥がされた記号列になる。著作権が対象とするものは原作品ではなく、この記号列としての著作物である。

3 論理的には、著作権法のコントロール対象は著作物である。しかし、そのコントロールは著作物という概念を介して物理的な実体——複製物など——へと及ぶのである。現実の作品は、物理的には、あるいは消失し、あるいは拡散してしまう。だが著作権法は、著作物を頑丈な概念として扱う。

4 もうひと言。著作物は、かりに原作品が壊されても盗まれても、保護期間内であれば、そのまま存続する。また、破れた書籍のなかにも、音程を外した歌唱のなかにも、存在する。現代のプラトニズム、とも言える。

5 著作物は、多様な姿、形をしている。繰り返せば、テキストに限っても——そして保護期間について眼をつむれば——それは神話、叙事詩、叙情詩、法典、教典、小説、哲学書、歴史書、新聞記事、理工系論文に及ぶ。いっぽう、表1の定義に(ア)ガッチするものを上記の例示から拾うと、もっとも(イ)テキゴウするものは叙情詩、逆に、定義になじみ

キーワード	排除されるもの
思想または感情	外界にあるもの(事実、法則など)
創作的	ありふれたもの
表現	発見、着想
文芸、学術、美術、音楽の範囲	実用のもの

表1　著作物の定義

にくいものが理工系論文、あるいは新聞記事ということになる。理工系論文、新聞記事には、表1から排除される要素を多く含んでいる。

6 ということで、著作権法にいう著作物の定義は叙情詩をモデルにしたものであり、したがって、著作権の扱いについても、その侵害の有無を含めて、この叙情詩モデルを通しているのである。それはテキストにとどまらない。地図であっても、伽藍《がらん》であっても、ラップであっても、プログラムであっても、それを叙情詩として扱うのである。

7 だが、ここには無方式主義(注1)という原則がある。このために、著作権法は叙情詩モデルを尺度として使えば排除されてしまうようなものまで、著作物として認めてしまうことになる。

8 叙情詩モデルについて続ける。このモデルの意味を確かめるために、その特性を表2として示そう。比較のために叙情詩の対極にあると見られる理工系論文の特性も並べておく。

9 B表2は、具体的な著作物——テキスト——について、表1を再構成したものである。ここに見るように、叙情詩型のテキストの特徴は、「私」が「自分」の価値として「一回的」な対象を「主観的」に「表現」として示したものとなる。逆に、理工系論文の特徴は、「誰」かが「万人」の価値として「普遍的」な対象について「客観的」に「着想」や「論理」や「事実」を示すものとなる。

10 話がくどくなるが続ける。二人の詩人が「太郎を眠らせ、太郎の屋根に雪ふりつむ。」(注2)というテキストを同時にべつべつに発表することは、確率的に見てほとんどゼロである。このように、叙情詩型のテキストであれば、表現の希少性は高く、したがってその著作物性——著作権の濃さ——は高い。

	叙情詩型	理工系論文型
何が特色	表現	着想、論理、事実
誰が記述	私	誰でも
どんな記述法	主観的	客観的
どんな対象	一回的	普遍的
他テキストとの関係	なし(自立的)	累積的
誰の価値	自分	万人

表 2　テキストの型

11 いっぽう、誰が解読しても、特定の生物種の特定の染色体の特定の遺伝子に対するＤＮＡ配列は同じ表現になる。こちらの著作物性は低く、したがって著作権法のコントロール領域の外へはじき出されてしまう。その記号列にどれほど研究者のアイデンティティが凝縮していようと、どれほどコストや時間が投入されていようと、どれほどの財産的な価値があろうとも、である。じつは、この型のテキストの価値は内容にある。その内容とはテキストの示す着想、論理、事実、さらにアルゴリズム(注3)、発見などに及ぶ。

12 多くのテキスト――たとえば哲学書、未来予測シナリオ、歴史小説――は叙情詩と理工系論文とをリョウタン(ウ)とするスペクトル(注4)のうえにある。その著作物性については、そのスペクトル上の位置を参照すれば、およその見当はつけることができる。

13 表2から、どんなテキストであっても、「表現」と「内容」とを二重にもっている、という理解を導くこともできる。それはフェルディナン・ド・ソシュール(注5)の言う「記号表現」と「記号内容」に相当する。叙情詩尺度は、つまり著作権法は、このうち前者に注目し、この表現のもつ価値の程度によって、その記号列が著作物であるのか否かを判断するものである。ここに見られる表現の抽出と内容の排除とを、法学の専門家は「表現／内容の二分法」と言う。

14 いま価値というあいまいな言葉を使ったが、およそ何であれ、「ありふれた表現」でなければ、つまり希少性があれば、それには価値が生じる。著作権法は、テキストの表現の希少性に注目し、それが際立っているものほど、そのテキストは濃い著作権をもつ、逆であれば薄い著作権をもつと判断するのである。この二分法は著作権訴訟においてよく言及される。争いの対象になった著作物の特性がより叙情詩型なのか、そうではなくてより理工系論文型なのか、この判断によって侵害のありなしを決めることになる。

15 著作物に対する操作には、著作権に関係するものと、そうではないものとがある。前者を著作権の「利用」と言う。そのなかには多様な手段があり、これをまとめると表3となる。「コピーライト」という言葉は、この操作をすべてコピーとみなすものである。その「コピー」は日常語より多義的である。

16 表3に示した以外の著作物に対する操作を著作物の「使用」と呼ぶ。この使用に対して著作権法ははたらかない。何が「利用」

で何が「使用」か。その判断基準は明らかでない。

17 著作物の使用のなかには、たとえば、書物のエツ(エ)ラン、建築への居住、プログラムの実行などが含まれる。したがって、海賊版の出版は著作権に触れるが、海賊版の読書に著作権は関知しない。じつは、利用や使用の事前の操作として著作物へのアクセスという操作がある。これも著作権とは関係がない。

18 このように、著作権法は「利用／使用の二分法」も設けている。この二分法がないと、著作物の使用、著作物へのアクセスまでも著作権法がコントロールすることとなる。このときコントロールはカ(オ)ジョウとなり、正常な社会生活までも抑圧してしまう。たとえば、読書のつど、居住のつど、計算のつど、その人は著作者に許可を求めなければならない。ただし、現実には利用と使用との区別が困難な場合もある。

<table>
<tr><th colspan="2">著作物
利用目的</th><th>固定型</th><th>散逸型</th><th>増殖型</th></tr>
<tr><td colspan="2">そのまま</td><td>展示</td><td>上映、演奏</td><td>――――</td></tr>
<tr><td colspan="2">複製</td><td>フォトコピー</td><td>録音、録画</td><td>デジタル化</td></tr>
<tr><td colspan="2">移転</td><td>譲渡、貸与</td><td colspan="2">放送、送信、ファイル交換</td></tr>
<tr><td rowspan="2">二次的利用</td><td>変形</td><td colspan="3">翻訳、編曲、脚色、映画化、パロディ化
リバース・エンジニアリング(注 6)</td></tr>
<tr><td>組込み</td><td colspan="3">編集、データベース化</td></tr>
</table>

表 3　著作物の利用行為(例示)

（注）
1　無方式主義――著作物の誕生とともに著作権も発生するという考え方。
2　「太郎を眠らせ、太郎の屋根に雪ふりつむ。」――三好達治「雪」の一節。
3　アルゴリズム――問題を解決する定型的な手法・技法や演算手続きを指示する規則。
4　スペクトル――多様なものをある観点に基づいて規則的に配列したもの。
5　フェルディナン・ド・ソシュール――スイス生まれの言語学者（一八五七～一九一三）。
6　リバース・エンジニアリング――一般の製造手順とは逆に、完成品を分解・分析してその仕組み、構造、性能を調べ、新製品に取り入れる手法。

問1 傍線部(ア)～(オ)に相当する漢字を含むものを、次の各群の①～⑤のうちから、それぞれ一つずつ選べ。解答番号は 1 ～ 5 。

(ア) ガッチする 1
① チメイ的な失敗
② 火災ホウチ器
③ チセツな表現
④ チミツな頭脳
⑤ 再考のヨチがある

(イ) テキゴウする 2
① プロにヒッテキする実力
② テキドに運動する
③ 窓にスイテキがつく
④ ケイテキを鳴らす
⑤ 脱税をテキハツする

(ウ) リョウタン 3
① タンセイして育てる
② 負傷者をタンカで運ぶ
③ 経営がハタンする
④ ラクタンする
⑤ タンテキに示す

(エ) エツラン 4
① 橋のランカンにもたれる
② シュツランの誉れ
③ ランセの英雄
④ イチランに供する
⑤ 事態はルイランの危うきにある

(オ) カジョウ 5
① ジョウヨ金
② ジョウチョウな文章
③ 米からジョウゾウする製法
④ 金庫のセジョウ
⑤ 家庭のジョウビ薬

問2　傍線部A「記録メディアから剝がされた記号列」とあるが、それはどういうものか。【資料Ⅱ】を踏まえて考えられる例として最も適当なものを、次の①～⑤のうちから一つ選べ。解答番号は 6 。

① 実演、レコード、放送及び有線放送に関するすべての文化的所産。

② 小説家が執筆した手書きの原稿を活字で印刷した文芸雑誌。

③ 画家が制作した、消失したり散逸したりしていない美術品。

④ 作曲家が音楽作品を通じて創作的に表現した思想や感情。

⑤ 著作権法ではコントロールできないオリジナルな舞踏や歌唱。

問3　【文章】における著作権に関する説明として最も適当なものを、次の①～⑤のうちから一つ選べ。解答番号は 7 。

① 著作権に関わる著作物の操作の一つに「利用」があり、著作者の了解を得ることなく行うことができる。音楽の場合は、そのまま演奏すること、録音などの複製をすること、編曲することなどがそれにあたる。

② 著作権法がコントロールする著作物は、叙情詩モデルによって定義づけられるテキストである。したがって、叙情詩、教典、小説、歴史書などがこれにあたり、新聞記事や理工系論文は除外される。

③ 多くのテキストは叙情詩型と理工系論文型に分類することが可能である。この「二分法」の考え方に立つことで、著作権訴訟においては、著作権の侵害の問題について明確な判断を下すことができている。

④ 著作権について考える際には、「著作物性」という考え方が必要である。なぜなら、遺伝子のＤＮＡ配列のように表現の希少性が低いものも著作権法によって保護できるからである。

⑤ 著作物にあたるどのようなテキストも、「表現」と「内容」を二重にもつ。著作権法は、内容を排除して表現を抽出し、その表現がもつ価値の程度によって著作物にあたるかどうかを判断している。

問4　傍線部B「表2は、具体的な著作物――テキスト――について、表1を再構成したものである。」とあるが、その説明として最も適当なものを、次の①～⑤のうちから一つ選べ。解答番号は 8 。

① 「キーワード」と「排除されるもの」とを対比的にまとめて整理する**表1**に対し、**表2**では、「テキストの型」の観点から**表1**の「排除されるもの」の定義をより明確にしている。

② 「キーワード」と「排除されるもの」の二つの特性を含むものを著作物とする**表1**に対し、**表2**では、叙情詩型と理工系論文型とを対極とするテキストの特性によって著作物性を定義している。

③ 「キーワード」や「排除されるもの」の観点で著作物の多様な類型を網羅する**表1**に対し、**表2**では、著作物となる「テキストの型」の詳細を整理して説明をしている。

④ 叙情詩モデルの特徴と著作物から排除されるものとを整理している**表1**に対し、**表2**では、叙情詩型と理工系論文型の特性の違いを比べながら、著作物性の濃淡を説明している。

⑤ 「排除されるもの」を示して著作物の範囲を定義づける**表1**に対し、**表2**では、叙情詩型と理工系論文型との類似性を明らかにして、著作物と定義されるものの特質を示している。

問5 **【文章】**の表現に関する説明として**適当でないもの**を、次の ① 〜 ⑤ のうちから一つ選べ。解答番号は 9 。

① 第1段落第一文と第3段落第二文で用いられている「――」は、直前の語句である「何らかの実体」や「物理的な実体」を強調し、筆者の主張に注釈を加える働きをもっている。

② 第4段落第一文「もうひと言。」、第10段落第一文「話がくどくなるが続ける。」は、読者を意識した親しみやすい口語的な表現になっており、文章内容のよりいっそうの理解を促す工夫がなされている。

③ 第4段落第四文「現代のプラトニズム、とも言える」、第13段落第二文「フェルディナン・ド・ソシュールの言う『記号表現』と『記号内容』に相当する」という表現では、哲学や言語学の概念を援用して自分の考えが展開されている。

④ 第5段落第二文「叙情詩」や「理工系論文」、第13段落第一文「表現」と「内容」、第15段落第一文「著作権に関係するものと、そうではないもの」という表現では、それぞれの特質を明らかにするための事例が対比的に取り上げられている。

⑤ 第16段落第二文「はたらかない」、第四文「明らかでない」、第17段落第二文「関知しない」、第四文「関係がない」という否定表現は、著作権法の及ばない領域を明らかにし、その現実的な運用の複雑さを示唆している。

問6　【資料Ⅰ】の空欄 a に当てはまるものを、次の ①〜⑥ のうちから三つ選べ。ただし、解答の順序は問わない。
解答番号は 10 〜 12 。

① 原曲にアレンジを加えたパロディとして演奏すること
② 楽団の営利を目的としていない演奏会であること
③ 誰でも容易に演奏することができる曲を用いること
④ 観客から一切の料金を徴収しないこと
⑤ 文化の発展を目的とした演奏会であること
⑥ 演奏を行う楽団に報酬が支払われないこと

国語の問題は次に続く。

第3問 次の詩「紙」（『オンディーヌ』、一九七二年）とエッセイ「永遠の百合《ゆり》」（『花を食べる』、一九七七年）を読んで（ともに作者は吉原幸子《よしはらさちこ》）、後の問い（**問1～6**）に答えよ。なお、設問の都合でエッセイの本文の段落に 1 ～ 8 の番号を付し、表記を一部改めている。（配点 50）

紙

愛ののこした紙片が
しらじらしく　ありつづけることを
(ア)<u>いぶかる</u>

書いた　ひとりの肉体の
重さも　ぬくみも　体臭も
いまはないのに

こんなにも
もえやすく　いのちをもたぬ
たった一枚の黄ばんだ紙が
こころより長もちすることの　不思議

いのち　といふ不遜
A <u>一枚の紙よりほろびやすいものが</u>
<u>何百枚の紙に　書きしるす　不遜</u>

死のやうに生きれば
何も失はないですむだらうか
この紙のやうに　生きれば

さあ
ほろびやすい愛のために
乾杯
のこされた紙片に
乾杯
いのちが
蒼《あお》ざめそして黄ばむまで
（いのちでないものに近づくまで）

乾杯！

永遠の百合

1 あまり生産的とはいえない、さまざまの優雅な(イ)手すさびにひたれることは、女性の一つの美点でもあり、(何百年もの涙とひきかえの)特権であるのかもしれない。近ごろはアート・フラワーという分野も颯爽《さっそう》とそれに加わった。

2 去年の夏、私はある古い友だちに、そのような〝匂わない〟百合の花束をもらった。「秋になったら捨てて頂戴ね」という言葉を添えて。

3 私はびっくりし、そして考えた。これは謙虚か、傲慢か、ただのキザなのか。そんなに百合そっくりのつもりなのか、そうでないことを恥じているのか。人間が自然を真似《まね》る時、決して自然を超える自信がないのなら、いったいこの花たちは何なのだろう。心こめてにせものを造る人たちの、ほんものにかなわないという(ウ)いじらしさと、生理まで似せるつもりの思い上がりと。

4 枯れないものは花ではない。それを知りつつ枯れない花を造るのが、Bつくるということではないのか。――花そっくりの花も、花より美しい花もあってよい。それに香水をふりかけるもよい。だが造花が造花である限り、たった一つできないのは枯れることだ。そしてまた、たった一つできるのは枯れないことだ。

5 花でない何か。どこかで花を超えるもの。大げさに言うなら、ひと夏の百合を超える永遠の百合。それをめざす時のみ、つくるという、真似るという、不遜な行為は許されるのだ。(と、私はだんだん昂奮《こうふん》してくる。)

6 絵画だって、ことばだってそうだ。C一瞬を永遠のなかに定着する作業なのだ。個人の見、嗅いだものをひとつの生きた花とするなら、それはすべての表現にまして在るという重みをもつに決まっている。あえてそれを花を超える何かに変える――もどす――ことがたぶん、描くという行為なのだ。そのひそかな夢のためにこそ、私もまた手をこんなにノリだらけにしているのではないか。もし、もしも、ことばによって私の一瞬を枯れない花にすることができたら！

7 ――ただし、(とD私はさめる。秋になったら……の発想を、はじめて少し理解する。)「私の」永遠は、たかだかあと三十年――歴史上、私のような古風な感性の絶滅するまでの短い期間――でよい。何故《なぜ》なら、(ああ何という不変の真理！)死なないものはいのちではないのだから。

8 私は百合を捨てなかった。それは造ったものの分までうしろめたく蒼ざめながら、今も死なないまま、私の部屋に立っている。

問1　傍線部(ア)〜(ウ)の本文中における意味として最も適当なものを、次の各群の①〜⑤のうちから、それぞれ一つずつ選べ。解答番号は［1］〜［3］。

(ア)「いぶかる」［1］
① うるさく感じる
② 誇らしく感じる
③ 冷静に考える
④ 気の毒に思う
⑤ 疑わしく思う

(イ)「手すさび」［2］
① 思いがけず出てしまう無意識の癖
② 多くの労力を必要とする創作
③ いつ役に立つとも知れない訓練
④ 必要に迫られたものではない遊び
⑤ 犠牲に見合うとは思えない見返り

(ウ)「いじらしさ」［3］
① 不満を覚えず自足する様子
② 自ら蔑み萎縮している様子
③ けなげで同情を誘う様子
④ 配慮を忘れない周到な様子
⑤ 見るに堪えない悲痛な様子

問2　傍線部A「何百枚の紙に　書きしるす　不逊」とあるが、どうして「不逊」と言えるのか。エッセイの内容を踏まえて説明したものとして最も適当なものを、次の ①～⑤ のうちから一つ選べ。解答番号は 4 。

① そもそも不可能なことであっても、表現という行為を繰り返すことで、あたかも実現が可能なように偽るから。
② はかなく移ろい終わりを迎えるほかないものを、表現という行為を介して、いつまでも残そうとたくらむから。
③ 心の中にわだかまることからも、表現という行為を幾度も重ねていけば、いずれは解放されると思い込むから。
④ 空想でしかあり得ないはずのものを、表現という行為を通じて、実体として捉えたかのように見せかけるから。
⑤ 滅びるものの美しさに目を向けず、表現という行為にこだわることで、あくまで永遠の存在に価値を置くから。

問3　傍線部B「つくるということ」とあるが、その説明として最も適当なものを、次の①～⑤のうちから一つ選べ。解答番号は 5 。

① 対象をあるがままに引き写し、対象と同一化できるものを生み出そうとすること。
② 対象を真似てはならないと意識をしながら、それでもにせものを生み出そうとすること。
③ 対象に謙虚な態度で向き合いつつ、あえて類似するものを生み出そうとすること。
④ 対象を真似ながらも、どこかに対象を超えた部分をもつものを生み出そうとすること。
⑤ 対象の捉え方に個性を発揮し、新奇な特性を追求したものを生み出そうとすること。

問4　傍線部C「在るという重み」とあるが、その説明として最も適当なものを、次の①〜⑤のうちから一つ選べ。解答番号は 6 。

① 時間的な経過に伴う喪失感の深さ。
② 実物そのものに備わるかけがえのなさ。
③ 感覚によって捉えられる個性の独特さ。
④ 主観の中に形成された印象の強さ。
⑤ 表現行為を動機づける衝撃の大きさ。

問5　傍線部**D**「私はさめる」とあるが、その理由として最も適当なものを、次の①～⑤のうちから一つ選べ。解答番号は［7］。

① 現実世界においては、造花も本物の花も同等の存在感をもつことを認識したから。

② 創作することの意義が、日常の営みを永久に残し続けることにもあると理解したから。

③ 花をありのままに表現しようとしても、完全を期することはできないと気付いたから。

④ 作品が時代を超えて残ることに違和感を抱き、自分の感性も永遠ではないと感じたから。

⑤ 友人からの厚意を理解もせずに、身勝手な思いを巡らせていることを自覚したから。

問6 詩「紙」とエッセイ「永遠の百合」の表現について、次の(i)・(ii)の問いに答えよ。

(i) 次の文は詩「紙」の表現に関する説明である。文中の空欄 [a]・[b] に入る語句の組合せとして最も適当なものを、後の ①～④ のうちから一つ選べ。解答番号は [8]。

> 対比的な表現や [a] を用いながら、第一連に示される思いを [b] に捉え直している。

① a―擬態語　b―演繹《えんえき》的
② a―倒置法　b―反語的
③ a―反復法　b―帰納的
④ a―擬人法　b―構造的

(ii) エッセイ「永遠の百合」の表現に関する説明として最も適当なものを、次の ① ～ ④ のうちから一つ選べ。解答番号は 9 。

① 第4段落における「たった一つできないのは枯れることだ。そしてまた、たった一つできるのは枯れないことだ」では、対照的な表現によって、枯れないという造花の欠点が肯定的に捉え直されている。

② 第5段落における「(と、私はだんだん昂奮してくる。)」には、第三者的な観点を用いて「私」の感情の高ぶりが強調されており、混乱し揺れ動く意識が臨場感をもって印象づけられている。

③ 第6段落における「――もどす――」に用いられている「――」によって、「私」の考えや思いに余韻が与えられ、「花」を描くことに込められた「私」の思い入れの深さが強調されている。

④ 第7段落における「『私の』永遠」の「私の」に用いられている「　」には、「永遠」という普遍的な概念を話題に応じて恣意的に解釈しようとする「私」の意図が示されている。

国語の問題は次に続く。

第4問　次の文章は『源氏物語』「手習《てならい》」巻の一節である。浮舟《うきふね》という女君は、薫《かおる》という男君の思い人だったが、匂宮《におうのみや》という男君から強引に言い寄られて深い関係になった。浮舟は苦悩の末に入水《じゅすい》しようとしたが果たせず、僧侶たちによって助けられ、比《ひ》叡山《えいざん》のふもとの小野《おの》の地で暮らしている。本文は、浮舟が出家を考えつつ、過去を回想している場面から始まる。これを読んで、後の問い（**問1〜5**）に答えよ。（配点　50）

あさましうもてそこなひたる身を思ひもてゆけば、宮（注1）を、すこしもあはれと思ひ聞こえけむ心ぞいとけしからぬ、ただ、この人の御ゆかりにさすらへぬるぞと思へば、小島《こじま》（注2）の色を例《ためし》に契り給《たま》ひしを、などてをかしと思ひ聞こえけむとこよなく飽きにたる心地す。はじめより、薄き（注3）ながらものどやかにものし給ひし人は、この折《をり》かの折など、思ひ出《い》づるぞこよなかりける。かくてこそありけれと聞きつけられ奉らむ恥づかしさは、人よりまさりぬべし。さすがに、この世には、ありし御さまを、よそながらだに、いつかは見むずるとうち思ふ、なほわろの心や、かくだに思はじ、など**A**心ひとつをかへさふ。

からうして鶏《とり》の鳴くを聞きて、いとうれし。母の御声を聞きたらむは、ましていかならむと思ひ明かして、心地もいとあし。供（注4）にてわたるべき人もとみに来ねば、なほ臥《ふ》し給へるに、いびき（注5）の人はいととく起きて、粥《かゆ》などむつかしきことどもをもてはやして、「御前《おまへ》に、とく(ア)聞こし召せ」など寄り来て言へど、まかなひもいと心づきなく、うたて見知らぬ心地して、「なやましくなむ」と、ことなしび給ふを、強《し》ひて言ふもいと(イ)こちなし。下衆《げす》下衆しき法師ばらなどあまた来て、「僧都《そうづ》（注6）、今日下《お》りさせ給ふべし」、「などにはかには」と問ふなれば、「一品《いっぽん》の宮の御物《もの》の怪《け》になやませ給ひける、山の座主《ざす》御修法《みずほふ》仕《つか》まつらせ給へど、なほ僧都参り給はでは験《しるし》なしとて、昨日二たびなむ召し侍《はべ》りし。右大臣殿の四位少将、昨夜《よべ》夜更《ふ》けてなむ登りおはしまして、后《きさい》の宮の御文など侍りければ下りさせ給ふなり」など、いとはなやかに言ひなす。恥づかしうとも、あひて、尼になし給ひてよと言はむ、(ウ)さかしら人すくなくてよき折にこそと思へば、起きて、「心地のいとあしうのみ侍るを、僧都の下りさせ給へらむに、忌《い》（注7）むこと受け侍らむとなむ思ひ侍るを、さやうに聞こえ給へ」と語らひ給へば、ほけほけしううなづく。

例の方（注8）におはして、髪は尼君（注9）のみ梳《けづ》り給ふを、別人《ことひと》に手触れさせむもうたておぼゆるに、手づから、はた、えせぬことなれば、ただすこしとき下《くだ》して、**B**親にいま一たびかうながらのさまを見えずなりなむこそ、人やりならずいと悲しけれ。いたうわづらひしけにや、髪もすこし落ち細りにたる心地すれど、何ばかりもおとろへず、いと多くて、六尺（注10）ばかりなる末などぞうつくしかりける。筋なども、いとこまかにうつくしげなり。「かかれとてしも」と独りごちゐ給へり。

（注）
1　宮――匂宮。
2　小島の色を例に契り給ひし――匂宮に連れ出されて宇治川《うじがわ》のほとりの小屋で二人きりで過ごしたこと。
3　薄きながらものどやかにものし給ひし人――薫のこと。
4　供にてわたるべき人――浮舟の世話をしている女童《めのわらわ》。
5　いびきの人――浮舟が身を寄せている小野の庵《いおり》に住む、年老いた尼。いびきがひどい。
6　僧都――浮舟を助けた比叡山の僧侶。「いびきの人」の子。
7　忌むこと受け侍らむ――仏教の戒律を授けてもらいたいということ。
8　例の方――浮舟がふだん過ごしている部屋。
9　尼君――僧都の妹。
10　六尺――約一八〇センチメートル。

問1　傍線部A「心ひとつをかへさふ」とあるが、ここでの浮舟の心情の説明として最も適当なものを、次の①～⑤のうちから一つ選べ。解答番号は［1］。

① 匂宮に対して薄情だった自分を責めるとともに、現在の境遇も匂宮との縁があってこそだと感慨にふけっている。
② 匂宮と二人で過ごしたときのことを回想して、不思議なほどに匂宮への愛情を覚え満ち足りた気分になっている。
③ 薫は普段は淡々とした人柄であるものの、時には匂宮以上に情熱的に愛情を注いでくれたことを忘れかねている。
④ 小野でこのように生活していると薫に知られたときの気持ちは、誰にもまして恥ずかしいだろうと想像している。
⑤ 薫の姿を遠くから見ることすら諦めようとする自分を否定し、薫との再会を期待して気持ちを奮い立たせている。

問2　傍線部(ア)～(ウ)の解釈として最も適当なものを、次の各群の①～⑤のうちから、それぞれ一つずつ選べ。解答番号は 2 ～ 4 。

(ア)　聞こし召せ　2
① お起きなさい
② 着替えなさい
③ お食べなさい
④ 手伝いなさい
⑤ お聞きなさい

(イ)　こちなし　3
① 気が利かない
② 大げさである
③ 優しくない
④ 気詰まりだ
⑤ つまらない

(ウ)　さかしら人　4
① 知ったかぶりをする人
② 口出しする人
③ 身分の高い人
④ あつかましい人
⑤ 意地の悪い人

問3　この文章の登場人物についての説明として**適当でないもの**を、次の①～⑤のうちから一つ選べ。解答番号は 5 。

① 浮舟は、朝になっても気分が悪く臥せっており、「いびきの人」たちの給仕で食事をする気にもなれなかった。

② 「下衆下衆しき法師ばら」は、「僧都」が高貴な人々からの信頼が厚い僧侶であることを、誇らしげに言い立てていた。

③ 「僧都」は、「一品の宮」のための祈禱《きとう》を延暦寺の座主に任せて、浮舟の出家のために急遽《きゆうきよ》下山することになった。

④ 「右大臣殿の四位少将」は、「僧都」を比叡山から呼び戻すために、「后の宮」の手紙を携えて「僧都」のもとを訪れた。

⑤ 「いびきの人」は、浮舟から「僧都」を呼んでほしいと言われても、ぼんやりした顔でただうなずくだけだった。

問4　傍線部B「親にいま一たびかうながらのさまを見えずなりなむこそ、人やりならずいと悲しけれ」の説明として最も適当なものを、次の①～⑤のうちから一つ選べ。解答番号は 6 。

① 「かうながらのさま」とは、すっかり容貌の衰えた今の浮舟の姿のことである。
② 「見えずなりなむ」は、「見られないように姿を隠したい」という意味である。
③ 「こそ」による係り結びは、実の親ではなく、他人である尼君の世話を受けざるを得ない浮舟の苦境を強調している。
④ 「人やりならず」には、他人を責める浮舟の気持ちが込められている。
⑤ 「『……悲しけれ』と思ひ給ふ」ではなく「悲しけれ」と結ぶ表現には、浮舟の心情を読者に強く訴えかける効果がある。

問5　次に掲げるのは、二重傍線部「かかれとてしも」に関して、生徒と教師が交わした授業中の会話である。会話中にあらわれる遍昭《へんじよう》の和歌や、それを踏まえる二重傍線部「かかれとてしも」の解釈として、会話の後に六人の生徒から出された発言①～⑥のうち、適当なものを二つ選べ。ただし、解答の順序は問わない。解答番号は 7 ・ 8 。

生徒　先生、この「かかれとてしも」という部分なんですけど、現代語に訳しただけでは意味が分からないんです。どう考えたらいいですか。

教師　それは、

　たらちねはかかれとてしもむばたまの我《わ》が黒髪をなでずやありけむ

という遍昭の歌に基づく表現だから、この歌を知らないと分かりにくかっただろうね。古文には「引き歌」といって、有名な和歌の一部を引用して、人物の心情を豊かに表現する技法があるんだよ。

生徒　そんな技法があるなんて知りませんでした。和歌についての知識が必要なんですね。

教師　遍昭の歌が詠まれた経緯については、『遍昭集』という歌集が詳しいよ。歌の右側には、

　なにくれといひありきしほどに、仕《つか》まつりし深草《ふかくさ》の帝《みかど》隠れおはしまして、かはらむ世を見むも、堪《た》へがたくかなし。蔵人の頭の中将などいひて、夜昼馴《な》れ仕まつりて、「名残りなからむ世に交《ま》じらはじ」とて、にはかに、家の人にも知らせで、比叡《ひえ》に上りて、頭《かしら》下ろし侍りて、思ひ侍りしも、さすがに、親などのことは、心にやかかり侍りけむ。

と、歌が詠まれた状況が書かれているよ。

生徒　そこまで分かると、浮舟とのつながりも見えてくる気がします。

教師　それでは、板書しておくから、歌が詠まれた状況も踏まえて、遍昭の和歌と『源氏物語』の浮舟、それぞれについてみんなで意見を出し合ってごらん。

①　生徒A――遍昭は、お仕えしていた帝の死をきっかけに出家したんだね。そのときに「たらちね」、つまりお母さんのことを思って「母はこのように私が出家することを願って私の髪をなでたに違いない」と詠んだんだから、遍昭の親は以前から息子に出家してほしいと思っていたんだね。

②　生徒B――そうかなあ。この和歌は「母は私がこのように出家することを願って私の髪をなでたはずがない」という意味だと思うな。出家をして帝への忠義は果たしたけれど、育ててくれた親に申し訳ないという気持ちもあって、だから『遍昭集』で「さすがに」と言っているんだよ。

③　生徒C――私はAさんの意見がいいと思う。浮舟も出家することで、遍昭と同じくお母さんの意向に沿った生き方をしようとしているんだよ。つまり、今まで親の期待に背いてきた浮舟が、これからの人生をやり直そうとしている決意を、心の中でお母さんに誓っていることになるね。

④　生徒D――私も和歌の解釈はAさんのでいいと思うけど、『源氏物語』に関してはCさんとは意見が違う。薫か匂宮と結ばれて幸せになりたいというのが、浮舟の本心だったはずだよ。自分も遍昭のように晴れ晴れした気分で出家できたらどんなにいいかという望みが、浮舟の独り言から読み取れるよ。

⑤　生徒E――いや、和歌の解釈はBさんのほうが正しいと思うよ。浮舟も元々は気がすすまなかった、親もそれを望んでいない、それでも過去を清算するためには出家以外に道はないとわりきった浮舟の潔さが、遍昭の歌を口ずさんでいるところに表れているんだよ。

⑥　生徒F――私もBさんの解釈のほうがいいと思う。でも、遍昭が出家を遂げた後に詠んだ歌を、浮舟は出家の前に思い起こしているという違いは大きいよ。出家に踏み切るだけの心の整理を、浮舟はまだできていないということが、引き歌によって表現されているんだよ。

第5問　次の【文章Ⅰ】と【文章Ⅱ】は、いずれも「狙公《そこう》」（猿飼いの親方）と「狙《そ》」（猿）とのやりとりを描いたものである。【文章Ⅰ】と【文章Ⅱ】を読んで、後の問い（問1～5）に答えよ。なお、設問の都合で返り点・送り仮名を省いたところがある。（配点　50）

【文章Ⅰ】

猿飼いの親方が茅《とち》の実を分け与えるのに、「朝三つにして夕方四つにしよう、」といったところ、猿どもはみな怒った。「それでは朝四つにして夕方三つにしよう、」といったところ、猿どもはみな悦《よろこ》んだという。

（金谷《かなや》治《おさむ》訳注『荘子』による。）

【文章Ⅱ】

楚（注1）ニ有リ二養ヒテレ狙《そ》ヲ以テ為スレ生(1)者一。楚人謂フ二之ヲ狙《そ》公《こう》ト一。旦（注2）日必ズ部（注3）二分シテ衆狙ヲ于庭一ニ、A使老狙率以之山中、求草木之実。賦（注4）シテ二什《じふ》ノ一ヲ一以テ自（注5）ラ奉ズ。或イハ不ンバレ給セ、則チ加フ二鞭《べん》（注6）箠《すい》ヲ一焉。群狙皆畏レテ苦シムモレ之ニ、弗《ざ》ル二敢ヘテ違《たが》ハ一也。一日、有リテ二小狙一謂ヒテ二衆狙ニ一曰ハク、「B山之果、公所樹与。」曰ハク、「否《しから》ザル也。天ノ生ズル也ト。」曰ハク、「非ズンバレ公ニ不ル二得テ而取ラ一与ト。」曰ハク、「否ザル也。皆得テ而取ル也ト。」曰ハク、「然ラバ則チ吾何ゾ仮リテ二於彼ニ一而為スニ之ガ役ヲ一乎ト。」言未ダルニレ既《つ》キ、衆狙皆寤《さ》ム。其ノ夕、相ヒ与ニ伺ヒ二狙公之寝《い》ヌルヲ一、破リレ柵ヲ毀《こぼ》チレ柙《をり》ヲ、

取《リ》㆓其《ノ》(2)積㆒、相《ヒ》携《ヘテ》而入《リ》㆓于林中《ニ》㆒、不㆓復《タ》帰《ラ》㆒。狙公卒《つひニ》餒《うヱテ》而死《ス》。

郁《いく》(注7)離《り》子《し》曰《ハク》、「世《ニ》有《ルハ》㆘以《テ》㆑術《ヲ》使《ヒテ》㆑民《ヲ》而無《キ》㆓道(注8)揆㆒者㆖、其《レ》如《キ》㆓狙公《ノ》㆒乎。C惟其昏而未㆑覚也。一旦有《ラバ》㆑開《クコト》㆑之《ヲ》、其《ノ》術窮《セント》矣。」

(劉《りゅう》基《き》『郁離子』による。)

(注) 1 楚――古代中国の国名の一つ。
2 旦日――明け方。
3 部分――グループごとに分ける。
4 賦㆓什一㆒――十分の一を徴収する。
5 自奉――自らの暮らしをまかなう。
6 鞭箠――むち。
7 郁離子――著者劉基の自称。
8 道揆――道理にかなった決まり。

問1　傍線部(1)「生」・(2)「積」の意味として最も適当なものを、次の各群の①～⑤のうちから、それぞれ一つずつ選べ。解答番号は 1 ・ 2 。

(1)「生」 1
① 往生
② 生計
③ 生成
④ 畜生
⑤ 発生

(2)「積」 2
① 積極
② 積年
③ 積分
④ 蓄積
⑤ 容積

問2 傍線部A「使老狙率以之山中、求草木之実」の返り点・送り仮名の付け方と書き下し文との組合せとして最も適当なものを、次の①～⑤のうちから一つ選べ。解答番号は [3]。

① 使ム下老狙ヲシテ率ヰテ以テ之キ二山中ニ一、求メ中草木之実ヲ上
　老狙をして率《ひき》ゐて以て山中に之《ゆ》き、草木の実を求めしむ

② 使ヒテ二老狙ヲ一率ネ以テ之カシメ二山中ニ一、求ム二草木之実ヲ一
　老狙を使ひて率《おほむ》ね以て山中に之かしめ、草木の実を求む

③ 使メテ二老狙ヲシテ率ヘ一以テ之キ二山中ニ一、求ム二草木之実ヲ一
　老狙をして率《とら》へしめて以て山中に之き、草木の実を求む

④ 使シ老狙率ヰテ以テ之カバ二山中ニ一、求ム二草木之実ヲ一
　使《も》し老狙率《ひき》ゐて以て山中に之かば、草木の実を求む

⑤ 使ム下老狙ヲバ率ヘテ以テ之キ二山中ニ一、求メ中草木之実ヲ上
　老狙をば率《とら》へて以て山中に之き、草木の実を求めしむ

問3　傍線部B「山之果、公所樹与」の書き下し文とその解釈との組合せとして最も適当なものを、次の①～⑤のうちから一つ選べ。解答番号は 4 。

① 山の果は、公の樹《う》うる所か
山の木の実は、猿飼いの親方が植えたものか

② 山の果は、公の所の樹《き》か
山の木の実は、猿飼いの親方の土地の木に生《な》ったのか

③ 山の果は、公の樹《う》ゑて与ふる所か
山の木の実は、猿飼いの親方が植えて分け与えているものなのか

④ 山の果は、公の所に樹《う》うるか
山の木の実は、猿飼いの親方の土地に植えたものか

⑤ 山の果は、公の樹《う》うる所を与ふるか
山の木の実は、猿飼いの親方が植えたものを分け与えたのか

問4　傍線部C「惟其昏而未ㇾ覚也」の解釈として最も適当なものを、次の①～⑤のうちから一つ選べ。解答番号は 5 。

① ただ民たちが疎くてこれまで気付かなかっただけである

② ただ民たちがそれまでのやり方に満足していただけである

③ ただ猿たちがそれまでのやり方に満足しなかっただけである

④ ただ猿飼いの親方がそれまでのやり方のままにしただけである

⑤ ただ猿飼いの親方が疎くて事態の変化にまだ気付いていなかっただけである

問5　次に掲げるのは、授業の中で【文章Ⅰ】と【文章Ⅱ】について話し合った生徒の会話である。これを読んで、後の(i)～(iii)の問いに答えよ。

生徒A　【文章Ⅰ】のエピソードは、有名な故事成語になっているね。
生徒B　それって何だったかな。［X］というような意味になるんだっけ。
生徒C　そうそう。もう一つの【文章Ⅱ】では、猿飼いの親方は散々な目に遭っているね。【文章Ⅰ】と【文章Ⅱ】とでは、何が違ったんだろう。
生徒A　【文章Ⅰ】では、猿飼いの親方は言葉で猿を操っているね。
生徒B　【文章Ⅱ】では、猿飼いの親方はむちで猿を従わせているよ。
生徒C　【文章Ⅰ】では、猿飼いの親方の言葉に猿が丸め込まれてしまうけど……。
生徒A　【文章Ⅱ】では、［Y］が運命の分かれ目だよね。これで猿飼いの親方と猿との関係が変わってしまった。
生徒B　【文章Ⅱ】の最後で郁離子は、［Z］と言っているよね。
生徒C　だからこそ、【文章Ⅱ】の猿飼いの親方は、「其の術窮せん。」ということになったわけか。

(i)　［X］に入る有名な故事成語の意味として最も適当なものを、次の①～⑤のうちから一つ選べ。解答番号は［6］。

①　おおよそ同じだが細かな違いがあること
②　朝に命令を下し、その日の夕方になるとそれを改めること
③　二つの物事がくい違って、話のつじつまが合わないこと
④　朝に指摘された過ちを夕方には改めること
⑤　内容を改めないで口先だけでごまかすこと

(ii) Y に入る最も適当なものを、次の①～⑤のうちから一つ選べ。解答番号は 7 。

① 猿飼いの親方がむちを打って猿をおどすようになったこと
② 猿飼いの親方が草木の実をすべて取るようになったこと
③ 小猿が猿たちに素朴な問いを投げかけたこと
④ 老猿が小猿に猿飼いの親方の素性を教えたこと
⑤ 老猿の指示で猿たちが林の中に逃げてしまったこと

(iii) Z に入る最も適当なものを、次の①～⑤のうちから一つ選べ。解答番号は 8 。

① 世の中には「術」によって民を使うばかりで、「道揆」に合うかを考えない猿飼いの親方のような者がいる
② 世の中には「術」をころころ変えて民を使い、「道揆」に沿わない猿飼いの親方のような者がいる
③ 世の中には「術」をめぐらせて民を使い、「道揆」を知らない民に反抗される猿飼いの親方のような者がいる
④ 世の中には「術」によって民を使おうとして、賞罰が「道揆」に合わない猿飼いの親方のような者がいる
⑤ 世の中には「術」で民をきびしく使い、民から「道揆」よりも多くをむさぼる猿飼いの親方のような者がいる

2021年用　共通テスト実戦模試

⑤国語

初版第1刷発行…2020年 6 月10日
初版第3刷発行…2020年11月20日

編者………………Z会編集部
発行人……………藤井孝昭
発行………………Z会
〒411-0033　静岡県三島市文教町1-9-11
TEL 055-976-9095
https://www.zkai.co.jp/books/

装丁………………犬飼奈央
印刷・製本………日経印刷株式会社

ISBN978-4-86531-329-1 C7381

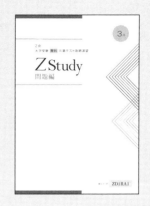

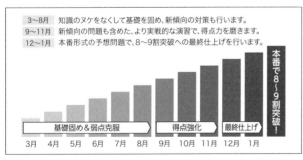

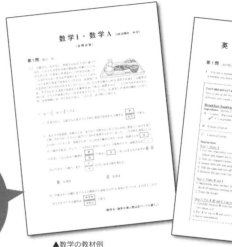

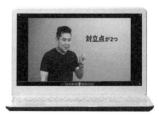

キ リ ト リ 線

国語　模試　第1回　解答用紙

マーク例

良い例	悪い例
●	◌ ⊗ ◕

氏　名	

受験番号欄					
千位	百位	十位	一位	英字	
―	⓪	⓪	⓪	Ⓐ	A
①	①	①	①	Ⓑ	B
②	②	②	②	Ⓒ	C
③	③	③	③	Ⓗ	H
④	④	④	④	Ⓚ	K
⑤	⑤	⑤	⑤	Ⓜ	M
⑥	⑥	⑥	⑥	Ⓡ	R
⑦	⑦	⑦	⑦	Ⓤ	U
⑧	⑧	⑧	⑧	Ⓧ	X
⑨	⑨	⑨	⑨	Ⓨ	Y
―	―	―	―	Ⓩ	Z

試験場コード欄					
十万位	万位	千位	百位	十位	一位
⓪	⓪	⓪	⓪	⓪	⓪
①	①	①	①	①	①
②	②	②	②	②	②
③	③	③	③	③	③
④	④	④	④	④	④
⑤	⑤	⑤	⑤	⑤	⑤
⑥	⑥	⑥	⑥	⑥	⑥
⑦	⑦	⑦	⑦	⑦	⑦
⑧	⑧	⑧	⑧	⑧	⑧
⑨	⑨	⑨	⑨	⑨	⑨

1	解答欄								
	1	2	3	4	5	6	7	8	9
1	①	②	③	④	⑤	⑥	⑦	⑧	⑨
2	①	②	③	④	⑤	⑥	⑦	⑧	⑨
3	①	②	③	④	⑤	⑥	⑦	⑧	⑨
4	①	②	③	④	⑤	⑥	⑦	⑧	⑨
5	①	②	③	④	⑤	⑥	⑦	⑧	⑨
6	①	②	③	④	⑤	⑥	⑦	⑧	⑨
7	①	②	③	④	⑤	⑥	⑦	⑧	⑨
8	①	②	③	④	⑤	⑥	⑦	⑧	⑨
9	①	②	③	④	⑤	⑥	⑦	⑧	⑨
10	①	②	③	④	⑤	⑥	⑦	⑧	⑨
11	①	②	③	④	⑤	⑥	⑦	⑧	⑨
12	①	②	③	④	⑤	⑥	⑦	⑧	⑨
13	①	②	③	④	⑤	⑥	⑦	⑧	⑨
14	①	②	③	④	⑤	⑥	⑦	⑧	⑨
15	①	②	③	④	⑤	⑥	⑦	⑧	⑨

2	解答欄								
	1	2	3	4	5	6	7	8	9
1	①	②	③	④	⑤	⑥	⑦	⑧	⑨
2	①	②	③	④	⑤	⑥	⑦	⑧	⑨
3	①	②	③	④	⑤	⑥	⑦	⑧	⑨
4	①	②	③	④	⑤	⑥	⑦	⑧	⑨
5	①	②	③	④	⑤	⑥	⑦	⑧	⑨
6	①	②	③	④	⑤	⑥	⑦	⑧	⑨
7	①	②	③	④	⑤	⑥	⑦	⑧	⑨
8	①	②	③	④	⑤	⑥	⑦	⑧	⑨
9	①	②	③	④	⑤	⑥	⑦	⑧	⑨
10	①	②	③	④	⑤	⑥	⑦	⑧	⑨
11	①	②	③	④	⑤	⑥	⑦	⑧	⑨
12	①	②	③	④	⑤	⑥	⑦	⑧	⑨
13	①	②	③	④	⑤	⑥	⑦	⑧	⑨
14	①	②	③	④	⑤	⑥	⑦	⑧	⑨
15	①	②	③	④	⑤	⑥	⑦	⑧	⑨

3	解答欄								
	1	2	3	4	5	6	7	8	9
1	①	②	③	④	⑤	⑥	⑦	⑧	⑨
2	①	②	③	④	⑤	⑥	⑦	⑧	⑨
3	①	②	③	④	⑤	⑥	⑦	⑧	⑨
4	①	②	③	④	⑤	⑥	⑦	⑧	⑨
5	①	②	③	④	⑤	⑥	⑦	⑧	⑨
6	①	②	③	④	⑤	⑥	⑦	⑧	⑨
7	①	②	③	④	⑤	⑥	⑦	⑧	⑨
8	①	②	③	④	⑤	⑥	⑦	⑧	⑨
9	①	②	③	④	⑤	⑥	⑦	⑧	⑨
10	①	②	③	④	⑤	⑥	⑦	⑧	⑨
11	①	②	③	④	⑤	⑥	⑦	⑧	⑨
12	①	②	③	④	⑤	⑥	⑦	⑧	⑨
13	①	②	③	④	⑤	⑥	⑦	⑧	⑨
14	①	②	③	④	⑤	⑥	⑦	⑧	⑨
15	①	②	③	④	⑤	⑥	⑦	⑧	⑨

4	解答欄								
	1	2	3	4	5	6	7	8	9
1	①	②	③	④	⑤	⑥	⑦	⑧	⑨
2	①	②	③	④	⑤	⑥	⑦	⑧	⑨
3	①	②	③	④	⑤	⑥	⑦	⑧	⑨
4	①	②	③	④	⑤	⑥	⑦	⑧	⑨
5	①	②	③	④	⑤	⑥	⑦	⑧	⑨
6	①	②	③	④	⑤	⑥	⑦	⑧	⑨
7	①	②	③	④	⑤	⑥	⑦	⑧	⑨
8	①	②	③	④	⑤	⑥	⑦	⑧	⑨
9	①	②	③	④	⑤	⑥	⑦	⑧	⑨
10	①	②	③	④	⑤	⑥	⑦	⑧	⑨
11	①	②	③	④	⑤	⑥	⑦	⑧	⑨
12	①	②	③	④	⑤	⑥	⑦	⑧	⑨
13	①	②	③	④	⑤	⑥	⑦	⑧	⑨
14	①	②	③	④	⑤	⑥	⑦	⑧	⑨
15	①	②	③	④	⑤	⑥	⑦	⑧	⑨

キリトリ線

国語　模試　第2回　解答用紙

マーク例

良い例	悪い例
●	⊙ ⊗ ◓

氏名	

受験番号欄

千位	百位	十位	一位	英字	
—	⓪	⓪	⓪	Ⓐ	A
①	①	①	①	Ⓑ	B
②	②	②	②	Ⓒ	C
③	③	③	③	Ⓗ	H
④	④	④	④	Ⓚ	K
⑤	⑤	⑤	⑤	Ⓜ	M
⑥	⑥	⑥	⑥	Ⓡ	R
⑦	⑦	⑦	⑦	Ⓤ	U
⑧	⑧	⑧	⑧	Ⓧ	X
⑨	⑨	⑨	⑨	Ⓨ	Y
—	—	—	—	Ⓩ	Z

試験場コード欄

十万位	万位	千位	百位	十位	一位
⓪	⓪	⓪	⓪	⓪	⓪
①	①	①	①	①	①
②	②	②	②	②	②
③	③	③	③	③	③
④	④	④	④	④	④
⑤	⑤	⑤	⑤	⑤	⑤
⑥	⑥	⑥	⑥	⑥	⑥
⑦	⑦	⑦	⑦	⑦	⑦
⑧	⑧	⑧	⑧	⑧	⑧
⑨	⑨	⑨	⑨	⑨	⑨

1	解答欄								
	1	2	3	4	5	6	7	8	9
1	①	②	③	④	⑤	⑥	⑦	⑧	⑨
2	①	②	③	④	⑤	⑥	⑦	⑧	⑨
3	①	②	③	④	⑤	⑥	⑦	⑧	⑨
4	①	②	③	④	⑤	⑥	⑦	⑧	⑨
5	①	②	③	④	⑤	⑥	⑦	⑧	⑨
6	①	②	③	④	⑤	⑥	⑦	⑧	⑨
7	①	②	③	④	⑤	⑥	⑦	⑧	⑨
8	①	②	③	④	⑤	⑥	⑦	⑧	⑨
9	①	②	③	④	⑤	⑥	⑦	⑧	⑨
10	①	②	③	④	⑤	⑥	⑦	⑧	⑨
11	①	②	③	④	⑤	⑥	⑦	⑧	⑨
12	①	②	③	④	⑤	⑥	⑦	⑧	⑨
13	①	②	③	④	⑤	⑥	⑦	⑧	⑨
14	①	②	③	④	⑤	⑥	⑦	⑧	⑨
15	①	②	③	④	⑤	⑥	⑦	⑧	⑨

2	解答欄								
	1	2	3	4	5	6	7	8	9
1	①	②	③	④	⑤	⑥	⑦	⑧	⑨
2	①	②	③	④	⑤	⑥	⑦	⑧	⑨
3	①	②	③	④	⑤	⑥	⑦	⑧	⑨
4	①	②	③	④	⑤	⑥	⑦	⑧	⑨
5	①	②	③	④	⑤	⑥	⑦	⑧	⑨
6	①	②	③	④	⑤	⑥	⑦	⑧	⑨
7	①	②	③	④	⑤	⑥	⑦	⑧	⑨
8	①	②	③	④	⑤	⑥	⑦	⑧	⑨
9	①	②	③	④	⑤	⑥	⑦	⑧	⑨
10	①	②	③	④	⑤	⑥	⑦	⑧	⑨
11	①	②	③	④	⑤	⑥	⑦	⑧	⑨
12	①	②	③	④	⑤	⑥	⑦	⑧	⑨
13	①	②	③	④	⑤	⑥	⑦	⑧	⑨
14	①	②	③	④	⑤	⑥	⑦	⑧	⑨
15	①	②	③	④	⑤	⑥	⑦	⑧	⑨

3	解答欄								
	1	2	3	4	5	6	7	8	9
1	①	②	③	④	⑤	⑥	⑦	⑧	⑨
2	①	②	③	④	⑤	⑥	⑦	⑧	⑨
3	①	②	③	④	⑤	⑥	⑦	⑧	⑨
4	①	②	③	④	⑤	⑥	⑦	⑧	⑨
5	①	②	③	④	⑤	⑥	⑦	⑧	⑨
6	①	②	③	④	⑤	⑥	⑦	⑧	⑨
7	①	②	③	④	⑤	⑥	⑦	⑧	⑨
8	①	②	③	④	⑤	⑥	⑦	⑧	⑨
9	①	②	③	④	⑤	⑥	⑦	⑧	⑨
10	①	②	③	④	⑤	⑥	⑦	⑧	⑨
11	①	②	③	④	⑤	⑥	⑦	⑧	⑨
12	①	②	③	④	⑤	⑥	⑦	⑧	⑨
13	①	②	③	④	⑤	⑥	⑦	⑧	⑨
14	①	②	③	④	⑤	⑥	⑦	⑧	⑨
15	①	②	③	④	⑤	⑥	⑦	⑧	⑨

4	解答欄								
	1	2	3	4	5	6	7	8	9
1	①	②	③	④	⑤	⑥	⑦	⑧	⑨
2	①	②	③	④	⑤	⑥	⑦	⑧	⑨
3	①	②	③	④	⑤	⑥	⑦	⑧	⑨
4	①	②	③	④	⑤	⑥	⑦	⑧	⑨
5	①	②	③	④	⑤	⑥	⑦	⑧	⑨
6	①	②	③	④	⑤	⑥	⑦	⑧	⑨
7	①	②	③	④	⑤	⑥	⑦	⑧	⑨
8	①	②	③	④	⑤	⑥	⑦	⑧	⑨
9	①	②	③	④	⑤	⑥	⑦	⑧	⑨
10	①	②	③	④	⑤	⑥	⑦	⑧	⑨
11	①	②	③	④	⑤	⑥	⑦	⑧	⑨
12	①	②	③	④	⑤	⑥	⑦	⑧	⑨
13	①	②	③	④	⑤	⑥	⑦	⑧	⑨
14	①	②	③	④	⑤	⑥	⑦	⑧	⑨
15	①	②	③	④	⑤	⑥	⑦	⑧	⑨

キリトリ線

国語　模試　第3回　解答用紙

氏名	

マーク例

良い例	悪い例
●	

受験番号欄

千位	百位	十位	一位	英字	
—	⓪	⓪	⓪	Ⓐ	A
①	①	①	①	Ⓑ	B
②	②	②	②	Ⓒ	C
③	③	③	③	Ⓗ	H
④	④	④	④	Ⓚ	K
⑤	⑤	⑤	⑤	Ⓜ	M
⑥	⑥	⑥	⑥	Ⓡ	R
⑦	⑦	⑦	⑦	Ⓤ	U
⑧	⑧	⑧	⑧	Ⓧ	X
⑨	⑨	⑨	⑨	Ⓨ	Y
—	—	—	—	Ⓩ	Z

試験場コード欄

十万位	万位	千位	百位	十位	一位
⓪	⓪	⓪	⓪	⓪	⓪
①	①	①	①	①	①
②	②	②	②	②	②
③	③	③	③	③	③
④	④	④	④	④	④
⑤	⑤	⑤	⑤	⑤	⑤
⑥	⑥	⑥	⑥	⑥	⑥
⑦	⑦	⑦	⑦	⑦	⑦
⑧	⑧	⑧	⑧	⑧	⑧
⑨	⑨	⑨	⑨	⑨	⑨

1	解答欄								
	1	2	3	4	5	6	7	8	9
1	①	②	③	④	⑤	⑥	⑦	⑧	⑨
2	①	②	③	④	⑤	⑥	⑦	⑧	⑨
3	①	②	③	④	⑤	⑥	⑦	⑧	⑨
4	①	②	③	④	⑤	⑥	⑦	⑧	⑨
5	①	②	③	④	⑤	⑥	⑦	⑧	⑨
6	①	②	③	④	⑤	⑥	⑦	⑧	⑨
7	①	②	③	④	⑤	⑥	⑦	⑧	⑨
8	①	②	③	④	⑤	⑥	⑦	⑧	⑨
9	①	②	③	④	⑤	⑥	⑦	⑧	⑨
10	①	②	③	④	⑤	⑥	⑦	⑧	⑨
11	①	②	③	④	⑤	⑥	⑦	⑧	⑨
12	①	②	③	④	⑤	⑥	⑦	⑧	⑨
13	①	②	③	④	⑤	⑥	⑦	⑧	⑨
14	①	②	③	④	⑤	⑥	⑦	⑧	⑨
15	①	②	③	④	⑤	⑥	⑦	⑧	⑨

2	解答欄								
	1	2	3	4	5	6	7	8	9
1	①	②	③	④	⑤	⑥	⑦	⑧	⑨
2	①	②	③	④	⑤	⑥	⑦	⑧	⑨
3	①	②	③	④	⑤	⑥	⑦	⑧	⑨
4	①	②	③	④	⑤	⑥	⑦	⑧	⑨
5	①	②	③	④	⑤	⑥	⑦	⑧	⑨
6	①	②	③	④	⑤	⑥	⑦	⑧	⑨
7	①	②	③	④	⑤	⑥	⑦	⑧	⑨
8	①	②	③	④	⑤	⑥	⑦	⑧	⑨
9	①	②	③	④	⑤	⑥	⑦	⑧	⑨
10	①	②	③	④	⑤	⑥	⑦	⑧	⑨
11	①	②	③	④	⑤	⑥	⑦	⑧	⑨
12	①	②	③	④	⑤	⑥	⑦	⑧	⑨
13	①	②	③	④	⑤	⑥	⑦	⑧	⑨
14	①	②	③	④	⑤	⑥	⑦	⑧	⑨
15	①	②	③	④	⑤	⑥	⑦	⑧	⑨

3	解答欄								
	1	2	3	4	5	6	7	8	9
1	①	②	③	④	⑤	⑥	⑦	⑧	⑨
2	①	②	③	④	⑤	⑥	⑦	⑧	⑨
3	①	②	③	④	⑤	⑥	⑦	⑧	⑨
4	①	②	③	④	⑤	⑥	⑦	⑧	⑨
5	①	②	③	④	⑤	⑥	⑦	⑧	⑨
6	①	②	③	④	⑤	⑥	⑦	⑧	⑨
7	①	②	③	④	⑤	⑥	⑦	⑧	⑨
8	①	②	③	④	⑤	⑥	⑦	⑧	⑨
9	①	②	③	④	⑤	⑥	⑦	⑧	⑨
10	①	②	③	④	⑤	⑥	⑦	⑧	⑨
11	①	②	③	④	⑤	⑥	⑦	⑧	⑨
12	①	②	③	④	⑤	⑥	⑦	⑧	⑨
13	①	②	③	④	⑤	⑥	⑦	⑧	⑨
14	①	②	③	④	⑤	⑥	⑦	⑧	⑨
15	①	②	③	④	⑤	⑥	⑦	⑧	⑨

4	解答欄								
	1	2	3	4	5	6	7	8	9
1	①	②	③	④	⑤	⑥	⑦	⑧	⑨
2	①	②	③	④	⑤	⑥	⑦	⑧	⑨
3	①	②	③	④	⑤	⑥	⑦	⑧	⑨
4	①	②	③	④	⑤	⑥	⑦	⑧	⑨
5	①	②	③	④	⑤	⑥	⑦	⑧	⑨
6	①	②	③	④	⑤	⑥	⑦	⑧	⑨
7	①	②	③	④	⑤	⑥	⑦	⑧	⑨
8	①	②	③	④	⑤	⑥	⑦	⑧	⑨
9	①	②	③	④	⑤	⑥	⑦	⑧	⑨
10	①	②	③	④	⑤	⑥	⑦	⑧	⑨
11	①	②	③	④	⑤	⑥	⑦	⑧	⑨
12	①	②	③	④	⑤	⑥	⑦	⑧	⑨
13	①	②	③	④	⑤	⑥	⑦	⑧	⑨
14	①	②	③	④	⑤	⑥	⑦	⑧	⑨
15	①	②	③	④	⑤	⑥	⑦	⑧	⑨

キ リ ト リ 線

国語　模試　第4回　解答用紙

氏　名	

マーク例

良い例	悪い例
●	⊙ ⊗ ◕

受験番号欄					
千位	百位	十位	一位	英字	
—	⓪	⓪	⓪	Ⓐ	A
①	①	①	①	Ⓑ	B
②	②	②	②	Ⓒ	C
③	③	③	③	Ⓗ	H
④	④	④	④	Ⓚ	K
⑤	⑤	⑤	⑤	Ⓜ	M
⑥	⑥	⑥	⑥	Ⓡ	R
⑦	⑦	⑦	⑦	Ⓤ	U
⑧	⑧	⑧	⑧	Ⓧ	X
⑨	⑨	⑨	⑨	Ⓨ	Y
—	—	—	—	Ⓩ	Z

試験場コード欄					
十万位	万位	千位	百位	十位	一位
⓪	⓪	⓪	⓪	⓪	⓪
①	①	①	①	①	①
②	②	②	②	②	②
③	③	③	③	③	③
④	④	④	④	④	④
⑤	⑤	⑤	⑤	⑤	⑤
⑥	⑥	⑥	⑥	⑥	⑥
⑦	⑦	⑦	⑦	⑦	⑦
⑧	⑧	⑧	⑧	⑧	⑧
⑨	⑨	⑨	⑨	⑨	⑨

1	解答欄								
	1	2	3	4	5	6	7	8	9
1	①	②	③	④	⑤	⑥	⑦	⑧	⑨
2	①	②	③	④	⑤	⑥	⑦	⑧	⑨
3	①	②	③	④	⑤	⑥	⑦	⑧	⑨
4	①	②	③	④	⑤	⑥	⑦	⑧	⑨
5	①	②	③	④	⑤	⑥	⑦	⑧	⑨
6	①	②	③	④	⑤	⑥	⑦	⑧	⑨
7	①	②	③	④	⑤	⑥	⑦	⑧	⑨
8	①	②	③	④	⑤	⑥	⑦	⑧	⑨
9	①	②	③	④	⑤	⑥	⑦	⑧	⑨
10	①	②	③	④	⑤	⑥	⑦	⑧	⑨
11	①	②	③	④	⑤	⑥	⑦	⑧	⑨
12	①	②	③	④	⑤	⑥	⑦	⑧	⑨
13	①	②	③	④	⑤	⑥	⑦	⑧	⑨
14	①	②	③	④	⑤	⑥	⑦	⑧	⑨
15	①	②	③	④	⑤	⑥	⑦	⑧	⑨

2	解答欄								
	1	2	3	4	5	6	7	8	9
1	①	②	③	④	⑤	⑥	⑦	⑧	⑨
2	①	②	③	④	⑤	⑥	⑦	⑧	⑨
3	①	②	③	④	⑤	⑥	⑦	⑧	⑨
4	①	②	③	④	⑤	⑥	⑦	⑧	⑨
5	①	②	③	④	⑤	⑥	⑦	⑧	⑨
6	①	②	③	④	⑤	⑥	⑦	⑧	⑨
7	①	②	③	④	⑤	⑥	⑦	⑧	⑨
8	①	②	③	④	⑤	⑥	⑦	⑧	⑨
9	①	②	③	④	⑤	⑥	⑦	⑧	⑨
10	①	②	③	④	⑤	⑥	⑦	⑧	⑨
11	①	②	③	④	⑤	⑥	⑦	⑧	⑨
12	①	②	③	④	⑤	⑥	⑦	⑧	⑨
13	①	②	③	④	⑤	⑥	⑦	⑧	⑨
14	①	②	③	④	⑤	⑥	⑦	⑧	⑨
15	①	②	③	④	⑤	⑥	⑦	⑧	⑨

3	解答欄								
	1	2	3	4	5	6	7	8	9
1	①	②	③	④	⑤	⑥	⑦	⑧	⑨
2	①	②	③	④	⑤	⑥	⑦	⑧	⑨
3	①	②	③	④	⑤	⑥	⑦	⑧	⑨
4	①	②	③	④	⑤	⑥	⑦	⑧	⑨
5	①	②	③	④	⑤	⑥	⑦	⑧	⑨
6	①	②	③	④	⑤	⑥	⑦	⑧	⑨
7	①	②	③	④	⑤	⑥	⑦	⑧	⑨
8	①	②	③	④	⑤	⑥	⑦	⑧	⑨
9	①	②	③	④	⑤	⑥	⑦	⑧	⑨
10	①	②	③	④	⑤	⑥	⑦	⑧	⑨
11	①	②	③	④	⑤	⑥	⑦	⑧	⑨
12	①	②	③	④	⑤	⑥	⑦	⑧	⑨
13	①	②	③	④	⑤	⑥	⑦	⑧	⑨
14	①	②	③	④	⑤	⑥	⑦	⑧	⑨
15	①	②	③	④	⑤	⑥	⑦	⑧	⑨

4	解答欄								
	1	2	3	4	5	6	7	8	9
1	①	②	③	④	⑤	⑥	⑦	⑧	⑨
2	①	②	③	④	⑤	⑥	⑦	⑧	⑨
3	①	②	③	④	⑤	⑥	⑦	⑧	⑨
4	①	②	③	④	⑤	⑥	⑦	⑧	⑨
5	①	②	③	④	⑤	⑥	⑦	⑧	⑨
6	①	②	③	④	⑤	⑥	⑦	⑧	⑨
7	①	②	③	④	⑤	⑥	⑦	⑧	⑨
8	①	②	③	④	⑤	⑥	⑦	⑧	⑨
9	①	②	③	④	⑤	⑥	⑦	⑧	⑨
10	①	②	③	④	⑤	⑥	⑦	⑧	⑨
11	①	②	③	④	⑤	⑥	⑦	⑧	⑨
12	①	②	③	④	⑤	⑥	⑦	⑧	⑨
13	①	②	③	④	⑤	⑥	⑦	⑧	⑨
14	①	②	③	④	⑤	⑥	⑦	⑧	⑨
15	①	②	③	④	⑤	⑥	⑦	⑧	⑨

キ リ ト リ 線

国語　模試　第5回　解答用紙

氏　名	

マーク例

良い例	悪い例
●	⊙ ⊗ ◕

受験番号欄					
千位	百位	十位	一位	英字	
—	⓪	⓪	⓪	Ⓐ	A
①	①	①	①	Ⓑ	B
②	②	②	②	Ⓒ	C
③	③	③	③	Ⓗ	H
④	④	④	④	Ⓚ	K
⑤	⑤	⑤	⑤	Ⓜ	M
⑥	⑥	⑥	⑥	Ⓡ	R
⑦	⑦	⑦	⑦	Ⓤ	U
⑧	⑧	⑧	⑧	Ⓧ	X
⑨	⑨	⑨	⑨	Ⓨ	Y
—	—	—	—	Ⓩ	Z

試験場コード欄					
十万位	万位	千位	百位	十位	一位
⓪	⓪	⓪	⓪	⓪	⓪
①	①	①	①	①	①
②	②	②	②	②	②
③	③	③	③	③	③
④	④	④	④	④	④
⑤	⑤	⑤	⑤	⑤	⑤
⑥	⑥	⑥	⑥	⑥	⑥
⑦	⑦	⑦	⑦	⑦	⑦
⑧	⑧	⑧	⑧	⑧	⑧
⑨	⑨	⑨	⑨	⑨	⑨

1	解答欄								
	1	2	3	4	5	6	7	8	9
1	①	②	③	④	⑤	⑥	⑦	⑧	⑨
2	①	②	③	④	⑤	⑥	⑦	⑧	⑨
3	①	②	③	④	⑤	⑥	⑦	⑧	⑨
4	①	②	③	④	⑤	⑥	⑦	⑧	⑨
5	①	②	③	④	⑤	⑥	⑦	⑧	⑨
6	①	②	③	④	⑤	⑥	⑦	⑧	⑨
7	①	②	③	④	⑤	⑥	⑦	⑧	⑨
8	①	②	③	④	⑤	⑥	⑦	⑧	⑨
9	①	②	③	④	⑤	⑥	⑦	⑧	⑨
10	①	②	③	④	⑤	⑥	⑦	⑧	⑨
11	①	②	③	④	⑤	⑥	⑦	⑧	⑨
12	①	②	③	④	⑤	⑥	⑦	⑧	⑨
13	①	②	③	④	⑤	⑥	⑦	⑧	⑨
14	①	②	③	④	⑤	⑥	⑦	⑧	⑨
15	①	②	③	④	⑤	⑥	⑦	⑧	⑨

2	解答欄								
	1	2	3	4	5	6	7	8	9
1	①	②	③	④	⑤	⑥	⑦	⑧	⑨
2	①	②	③	④	⑤	⑥	⑦	⑧	⑨
3	①	②	③	④	⑤	⑥	⑦	⑧	⑨
4	①	②	③	④	⑤	⑥	⑦	⑧	⑨
5	①	②	③	④	⑤	⑥	⑦	⑧	⑨
6	①	②	③	④	⑤	⑥	⑦	⑧	⑨
7	①	②	③	④	⑤	⑥	⑦	⑧	⑨
8	①	②	③	④	⑤	⑥	⑦	⑧	⑨
9	①	②	③	④	⑤	⑥	⑦	⑧	⑨
10	①	②	③	④	⑤	⑥	⑦	⑧	⑨
11	①	②	③	④	⑤	⑥	⑦	⑧	⑨
12	①	②	③	④	⑤	⑥	⑦	⑧	⑨
13	①	②	③	④	⑤	⑥	⑦	⑧	⑨
14	①	②	③	④	⑤	⑥	⑦	⑧	⑨
15	①	②	③	④	⑤	⑥	⑦	⑧	⑨

3	解答欄								
	1	2	3	4	5	6	7	8	9
1	①	②	③	④	⑤	⑥	⑦	⑧	⑨
2	①	②	③	④	⑤	⑥	⑦	⑧	⑨
3	①	②	③	④	⑤	⑥	⑦	⑧	⑨
4	①	②	③	④	⑤	⑥	⑦	⑧	⑨
5	①	②	③	④	⑤	⑥	⑦	⑧	⑨
6	①	②	③	④	⑤	⑥	⑦	⑧	⑨
7	①	②	③	④	⑤	⑥	⑦	⑧	⑨
8	①	②	③	④	⑤	⑥	⑦	⑧	⑨
9	①	②	③	④	⑤	⑥	⑦	⑧	⑨
10	①	②	③	④	⑤	⑥	⑦	⑧	⑨
11	①	②	③	④	⑤	⑥	⑦	⑧	⑨
12	①	②	③	④	⑤	⑥	⑦	⑧	⑨
13	①	②	③	④	⑤	⑥	⑦	⑧	⑨
14	①	②	③	④	⑤	⑥	⑦	⑧	⑨
15	①	②	③	④	⑤	⑥	⑦	⑧	⑨

4	解答欄								
	1	2	3	4	5	6	7	8	9
1	①	②	③	④	⑤	⑥	⑦	⑧	⑨
2	①	②	③	④	⑤	⑥	⑦	⑧	⑨
3	①	②	③	④	⑤	⑥	⑦	⑧	⑨
4	①	②	③	④	⑤	⑥	⑦	⑧	⑨
5	①	②	③	④	⑤	⑥	⑦	⑧	⑨
6	①	②	③	④	⑤	⑥	⑦	⑧	⑨
7	①	②	③	④	⑤	⑥	⑦	⑧	⑨
8	①	②	③	④	⑤	⑥	⑦	⑧	⑨
9	①	②	③	④	⑤	⑥	⑦	⑧	⑨
10	①	②	③	④	⑤	⑥	⑦	⑧	⑨
11	①	②	③	④	⑤	⑥	⑦	⑧	⑨
12	①	②	③	④	⑤	⑥	⑦	⑧	⑨
13	①	②	③	④	⑤	⑥	⑦	⑧	⑨
14	①	②	③	④	⑤	⑥	⑦	⑧	⑨
15	①	②	③	④	⑤	⑥	⑦	⑧	⑨

キリトリ線

国語　模試　第6回　解答用紙

氏名	

マーク例

良い例	悪い例
●	◌ ⊗ ◐

受験番号欄					
千位	百位	十位	一位	英字	
—	⓪	⓪	⓪	Ⓐ	A
①	①	①	①	Ⓑ	B
②	②	②	②	Ⓒ	C
③	③	③	③	Ⓗ	H
④	④	④	④	Ⓚ	K
⑤	⑤	⑤	⑤	Ⓜ	M
⑥	⑥	⑥	⑥	Ⓡ	R
⑦	⑦	⑦	⑦	Ⓤ	U
⑧	⑧	⑧	⑧	Ⓧ	X
⑨	⑨	⑨	⑨	Ⓨ	Y
—	—	—	—	Ⓩ	Z

試験場コード欄					
十万位	万位	千位	百位	十位	一位
⓪	⓪	⓪	⓪	⓪	⓪
①	①	①	①	①	①
②	②	②	②	②	②
③	③	③	③	③	③
④	④	④	④	④	④
⑤	⑤	⑤	⑤	⑤	⑤
⑥	⑥	⑥	⑥	⑥	⑥
⑦	⑦	⑦	⑦	⑦	⑦
⑧	⑧	⑧	⑧	⑧	⑧
⑨	⑨	⑨	⑨	⑨	⑨

1	解答欄								
	1	2	3	4	5	6	7	8	9
1	①	②	③	④	⑤	⑥	⑦	⑧	⑨
2	①	②	③	④	⑤	⑥	⑦	⑧	⑨
3	①	②	③	④	⑤	⑥	⑦	⑧	⑨
4	①	②	③	④	⑤	⑥	⑦	⑧	⑨
5	①	②	③	④	⑤	⑥	⑦	⑧	⑨
6	①	②	③	④	⑤	⑥	⑦	⑧	⑨
7	①	②	③	④	⑤	⑥	⑦	⑧	⑨
8	①	②	③	④	⑤	⑥	⑦	⑧	⑨
9	①	②	③	④	⑤	⑥	⑦	⑧	⑨
10	①	②	③	④	⑤	⑥	⑦	⑧	⑨
11	①	②	③	④	⑤	⑥	⑦	⑧	⑨
12	①	②	③	④	⑤	⑥	⑦	⑧	⑨
13	①	②	③	④	⑤	⑥	⑦	⑧	⑨
14	①	②	③	④	⑤	⑥	⑦	⑧	⑨
15	①	②	③	④	⑤	⑥	⑦	⑧	⑨

2	解答欄								
	1	2	3	4	5	6	7	8	9
1	①	②	③	④	⑤	⑥	⑦	⑧	⑨
2	①	②	③	④	⑤	⑥	⑦	⑧	⑨
3	①	②	③	④	⑤	⑥	⑦	③	⑨
4	①	②	③	④	⑤	⑥	⑦	⑧	⑨
5	①	②	③	④	⑤	⑥	⑦	⑧	⑨
6	①	②	③	④	⑤	⑥	⑦	⑧	⑨
7	①	②	③	④	⑤	⑥	⑦	⑧	⑨
8	①	②	③	④	⑤	⑥	⑦	⑧	⑨
9	①	②	③	④	⑤	⑥	⑦	⑧	⑨
10	①	②	③	④	⑤	⑥	⑦	⑧	⑨
11	①	②	③	④	⑤	⑥	⑦	⑧	⑨
12	①	②	③	④	⑤	⑥	⑦	⑧	⑨
13	①	②	③	④	⑤	⑥	⑦	⑧	⑨
14	①	②	③	④	⑤	⑥	⑦	⑧	⑨
15	①	②	③	④	⑤	⑥	⑦	⑧	⑨

3	解答欄								
	1	2	3	4	5	6	7	8	9
1	①	②	③	④	⑤	⑥	⑦	⑧	⑨
2	①	②	③	④	⑤	⑥	⑦	⑧	⑨
3	①	②	③	④	⑤	⑥	⑦	⑧	⑨
4	①	②	③	④	⑤	⑥	⑦	⑧	⑨
5	①	②	③	④	⑤	⑥	⑦	⑧	⑨
6	①	②	③	④	⑤	⑥	⑦	⑧	⑨
7	①	②	③	④	⑤	⑥	⑦	⑧	⑨
8	①	②	③	④	⑤	⑥	⑦	⑧	⑨
9	①	②	③	④	⑤	⑥	⑦	⑧	⑨
10	①	②	③	④	⑤	⑥	⑦	⑧	⑨
11	①	②	③	④	⑤	⑥	⑦	⑧	⑨
12	①	②	③	④	⑤	⑥	⑦	⑧	⑨
13	①	②	③	④	⑤	⑥	⑦	⑧	⑨
14	①	②	③	④	⑤	⑥	⑦	⑧	⑨
15	①	②	③	④	⑤	⑥	⑦	⑧	⑨

4	解答欄								
	1	2	3	4	5	6	7	8	9
1	①	②	③	④	⑤	⑥	⑦	⑧	⑨
2	①	②	③	④	⑤	⑥	⑦	⑧	⑨
3	①	②	③	④	⑤	⑥	⑦	⑧	⑨
4	①	②	③	④	⑤	⑥	⑦	⑧	⑨
5	①	②	③	④	⑤	⑥	⑦	⑧	⑨
6	①	②	③	④	⑤	⑥	⑦	⑧	⑨
7	①	②	③	④	⑤	⑥	⑦	⑧	⑨
8	①	②	③	④	⑤	⑥	⑦	⑧	⑨
9	①	②	③	④	⑤	⑥	⑦	⑧	⑨
10	①	②	③	④	⑤	⑥	⑦	⑧	⑨
11	①	②	③	④	⑤	⑥	⑦	⑧	⑨
12	①	②	③	④	⑤	⑥	⑦	⑧	⑨
13	①	②	③	④	⑤	⑥	⑦	⑧	⑨
14	①	②	③	④	⑤	⑥	⑦	⑧	⑨
15	①	②	③	④	⑤	⑥	⑦	⑧	⑨

キリトリ線

国語　平成30年度試行調査　解答用紙

注意事項　1の記述解答欄はありません。

氏名	

マーク例

良い例	悪い例
●	⊙ ⊗ ◓

受検番号欄				
千位	百位	十位	一位	英字
―	⓪	⓪	⓪	Ⓐ A
①	①	①	①	Ⓑ B
②	②	②	②	Ⓒ C
③	③	③	③	Ⓗ H
④	④	④	④	Ⓚ K
⑤	⑤	⑤	⑤	Ⓜ M
⑥	⑥	⑥	⑥	Ⓡ R
⑦	⑦	⑦	⑦	Ⓤ U
⑧	⑧	⑧	⑧	Ⓧ X
⑨	⑨	⑨	⑨	Ⓨ Y
―	―	―	―	Ⓩ Z

試験場コード欄					
十万位	万位	千位	百位	十位	一位
⓪	⓪	⓪	⓪	⓪	⓪
①	①	①	①	①	①
②	②	②	②	②	②
③	③	③	③	③	③
④	④	④	④	④	④
⑤	⑤	⑤	⑤	⑤	⑤
⑥	⑥	⑥	⑥	⑥	⑥
⑦	⑦	⑦	⑦	⑦	⑦
⑧	⑧	⑧	⑧	⑧	⑧
⑨	⑨	⑨	⑨	⑨	⑨

2	解答欄 1 2 3 4 5 6 7 8 9
1	① ② ③ ④ ⑤ ⑥ ⑦ ⑧ ⑨
2	① ② ③ ④ ⑤ ⑥ ⑦ ⑧ ⑨
3	① ② ③ ④ ⑤ ⑥ ⑦ ⑧ ⑨
4	① ② ③ ④ ⑤ ⑥ ⑦ ⑧ ⑨
5	① ② ③ ④ ⑤ ⑥ ⑦ ⑧ ⑨
6	① ② ③ ④ ⑤ ⑥ ⑦ ⑧ ⑨
7	① ② ③ ④ ⑤ ⑥ ⑦ ⑧ ⑨
8	① ② ③ ④ ⑤ ⑥ ⑦ ⑧ ⑨
9	① ② ③ ④ ⑤ ⑥ ⑦ ⑧ ⑨
10	① ② ③ ④ ⑤ ⑥ ⑦ ⑧ ⑨
11	① ② ③ ④ ⑤ ⑥ ⑦ ⑧ ⑨
12	① ② ③ ④ ⑤ ⑥ ⑦ ⑧ ⑨
13	① ② ③ ④ ⑤ ⑥ ⑦ ⑧ ⑨
14	① ② ③ ④ ⑤ ⑥ ⑦ ⑧ ⑨
15	① ② ③ ④ ⑤ ⑥ ⑦ ⑧ ⑨

3	解答欄 1 2 3 4 5 6 7 8 9
1	① ② ③ ④ ⑤ ⑥ ⑦ ⑧ ⑨
2	① ② ③ ④ ⑤ ⑥ ⑦ ⑧ ⑨
3	① ② ③ ④ ⑤ ⑥ ⑦ ⑧ ⑨
4	① ② ③ ④ ⑤ ⑥ ⑦ ⑧ ⑨
5	① ② ③ ④ ⑤ ⑥ ⑦ ⑧ ⑨
6	① ② ③ ④ ⑤ ⑥ ⑦ ⑧ ⑨
7	① ② ③ ④ ⑤ ⑥ ⑦ ⑧ ⑨
8	① ② ③ ④ ⑤ ⑥ ⑦ ⑧ ⑨
9	① ② ③ ④ ⑤ ⑥ ⑦ ⑧ ⑨
10	① ② ③ ④ ⑤ ⑥ ⑦ ⑧ ⑨
11	① ② ③ ④ ⑤ ⑥ ⑦ ⑧ ⑨
12	① ② ③ ④ ⑤ ⑥ ⑦ ⑧ ⑨
13	① ② ③ ④ ⑤ ⑥ ⑦ ⑧ ⑨
14	① ② ③ ④ ⑤ ⑥ ⑦ ⑧ ⑨
15	① ② ③ ④ ⑤ ⑥ ⑦ ⑧ ⑨

4	解答欄 1 2 3 4 5 6 7 8 9
1	① ② ③ ④ ⑤ ⑥ ⑦ ⑧ ⑨
2	① ② ③ ④ ⑤ ⑥ ⑦ ⑧ ⑨
3	① ② ③ ④ ⑤ ⑥ ⑦ ⑧ ⑨
4	① ② ③ ④ ⑤ ⑥ ⑦ ⑧ ⑨
5	① ② ③ ④ ⑤ ⑥ ⑦ ⑧ ⑨
6	① ② ③ ④ ⑤ ⑥ ⑦ ⑧ ⑨
7	① ② ③ ④ ⑤ ⑥ ⑦ ⑧ ⑨
8	① ② ③ ④ ⑤ ⑥ ⑦ ⑧ ⑨
9	① ② ③ ④ ⑤ ⑥ ⑦ ⑧ ⑨
10	① ② ③ ④ ⑤ ⑥ ⑦ ⑧ ⑨
11	① ② ③ ④ ⑤ ⑥ ⑦ ⑧ ⑨
12	① ② ③ ④ ⑤ ⑥ ⑦ ⑧ ⑨
13	① ② ③ ④ ⑤ ⑥ ⑦ ⑧ ⑨
14	① ② ③ ④ ⑤ ⑥ ⑦ ⑧ ⑨
15	① ② ③ ④ ⑤ ⑥ ⑦ ⑧ ⑨

5	解答欄 1 2 3 4 5 6 7 8 9
1	① ② ③ ④ ⑤ ⑥ ⑦ ⑧ ⑨
2	① ② ③ ④ ⑤ ⑥ ⑦ ⑧ ⑨
3	① ② ③ ④ ⑤ ⑥ ⑦ ⑧ ⑨
4	① ② ③ ④ ⑤ ⑥ ⑦ ⑧ ⑨
5	① ② ③ ④ ⑤ ⑥ ⑦ ⑧ ⑨
6	① ② ③ ④ ⑤ ⑥ ⑦ ⑧ ⑨
7	① ② ③ ④ ⑤ ⑥ ⑦ ⑧ ⑨
8	① ② ③ ④ ⑤ ⑥ ⑦ ⑧ ⑨
9	① ② ③ ④ ⑤ ⑥ ⑦ ⑧ ⑨
10	① ② ③ ④ ⑤ ⑥ ⑦ ⑧ ⑨
11	① ② ③ ④ ⑤ ⑥ ⑦ ⑧ ⑨
12	① ② ③ ④ ⑤ ⑥ ⑦ ⑧ ⑨
13	① ② ③ ④ ⑤ ⑥ ⑦ ⑧ ⑨
14	① ② ③ ④ ⑤ ⑥ ⑦ ⑧ ⑨
15	① ② ③ ④ ⑤ ⑥ ⑦ ⑧ ⑨

Z-KAI

2021年用

共通テスト実戦模試

5 国語

解答・解説編

Z会編集部 編

目次

模試 第1回

解　答

合計点	／200

問題番号（配点）	設問	解答番号	正解	配点	自己採点
第1問（50）	1	1	④	2	
		2	②	2	
		3	③	2	
		4	⑤	2	
		5	②	2	
	2	6	③	7	
	3	7	④	7	
	4	8・9	③*・⑤*	10（各5）	
	5	10	④	8	
	6	11	③	8	
第2問（50）	1	1	③	3	
		2	②	3	
		3	③	3	
	2	4	⑤	7	
	3	5	②	8	
	4	6	①	8	
	5	7	④	8	
	6	8	③	5	
		9	①	5	

問題番号（配点）	設問	解答番号	正解	配点	自己採点
第3問（50）	1	1	④	5	
		2	①	5	
		3	①	5	
	2	4	⑤	5	
	3	5	④	7	
	4	6	①	7	
	5	7	③	6	
	6	8・9	④*・⑦*	10（各5）	
第4問（50）	1	1	①	5	
		2	③	5	
	2	3	④	5	
	3	4	③	6	
	4	5	③	6	
	5	6	⑤	6	
	6	7	③	5	
		8	②	6	
		9	④	6	

＊は順序を問わない。

	出典	目安時間	難易度 大問別	難易度 全体
第1問	宮脇昭『森の力』	20分	標準	標準
第2問	柳広司「『山月記』中島敦」	20分	標準	
第3問	文章Ⅰ・文章Ⅱ：『撰集抄』	20分	標準	
第4問	漢詩：『懐風藻』 文章：瞿佑『剪灯新話』	20分	標準	

第1問

出典 宮脇昭《みやわきあきら》『森の力――植物生態学者の理論と実践』（講談社 二〇一三年）

宮脇昭（一九二八～）は、岡山県生まれの植物生態学者。横浜国立大学名誉教授、財団法人地球環境戦略研究機関国際生態学センター長。一九七〇年代はじめから世界各国で植樹を推進している。本書は、筆者がドイツ留学時代からの徹底的な現場調査をもとに、自らの理論を築き、実践してきた道のりを記したもの。

【出題のねらい】 共通テストの第一回試行調査で出題された、資料や図の読み取りを含む文章の読解演習として出題した。文章の内容としても、従来のセンター試験で出題されてきたような評論文に限らず、今回の出典のような説明文に近い文章など、幅広い分野からの出題が見込まれる。論理的読解を意識しながら、「宮脇方式」のような森づくりの発想に至る過程や具体的な実践方法を、綿密に読み取っていこう。

【概要】

1 従来の生態学の理論（クレメンツの遷移説）（第1～4段落）

・現在の森のほとんどは、土地本来の森から大きく変えられている。人間の影響をすべて停止すると、その土地本来の森に向かって植生が遷移し、最終的にはクライマックス（＝極相林）が形成されるという説をクレメンツが提唱し、その説は世界中で受け入れられている。

2 クレメンツの遷移説に対する疑問提起（第5～7段落）

・クレメンツの遷移説には、あまりにも模式的過ぎるという批判もある。現実的には、気候条件や土壌条件によって、極相林に達しない場合も多いと指摘されている。

・筆者も、クレメンツの説くように二〇〇～三〇〇年も人の手をまったく加えないことは現実的には難しく、遷移の過程で森林の荒廃に伴う自然災害などの負の影響もあると考えている。

3 筆者独自の理論の提唱（宮脇方式）（第8～24段落）

・筆者は、日本において遷移に要するとされる二〇〇～三〇〇年の間で変わるのは土壌条件のみであることに着目し、有機質に富む通気性のよい表層土を復土することで、遷移にかかる時間を短縮できることを実践・実証した。

・表層土を復土する。

・潜在自然植生に基づく樹種をポット育苗で根を発達させ、混植・密植することにより、短期間で土地本来の森としての機能を備えさせる。

・植えてからの二～三年は人の手により管理し、あとは自然の管理・淘汰に任せる。

・ピラミッド型かタマゴ型のマウンドを形成し、水はけをよくする。

・マウンドの心土には産業廃棄物や瓦礫などを利用する。

・「ショートカット手法」と呼ばれることもあるが、自然の森のシステムを活用したものである。

4 宮脇方式の実践と成果（第25～29段落）

・ブラジル・アマゾンで、クレメンツ方式と宮脇方式を実践してみた結果、クレメンツの説に基づいて選定した樹種のみを植樹するよりも、主木を中心にできるだけ多くの土地本来の森の構成種群を混植・密植したほうが確実であるという結論に達した。

・この結果は国際植生学会で発表され、国際的に評価されている。

問1 1 ④ 2 ② 3 ③ 4 ⑤ 5 ② 《漢字問題》

(ア)「総和」で〈全体を合わせたもの〉。①「創意」は〈独創的な考え〉。②「荘厳」は〈威圧的・感動的なさま〉。③「相関」は〈二つのものが密接に関係を持っていること〉。④「総意」は〈全員の意志〉。⑤「草案」は〈公式文書の原案〉。

(イ)「到達」は〈ある状態や地点に行きつくこと〉。①「均等」は〈二つ以上のものの間に差がないこと〉。②「殺到」は〈多くの人や物が一度に押し寄せること〉。③「奮闘」は〈力いっぱい戦うこと、物事にあたること〉。④「見当」は〈推測・判断・方向などの見込み〉。⑤「検討」は〈くわしく調べて考えること〉。

(ウ)「対象」は〈働きかけや行為の目標となるもの〉。①「抹消」は〈記載事項などを消して除くこと〉。②「昇華」は〈固体が液体とならずに直接気体に変化すること〉、転じて、〈物事がより上の段階に高められること〉。③「象徴」は〈抽象的な概念などを具体的事物の形に置き換えてわかりやすく表すこと〉。④「敬称」は、〈人名などの下につけて、敬意を表す語〉。⑤「抄本」は〈抜き書きにした本〉。

(エ)「荒廃」は〈荒れ果てること、すさむこと〉。①「効能(功能)」は〈ききめ〉。②「降参」は〈負けて相手に従うこと〉。③「工芸」は〈実用性と美的効果をあわせ持つ物品〉。④「参考」は〈資料などを利用し、考えること〉。⑤「荒野」は〈荒れた野原〉。

(オ)「顕在」は〈はっきりとした形をとって存在すること〉。①「比肩」は〈同等であること〉。②「顕微(鏡)」は〈微小な物体を拡大して見る装置〉。③「見物」は〈名所などを見て楽しむこと〉。④「真剣」は〈本物の刀〉、転じて〈本気で取り組むさま〉。⑤「険悪」は〈表情や状況などがけわしくきびしいこと〉。

問2 6 ③ 《図の内容把握問題》

文中では、図1と同じ内容が第4段落で説明されているので、その記述と照らし合わせる。

・「火山の噴火などによって生じた裸地では最初に地衣類やコケ類が出現し」(9行目)=**図「伐採される」の段階**
・「次に一年生草本植物、」(10行目)=**図「1年生草本群落」の段階**
・「そして多年生草本植物」(10行目)=**図「多年生草本群落」の段階**
・「低木」(10行目)=**図「灌木・低木群落」の段階**
・「さらに陽性の亜高木林または高木林を経て」(10行目)
=**図「陽樹の森(雑木林)」の段階**
・**「照葉樹林域であれば、終局的な土地本来の陰樹の森、クライマックス**
=極相林が形成される」(11行目)=**図「極相(常緑広葉樹林)」の段階**
=a

また、7行目でも、「極相」とは「その土地本来の森」のことであると説明されている。

右の内容を踏まえれば、正解は**a**を「その土地本来の森」と説明した③。

①は「人間活動の影響を受けて成立」「人の手によって維持」とあり、第1段落にある「代償植生」の説明であるので不適切。

②の「ある植物共同体が、他の植物共同体に移り変わりつつある」という記述は、第9段落にある「遷移」一般の説明に関連するが、「遷移の最終段階」である「極相」の説明になっていないため、不適切。

④は「人の手をまったく加えずに」「気候や土壌条件のみによって変化」は、ともに内容的に間違いではないが、「変化している」では、**a**がその変化の「最終段階」であるというポイントを押さえていない。

⑤は第28段落に述べられている「宮脇方式」の説明であるため不適切。

問3 7 ④ 《図の内容把握問題》

「宮脇方式」で植樹をする際に造成されるマウンドの形状について述べた21段落の記述と照らし合わせて解答を求める。それによれば、

「心土」には
「まず穴を掘り、その発生土に毒や分解困難なビニールなどを取り除いた後のまわりの刈り草、家庭のゴミや建設廃材や毒がないことが確認されたいわゆる産業廃棄物、さらには瓦礫など」（61・62行目）
を混ぜることを勧める

とある。図2の**b**はマウンドの最下層の土台となる部分であるため、この「心土」に関する説明として適切な選択肢を選ぶ。右の内容に沿った選択肢は④。

①は第21段落に「表層土は、できるだけ多くの落ち葉、枯れ草、廃木、廃材などの有機物をたっぷりと土に混ぜて復元します」（60行目）とあるとおり、表層土の説明であるので不適切。

②には「できるだけ人の手を加えない」とあるが、第11・12段落にあるとおり、人の手で「有機質に富む通気性のよい表層土を復土すること」（33行目）で、遷移に要する時間を大幅に短縮しようとするのが「宮脇方式」であるため、そもそも方向違いである。

③の「傾斜したマウンド」に関しては第18～22段落に記述があるが、それを支えるために「密度の高い固い土」が必要だという記述はない。むしろ、「瓦礫などがあるために土壌の間に空気層が生まれ、根が酸素を求めてより深く地中に入り込もうと」（64行目）することで災害に強くなると述べられていることから、「密度の高い固い土」では逆である。

⑤「植樹した木々が落とした葉でできた土」に関しては、第15段落に「その後、生育するにしたがって……自分たちで自分たちの落葉などで、土をつくるようになります」（41・42行目）という記述があるが、これは植樹後、木が生育してから土壌の表面に積もった落葉で作られる土のことを述べており、植樹の際に造成するマウンドの土台部分である**b**の説明としてはふさわしくない。

問4 **8**・**9** ③・⑤（順不同）《図の内容把握問題》

cは宮脇方式、**d**は従来の二次遷移説（クレメンツの遷移説）を表したものであることをまず押さえる。「図3の**c**と**d**の違い」については、図3と問題文の記述の両方を照らし合わせていこう。

①「強い常緑樹林（限りなく自然に近い森林）」は「森林が目標とする姿」であり、これに遷移するまで、**c**では「二〇～三〇年」、**d**では「二〇〇～三〇〇年」と図3にあるので、適切。

②**c**についての記述は、図に「二〇～三〇cm復土」「潜在自然植生の樹種の幼苗の混植・密植」とあることや、第16段落に「植えてからの二～三年は草取りなどの管理が年に一～二回は必要です」（44行目）とあるのに合致している。また**d**についての記述は、図に「放置」とあること、また第2段落などで、「人間の影響をすべて停止」（3行目）して「潜在自然植生」に向かって植生が変化していくのを待つのがクレメンツの考え方であるとくり返し述べられていることに合致する。したがってこの選択肢の内容は適切である。

③は図の内容だけで判断するのは難しいが、問題文の記述のうち、「クレメンツの遷移説」と「宮脇方式」を実際に試してみた結果について記した第25～28段落に着目するとよい。実践の結果として筆者は「主木を中心にできるだけ多くの土地本来の森の構成種群を混植・密植したほうが確実であるという結論」（82行目）に達したとあるので、選択肢前半の内容は適切である。一方の「クレメンツの遷移説」については、選択肢後半のように「本命樹種のみの森に遷移する」とした記述は問題文になく、不適切。

④**c**についての記述は「幼木のポット苗を用いて、主木を中心にできるだけ多くの土地本来の森の構成種群を混植・密植したほうが確実である」という筆者の考えに沿った内容である。**d**についての記述も、図1や第4段落の「火山の噴火などによって生じた裸地では……次に一年生草本植物、そして多年生草本植物や低木」（9・10行目）などの記述に沿っている。

⑤**c**についての記述は、「有機質に富む通気性のよい表層土を復土することにより、短期間で土地本来の『ふるさとの森』づくりができる」（33行目）という筆者の考えに沿う。一方、**d**で「人の介入を排する」ことはクレメンツの考え方どおりであるものの、それによって「早く遷移が進む」というわけではなく、二〇〇～三〇〇年という長い年月を要する。よって、不適切。

⑥「宮脇方式」では「主木を中心にできるだけ多くの土地本来の森の構成種群を混植・密植」するとあるので、cについて「どのような樹種の森に遷移させるかをあらかじめ人が特定する必要がある」というのは正しい。また、クレメンツ方式では裸地にしたのち「放置」して時間に任せるだけであるので、後半の「人が樹種を特定する必要はない」という記述も正しい。

以上から、適当でないものは③と⑤である。

問5　10　④　《問題文の趣旨把握問題》

問題文のみから解答できる問題。「**筆者は**どのように考えているか」という設問の要求に注意して、一つ一つの選択肢と問題文を丁寧に照合していこう。

①の記述は第5段落の内容ほぼそのままである。しかし、「あまりにも模式的であり……」以降の内容は「ブラウン・ブランケ博士やチュクセン教授」の意見として紹介されているので、筆者が考えている内容にはあたらない。また、筆者は、第7段落で、林地だけを対象に、長期間自然のままに任せることは事実上不可能だと述べてはいるが。「説のとおりに遷移することはない」と断言するのは問題文の内容とずれる。

②「最初の段階で……人の手による管理がまったく必要なく」の「クレメンツの遷移説」を説明した部分は、前問までで見てきたとおり、問題文に沿った内容である。しかし二〇〇～三〇〇年という時間を要することについて、筆者は「まったく手を加えずに長期間自然のままに任せることなどできるのでしょうか。それは事実上不可能な話です」（22・23行目）、「自然災害など、さまざまな負の影響も考えられます」（24行目）と疑問を呈しており、そのために遷移の時間を短縮する「宮脇方式」を提唱しているので、クレメンツの説を「最も適切で効率的」と考えているというのは誤りである。

③の前半部にある、裸地に地衣類やコケ類が実際に出現することが少ないという内容は、第4段落に記述がある。しかし筆者がそのことを根拠にクレメンツの説を「現実に即しているとは言えない信頼性の低い説」と評価していることをうかがわせる記述は問題文にない。

④の内容は、筆者自身のクレメンツの説に対する考えを述べた第6・7段落に、「人の手をまったく加えずに……なるでしょう」、「長期間に及ぶ遷移の過程では……負の影響も考えられます」とあるのに合致している。

⑤の「森の遷移が完了するまでには……待つ必要がある」というのは、第6段落などで述べられているとおりである。しかし筆者は、「見届けることは不可能」だから「クレメンツの遷移説の信頼性」を疑問視しているわけではない。

以上から、筆者の考えに合致するのは④である。

問6　11　③　《問題文の趣旨把握問題》

問題文の趣旨を把握する問題だが、「適当**でない**もの」を選ぶことに注意。

①クレメンツの遷移説では遷移に時間がかかりすぎ、「事実上不可能」（23行目）であり、「さまざまな負の影響」（24行目）も考えられるとした第7段落の内容、また、第11段落以降で筆者が自説を提唱していることに合致する。

②第10段落までの「クレメンツの遷移説」の紹介と疑問提起を踏まえて、数百年という長い時間をかけても「異なるのは土壌条件のみ」（32行目）であることに着目。「有機質に富む通気性のよい表層土を復土することにより、短期間で土地本来の『ふるさとの森』づくりができる」（33行目）と提唱していることに合致する内容である。

③は、「はじめは多くの樹種を混植・密植したほうが確実である」（82行目）という記述に合致しているが、「自然淘汰によって」「本命樹種に絞られていくことを狙った」というのが不適切。人の手によって最終的にめざす多層群落の森に一気に遷移させるのが「宮脇方式」の考え方である。

④の前半部は、「潜在自然植生に基づく樹種をポット育苗で根を発達させてから混植・密植する」（38行目）とあるのに合致している。後半部も、筆者自身が自説を「短期間で土地本来の『ふるさとの森』づくり」（33行目）をする方法であると述べているとおりである。

⑤植樹するマウンドの形状としてピラミッド型、タマゴ型がよいことは、第18・19段落で述べられているとおりである。

以上から、適当でない選択肢は③である。

第2問

出典　柳広司《やなぎこうじ》「『山月記』中島敦」（『二度読んだ本を三度読む』［岩波書店二〇一九年］所収）

筆者の柳広司は、一九六七年三重県生まれ。神戸大学卒業後、二〇〇一年『黄金の灰』で小説家デビュー。『ジョーカー・ゲーム』で吉川英治文学新人賞などを受賞。歴史や文学を題材とした小説が多い。著書に『贋作《がんさく》「坊っちゃん」殺人事件』『トーキョー・プリズン』『象は忘れない』などがある。

【出題のねらい】　詩（韻文）と散文が一緒になった問題文自体は、センター試験では、たとえば『陽水の快楽』、『想像力の考古学』、『僕はかぐや姫』などが存在するが、共通テストでは、これまで問われることのなかった〈韻文と散文との関係性〉や〈韻文の表現技法や構造理解〉に関する出題が示唆されている。今回の問題文で引用されている『山月記』は小説であり、いわゆる「韻文」ではないが、文体が「書き下し文」調で「韻文」との親和性が高い。今回作成した問題では、内容把握・理由把握・心情把握といった設問だけでなく、韻文に関する理解を深める設問を加えることで、新傾向に対応する構成とした。

【概要】　問題文は、大きく四つのまとまりに分けることができる。「音読」という外面的な楽しみと「自分の生き方」に響く内面的なメッセージ性の両方が『山月記』の魅力である、という点をきちんと押さえていくような読解が求められる。

〔Ⅰ〕音読の響きを楽しむ『山月記』（1～36行目）

高校の国語の授業で、級友が「山月記」を読むのを耳で聞いたとき、教室の空気が一変したことを筆者はよく覚えている。多くの生徒がそのとき、『山月記』のような音読・朗唱向きの小説の面白さを知ったのである。スマホが普及しネット社会となった今日でも、「山月記」が若い読者を魅了しつづける理由は、第一に作品の短さ、第二に音読した時の響きの面白さにある。高校時代の筆者たちも、「山月記」をたちどころに暗記し、暗誦して見せあった。

〔Ⅱ〕『山月記』のメッセージ（37～56行目）

「山月記」で取り上げるべきは、近代の小説の流れに反して敢えて音読に向いた作品で勝負を挑んだ彼の心意気である。「山月記」には恍惚と不安が感じられるが、中島敦はその心境を「臆病な自尊心と、尊大な羞恥心」と言い表している。恍惚と不安がないまぜになった感情の痛みが、未来を見つめる高校生のそれと重なり、彼らを惹きつけ続けている。

〔Ⅲ〕『名人伝』と『山月記』（57～78行目）

「名人伝」からは確かな自信に裏打ちされたユーモアと高揚感が伝わってくる。「名人伝」は、中島敦が、昭和十七年二月に「山月記」が『文学界』に掲載されて小説家としてデビューを果たしたあと、同年九月以降に執筆されたことが確認されている。「自分が小説家として世に出た」という高揚と自信が、良くも悪くも「名人伝」という作品を「大人の小説」にしているのである。

〔Ⅳ〕筆者の考える読書の効用（79～88行目）

「一読→ぽいっ」を前提とした作品ではなく、音読を楽しめる作品などによって、読書の楽しみは生まれる。作品の一節を呟くだけで当時の自分の思いが胸に浮かぶ、ということもまた、読書の効用だろう。

問1　1　③　2　②　3　③　《語句の解釈問題》

(ア)「苦笑」とは〈面白くではなく、仕方なくする笑い〉という意味。直前で高校生が「山月記」の面白さを自分一人が見いだし得たと考え、その発見を得意げに語って議論する様子が描写されているが、教師の立場からすると「同じような場面が役者を変えて」毎年演じられている様子を見て〈色々な感情がないまぜになって仕方なく笑う〉ことが「苦笑」につながっていると理解できる。よって、正解は③。他の選択肢は、問題文に根拠となる記述がない。①は「気の毒な思い」が「苦笑」の意味に合致しない。②は「笑い過ぎて苦しそう」が「苦笑」の意味に合致しない。④は「見守るような気持ち」が「苦笑」のイメージに合致しない。⑤は「面白さ」という要素が本来の語意のイメージに合わない。

ない。

(イ)「面の皮が厚い」という慣用表現からきた表現で〈あつかましい・ずうずうしい〉という意味。ここは直前の「いかにも引用・アレンジ・盗用好き」という〈人の文章を平気で使ったり改変したりするような人間としてのありよう〉に対しての形容であると理解できる。よって、正解は②。①は「面の皮の厚さ」のもともと持つマイナスイメージに合致しないし、「非難」の根拠が問題文にない。③は「人の悪い評価」の根拠が問題文にないし、「鈍感さ」が〈あつかましい・ずうずうしい〉の意味に合致しない。④は①と同様「冷静な分析力」が「面の皮の厚さ」のイメージに合致しないし、「何事にも動じない」に該当する箇所がない。⑤は「隠し通す」が「面の皮の厚さ」の意味に合致しないし、「失敗や嘘」の根拠が問題文にない。

(ウ)「丈《じょう》」という語に注目。(注5)を見ると「一丈は約三メートル」とあるので「白髪三千丈」とは〈約九〇〇〇メートルの白髪〉となる。これを簡潔にまとめると〈おおげさな表現〉ということになる(このように物事を過度に大きく、もしくは小さく形容する表現法を「誇張法」という)。以上を押さえているのは③。①は「比喩」「幻想的」に対応する記述が問題文にない。②の「遠回しな表現」および④の「難解な表現」も〈おおげさな〉という意味に合致しない。⑤は「表現の新しさ」の中身がはっきりせず、③「極端に誇張する」の方がより具体的で的確である。

問2　4　⑤　《内容把握問題》

まず傍線部の「たるい」とは〈おっくうである・だるい〉という意味であり、級友が『山月記』を音読するのを聞いてから「稲妻のように閃いた」様子との対比が明確にされている。「突然変わった」とは具体的にどうなったのかといえば、「ああ、これは音読・朗唱向きの小説なのだ」という表現が見つかる。これが⑤の「小説を音読する気持ちよさ」に対応しているとわかる。また、⑤の前半の「小説は黙読するものだという通念(=一般に共通して認められる考え)」も、直後の「声に出して読むとどうにも照れくさい」「声に出して読むなどとんでもない」に対応している。

①は「自己の過剰な自意識」「自分のあり方を反省させられた」に該当する内容が問題文にない。

②は「みんなで読む楽しさ」に該当する内容が問題文にない。

③の「本は一読したら終わりだという勘違い」「何度も読むことの大切さ」については、第一段落冒頭に「『一読→ぽいっ』では読み切れない……その読み方ではもったいない」とあるが、「たるい空気が突然変わった」ことの直接の説明とは言えない。

④「一流の小説家」「無名の隠れた天才」という対比は、傍線部前後のポイントをはずしている。

問3　5　②　《理由把握問題》

まず、傍線部の「胸に突き立てられる氷の刃」という表現には〈批判的・攻撃的〉〈何か強烈に心に響くもの・訴えかけるもの〉というニュアンスがあることを理解する。その上でそうした訴えの根拠となるヒントを整理すると、

- 隴西の李徴は詩作に打ち込み過ぎた結果、虎になった。
- 顧みて、自分は虎になるほど詩作(創作)に打ち込むことができるのか?
- 自分は虎になるほど何かに打ち込むことができるのか?

↓

- 何かに(=虎に)なるほど打ち込むことには価値がある。
- それを自分(=中島敦/若い読者)ができるかどうかに疑問、もしくは不安がある。

ということである。自分が別の何かに変わってしまうほど強烈に物事に打ち込むことをまだやっていないのではないか、という問いかけが、『山月記』の内容から「氷の刃」となって若い読者の胸に刺さる。「グサッとくる」とも言えるような、そうした〈現在の自分のあり方に対する厳しい問いかけ〉をつきつけてくるところに、高校生にとっての『山月記』の魅力がある、というのであ

る。以上の内容を適切に反映しているのは、②。

①は「何かに本気で打ち込むこともせずだらだら過ごしている」に該当する箇所が問題文にない。また「臆病な羞恥心と、尊大な自尊心」も、問題文では「臆病な自尊心と、尊大な羞恥心」とあるのと異なる。

③は「彼の悲しみを自分の悲しみとして感じ取ることができる」というのが、前後の記述から「悲しみ」と特定することはできない。もし「悲しみ」が成立するとすれば、それは〈問いかけ〉ではなく〈否定（＝できないと考えてあきらめる）〉によってしか生じないはずである。

④は虎になることが「自己変革」であると解釈する根拠を問題文に求めることはできない。また「生きている意味がない」も言い過ぎである。

⑤は後半の「部屋で寝転がって……安易な行為」に該当する箇所が問題文にない。「一人部屋で寝転がって呟いてみる」というのはむしろ、〈自分自身に問いかける一つの場面〉として例示されていると考えるべきである。大事な問いかけであるからこそ、暗記し、事あるごとに口にするのである。

問4　**6**　①　《内容把握問題》

まず問題文では、傍線部にある「小説家の仕事」「自分（＝編集者）」のなすべき仕事」を直接説明する記述はないが、直前に「小説家」「編集者」に関する手がかりが示されているので、そこをまずは足場にしてみる。具体的には、

A「一読→ぽいっ」を前提とした作品ばかりでは、
Bこんな読書の楽しみはとうてい望めまい。
Cやはり業界の都合など忖度せず、

の部分である。このＡＢＣの記述をさらに細かく分析していくと、

A「一読→ぽいっ」を前提とした作品
＝簡単に読み捨てられることを前提とした内容の薄い作品
Bこんな読書の楽しみ
＝文章を何とか暗記して、いつかどこかで相手にこれを言って笑いをとりたい
＝白髪三千丈式のユーモアにニヤニヤと笑いながら……もう一度最初の一行から読み返したくなる。そんな作品
C業界の都合など忖度
＝出版業界は売れる本（＝簡単に読めて内容の薄い本）をたくさん出版することで利益を出さなければならない、という都合をおしはかること（＝作家は再読には値しないが売れやすい作品を書き、編集者はそうした本を世に広めるということ）

と考えることができる。ここで取り上げられている『山月記』『名人伝』の作者である中島敦はどのような小説家であったのか、ということを確認してみると、

D小説家としてデビューするためには先行の作家たちとは異なる新機軸が必要なのは当たり前（40・41行目）
E取り上げるべきはむしろ、近代小説の流れに反して敢えて音読に向いた作品で勝負を挑んだ彼の心意気だろう。（41・42行目）

とあるので、これらをまとめて、

F小説家としてデビューするために先行の作家たちとは異なる新機軸を模索し、近代の小説の流れに反して敢えて音読に向いた作品で勝負を挑んだ作家

と理解することができる。そしてここから、こうした小説家を支えて作品を世に出すのが本来の「編集者」の仕事だということも理解できる。以上を踏まえた①が正解である。

②は「小説家の書いた作品の表現を音読にたえるような表現に改めて」が不適切。音読に向く作品かどうかは問題ではなく、「新機軸」であり「流れに反し」た作品をも支えるべきだ、というのがここでの主張である。

③は「この表現で読者の笑いがとれるかどうか」が不適切。Bに示した「読書の楽しみ」の焦点は「読み返したくなる」「暗記して」であり、笑えるかどうかを大事にしているわけではないので、問題文の内容と合致しない。

④は「『大人の小説』を書けるようにすべき」が不適切。Fで示したとおり、〈編集者の仕事〉は新機軸を模索し、既存の小説の流れに挑戦する小説家の作品を世に出すことであって、〈「大人の小説」が書けるかどうか〉は焦点となっていない。

⑤は「世間のすべての読者が満足できる」「多様な価値観を持つ作品を幅広く提供する」に該当する記述は問題文にない。

問5 7 ④ **《問題文の趣旨把握問題》**

問題文の要点は【**概要**】でまとめているが、ここでさらに【**概要**】を簡潔にまとめてみると、

〔Ⅰ〕「山月記」の魅力は、第一に作品の短さ、第二に音読した時の響きの面白さにある。

〔Ⅱ〕「山月記」に感じられる「恍惚と不安」(「臆病な自尊心と、尊大な羞恥心」)は「虎になるほど何かに打ち込むことができるのか」という問いかけとなって若い読者を惹きつける。

〔Ⅲ〕「名人伝」は、「山月記」にあった「恍惚と不安」が、デビューすることで乗り越えられ、確かな自信に裏打ちされたユーモアと高揚感が伝わってくる「大人の小説」となっている。

〔Ⅳ〕読書の楽しみは「一読→ぽいっ」ではない、音読を楽しめるような作品によって生まれる。一節を口ずさむことで当時を思い出せることも読書の効用である。

ということになる。「音読」という〈外面的〉な楽しみと「人としてどう生きるべきか」という〈内面的〉なメッセージ性の両方が読者にとっての「山月記」の魅力である、という点を〈筆者の意図〉として理解する必要がある。④は、この〈外面的〉な部分を「音読すること」という形で、〈内面的〉な部分を「『中島敦』の恍惚と不安」「李徴の『真剣さ』」「若い読者の中に共感や反省」という形で反映している。

①は「どんな本でもきちんと読まなければならない」が不適切。問題文では〈本をどのように読むべきか〉という問題提起は行われていない。

②は「声に出して読むと照れくさいような内容の小説は、どれほど世間で評価されていても重要な価値を持たない」が不適切。たしかに「川端康成や三島由紀夫」と「中島敦」の比較はなされているが、どちらが小説としての価値を持つかといった〈価値の比較・評価〉は問題文ではされていない。

③は「同じ若者でありながら」「『中島敦』の勇気と努力を格調高い文体から感じ取って」が不適切。「山月記」でデビューを果たした「中島敦」は同年十二月に三十三歳で亡くなったとあるが、「若い読者」として設定されているのは高校生であり、両者を「同じ若者」という形でくくることは難しい。また「若い読者」が「山月記」から感じ取っているのは、**問3**で確認したように、「自分は虎になるほど何かに打ち込むことができるのか」というメッセージである。

⑤は「そんな才能をきちんと育てられなかった編集者の努力不足」が不適切。中島敦が少ない作品しか残せなかったのは、編集者の努力不足の証明によるものだという指摘は問題文にないし、編集者の批判をすることが筆者の眼目でもない。

問6 (i) 8 ③ (ii) 9 ① **《表現の効果の把握問題》**

(i)以下、各選択肢を検討していく。

①「傍点」には〈内容の強調〉や〈区分け〉といった役割がある。ここでは「自分一人」に傍点を打つことで〈本気でそう思っている本人の自意識・優越感〉と〈本気でそう思っている高校生をそばで見ている第三者(先生や他の生

徒、当時の自分を思い出している筆者〉の冷笑・からかい〉の気持ちが表されている、と理解できる。

②「カタカナ表記」には〈見慣れない・聞き慣れないものを示す〉〈生物学的対象としてとらえていることを示す〉〈対象を軽んじる〉といった役割がある。特に通常価値の高いものに対して「カタカナ表記」を用いる場合、〈軽視・軽蔑《けいべつ》・からかい〉といった意味合いが大きい。今回の「純文学」も一般的には価値が高いものと思われるものだが、それをあえて「カタカナ表記」にすることで、その価値を遠回しに否定しているととらえることができる。

③「中島敦の苦労を振り返ることを可能にしている」が不適切。「よし、と思ったはずだ」と「これで書いていける、と」に分けて倒置法的に記すことで、正しい語順に入れ替える作業を読み手に委ね、内容を印象づける効果は認められる。しかし、それはあくまでも〈書かれている内容自体に対する印象づけ〉であって、そこから「これまでの中島敦の苦労を振り返ること」は想定できない。ここは「**適当でないもの**」を選ぶのが設問の要求なので、③が正解となる。

④「……」には〈単純省略〉および〈既出部分の省略〉〈沈黙の表示〉といった役割がある。ここは内容の繰り返しを避けるための〈既出部分の省略〉であるが、これが〈省略された既出部分の想起〉という効果をもたらすので、結果的に読者は冒頭部分からの回想を行い、問題文全体を味わい直すことになり、それが〈読後の余韻〉を生むのである。

(ii)以下、各選択肢を検討していく。

①「ふりがな」が振られているということは〈「音読」できる〉ということを意味する。「音読」については問題文で「ああ、これは音読・朗唱向きの小説なのだ」、「音読した際の音の響きが面白い」など、その魅力を強調する記述があるので、今回の「ふりがな」もそうした面白さを追体験してもらおうという意図があったと推測することは可能である。

②「若者が将来たどる暗い人生を暗示する、という効果」が不適切。自意識過剰の若者が李徴と自己とを重ね合わせている部分があるとすれば、それは「山月記」から透けて見える中島敦の「臆病な自尊心と、尊大な羞恥心」のありようや、「自分は虎になるほど何かに打ち込むことができるのか」という生き方への問いかけの部分である。[2]で示されている李徴の「挫折と挑戦」の部分が「暗い人生」を暗示しているとは言いがたい。

③「人は高塔であった」「馬は山であった」といった比喩は、**問1**の(ウ)で確認した「誇張法」であって、対象を過度に大きく、もしくは小さく形容することで「面白さ」をかもし出すための技法である。逆に言えばそれ以上の意図は存在せず、選択肢にあるような「文学の本質が事実から離れた幻想性にこそ存在する」といった壮大な意図は示されていない。

④「奇想天外な表現こそが中島敦の高揚と自信の現れ」が不適切。たしかに「既に、……」以下の部分では認識や感覚の混乱がくり返し強調されているが、中島敦の「高揚や自信」に関しては「作中からはあやうさが消え、その代わりに確かな自信に裏打ちされたユーモアと高揚感が伝わってくる」(60行目)、「奇想天外。波瀾万丈。随所に仕込まれた白髪三千丈式のユーモア」(67・68行目)のように、〈安定感・ユーモア・物語の展開〉に関するものが提示されており、その中から「奇想天外」だけを取り出して「高揚と自信」の現れとされていることは読み取れない。

第３問

出典　**【文章Ⅰ】【文章Ⅱ】**『撰集抄《せんじゅうしょう》』、**【資料Ⅱ】**『閑居友《かんきょのとも》』

『撰集抄』は鎌倉時代の仏教説話集で、著者・成立年は未詳である。神仏の霊験や高僧の法徳、発心遁世話などの説話を掲げて、著者の感想を記し、仏道を勧める内容となっている。西行の作の体裁をとって諸国巡業中に見聞したことの回想記としているが、西行作ではない。ただ、中世以来、漂泊の歌僧としての西行像を流布することになった。

今回の出典はそのうちの巻三の第三話と、巻九の第十話である。ともに尼を主人公とした説話を取り上げた。

【出題のねらい】

二回の試行調査の傾向を踏まえ、複数の資料を横断しながら解釈する形式での出題を行った。また、過去のセンター試験では和歌の出題も多くみられたため、本問でも和歌を含む文章を選定した。**問１**は語句の解釈問題だが、古典常識や古語を前提に、内容理解を問うものとした。**問３**・**問４**はともに内容把握の問題で、場面展開や登場人物の言動を問うている。**問５**は和歌の解釈・修辞技法を問う問題。**問６**は生徒と教師が授業中に交わした会話、という設定のもと、「仏教用語」の意味と文章の内容とを理解する問題である。

【概要】

【文章Ⅰ】

1　**出家をして、長谷寺に参詣する**

・私は出家してあちこちの寺を参詣したが、初冬に長谷寺にお参りした。

2　**妻と出会い、尼になった事情を聞く**

・観音堂にお参りすると、尼の念誦する声がする。私が「数珠の音に感動して涙が溜る」という歌を詠むと、尼が声を上げて私の袖に取りついた。その尼は長年連れ添った私の妻であった。

・「あなたが出家したあと、しみじみとした思いが募り、私も尼になった。一人娘を叔母に預けて、高野山の奥である天野の別所に住んでいる」と妻は身の上を話す。

・妻は「私を避けて別の女に慣れ親しむのなら、恨みもするだろうが、あなたは仏道の道に赴きなさるのだから恨みもない。かえって、あなたの出家が《善知識》となったのが嬉しい」と涙を流し、私も涙を流した。

3　**その尼のりっぱさを評価する**

・これほどりっぱな女とは思わなかった。私との別れの思いを《善知識》として仏道に入ったのはめったにないすばらしいことだ。

【文章Ⅱ】

1　**女は中納言に見捨てられ尼になった**

・播磨の国の竹の岡に庵を作って仏道修行をする尼がいた。以前は室の遊女で、中納言顕基に大切に思われ都に住んでいたが、見捨てられ室に帰った。

2　**女は尼となったという和歌を送り、中納言は泣き恋しがった**

・中納言の家の者が舟で通った際、女は髪を切り「尼となっても涙で袖が乾かない」という歌を書き送った。そして、仏道修行に勤めた。

・中納言は、この歌を見て、たいそう泣き恋しく思った。

3　**尼の住まい・生き方を思うと慕わしくすばらしい**

・その尼は一途に念仏を唱え、極楽往生をした。

・今、尼の庵の跡を見ると、何となく昔が慕わしく思いを馳せないではいられない。女の身で粗末ながらも、何とか暮らしていたのだろう。

・ひたすらつらい男女の別れをきっかけにして、この世を捨てたという心の様子は、すばらしく思われた。

4　**中納言と尼の極楽往生**

・この中納言も、極楽往生したのだろうか。

・尼は仏道に無縁であったが、ふと目ざめて、この世を飽き出家を思い立ったのであろう。二人は新生の菩薩になっていることだろうよ、と思われる。

問1　**1**　④　**2**　①　**3**　①　**《語句の解釈問題》**

(ア)　古文常識に関する知識を問う問題。「神無月」は旧暦十月で初冬の頃である。「ゆみはり」は「ゆみはりづき」のことで、弓に弦を張った形の、上弦あるいは下弦の月を言う。ここは「かみの」なので「上弦の月の頃」で、七・八日のあたりを指す。よって正解は④。

①は「旧暦八月」が不適。②は「旧暦八月」も「下弦の月」も不適。③は「旧暦九月」も「望月〈＝満月〉」も不適。⑤は「下弦の月」が不適。

(イ)　ポイントになる単語は次の二つである。

○**年ごろ**＝〈長年、数年来〉

○**うるせかり**＝形容詞「うるせし〈＝①気が利く・賢明だ、②上手だ・巧みだ〉」の連用形。

ここは、尼となった妻のことを指す。「僧」と尼になった妻は「偕老同穴の契り」が浅くなかったという。「偕老同穴」は〈偕《とも》に年老い、死んで同じ穴に葬られる〉の意で、〈夫婦が仲良く死ぬまで連れ添う〉という意味なので、ここは「数年来」ではなく「長年」がふさわしい。また、夫が出家したことを恨みもせず、自分を仏道に導くきっかけと考えて「尼」になったことを受けて〈長年……だとは思っていましたけれども、これほどであるだろうとは思わなかった〉と続くので、ここの「うるせし」は〈気が利く・賢明だ〉の意味。

①が正解。

②の「親しかった」は語義に合わないので誤り。③の「口うるさかった」、⑤の「やっかいであった」は文脈に合わない。④の「きちんとした」は「うるせし」の意味の延長と考えることもできるが、文脈には合わないので誤り。

(ウ)　ポイントとなるのは次の単語である。

○**すずろに**＝形容動詞「すずろなり〈＝①何ということもない、②思いがけない、③（連用形で）無性に・むやみに〉」の連用形。ここは、①がふさわしいが、③の解釈も許容される。

○**ゆかしく**＝形容詞「ゆかし〈＝①見たい・聞きたい・知りたい、②心が引かれる〉」の連用形。ここは、②の意味がふさわしい。

○**思ひやられて**＝「思ひやら」は動詞「思ひやる〈＝思いを馳せる・はるかに思う〉」の未然形。ここは、「昔」に思いを馳せるのである。また、直後の「れ」は助動詞「る」の連用形で、ここは自発の意味。〈自然と～される・思わず～してしまう・～せずにはいられない〉の訳があてはまる。

以上より、〈何となく＋（尼が生きていた）昔に心引かれて＋思いを馳せないではいられません〉という訳となり、①が正解。

②は「庵のそばの木々を……見たく」が不適切。ここは尼の様子に思いを馳せているのである。③は「あてもなく」「あちこちさまよう」が、④は「なつかしく」の訳語がそれぞれ不適切。⑤の「つらさを思って心配」は、傍線部(ウ)のあとの内容を取り込んでいて、「思ひやる」の語義からは外れている。

問2　**4**　⑤　**《文法問題》**

波線部の前半部は「みめ／さま／など／も／あしから／ざり／ける／に／や」と単語に切ることができる。それぞれの意味を確認しよう。

○**みめ（見目）**＝〈見た目・顔かたち・容貌〉の意味の名詞。

○**さま（様）**＝〈様子・ありさま・姿〉の意味の名詞。

○**など**＝「例示〈＝たとえば～など〉」「婉曲〈＝～など〉」を表す副助詞。

※副助詞は種々の語について、いろいろな意味を添える働きをする。次の、属する語を覚えておこう。

☆**だに・すら・さへ・のみ・ばかり・まで・など・し・しも**

○**も**＝「類似の事柄の暗示」「並列」「強意」などの意味を表す係助詞。

※係助詞に属する主な語は次の通り（「は」「も」も係助詞なので注意）。

☆**ぞ・なむ・や・か・こそ・は・も**

○**あしから**＝形容詞「あし」の未然形。
○**ざり**＝打消の助動詞「ず」の連用形。
○**ける**＝過去の助動詞「けり」の連体形。
○**に**＝断定の助動詞「なり」の連用形。
※断定の助動詞「なり」の連用形「に」は、次のようなパターンがある。
A＝「体言・連体形」＋「に」＋「あり」

B＝「体言・連体形」＋「に」＋「はべり／おはす」など
（「あり」が丁寧語・尊敬語）

C＝「体言・連体形」＋「に」＋「や／こそ」など＋「あり」

（係助詞「や／こそ」が挿入）

D＝「体言・連体形」＋「に」＋「や／こそ」など
（係助詞が挿入して「あり」が省略）

ここはDのパターンで、「ける（連体形）」＋「に」＋「や」（＋「あり」の省略）となっている。
○**や**＝係助詞。

以上より、訳は〈容貌や姿なども悪くなかったのであろうか〉となる。

後半部は、「醍醐／の／中納言／顕基／に／思は／れ／奉り／て」と単語に切れる。これも丁寧に確認していこう。

○（醍醐）**の**＝〈連体修飾〉を表す格助詞。
○（顕基）**に**（思はれ）＝〈動作の相手〉を表す格助詞。
○**思はれ**＝「思は」は動詞「思ふ」の未然形で、「れ」は受身の助動詞「る」の連用形。直後に補助動詞「奉り」があるので、この「れ」は連用形と判断できる。
○**奉り**＝謙譲の補助動詞で、訳は〈（顕基に大切に思われ）申し上げ〉。謙譲語は動作の受け手への敬意を表すが、ここの〈動作の受け手〉は「顕基」である。「大切に思う」の主語は顕基だが、「大切に思われる」の主語は女であることに注意しよう。ここは地の文なので、作者から顕基への敬意となる。
○**て**＝前後の動作をつなぐ働きをする接続助詞。

これらをもとに選択肢を確認すると、係助詞は「も」と「や」なので、⑤が適当でないと判断できる。

問3 5 ④ **《内容把握問題》**

この設問は、問題文冒頭から傍線部**X**までの「僧」と「尼」との行動を正確に整理することで、正解を導くことができる。話の流れを順に見ていこう。

・僧が長谷寺に参詣し、観音堂にお参りすると、尼の念誦する声がする。
・僧は、「数珠の音に感動して、私の目に涙が溜る」という歌を詠んだ。
・この僧の歌を聞いて、「これはどうしたことか」と尼が声を上げた。
※「《僧が》詠みて侍るを《尼が》聞きて」の部分の主語に注意。
→「これはどうしたことか」は、出家をした夫との思いがけない出会いに驚いた気持ちを表す。
・尼が袖に取りついたのを僧が見ると、その尼は長年連れ添った妻であった。
※「《尼が》袖に取り付きたるを《僧が》見れば」の部分の主語に注意。
・僧は驚きあきれて、「どうしたことか」と言うと、尼は涙にくれてものを言うこともなかった。
※「《僧が》『いかに』と言ふに……《尼は》とかくもの言ふことなし」の部分の主語に注意。
→「いかに」は、妻が尼になっていることに驚いた気持ちを表す。
・やや程経て涙をおさへて言ふやう

各選択肢を見ると、右の内容を押さえている④が正解。

①は「念誦する尼が長年連れ添った妻だと気づき……歌を詠んだ」という場面の理解が正しくない。②は「顔を見ると」の主語を「尼」とするのが誤っているし、後半の「長年連れ添った夫であることに気づき」も文章と合わない。③は「どうしてあなたは出家をしたのですか」が誤り。尼が声を上げたのは、夫が出家したことを知ったからではなく、出家した夫と思いがけず出会ったからである。⑤は「驚きの声を上げ、涙にむせびものを言うこともできなかった」の主語を僧にしている点が間違い。

問4 **6** ① 《内容把握問題》

傍線部**Y**でまず注意したいのは、「未然形＋ば—まし」の形になる、反実仮想の用法〈＝もし～ならば、—であろうに〉である。以下の形を覚えておこう。

・～ましかば—まし
・～ませば—まし
・～せば—まし
・未然形＋ば—まし

次に、訳を考える。「いかなる人にも慣れ給はば」の「いかなる人」は〈どのような人〉で、ここでは〈どのような人であれ、その人に〉といった意味。直後の「慣れ」は〈慣れ親しむ〉の意味で、「人」は女を指す。続く「よしなき恨み」は〈つまらない恨み〉という意味で、〈私を捨てて、別の女と親しくなったならば、つまらない恨み〉という解釈になる。「侍りなまし」の意味は〈ありましたでしょうに〉（「な」は強意の助動詞「ぬ」の未然形）。

以上を合わせて直訳すると〈私を捨ててどのような女であれ、その女に慣れ親しみなさったならば、つまらない恨みはありましたでしょうに〉という訳になる。つまり、〈私を捨ててどのような人にも慣れ親しみなさらなかったので、あなたへのつまらない恨みはありません〉ということ。以上から、正解は①。

他の選択肢だが、②は「どのような女と親しくなさるのかはわからない」が前述の訳と不一致なので誤り。③は「私よりもこの上なくすばらしい女」「あきらめもつくでしょう」が、④は「どのような女を側に置こうかとお考えになっていると気づき」「この上なくつらくなりました」が、それぞれ本文の内容と合わない。⑤は「別の女とお暮らしになっていることがわかった」が本文の内容と異なっているし、「どうしようもない恨みを抱きました」は反実仮想の訳語と合わない。

問5 **7** ③ 《和歌の解釈・修辞技法を把握する問題》

まず、この和歌が詠まれた場面・状況を整理しておこう。

・女は中納言顕基に大切に思われ都に住んだが、見捨てられ室に帰った。
・ある時、中納言の家の者が舟で通った際、女は髪を切って陸奥紙に包み、中納言に和歌（傍線部**Z**）を送った。
・中納言は和歌を見て泣き、女を恋しく思った。

次に、語句に即して、和歌の意味内容を考えていく。「尽きもせず」は〈尽きることもない・ずっと続く〉の意味。「うきをみるめの悲しさに」の「うき」は形容詞「憂《う》し」の連体形で、「うし」には〈①つらい、②いやだ〉の意味があるが、ここは、この女の境遇を踏まえて〈つらい〉の意味がふさわしい。「あまとなりても袖ぞかわかぬ」の「あま」は女の境遇から「尼」で、〈尼となっても袖は乾かない〉の意味である。全体では、〈尽きることもなくつらい目を見る悲しさゆえに、尼となっても悲しみの涙で袖が乾かないことよ〉となる。

さらに、和歌の修辞法だが、次のように掛詞が用いられている。

○**うき**＝「憂き」と「浮き」
○**みるめ**＝「見る目」と「海松布」
○**あま**＝「尼」と「海女」

「憂き」「見る目」「尼」とつなぐと、右に述べたような「女」の心情を詠んだ意味となるが、「浮き」「海松布」「海女」とつなぐと、浮いた海松布（＝海藻）を採る海女の様子を思わせる。

以上を踏まえて、選択肢を順に検討する。①は「私につらい目を見させる」が間違い。「私がつらい目を見る」が正しい。②は「直後の『悲しさ』を導く序詞」が誤り。「序詞」には、《比喩による序詞》《同音反復による序詞》《掛詞による序詞》という三種類があるが、この歌ではどれにもあてはまらない。この部分は直後の「悲しさに」にかかる連体修飾部である。

序詞について、やや発展的な内容ではあるが、次に詳しく説明を示しておく。

☆**比喩による序詞**……意味的な関連によって、次の語を導く。

例 吉野川岩波高く行く水のはやくぞ人を思ひそめてし

→吉野川の水の流れのはやさと、人を恋しく思い始めるはやさが意味的に関連している。この序詞は口語訳するのが普通で、序詞の最後の「の」を〈〜のように〉と訳す。

☆**同音反復による序詞**……同じ音の繰り返しで、次の語を導く。

例 住の江の岸に寄る波夜さへや夢の通ひ路人目よくらむ

→序詞の一部である「寄る」と、序詞が導き出す語「夜」とが同音。口語訳では〈〜ではないが〉のように訳す。

☆**掛詞による序詞**……導き出される部分が掛詞になっている。

例 風吹けば沖つ白波たつた山夜半にや君がひとり越ゆらむ

→「たつ」は「（白波が）立つ」と「龍（田山）」との掛詞。この序詞の部分を訳すことも多い。

③は、「浮き」「海松布」「海女」に意味的関連があり、縁語なので正しい。

④は「私は海女なので」が誤り。この歌では「私は尼になった」ということが詠まれている。⑤は「三句切れ」が誤り。「句切れ」とは、意味で切れることを指すが、「悲しさに」はあとの「わかぬ」を修飾しているので、この歌は「句切れなし」である。

問6 **8・9** ④・⑦（順不同）《対話形式の内容読解問題》

最初に、二重傍線部**a**について考えよう。〈女というものはつまらない恨みを抱き、つらい思いに堪えかねて、この世をむだに過ごしてしまう〉と述べてから、妻を捨てて出家した夫のあとを追って尼になった女について、〈別れの思いを……として、仏の道に深く心を入れ、かわいい一人娘を捨てたというのは、めったにないすばらしいことではありませんか〉という。ここの「別れの思ひ」は、夫と別れることになったつらさのことであり、それを「知識」として「仏の道」に入ったという。したがって【資料Ⅰ】の中で、ここの「知識」にふさわしいのは「善知識」②の意味である。「機縁」とは〈仏の教えを受けるべき縁〉を言うが、〈機会・きっかけ〉の意味でも用いる。ここは〈夫と別れたつらさ〉を〈仏道へ導く機縁〉としたのである。

①は、「『善知識』という①の意味で」としている点が不適切。ここの「別れの思ひ」は「人」を表してはいないし、「すばらしい仏法の指導者としての夫」も本文の内容とずれる。②は、「『善知識』という②の意味で」は正しいが、後半の「夫を恨みはしても」が不適切（**問4**の解説参照）である。さらに、「複雑な心境」も内容に合わない。

次に、二重傍線部**b**の「つれもなき心の思ひおどろきて、世を秋風の吹きにけるにこそ」を考えよう。この部分は、「教師」の説明にもあったように、元遊女であった女が、尼になったことを述べた部分である。ポイントをまとめる。

○**つれもなき心の**＝「つれもなき」は、形容詞「つれなし」の連体形に「も」が入り込んだもの。「つれなし」には〈①平然としている・さりげない、②薄情だ・冷淡だ〉の意味があるが、ここは①で、〈（出家の思いに）平然としている・（仏道に）縁もない〉の意味。

○**おどろき**＝カ行四段活用動詞「おどろく」の連用形。「おどろく」には〈①はっと気づく、②目を覚ます〉の意味がある。ここは、①の意味で、「仏道に無関心である（女の）心がはっと気づいた」と考えるのがよい。

○世を秋風の吹きにけるにこそ＝単に「秋風が吹いた」では、尼になったことを表せない。「秋」の他に「飽き」が掛詞として掛けられ、「秋風が吹いたのだなあ」と「世を飽きたのだなあ」の二重の意味が表されている。「世を飽きた」ゆえに「尼になった」とつながる。

以上を合わせて、〈仏道に無関心な女の心がふと目覚めて、秋風が吹くようにこの世を飽きて出家を思い立ったのであるなあ〉の意味となる。このように見ると、尼の出家に「人を仏道へ導く機縁」があったとは書かれていない。

③は、「男に対して薄情な……女は愛情を注ぎ続けたのであるなあ」という口語訳が誤りであるし、この口語訳をもとにした「人を仏道に導くという意味の『知識』」とは無関係」も誤り。④は、口語訳部分も正しく、「『知識』と直接関係があるとは書かれていない」も合致するのでこれが正解。一方で、⑤は、前半部は正しいが、「尼が、ここでは『知識』」は見当はずれの内容である。

最後に、二重傍線部**c**の「驚かれぬ袂にも染めかしとて、秋風も吹き初めけるやらむ」を考える。なお、**【資料Ⅱ】**の前半部は、〈中納言は、すばらしい往生人でいらっしゃったと、往生伝にも書かれていますようなので、そうあるのは当然のことであって〉となっている。ポイントは次の通り。

○驚かれぬ袂＝「驚か」はカ行四段活用動詞「驚く」の未然形で、〈はっと気づく〉の意味、「れ」は自発の助動詞、「ぬ」は打消の助動詞である。合わせて〈自然とはっと気づくこともない〉となる。また、続く「袂」は女の比喩である。

○染めかしとて＝「染め」はマ行四段活用動詞「染む」の命令形。「染む」には、〈①色づく・染まる、②感化される・影響を受ける〉の意味があるが、ここは命令形なので〈染まれ・感化されよ・影響を受けよ〉となる。ちなみに「かし」は終助詞で、命令形について念を押す働きをしている。

→以上をまとめると、〈自然とはっと気づくこともない女に染まれと考えて〉、すなわち〈自然とはっと気づくことのない女に影響を受けよと思って〉となる。

○秋風も吹き初めけるやらむ＝二重傍線部**b**と同じく「秋」は掛詞で、「秋（風）」と、ここでは「（女に）飽き」の意味を合わせもつ。また、「やらむ」は「にやあらむ（断定の助動詞「なり」の連用形＋係助詞「や」＋ラ行変格活用動詞「あり」の未然形＋推量の助動詞「む」の連体形）」が変化した形で、〈〜のだろうか〉と訳す。つまり、〈女に飽きたという風も吹き始めたのだろうか、女に飽き始めたのであろうか〉の訳となる。

中納言は女に「何に気づかせよう」としたのか。男が女を捨てることで、女は〈別れのつらさ〉に気づくが、その内容だけでは不十分である。中納言がすばらしい往生人であったという前提をもとにして〈世の無常・仏道〉に気づかせようとしたと押さえたい。そして、〈世の無常・仏道への思い〉に染まれと中納言は考えたのである。〈自分では無常・仏道に自然とはっと気づくことのない女にわからせようと思って、女に飽きるようにし始めたのだろうか〉と解釈でき、この中納言の行為は、「人を仏道へ導く機縁」となったといえるだろう。⑦の内容と合う。

残る⑥の前半は正しいが、「『わからせよう』の主体は……秋風」や「出家の機縁となった秋風」は見当はずれなので誤り。「『秋風』が『知識』を指す」も間違った内容である。

全訳

【文章Ⅰ】

その昔、出家して、尊い寺々を参詣して回っていました時に、（旧暦）十月上旬の頃、長谷寺に参詣しました。日が暮れかかりまして、夕暮れ時の鐘の音ばかりがして、もの寂しい様子や、梢の紅葉が嵐に吹かれている様子は、何となくしみじみと思われました。

そうして、観音堂にお参りして、お経を読んだり法文を唱えたりしまして後、辺りを見回すと、尼で念誦する人がいます。格別に心を澄まして念珠をすっています。感動して、このように、

思ひ入り…思いを込めてする数珠の音が澄んで、思わず目に溜る私の涙であるなあ。

と（私が）詠みますのを聞いて、この尼が声をあげて、「これはどうしたことか」と言って袖に取りついたのを見ると、長年夫婦の契りが浅くなかった女が、すでに出家してしまっていたのである。驚きあきれたことに思われて、「どうしたことか」と言うと、しばらくは涙が胸にこみ上げている様子で、あれこれものを言うこともない。やや時が経って涙をおさえて言うことには、「あなたが仏道心を起こして出家なさったあと、何となく暮らすのに疲れて、宵ごとの鐘もわけもなく涙を誘い、夜明け前の鶏の声もたいそう身にしみて、しみじみとした思いばかりが募りましたので、先だっての（旧暦）三月の頃、出家をしてこのように（尼に）なりました。一人の娘を、母方の叔母である人に預けて置いて、高野山の奥である天野の別所に住んでいるのです。それにしてもまた、私を捨ててどのような女（であれ、その女）に慣れ親しみなさったならば、つまらない恨みはありましたでしょうに。これは本当の道に赴きなさるようなので、少しばかりの恨みもありません。かえって善知識となりなさるようなので、嬉しく思います。別れ申し上げた時は、浄土での再会をと期待していましたが、思いがけず見た夢（のようだ）と思われる」と言って、涙をせき止めかねていましたので、（妻が）出家したことが嬉しく、恨みを残さなかったようなことの喜ばしさに、ひどく涙を流しました。そうしてばかりもいられないので、しかるべき法文など言い教えて、高野山の別所へ尋ねて行こうと約束して、別れました。

長年気の利いた者だとは思っていましたけれども、これほどであるだろうとは思わなかった。女の心の嫌なところは、思い通りにならないにつけても、つまらない恨みを抱き、こらえきれない思いに堪えかねては、この世をむだに過ごしてしまうものであるよ。それなのに、別れの思いを善知識として、本当の道に深く心を入れ、かわいい一人娘を捨てたというのは、めったにないすばらしいことではありませんか。

【文章Ⅱ】

昔、播磨国の竹の岡という所に、庵を結んで仏道修行をする尼がいました。以前は室の遊女でありましたが、容貌や姿なども悪くなかったのであろうか、醍醐の中納言顕基に大切に思われ申し上げて、一年の間、都にずっと住んでいましたが、どのような事がありましたのでしょうか、見捨てられ申し上げて、室に帰ってのちは、二度と遊女のなりわいなどをしませんでしたということである。

ある時、中納言の家の者が、舟に乗って、西国から都の方へ（通って）行ったのをひそかに見て、髪を切って、陸奥紙に包んで、このように書い（て送っ）た。

尽きもせず…尽きることもなく（浮いている海松布ではないが）つらい目を見る悲しさゆえに、（海女ではないが）尼となっても（悲しみの涙で）袖が乾かないことよ。

と書いて、舟に投げ入れましてのち、一途に心を決めて、この所に、庵をあれこれとこしらえて、心を澄まして（仏道修行をして）いましたのです。中納言は、この歌をご覧になって、たいそう泣き恋しく思いなさったのである。

さて、この尼は、ただ一途に朝夕念仏を唱えていましたが、結局本来の願い通り極楽往生をして、（尼が往生したあと、この庵に）やって来て拝む人が、多くいました。その庵の跡といって、現在まで朽ちた丸木が見られましたのは、柱などであるのでしょう。ただ少し、まっすぐな様子に植えてある木の節などもすっかり見苦しくなっていました。（それらを）見ましたところ、何となく昔に心引かれて思いを馳せないではいられません。人里もはるかに遠ざかっていますので、思うようにもならない女の心で、あれこれ粗末ながらも、何とか暮らしていましたのでしょう。食べ物などをどのように調達しましたのでしょうかと、本当に気がかりでございます。同じ女とはいうけれども、そのような遊女などになってしまうと、人に見捨てられたことなどを、強く悟るまではないようであるのに、ひたすらつらい男女の仲をきっかけにして、（遊女のなり

わいに）懲りてしまったという心の様子は、すばらしく思われます。

この中納言も、りっぱな往生人でいらっしゃったようだと、伝には載せていますので、そのように往生なさったのだろうか。仏道に無関心な女の心がふと目覚めて、秋風が吹くようにこの世を飽き（出家を思い立っ）たのであるなあ。今はまた、（中納言と尼は）仲むつまじい新生の菩薩たちでいらっしゃるのだろうと思われて、何ということなくしみじみと思われるのです。

【資料Ⅱ】

中納言は、すばらしい往生人でいらっしゃったと、往生伝にも書かれていますようなので、そうあるのは当然のことであって、自分では無常・仏道に自然とはっと気づくことのない女にわからせようと思って、女に飽きるようにし始めたのだろうか、とまで思われる。

第4問

出典 **【漢詩】**『懐風藻《かいふうそう》』、**【文章】** 瞿佑《くゆう》『剪灯新話』

【漢詩】 の『懐風藻』は、現存する日本最古の漢詩集で七五一年成立。撰者は淡海三船《おうみのみふね》とも言われるがはっきりしない。七世紀中頃からの漢詩一二〇編を収め、その多くが五言古詩である。詩風・詩句は、当時の中国の影響を強く受けている。「七夕」の作者百済和麻呂は生没年不詳。但馬守《たじまのかみ》を務めた官人。

【文章】 の『剪灯新話』は、中国、明の時代の瞿佑（一三四一～一四二七）による怪異小説集で、全四巻。付録一編を加えて全二十一編から成る。一三八一年頃に成立。唐代以来の伝奇小説の流れを汲み、幻想的な物語が多い。

【出題のねらい】

過去の試行調査では、異なる二つの文章を比較検討する形式が出題されたため、それにならい、関連性のある漢詩と文章とを問題文にした。**【文章】** は織姫の主張がやや独特なので、文脈と内容とを正確に読み取ることを目的としている。設問はこれまでの出題傾向に従い、**問1**で漢字の設問、**問4**で比喩表現と漢字の意味を問うもの、**問5**で書き下し文と解釈の設問を作成している。また、**問2**・**問3**に漢詩の修辞に関する設問を入れている。そして**問6**は、近年増えている対話形式の読解問題である。これらの設問を通して、共通テストで出題が予想される形式と解法に慣れるとともに、自分の弱点を見つけ出してさらなる実力アップを図ってほしい。

【概要】

《七夕伝説の概要（牽牛星と織女星の話）**》**

天の牛を飼っている牽牛（彦星）と天で機を織っている織女（織姫）は、ともに働き者であった。天帝は二人を結婚させたが、二人は夫婦生活が楽しく、まったく働かなくなってしまった。これに怒った天帝は二人を天の川を隔てて引き離し、年に一度、七月七日だけ会うことを許した。

【漢詩】

第一句・第二句＝七月七日に織姫が天の川に向かう様子
第三句・第四句＝牽牛に会える喜びと別れの悲しさ
第五句・第六句＝会えなかったつらさとすぐに別れねばならない悲しみ
第七句・第八句＝その後、一年にわたる織姫の心情

【文章】

・私（＝織姫）は生まれつき貞淑で、ずっと一人で暮らしていて、純潔を守ったまま誰とも結婚していない。
↓それなのに
・下界の人々は、私を牽牛の妻として七夕伝説を作った。
・私は純潔を守っているのに、牽牛の妻となって純潔を守っていないという汚名を着せられた。
・そもそも七夕伝説の最初は『斉諧』で、その後、『荊楚歳時記』があおりたてた。
・さらに柳宗元によってこじつけられ、張文潜が大げさにした。
↓
・世の中に広まった鄙語邪言は私を侮辱するもので、とても耐えられない。

問1 1 ① 2 ③ 《漢字の読み問題》

(ア)「傷」の動詞としての読み方には、(1)「きずツク」、(2)「やぶル」、(3)「そこなフ」、(4)「いたム〈＝悲しく思う〉」があり、身体的・外面的な「傷」、心理的・内面的な「傷」の両方に用いられる。**【概要】** にあるように、波線部のある第六句は織姫の心情を表している箇所であり、さらに第四句の「愁心」との関連から見ても、〈悲しく思う〉という意の「いたム」と読むのがよい。

織姫はやっと牽牛に会えたのに、無情にも天の川は動いて二つの星を隔ててしまう。このことを織姫は悲しんでいるのである。②「おもフ」、⑤「なげク」は「傷」の読みとしては不適切。また「天の川がめぐりやすいこと」を、③「きずツク」、④「そこなフ」としてしまうと文意が通じない。

(イ)　ここの「妄」は、すぐ下の「伝へ」にかかる副詞。副詞として読む時は「みだリニ」となり、〈でたらめに〉〈むやみに〉の意。「妄」には、(1)「でたらめ（「妄想」など）」、(2)「うそ・いつわり（「虚妄」など）」、(3)「後先を考えない（「軽挙妄動」など）」の意味がある。①「しきリニ」は「頻」、②「あやまリテ」は「誤」・「謬」・「錯」などの字、④「ほしいままニ」は「恣」・「侈」・「縦」・「横」などの字が使われることが多い。また、⑤「しばしバ」は頻出の漢字で、「数」の字が使われる。

問2　**3**　④　《漢詩の押韻問題》

漢詩が出典の場合、漢詩の規則や、その規則を応用した問題が出題されることが多い。解く際にしっかり使えるようにしておこう。

《漢詩（唐以降の近体詩）の基本的規則》
・一句の字数…五字（＝**五言**）か七字（＝**七言**）
・詩の種類
四句のもの＝**絶句**…起・承・転・結の構成
八句のもの＝**律詩**…第三句と第四句、第五句と第六句は**対句**
十句以上＝**排律**
・押韻の原則　五言詩＝**偶数句末**
七言詩＝**偶数句末（第一句末も押韻することがある）**
☆読解のポイント
・**語の切れ目**に注意…意味が取りやすくなる
五言詩＝○○／○○○、七言詩＝○○／○○／○○○
・**主題や作者の心情は、最後の一句・二句に込められる**ことが多い

空欄は偶数句末なので、押韻が問われていると考えよう。この【**漢詩**】は五言律詩（＝一句の字数が五字で八句からなる）なので、漢詩の規則から偶数句末の「X」、「煎」、「旋」、「年」が韻を踏んでいることになる。空欄以外を音読みにして韻を確認すると、「セン（sen）」、「セン（sen）」、「ネン（nen）」であるため、空欄には、「～en」と読む漢字が入るとわかる。選択肢は、①「流」は「リュウ（ryuu）」、②「水」は「スイ（sui）」、③「岸」は「ガン（gan）」、④「辺」は「ヘン（hen）」、⑤「上」は「ジャウ（jyou）・シャウ（syou）」なので、④「辺」が正解である。

問3　**4**　③　《漢詩の修辞、返り点と書き下し問題》

これも漢詩の規則から考えるとよい。このような律詩の場合、第三句と第四句、第五句と第六句は対句にすることが原則であるため、傍線部は詩の第五句なので、続く第六句と対句になっているはずである。第六句と同じように返り点をつけて書き下す。

昔 ↔ 今
惜 ↔ 傷二
河 ↔ 漢
難 ↔ 易一レ
越 ↔ 旋

したがって、傍線部には「昔惜二河難レ越」と返り点がつき、書き下すと「昔は河の越え難きを惜しみ」となる。正解は③。

問4　**5**　③　《比喩表現の解釈問題》

まずは文脈を確認する。【**概要**】にもあるが、この前後の部分（「開二其源一者……七夕之詠」）は、二行目に記された七夕伝説（「伝《へ》二秋夕之期一、指《スルヲ》作《サントハ》二牽牛之配《ト》一」）が、人々に伝播していった経緯を述べた部分である。そこでは七夕伝説が、まず『斉諧』という「多詐の」、つまり嘘の多い書に見られ、それを『荊楚歳時記』が「其の波を鼓」し、ついで柳宗元の「乞巧之文」であれこれとこじつけられ、さらに張文潜の「七夕之詠」で大げさなものになった、と述べられている。

この文脈を押さえて、傍線部を検討しよう。「鼓《スル》二其《ノ》波《ヲ》一」の「其《ノ》波」は比喩的な表現で、七夕伝説が波のように伝わっていく、つまり波及していくこと

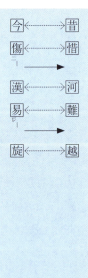

を表している。次に「鼓」の意味だが、「鼓」には、(1)〈つづみ・太鼓〉、(2)〈打つ・たたく・鳴らす（「鼓動」など）〉、(3)〈ふるいおこす・励ます・あおる（「鼓吹」・「鼓舞」など）〉の意がある。一連の文脈を考えると、(1)〈つづみ〉の意でないことはもちろん、(2)〈打つ・たたく・鳴らす〉も文脈上不適切である。よって、(3)〈ふるいおこす・励ます・あおる〉の意となる。選択肢を検討すると、③〈あおり立てる〉が「鼓」の意味を適切に解釈し、さらに一連の文脈にも合う。よって解答は③。

①は「でっち上げた」、②は「せき止めた」、④は「同調した」の部分が「鼓」の意味に合わない。⑤は「波のように消えた」が文脈に合わず、「蘇らせた」も「鼓」の解釈に合わない。

問5　**6**　⑤　《句形の解釈問題》

「是可レ忍也」の「忍」は、漢文では〈耐える・我慢する（「忍耐」など）〉、〈むごい（「残忍」など）〉の意で使われる。「也」は提示の用法で、文の主題などを提示・強調する働きをする。訓読の時は読まないことが多く（読む場合には「や」と読む）、訳す必要はない。「孰不レ可レ忍」の「孰」は疑問・反語の句形で、「いづレカ（人・物を問う場合）」、「たれカ（人を問う場合）」と読む。疑問か反語かは文脈に応じて判断する必要があるので、**【概要】**と**問6**(iii)の解説を参考にしながら、ここまでの文脈を見ておこう。

ここまで織姫は、七夕伝説はまったくのでたらめと批判し、そのような「鄙語邪言」が下界の至る所に広がり（＝傍線部**D**）、私を侮辱するものだ（＝傍線部**E**）と述べている。このような文脈なので、続く傍線部(3)も七夕伝説について述べていることになる。したがって「是可レ忍也」の「是」は、七夕伝説を指し、続く「孰」は「いづレカ」と読み、その他の〈我慢できない対象〉がここで問われている。

これを踏まえて「孰不レ可レ忍」の解釈を考えよう。「孰」は、疑問の場合は〈どちらが〉と訳す。しかし「どちらが我慢できないだろうか」では、「どちらが」が何を指すかわからず文脈に合わない。織姫が七夕伝説そのものに怒っているという文脈も考え合わせると、「何を我慢できないことがあろうか、いや、我慢できないものなど何もない」と反語で解釈するのが適している。選択肢の中からこの訳の内容に合うものを探すと、⑤の「何も我慢できないものなどありません」が正解となる。

①と③は疑問文として解釈しているので不適切。②と④は反語で訳しているが、「このことを隠す」「秘密にする」という内容は文脈に合わない。さらに②は、「也」を「なり」と断定で読んでいる点もおかしい。

問6

(i)　**7**　③　《対話形式の内容読解問題》

空欄**a**・**b**の顧問の発言は、すぐ前の部員Bの発言の「織姫のことをうたったものですか」をうけたものである。ここから、空欄には織姫に関係する語が入ると考えればよい。まず選択肢の各語の意味を確認しよう。

「仙期」は注にあるように七月七日のこと。「明年」は〈翌年〉の意。「留怨」は牽牛と会えない怨みを抱くこと。「織室」は織姫が機織りにいそしむ部屋。「玉機」は織姫の機のこと。「玉」は、とくに漢文では〈美しいもの〉〈高貴なもの〉に対して使われることが多く、ここもその意味で用いられている。「飛花」は飛び散る花のこと。「笑瞼」はここでは〈笑顔〉の意。「愁心」は文字通り〈愁いの心〉〈悲しむ心〉の意である。

この中から、その言葉で明らかに織姫だとわかる語、すなわち牽牛にも該当する語ではなく、織姫だけに該当する語の組合せを考えよう。織姫はその名の通り、天で機織りをしているため、機織りに関わる語が織姫だけに該当するものとなる。選択肢の中でその組合せとなっているのは、「織室」と「玉機」の③である。

「仙期」・「明年」・「留怨」・「笑瞼」・「愁心」は、織姫だけでなく牽牛にも該当し（出会いの喜びと別れの悲しみは牽牛も同様だと考えられる）、織姫だけとするには決め手に欠ける。また「飛花」は、比喩表現なので不適切である。

(ii)　**8**　②

まず**【文章】**の傍線部**A**～**E**の内容を押さえ、その中から顧問の言葉にある「七夕伝説の根本」「事実と違う」はどれかを考えていこう。各傍線部の内容は次の通り。

A「天帝之孫、霊星之女ニシテ」

Aのすぐ上にある「妾」は、女性の一人称。ここでは織姫が自分のことを、天を司る天帝の孫で霊星の娘であり、非常に高貴な神霊であることを述べている。

B「夙ニ稟ケ二貞性ヲ一、離レテレ群ヲ索ムレ居ヲ」

「夙」はここでは〈以前から〉や〈昔から〉の意味（他に〈朝早く〉の意味もある）。「稟」は「うく」と読み、〈天命を受けて生まれる〉、〈生まれつき・生まれながらの性質〉という意味をもつ。「貞性《ていせい》」の「貞」は、〈心が正しくそれを守り抜く〉の意で、「貞節《ていせつ》〈＝夫の死後も再婚せずに家を守ること〉」「貞操《ていそう》〈＝女性が性的な純潔を守ること〉」「貞淑《ていしゅく》〈＝女性が貞操を守り、しとやかなこと〉」など、女性の心のあり方や行為の正しさについて使われることが多い。「離レ群」の「群」は、ここでは〈家族〉の意。「索レ居」は〈一人でいること〉の意。ここから傍線部は、〈生まれつき貞淑な性質をもち、家族から離れて一人で暮らしている〉という意味になる。

C「下土ノ無クレ知ル、愚民ノ好ミレ誕ヲ」

「下土」は〈下界の（人々）〉の意で、織姫の住む天の世界と対比されている。「誕」はここでは〈でたらめ〉の意。下界の人々は織姫の真実を知ることがなく、でたらめな話を好んでいるというのである。

D「鄙語邪言、何レノ処ニカ不ランレ至ラ」

「鄙語邪言」は〈下品な噂やでたらめな話〉の意。「何処」は、場所を示す語で「いづれのところ・いづく」と読み、〈どこに・どちらに〉と訳す。「何処不レ至」は反語的な表現で、〈どこに広まっていない所があろうか〉、すなわち〈あらゆる所に広まっている〉という意味になる。

E「褻二侮シ神霊ヲ一、罔シレ知ル二忌憚ヲ一」

書き下すと「神霊を褻侮し、忌憚を知る罔し」となる。「褻侮」は〈相手をおとしめ侮辱する〉こと。「忌憚」は〈遠慮〉の意味（現代でもその意味で使う）。〈神霊たる私を侮辱し、（神霊の私に対する）遠慮を知らない〉という意味になる。

次に【概要】の七夕伝説を参考にして、「七夕伝説の根本」にあたるのはどれか考えていこう。顧問の言葉によれば、織姫は七夕伝説を「根本から事実と違う」と批判しているので、ここでは七夕伝説の「内容」が問題になっていると考えられる。したがって、七夕伝説の「内容」に直接触れているものという観点から選択肢を検討すればよい。まず①A「天帝之孫、霊星之女ニシテ」と、②B「夙ニ稟ケ二貞性ヲ一、離レテレ群ヲ索ムレ居ヲ」は、出自やプロフィールといった七夕伝説の「内容」について言及している。だが、③C「下土ノ無クレ知ル、愚民ノ好ミレ誕ヲ」は下界の人々の話、④D「鄙語邪言、何レノ処ニカ不ランレ至ラ」は七夕伝説が広まったことを述べているので、七夕伝説の「内容」ではない。また⑤E「褻二侮シ神霊ヲ一、罔シレ知ル二忌憚ヲ一」は、織姫が七夕伝説に対する怒りを表明している箇所なので、これも「内容」ではない。よってこの段階で、③・④・⑤は除外できる。

残る①と②で、「事実と違う」もの、別の言い方をすれば【概要】にある七夕伝説とは違う内容が述べられているものはどちらなのかを考えていこう。すると織姫の血筋を述べている①より、②の方が、織姫に関する情報について一般的な七夕伝説と大きく違うことをいっていることがわかる。②で織姫は、貞節を守り一人で暮らしてきたと述べている。つまり誰とも結婚しておらず、もちろん牽牛の妻でもない。牽牛と何の関係もない以上、七夕伝説は根本から違っていることになる。この点から、②が解答となる。

(iii)

9 ④

まず傍線部**d**を含む文の意味を確認しよう。この文には使役の句形「令ム二AヲシテB（セ）一（AヲシテB（セ）しム＝AにBさせる）」が使われている。

致レル令ムル二三	令ム三
清潔之操ヲシテ	A ヲシテ
受ケ二	B セ二
此ノ汚辱之名ヲ一	＋目的語ヲ一

「清潔之操」は傍線部B「夙ニ稟ケ二貞性ヲ一、離レテレ群ヲ索ムレ居ヲ」と対応し、〈貞節を守っている〉の意。したがって文全体は〈貞節を守っている織姫に、この汚辱の名を受けさせることになった〉という意味になる。

次に「汚辱之名」の内容を押さえよう。「此」とあるので、直前の「豈ニ意ハン、……妄リニ伝ヘ二秋夕之期ヲ一、指シテ作サントハ二牽牛之配ト一」の文に着目する。「豈」は反語の用法なので「豈ニ意ハン」で〈どうして思うだろうか、いや、思わない〉の意。「配」は現在でも〈配偶者〉という言葉があるが、ここでは〈妻〉の意味。誰とも結婚していない織姫にとって、牽牛の妻とされ七夕の日に会いに行くという七夕伝説は思いもよらないことだったのである。

この文の中から織姫が「汚辱」と考える内容はどこか。「汚辱之名」は、内容からみて「清潔之操」と対比的に使われているので、「貞節を守る」と反対のことを指す。そうすると「作サントハ二牽牛之配ト一」の部分、つまり牽牛の妻とされることがその内容になる。織姫は女性としての純潔を守って誰とも結婚していない。それなのに牽牛の妻とされることは、自身が純潔を守っていない者とされることであり、「汚辱之名」と考えたのである。このような内容を適切に説明している選択肢は④である。

①と②は「此汚辱之名」の「此」の指示内容が適切ではない。③と⑤は織姫は「牽牛の妻である」ことを前提としている点が織姫の主張と合っていない。

書き下し文

【漢詩】

仙期《せんき》、織《しよく》室《しつ》に呈《あらは》れ
神駕《しんが》、河辺《かへん》に逐《お》ふ
笑瞼《せうけん》、飛花《ひくわえい》映じ
愁心《しうしん》、燭処煎《しよくしよせん》ず
昔《むかし》は河《かは》の越《こ》え難《がた》きを惜《を》しみ
今《いま》は漢《かん》の旋《めぐ》り易《やす》きを傷《いた》む
誰《たれ》か能《よ》く玉機《ぎよくき》の上《うへ》
怨《うら》みを留《とど》めて明年《めいねん》を待《ま》たん

【文章】

妾《せふ》は乃《すなは》ち天帝《てんてい》の孫《まご》、霊星《れいせい》の女《むすめ》にして、夙《つと》に貞性《ていせい》を稟《う》け、群《ぐん》を離《はな》れて居《きよ》を索《もと》む。豈《あ》に意《おも》はん、下土《かど》の知《し》る無《な》く、愚民《ぐみん》の誕《たん》を好《この》み、妄《みだ》りに秋夕《しうせき》の期《き》するを伝《つた》へ、指《ゆび》さして牽牛《けんぎう》の配《はい》と作《な》さんとは。清潔《せいけつ》の操《みさを》をして此《こ》の汚辱《をじよく》の名《な》を受《う》けしむるに致《いた》る。其《そ》の源《みなもと》を開《ひら》く者《もの》は斉諧多詐《せいかいたそ》の書《しよ》なり。其《そ》の波《なみ》を鼓《こ》する者《もの》は、楚《そ》俗不経《ぞくふけい》の語《ご》なり。其《そ》の説《せつ》を傅会《ふくわい》して之《これ》を倡《しやう》する者《もの》は、柳宗元《りうそうげん》の乞巧《きつこう》の文《ぶん》なり。其《そ》の事《こと》を鋪張《ほちやう》して之《これ》を和《わ》する者《もの》は、張文潜《ちやうぶんせん》の七夕《しちせき》の詠《えい》なり。強詞雄弁《きやうしゆうべん》にして、以《もつ》て自《みづか》ら明《あき》らかにする無《な》し。鄙語邪言《ひごじやげん》、何《いづ》れの処《ところ》にか至《いた》らざらん。神霊《しんれい》を褻侮《せつぶ》し、忌憚《きたん》を知《し》る罔《な》し。是《こ》れ忍《しの》ぶべくんば、孰《いづ》れか忍《しの》ぶべからざらん。

全訳

【漢詩】

七夕の季節が織女星の機織りの部屋に訪れ
織姫の乗った車は天の川に向かう
喜びにあふれた顔は飛ぶ花のように美しく輝き
別れを憂う心は灯火の芯のように胸を焦がす
昨日までは銀河が越えにくいことを口惜しく思ったが
今は天の川がめぐりやすいことを悲しく思う
誰が機織り機の上で
離別の恨みをとどめて翌年まで待つことができようか

【文章】

私は天帝の孫、霊星の娘で、以前から生まれつき貞淑な性質をもち、家族から離れて（これまで誰とも結婚せずに）一人で暮らしていました。だから私は思ってもみなかったのです、下界の人々は（私が一人暮らしをしているのを）知ることなく、愚かな人々はでたらめを好み、みだりに私が七月七日の秋の夕べに（牽牛と）密会するという話を伝え、（私の星を下界から）指差して、牽牛の妻だとしているなどということを。（この七夕伝説によって）私のこの純潔な操に（牽牛の妻となって純潔を守っていないという）汚辱の名を受けさせることになったのです。その（七夕伝説の）源をたどると、最初に言い出したのは、『斉諧』という、でたらめばかりを記した書です。（そして）その波のように伝わった話をあおりたてたのは、『荊楚歳時記』の筋の通らぬ話です。（その後）その話にいろいろなこじつけをして、これを言い出したのが柳宗元の「乞巧の文」です。（さらに）その話を大げさにして、これに調子を合わせたのが、張文潜の「七夕の詠」なのです。これらの作品の言葉は強い説得力をもち、雄弁に語られているので、私の力では（それらが嘘だということを）明らかにすることができません。（私に対するこのような）下品な噂やでたらめな話が下界のどこに広まっていないことがありましょう（世の中すべてに流布しています）。神霊を侮辱し、神霊への遠慮というものを知らないのです。もし（私が）これを我慢できるなら、（それ以外の）何を我慢できないことがありましょう（何も我慢できないものなどありません）。

模試 第2回

解　　答

合計点	/200

問題番号(配点)	設問	解答番号	正解	配点	自己採点
第1問 (50)	1	1	②	2	
		2	②	2	
		3	①	2	
		4	④	2	
		5	①	2	
	2	6	⑤	7	
	3	7・8	①*・⑤*	10（各5）	
	4	9	④	8	
	5	10	③	7	
	6	11	①	8	
第2問 (50)	1	1	④	3	
		2	⑤	3	
		3	①	3	
	2	4	②	8	
	3	5	⑤	8	
	4	6	③	8	
	5	7	①	8	
	6	8	②	9	

問題番号(配点)	設問	解答番号	正解	配点	自己採点
第3問 (50)	1	1	③	5	
		2	②	5	
		3	⑤	5	
	2	4	②	5	
	3	5	①	7	
	4	6	③	7	
	5	7	④	8	
	6	8	④	8	
第4問 (50)	1	1	①	5	
		2	④	5	
	2	3	①	6	
	3	4	⑤	6	
	4	5	③	6	
	5	6	①	6	
	6	7	④	6	
	7	8・9	③*・⑥*	10（各5）	

＊は順序を問わない。

	出　典	目安時間	難易度 大問別	難易度 全体
第1問	齊藤了文『事故の哲学　ソーシャル・アクシデントと技術倫理』	20分	標準	標準
第2問	詩：宮澤賢治「業の花びら」 文章：紀野一義『いのちの世界・法華経』	20分	標準	
第3問	文章Ⅰ：『夜の寝覚』 文章Ⅱ：『夜寝覚物語』	20分	標準	
第4問	文章Ⅰ：王梓『燕翼詒謀録』 文章Ⅱ：韓愈『韓昌黎文集』「復讐状」	20分	標準	

第1問

出典 齊藤了文《さいとうのりふみ》『事故の哲学 ソーシャル・アクシデントと技術倫理』（講談社 二〇一九年）

齊藤了文（一九五三〜）は、関西大学社会学部教授。専門は工学の哲学と倫理。主な著書に『〈ものづくり〉と複雑系』『テクノリテラシーとは何か』などがある。

【出題のねらい】 共通テストの試行調査においては、文章のみならず関連する図表が提示され、両者の関係性や図表の読解に関する問題が出題されている。この傾向を踏まえて、今回は図を含む文章を出題した。図表と問題文とを見比べる必要があるという点では新傾向の問題と言えるが、文章の構成や論旨を把握するという基本を大事にして、新傾向の問題への対策とともに、基本的な読解力の養成をしてほしい。

【概要】 問題文は、〈人工物を理解するために必要とされる人工物を作る知〉という主題のもと、大きく二つに分けられる。まず、1〜13段落では設計の営為について論じ、14〜27段落では、人工物が介在する倫理関係の特徴について論じている。この区分に従い、問題文の流れを確認していこう。

Ⅰ 設計の営為の特徴（1〜13段落）

・人工物を理解するには、人工物を作る知が必要だ。人工物を作る知が、技術、そして人工物を考えるモデルとして取り上げられるべきである。（1段落）

↓

・工学の知識の中心になるのは「設計」である。設計の営為を、自動車を例に概観してみよう。（論点の提示→2段落）

↓

・自動車の製造には多様な制約があり、設計はその制約を満たさねばならない。それぞれの制約条件をどう満たすか、どの程度満たすかということが自動車の設計に関わる。その違いによって、多様な自動車が生まれることになる。

・だが、時として、一つの機能を求めると、他の機能を犠牲にしなければならないということが生じる。あちらを立てればこちらが立たずという関係にあり、相互に作用している。このような状況を、「トレードオフ」という。

・「トレードオフ」をどのように扱うかが、設計のポイントとなる。しかし、このような複雑なトレードオフの関係を踏まえての設計は、なかなか簡単ではない。自動車設計においては、全体にわたる数学的な最適解など、あり得ないのだ。（3〜9段落）

・設計において、使える資源は無限ではない。すると、あらゆる点に配慮することは実際的には不可能になる。あらゆる可能性とその影響を、設計者が予め詳細に考慮することは不可能だ。設計者は「割り切り」を行って設計するしかない。（10〜13段落）

Ⅱ 人工物が介在する倫理関係の特徴（14〜27段落）

・ものづくりを行う工学者は、事故を起こさない人工物を作ることが重要な役割だと考えられる。（14・15段落）

↓

・だが、エンジニアの倫理は、我々が通常考えているような人間関係における倫理観から大きく乖離している。（論点の提示→16段落）

・専門的な知識を持つエンジニアは、専門家の倫理が問題になるが、医師や法律家に関する専門家倫理とは決定的に違うところがある。

・医師や弁護士…サービスを行う相手が目の前にいて、その相手に「危害を加えない」のが基本。

・エンジニア…作った人工物が、（目の前にいない）消費者に被害を与える可能性がある。（17〜19段落）

・普通、倫理的問題は、対人関係、つまり他人に対する行為について言われており、「人」対「人」の、二項対立が前提となっている。（20段落）

↔

・ところが、設計という行為においては、作る人と使う人の間に人工物が介在している。エンジニアは、通常の倫理関係が問題としている他人、つまり「目の前」の人だけでなく、人工物を使う第三者を配慮して設計・製造しなければならない。

・だが、このような人工物が介在した倫理関係は、なかなか複雑な問題をはらんでいる。

・製造から何年か経った構造物を介して、故意ではなく他人に迷惑をかけた場合、エンジニアは、設計時に構造物の遠い将来を見通すことはできたのであろうか。このエンジニアに、どのような責任があるのだろうか。

・さらに、エンジニアは、組織の中で働いているケースがほとんどである。そして、人工物の使用者が公衆となる場合もある。この時、これまでの「人」対「人」の二項関係を前提とした倫理観ではとらえられない問題が発生しよう。(21〜25段落)

↓

・人工物の世界では、「正しい」設計、安全を考慮した設計をしても、それが単純な仕方では、自発的な倫理的行為とはならない。「他人を思いやる」ということが、常識的な理解から乖離する。この時、我々の知っている世界は、奇妙な歪みを見せることになろう。(26段落)

↓

・この歪みをとらえるためには、これまで見てきたエンジニアの営為を通して、人工物そのものについて考えなければなるまい。(27段落)

問1 1 ② 2 ② 3 ① 4 ④ 5 ① 《漢字問題》

(ア)「概観」。①は「生涯」、②は「気概(=困難にもくじけない強い意志)」、③は「該当」、④は「凱旋(=戦いに勝って帰ること)」、⑤は「感慨」。正解は②。

(イ)「薄く」。①は「迫真」、②は「薄氷」。「薄氷を踏む思い」で〈非常に危険な状態にのぞむこと〉という意味になる。③は「博識」。④の「白日」は「白日のもとにさらす」で〈隠されていた物事を世間に公開する〉という意味になる。⑤は「剥離」。正解は②。

(ウ)「観測」。①は「推測」、②は「促進」、③は「即物的(=現実に即して考えたり行動したりするさま)」、④は「閉塞」、⑤は「規則」。正解は①。

(エ)「極端」。①は「悲嘆(歎)」、②は「魂胆(=心の中にもっているたくらみ)」、③は「丹念」、④は「端的」、⑤は「冷淡」。正解は④。

(オ)「同僚」。①は「官僚」、②は「治療」、③は「良識(=健全な考え方)」、④は「読了」、⑤は「明瞭」。正解は①。

問2 6 ⑤ 《問題文・図表の関係把握問題》

傍線部と**図1**「設計のマンダラ」の解説(「設計を中心に……」)より、条件**a**〜**e**が多様な制約条件の具体例であること、**X**が当初の時点では大きく考慮されていなかった新たな制約条件であることが確認できる。

これらの制約条件について、問題文では自動車の設計を例にして、以下のように説明されている。

・設計は多様な制約を満たさねばならないが、時として、一つの機能を求めると、他の機能を犠牲にしなければならないということが生じる。各制約条件は相互に作用しており、このような状況を、「トレードオフ」という。「トレードオフ」をどのように扱うかが、設計のポイントとなる。(3〜7段落)

・このような複雑なトレードオフの関係を踏まえての設計は、なかなか簡単ではない。自動車設計においては、全体にわたる数学的な最適解など、あり得ないのだ。(9段落)

以上を整理すると、

設計において満たす必要のある制約条件は、相互に作用している。さらに、設計の途中で、当初は大きく考慮されていなかった新たな制約条件が加わることもある。各制約条件の相互作用を踏まえての設計は容易ではなく、数学的な最適解は存在しない。

となる。これを満たしている⑤が正解である。

①は、「aにとってはcとdが対立する関係にある」が不適切。a～eはそれぞれが設計における制約条件であり、aにとってcとdが対立するということを図が示しているわけではない。また、「すべての条件を完全に満たすことが設計者には求められる」とは問題文に書かれていない。

②は「経験を積むことによって、あらゆる条件を満たした設計が可能になる」が不適切。たしかに、設計を任せるには経験が必要とされるが、あらゆる点に配慮することは難しい、というのが問題文における筆者の主張である。

③は「事故が起きないように安全第一で設計する必要がある」が不適切。問題文では、どの制約条件が一番重要であるかは明言されていない。

④は「予期しない条件が加わった場合、それを最優先にして他の機能を犠牲にしなければならない」が不適切。問題文からは、予期しない条件の優先順位を高くすべきという記述はない。また「事前に条件を設定しすぎない」という記述もない。

問3 **7**・**8** ①・⑤（順不同）《図表の内容把握問題》

まず、[20]・[21]段落をもとにして**図2―1**と**図2―2**について整理する。

図2―1　通常の倫理
・「人」対「人」の二項対立を前提とする、これまでの対人関係における倫理関係

↔

図2―2　エンジニアの倫理
・「作る人」と「使う人」の間に人工物が介在する倫理関係
←
・エンジニアは人工物を使う第三者を配慮して設計・製造しなければならない

この違いを踏まえて筆者は、設計という行為においては、「人間関係の学問であった倫理学が、その基本要素として人工物に特に着目せざるを得ない時代になったのである」（[21]段落）という主張を述べているのである。ここから、

図2―1と図2―2は、「人」対「人」の二項対立を前提とする、これまでの対人関係における倫理関係と、設計という行為における「作る人」と「使う人」の間に人工物が介在する倫理関係の違いを簡潔に示し、倫理学が人工物に着目せざるを得ない時代になったという主張を導く根拠としている――Ⅰ

ということがわかるであろう。

さらに、筆者は[22]段落で、**図2―2**のような人工物が介在した倫理関係が複雑な問題をはらんでいると述べ、**図2―3**を提示している。**図2―3**の解説によれば、

人工物が媒介する倫理関係②（＝**図2―2**における倫理関係）において、「作る人」が「組織」に属し、「使う人」が発注者に限らず多数存在し「公衆」となる場合には、「作る人」の倫理的行為は、単純に機能しない。

とあり、このことを踏まえて「この時、これまでの『人』対『人』の二項関係を前提とした倫理観では捉えられない問題が発生しよう」（㉕段落）という主張を提示している。ここから、

図2―3は、図2―2の倫理関係が複雑になる場合があるということを示し、従来の倫理観ではとらえられない問題が発生する可能性があるという主張を導く根拠としている――Ⅱ

ことが理解できるはずだ。

以上のⅠとⅡに注目すると、①と⑤が合致することがわかる。

②は「倫理関係の前提となる考え方が時代の移り変わりに伴って変化していることを明示している」が不適切。筆者は、倫理関係の前提となる考え方が**図2―1**から**図2―2**へと変化したと述べているのではなく、**図2―1**といった従来の倫理関係に加えて**図2―2**のような関係にも着目しなければならない時代になったと述べているのである。

③は「人工物が介在する倫理関係自体に内包されている複雑な問題を表している」が不適切。たしかに㉒段落で「このような人工物が介在した倫理関係は、なかなか複雑な問題をはらんでいる」とあるが、この部分は㉓・㉔段落にあるような将来の予測に関する問題や**図2―3**の関係によって生じる問題に関する記述であり、**図2―2**自体が複雑な問題を示しているわけではない。

④は「**図2―3**の関係は、**図2―2**の関係に時間の経過という要素を加えたものであり」が不適切。すでに確認したように、**図2―3**は**図2―2**のさらに複雑な場合を示したものであり、時間の経過という要素を加えたものではない。

⑥は「**図2―1**における関係を前提とした倫理観がもはや時代に合わなくなっている、という主張」が不適切。⑱段落にあるような医師や弁護士の場合、**図2―1**における関係が倫理観の前提となるので、現代においても**図2―1**のような倫理観が求められる場合があると言える。

問4　**9**　④　**《図表の趣旨把握問題》**

問3で確認したように、人工物が媒介する倫理関係においては、**図2―3**のように、「作る人」が「組織」に属し、「使う人」が発注者に限らず多数存在して「公衆」となる場合がある。この場合、「作る人」と「使う人」が従来のような「人」対「人」の二項関係にはならない。また、人工物を媒介とする場合、㉔段落にあるような「技術者は、設計時、その構造物の遠い将来を見通すことはできたのであろうか。この技術者に、どのような責任があるのだろうか」という問題も生じる。以上を踏まえて各選択肢を検討しよう。

①は、「作る人」と「使う人」が、従来の二項関係を前提としたものとはならないという点で、**図2―3**を正確に理解している。

②は、「作る人」が「組織」に属する場合の倫理に言及しており、**図2―3**を正確に理解している。

③は、「作る人」が「組織」に属しており、「使う人」が発注者に限らない多数の「公衆」である場合の倫理に言及しており、**図2―3**を正確に理解している。

④は、介護者が「組織」の一員であったとしても、介護される利用者は目の前にいるという点で「サービスを行う相手が目の前にいる」通常の倫理関係について述べたものである。介護の現場に関する意見は、あくまでも対人関係における倫理に言及したものであるので、「通常の倫理関係ではとらえられない」が不適切。よって、これが正解。

⑤は、「作る人」が「組織」に属している場合、設計時に予測できなかった問題に対してどのような責任が生じるのかというものであり、人工物が媒介する場合の倫理として適切である。

問5　**10**　③　**《理由把握問題》**

傍線部直前に「人工物の世界では、『正しい』設計、安全を考慮した設計をしても、それが単純な仕方では、自発的な倫理的行為とならない」（㉖段落）とあるように、人工物が媒介する倫理関係は、通常の対人関係を前提としたものよりも複雑な問題をはらんでいる。㉑段落にあるように、エンジニアは「『目

の前」の人だけでなく、人工物を使う第三者を配慮して設計・製造しなければならない」が、23・24段落にあるように、すぐに構造物の遠い将来を見通すことは難しいという問題がある。さらに、**問4**で確認したように、「作る人」であるエンジニアが組織に属し、人工物の使用者が「公衆」となる場合もある。
以上から、人工物を媒介する場合は、

人工物を使う第三者を配慮して設計・製造しなければならないが、設計の時点で人工物の将来を完全に予測することは不可能であり、作る人が組織に属し、使う人が公衆となる場合もある。それゆえ、人工物を媒介して倫理行為をするエンジニアは、対人関係とは異なり、「目の前」にいる個人を配慮するということには必ずしもならない。

ということになる。それゆえ、「『他人を思いやる』ということが、常識的な理解から乖離する」のである。以上と合致する③が正解である。

①は「人工物を媒介にして直接面と向かうのは組織の中で働くエンジニアと発注者である」が不適切。組織に属しているエンジニアにとって「目の前」の人とは「同僚」などである（21段落）。組織に属している場合、エンジニアと発注者との関係は間接的なものである。

②は「エンジニアは組織に属する受動的な立場である」が不適切。たしかにエンジニアは組織に属しているが、筆者はこれを「受動的な立場である」とはしていない。

④は21段落に「エンジニアは、……人工物を使う第三者を配慮して設計・製造しなければならない」とあることから、「エンジニアが発注者や公衆を配慮して設計をすることは求められていない」が不適切である。

⑤は「人工物が媒介する倫理関係において作る人がつながるのは、人ではなく人工物である」が不適切。人工物が媒介する倫理関係においても、その基本はあくまでも「作る人」と「使う人」の関係である。

問6 11 ① **《問題文の構成把握問題》**

【概要】でまとめたように、問題文は、人工物を理解するために必要とされる人工物を作る知について、設計の営為を中心に論じた1～13段落と、人工物が介在する倫理関係の特徴を論じた14～27段落の二つの部分から考察している。これに合致する①が正解である。

②は、人工物を設計する際の倫理関係の説明を3～20段落で行っているとしている点で誤っている。また、21～25段落は「想定される反論の紹介」ではなく、人工物が介在する倫理関係の特徴を説明している箇所の一部である。

③は、「一般論と例外とを交互に紹介し、人工物の知の両義性を明らかにしている」が不適切。「両義性」とは〈一つのものの中に、相反する二つの意味があるさま〉という意味であるが、問題文では人工物の知にそのような性質があるとは述べられていない。

④は、「11～23段落で……人工物が介在する倫理関係が生じる経緯を明らかにした」が誤り。11～13段落は、設計の限界について述べており、人工物が介在する倫理関係について述べられているのは14段落以降である。また、24段落は人工物が介在する倫理関係の説明をしている途中にあたるので、「24～27段落で全体をまとめるという形をとっている」も不適切である。

⑤は、問題文では想定される反論を提示したうえで再度反論をするという形をとっていない。したがって、後半が不適切。

第2問

出典 【詩】 宮澤賢治《みやざわけんじ》「業の花びら」（一九二四年）

【文章】 紀野一義《きのかずよし》『いのちの世界・法華経』（現代人の仏教5 筑摩書房 一九六五年）第十七章「仏のいのち――如来寿量本」

宮澤賢治（一八九六～一九三三）は大正～昭和初期の詩人・童話作家。岩手県出身。盛岡高等農林学校（岩手大学農学部の前身）在学中に『法華経』を読んで感銘を受け、日蓮宗（法華宗）の熱烈な信者となる。二十五歳のとき上京して創作活動に入り、帰郷後、花巻農学校教諭となる。三十歳で退職、その後は農芸化学者・信仰者・思想家として農村生活の技術的・文化的向上に尽力するかたわら、創作を続けた。作品として、詩集『春と修羅』、童話「風の又三郎」「銀河鉄道の夜」「注文の多い料理店」などがある。

紀野一義（一九二二～二〇一三）は仏教学者。山口県に生まれ、広島市に在住した後、東京大学文学部印度哲学科を卒業。学習院女子短期大学教授、宝仙学園短期大学学長などを務めた。『いのちの風光』『仏との出会い』『大悲風の如く』『仏教の思想12――永遠のいのち〈日蓮〉』など、自身の戦争体験等をおりまぜたドラマチックな文章で、『法華経』を軸に、仏教思想をわかりやすく解説した著書が多い。

【出題のねらい】 やや難解な詩と、それに対する平易な解説文を読み、解説文の論旨そのものを把握するとともに、それを手がかりとして、詩の象徴的表現の意味や、詩の背景にある作者の思想などを正しくとらえよう。さらに、詩についての作者の見方を正確に読みとることができるかどうかもポイントである。

【概要】 【詩】は難解であるが【文章】は平易なので、最初に【文章】の概要を述べ、それに基づいて次に【詩】の鑑賞を試みることにしよう。

〈【文章】の概要〉

1・2 詩の中で賢治は、「湿気」「風」「松ややなぎの林」などによって「苦悩に満ちた」この人生を表し、これと対比的に、空いっぱいの「業の花びら」によって、「宿業を負うた人のいのちの数々」すなわち「過去・現在・未来にわたってこの世に充満しているさまざまないのちの群れ」を表している。

3・4。「宿業」あるいは「業」とは、「人間はひとりで生きているのではなく多くの他のいのちとさまざまに関係しあいながら生きている」ということであり、これは仏教の「諸法無我」という考え方に通じる。

。右の関係のうちには、人間だけでなく他のさまざまないのちあるものも含まれ、またこの関係は現在だけではなく過去にも未来にもひろがっている。

「人間は……ながら生きている」の具体例

。原爆の犠牲者という過去のいのちに動かされることによって、戦争に対する筆者の烈しい嫌悪が生じている。

。戦争で孤独となった筆者のいのちが、もろもろの他人のいのちとの関係のおかげで成長してきたことにより、血縁を超えた他人のいのちに対する筆者の深い愛が生じている（＝業の姿）。

。右のことは、原爆で死んだ肉親の過去のいのちが筆者に働きかけ、人間への信頼を強め、深めてくれているということである（＝業の姿）。

。未来に生まれるであろういのちの働きかけによって、明るい平和な世界を作らなければならないという筆者の責任感が生じている。

5 〈ひとつひとつのいのちの関係性・結びあい〉という「業」のあり方を賢治も感じ、その詩の中で「空いっぱいにひろがる業の花びら」と見たのであろう。

〈【詩】の鑑賞〉

1。冒頭で、〈【文章】の概要〉1・2で見た対比が示される。

。空いっぱいの「花びら」とは明らかに、夜空の星をたとえた比喩である。ただし、詩から読みとれる天候から考えて、この「花びら＝星」は（後出の「わずかのさびしい星群」を除き）、夜空をおおう雲の彼方に想像された、すなわち「幻想的に」（【文章】5）見られた星であろう。

←

◦じめじめした風の吹く暗い林から見上げた夜空に思い描かれた、雲におおわれた満天の星によって、それぞれの「業」を担った無数の人々のいのちが、人生のさまざまな苦悩におおわれながらも光を放とうとしているさまが表されている。

◦「神々の名を録した」とは、星座（ギリシア神話の神々や英雄の名を持つ）を思い描いたことを言うのであろうが、星々の表す「人のいのち」の神々しさに打たれる作者の思いを、「はげしく寒くふるへてゐる」とともに表しているのでもあろう。

Ⅱ

◦前半4行では、「億の巨匠＝無数の人々のいのち」が、（夜空の星々のように）互いに争ったり害しあったりすることなく共存する世界の実現という、作者賢治の理想が吐露されている。

◦後半3行では、いのちのひとつとして人生の苦悩（つめたい沼）に浸されつつ、右の理想に心を燃やす作者自身の姿が描かれている。

Ⅲ

◦前半5行では再び、「松」「雫」「風」「雲」などに象徴される人生の苦悩と、「人のいのち＝星群」とが対比され、雲の隙間から星が輝き現れるように、人のいのちがそれをおおう苦悩の合間におのれを輝かす瞬間が描かれる。

◦後半4行のうち、星群の中の「偶然な二っつが／黄いろな芒で結」ぶとは、無数の人々の中から特定の二人が出会い、結ばれて伴侶となるさまであろう。

◦後半2行は、二つの星の放つ光を「芒」（注1）参照）にたとえたことから、この二つの星に連なる他の星々を草の実に連なる穂にたとえ、他の人々もまた「雲＝苦悩」の中から「いのちの輝き」を現そうとしているさまを描いているのであろう。

ただしこれは解説文の見方に沿った一つの解釈にすぎない。詩についてはさまざまな解釈の余地があるので、他にどのような解釈が可能か、各人でいろいろと考えてみてほしい。

問1　1 ④　2 ⑤　3 ①　**《漢字問題》**

(ア)「宿業」の読み方は「しゅくごう」である。問題文の「業」も「ごう」と読み、いずれもふつうは〈現世の宿命を決めている前世の行い〉という意味で用いられるが、文中では独自の意味で用いられている。

正解は④の「非業（ひごう）」である。「非業の死を遂げる」などの言い方でよく用いられる。①「業績（ぎょうせき）」、②「業務（ぎょうむ）」、③「偉業（いぎょう）」、⑤「学業（がくぎょう）」はいずれも平易であろう。

(イ)「規定」の読み方は「きてい」である。正解は⑤の「認定（にんてい）」。①「定石（じょうせき）」は囲碁用語から転じて〈物事を処理するための決まった仕方〉の意味で広く用いられる。③「必定（ひつじょう）」は〈必ずそうなるに決まっている〉の意。②「定規（じょうぎ）」と③「勘定（かんじょう）」は、おなじみの語であろう。

(ウ)「嫌悪」は「けんお」と読み、〈忌み嫌うこと〉という意味である。「険悪（けんあく）」と取り違えないこと。正解は①の「悪寒（おかん）」で、これは風邪で熱が出たときなどに感じる〈ぞくぞくする寒気《さむけ》〉のことである。②「悪態（あくたい）」は〈悪口・憎まれ口〉という意味で、「人に向かって悪態をつく」などの言い方で用いられる。③「悪評（あくひょう）」、④「凶悪（きょうあく）」、⑤「罪悪（ざいあく）」。

問2　4 ②　**《詩の表現把握問題》**

詩の中で用いられている語は、字面どおりの意味のほかに、別のある物事をたとえたり象徴したりして表していることがよくある。このタイプの問題は往々にして難問になりがちであるが、本問の場合は、**【文章】**の1段落に注目して、次のような手順に従うことにより、明快に理解して正解を導くことができる。

(1) 1段落の最初の文から、「湿気」「風」「松」「柳」の四つの語が「苦悩に満ちた暗い人生」を表していること、この四語が「業の花びら」と対比的に用いられていることをとらえる。

(2) 1段落の第二文から、「業の花びら」が「宿業を負うた人のいのちの数々」を表していることをとらえる。また、「花びら」は夜空の星をたとえた比喩でもある。

(3) 二重傍線部**a**～**f**のうち、**c**「松並木」、**d**「風」、**e**「星群」の三つに注目すると、(1)・(2)より、**c**と**d**は必ず同一グループに入り、**c**・**d**と**e**とは必ず別のグループに入ることがわかる。①～⑥のうち、この両条件を満たしているのは②・④の二つだけであるから、他の四つの選択肢は消去できる。

(4) **a**直後の「並んでうまれ」から、「巨匠」が、**e**「星群」と同じく「人のいのち」を表していることがわかる。したがって、残った②・④のうち、**a**と**e**を同一グループに入れている②が正解であることがわかる。

b「沼」や**f**「雲」がどちらのグループに入るのかは解説文からは直接明らかにならないが、これらについては頭を悩まさなくても正解が得られる。過去のセンター試験の国語でも、各選択肢が複数の記号や項目の組み合わせから成っている設問では、今回のように、不明確な項目にはこだわらずに問題文から明確に決まる項目によって選択肢を絞ってゆけば正解が出る、というケースがしばしば見られた。この点は心に留めておこう。

問3 5 ⑤ 《問題文と詩の内容把握問題》

「傍線部と同じことを述べている他の箇所を、文中から抜き出して記せ」という、現代文でよく見られる問題をマーク式で問うたものである。傍線部のかわりに詩の一部分が指定されている点に独自の「ひねり」が加わっているが、解き方の要領は、以下のように、同じである。

(1) Ⅱの前半4行において「億の巨匠」とは、**問2**の(4)でも述べたように、「人のいのちの数々」を表している。したがって「億の巨匠が並んでうまれ／しかも互いに相犯さない／明るい世界」とは、無数の人々が互いに争ったり害しあったりすることなく共存する世界のことだとわかる。

(2) 「ああたれか来てわたくしに言へ／『……明るい世界はかならず来る』と」という言い方は、(1)のような世界が未来において実現されるべき理想の世界であり、この理想を実現したいという賢治の願望がこめられていることを示している。

(3) (1)・(2)を念頭に置いて**【文章】**の3・4段落を読んでゆくと、賢治のこの思いと同様な筆者の思いを述べているのは、4段落の「またわたしは……わたしのまわりに明るい深い平和な世界を作っておかねばならぬ責任をひしひしと感ずる」であることがわかる。

(4) (3)の内容を「つまり」で言いかえた形になっている⑤が、前半4行にこめられた思いと同一の内容を述べた箇所であることがわかる。

①・③は紛らわしいが、(1)～(4)のプロセスを正しく踏まえた正解の⑤のほうが適切といえるし、未来でなく現在を述べていることからも不適切。②・④は過去の諸々のいのちとの関係のあり方についての認識を述べている箇所であるから、不適切である。

問4 6 ③ 《内容把握問題》

非常によく出題されるタイプの問題であるが、解き方は問題ごとにさまざまである。本問の場合は次の手順で考えるのがよい。

(1) まず、基本的な語の知識として、「四次元」という語が〈空間の三つの次元（長さ・幅・高さ）＋時間〉という意味を持つことは知っておくべきである。加えて、問題文では「それは……四次元の世界である」の「それ」の指示内容をたどることによって、次のことがわかる。

四次元の世界＝それ

＝

「空間的に、横にひろがる関係だけでなく、縦に、時間的にもひろがっている」関係（直前の文）

＝

「現在だけのものではなく、過去にも未来にもひろがっている」関係（二つ前の文）

(2)さらに、3段落の第二～四文から、右の「関係」について次のことがわかる。

○人間はひとりで生きているのではなく多くの他のいのちとさまざまに関係しあいながら生きている、というその「関係」である。（第二文）
○周囲の人々と互いに規定しあい、影響しあうという「関係」である。（第三文）
○人間だけでなく、他のさまざまないのちあるものとの「関係」でもある。（第四文）

⇐

右の(1)・(2)より、「四次元の世界」とは、次の三つの要素を含んだ「関係」から成り立っている世界であることがわかる。

(i)人間と周囲の人々との、すなわち人間どうしの相互規定・相互影響の関係
(ii)人間と人間以外の生き物との相互規定・相互影響の関係
(iii)現在の人間や他の生き物との間だけでなく、過去や未来の人間や他の生き物との間に時間的にひろがってもいる相互規定・相互影響の関係

五つの選択肢のうち、右の(i)～(iii)のすべての要素を正しく押さえているのは③で、これが正解。

①は右の「関係」を、苦悩を生み出す「緊張関係」に限定してしまっている点で正しくない。4段落にはこれとまったく異質な相互扶助的関係の例があがっている。

②は右の(iii)の要素、すなわち「関係」の時間的ひろがりが押さえられていない。

④は右の「関係」を血縁関係に狭く限定してしまっている点が誤りである。

⑤は右の「関係」を「愛情を抱」くことに限定しているのに加えて、ある「人間」から多くの人々や生き物への一方的な作用としてとらえてしまっているので不適切である。

問5 7 ①《理由把握問題》

これも頻出するタイプの問題で、その解法の基本的手順は、傍線部の理由を述べている文中の箇所を発見し、その箇所の記述内容を正しく押さえている選択肢を選ぶ、ということである。理由を述べている箇所を探すには、傍線部の直前・直後から始めて、見当たらなければ徐々に前後へと範囲を広げてゆくが、場合によっては傍線部の同義箇所を他に見出してその前後を探す、ということが必要なケースもある。

4段落は、第三・四文、六文が「……から」という理由表現になっており、傍線部の前後も理由表現の文になっている。そこでまず、傍線部の直後の文に着目しよう。「消え去ったかに見えたいのち」は〈肉親の命〉を指しているが、「わたしのいのちをつつみ、働きかけている」は漠然としており、これだけでは傍線部の理由の説明としては不十分。そこで、傍線部の直前にも着目してみると、冒頭の「わたしが今……深い愛を感じている」は傍線部の「人間への信頼を強め、深めてくれた」と同じ内容なので、その理由を述べた「孤独な」以下の部分が正解の根拠であるとわかる。そしてこの部分で述べられているのは、肉親や故里を失った孤独な「わたし」が、**問4**の(i)の関係、すなわち周囲の人々との関係に支えられて成長できたと感じている、ということである。したがって、以上を正しく押さえている①が正解である。

②は、4段落の第八・九文の内容を踏まえたものであるが、この二つの文は、**問3**で述べたように、「わたし」と未来の人々との関係性について語ったものであるから、過去の人々である肉親および現在の周囲の人々との関係性を述べた傍線部とは、議論の脈絡を異にしている。

③は、「戦争の原因となる人間どうしの相互不信」が、問題文の内容とまったく無関係な記述になっている。

④は、戦争で肉親を失うという「同じ境遇」に限定しており、その「境遇」は「わたし」と共有しない人々をも含めた「人間」への信頼の強まり・深まりの理由にはなりえない。

⑤は、信頼感の対象を「肉親との宿縁の深さ」に限定してしまっているので、肉親以外の人々も含めて「人間への信頼」が強まり深まったと筆者が考えていることの理由にはならない。

問6 **8** ② **《趣旨把握問題》**

【文章】の筆者が**【詩】**をどのような詩としてとらえているかを問うことを通じて、**【文章】**全体の趣旨を把握させようとする問題である。

【文章】の中で賢治の詩に直接言及しているのは1・2・5の三つの段落であるが、5段落からわかるように、筆者は、3・4段落において展開されている筆者自身の考えと、賢治がこの詩で表現しようとしたものが同じだと感じている。さらに、4段落は3段落において端的に述べられた考えを、筆者自身の戦争体験とその後の生き方を例として具体的に説明したものであるから、この詩は、3段落に述べられた考え方を表した詩にほかならない、というのが筆者の見解だと言ってよい。

3段落は、仏教の重要な教えのひとつである「諸法無我」を、**問4**で見た(i)・(ii)・(iii)の三つの要素からなる人間と他の多くのいのちとの関係性として解したものである。それゆえ、そのことを表現した詩として「業の花びら」を解した②が正解である。

なお、②には「象徴的に表現した」という文言があるが、「象徴」と「シンボル」は同義であるから、詩「業の花びら」がシンボルとして語を用いていることを明らかにしている**問2**の設問文は、本問を解く有力なヒントになっている。

①は、「この世の人生は苦しみに満ちた暗黒の生であるという悟り」を仏教の教えの要点としている点が、3・4段落における筆者の見方と合致しない。

③は、「利他的な生き方の重要性を……説いた」が、**【詩】**からも**【文章】**からも読みとれない。

④は、「宿業」という語をごく普通の意味に解したものであるが、4段落で語られている「業の姿」が、これとは異なる「業」の意味のとらえ方に立って述べられていることは明らかである。

⑤は、「戦争による殺し合いを憎む思い」が4段落であげられている筆者の体験例の一つにすぎず、賢治の詩の中心的詩想とはみなされていないから不適切である。

第3問

出典 【文章Ⅰ】『夜《よる》の寝覚《ねざめ》』、【文章Ⅱ】『夜寝覚物語《よるのねざめ》』

【文章Ⅰ】の『夜の寝覚』は、平安時代後期に成立した作り物語で、作者は『更級日記』の著者の菅原孝標女《すがわらのたかすえのむすめ》とする説もあるが、詳細は不明である。女主人公（中の君）の数奇な運命が語られる物語であり、現存の『夜の寝覚』は中間部と末尾とに欠巻がある。『源氏物語』の影響を受け、女性の心理描写に優れた作品である。

【文章Ⅱ】の『夜寝覚物語』は、『夜の寝覚』を鎌倉時代に改作した物語で、改作者は不明であるが、連歌師の男性ではないかと推測されている。

【出題のねらい】

共通テストの試行調査では、系統の異なる二種類の『源氏物語』「桐壺」巻の本文、及び『源氏物語』の注釈書である『原中最秘抄《げんちゅうさいひしょう》』（二〇一七年）、『源氏物語』「手習」巻の本文と『遍昭集《へんじゅうしょう》』（二〇一八年）など、複数の文章を読み比べる問題が出題された。このような出題傾向を踏まえ、今回は、平安時代の作り物語である『夜の寝覚』と、改作本である『夜寝覚物語』とを読み比べる形とした。**問6**は、両作品の内容や表現の特徴を把握する問題である。

【概要】

【文章Ⅰ】

1 中の君への思いがつのる中納言の心情

・中の君が妻（＝大君）の妹だと知らなかったうちは、必ず会いに行きたいと思って気持ちを落ち着かせることもあり、また、会うことが難しいとも思っていなかったので気持ちが休まることもあった。

・女性関係の方面では熱心になって心を乱すまいと思っていたが、乱れてしまった。身近に（中の君のことを）見聞きするのが辛い。

・（中の君への取り次ぎを頼むために）対の君にどうにかして会いたいと思うが、よい機会がない。

・中の君側は、私（＝中納言）が大君のもとに出入りしていたのをどのように見聞きしていたのだろうと、中の君の心のうちを推し量ると言葉が出ない。

2 中の君のもとに出向く中納言

・大君の上品で立派な様子を見るにつけても、中納言は中の君のことを思い、（中の君の部屋の）中障子のそばから立ち去らない。

・中納言は人が寝静まったあとにそっと起きて、（中の君の部屋の）格子のそばで、部屋の中の様子を立ち聞きする。

・寝具がこすれる音などが聞こえ、中納言は「中の君も私と同じ気持ちで寝覚めているようだ」と思う。

・格子に近寄って独り言を言う中納言の様子を聞きつけ、中の君は胸が締めつけられるような気持ちがして寝具を引きかぶる。対の君は、面倒なことになったと思う。

3 中納言からの手紙を断る対の君

・これ以降、中納言に知られるのを避けるために、中の君は寝覚めの様子を外に漏らさないようにした。

・中納言は数カ月の間、対の屋に忍んで行っては涙ながらに思いの丈を訴え、ひっきりなしに手紙を中の君に送るが、対の君は世間の噂を恐れて手紙を取り次がない。

・中納言は、辛い様子を隠そうとするが、周囲の人がその様子に気づかないことがあろうか（いや、気づくだろう）。

【文章Ⅱ】

1 中の君への思いがつのる中納言の心情

・中納言は、居場所がわかったならば、どのような土地でも相手のもとを尋ねようと思って心の慰めにしていた。

・「手紙を送るにも受け取ってくれそうにもない。大君のもとに出入りしていることを中の君はあきれているだろう」と思うにつけても、中納言は眠ることができない。

2 **中の君のもとに出向く中納言**

・中の君の部屋からは、泣くような様子が聞こえる。中納言は、「中の君も私と同じ気持ちでまどろむことができないのだろう」と思う。

問1 1 ③ 2 ② 3 ⑤ 《語句の解釈問題》

(ア) 単語ごとに区切ると、「いかで／会ひ／てしがな」となる。このうち、「いかで」は、〈どうして〉という意味の疑問・反語の用法と、〈どうにかして～（たい）〉という意味の願望の用法とがある。「いかで」が疑問・反語の意味の時は、述部に助動詞「む」「らむ」「けむ」「べし」「まし」などの語や、助詞「ぞ」「か」などの語が用いられる。一方、願望の意味になる場合は、述部に、助動詞「む」「まほし」「じ」や、助詞「ばや」「にしがな」「てしがな」「もがな」などが用いられることが多い。また、「てしがな」は、もともと願望の終助詞であった「てしが（てしか）」に、詠嘆の終助詞「な」がついて一語化したもので、〈～したいものだ〉という意味。よってここは、「いかで」が願望の意味となり、〈どうにかして会いたいものだ〉という訳になる。正解は③。

(イ) 単語ごとに区切ると「心にくく／のみ／もてなし／て」となる。このうち、末尾の「て」は、現代語でも用いる接続助詞で、そのまま「て」と訳してよい。それ以外の三語の主な意味・用法についてまとめると、

> ○**心にくし**＝〈奥ゆかしい・心ひかれる〉〈恐ろしい・警戒すべきだ〉〈あやしい・いぶかしい〉
> ○**のみ**＝限定〈＝～だけ・～ばかり〉、強調〈＝とくに～・とりわけ～〉、「のみ」を含む文節が修飾している用言の強調〈＝ひたすら～〉
> ○**もてなす**＝〈処理する・取り行う〉〈振る舞う・振りをする〉〈大切に世話をする・待遇する・取り扱う〉〈もてはやす〉〈ごちそうする〉

となる。「心にくし」と「もてなす」はそれぞれ多義語であるため、文脈に沿った理解が必要である。本文では、直後に「つゆも女房のけはひなども漏れ聞こえず〈＝まったく〈中の君に仕える〉女房の様子なども漏れ聞こえてこない〉」とあり、「女房のけはひなども」とあるところから、傍線部は、中の君本人についての説明と推測できる。ここは、中納言が中障子のそばまでやって来ていることに気がついた中の君の行動についての記述なので、「心にくし」は〈奥ゆかしい〉、「もてなす」は〈振る舞う〉の意と考えるのが適切である。また、「のみ」は、限定〈＝～だけ・～ばかり〉の意で用いることが多いが、「のみ」のつく語を含む文節が修飾する述部にまで働く用法〈ひたすら～〉の意）の場合もある。今回はそれにあたり、「のみ」は、「心にくく」が修飾する「もてなす」を強調している。以上を踏まえて傍線部を訳すと、「ひたすら奥ゆかしく振る舞って」となり、②が正解である。

残りの選択肢のうち、①・③・⑤は、用言の強調用法の「のみ」の訳出がないため誤りである。④は、「のみ」を「（上品さ）だけは」と訳出しているが、そのあとに「接待して」とある点が誤りである。中の君は中納言に対して、直接の応対をしてはいない。

(ウ) 単語ごとに区切ると「つゆ／まどろま／れ／給は／ぬ／まま／に」となり、ここで注目すべきは「給は（＝ハ行四段活用動詞「給ふ」の未然形）」である。四段活用動詞であり、「まどろむ」という動詞の直後にあるので、尊敬の補助動詞（〈お～になる〉の意）だと判断できる。これを踏まえて各選択肢を見ると、尊敬語を含むのは、①「お休みになろうと」、④「眠りに落ちなさらないように」、⑤「お眠りになることも」の三つである。「まどろむ」は、〈うとうとする・眠る〉の意であるが、①・④・⑤はこの意で訳しているため、「まどろむ」からは正解が絞れない。そこで、「つゆ～ぬ」に注目しよう。「つゆ」は〈打消〉を強める副詞であり、「ぬ」は未然形「給は」に接続していることから打消の助動詞「ず」の連体形だとわかる。よって、「つゆ～ぬ」は〈まったく～ない〉の意となる。これを踏まえて①・④・⑤を確認すると、⑤が「まったくお眠りになることもかなわないのにまかせて」とあって、「つゆ～ず（ぬ）」を正確に訳せている。なお、「れ」は可能の助動詞「る」の連用形、「ままに」は、名詞「まま」＋格助詞「に」の形の連語で、〈～にまかせて〉の意である。

問2 **4** ②《文法問題》

選択肢の記述を順に確認する。

①「代名詞『その』が一度用いられている」について。「その」は、現代語では連体詞であるが、古語の場合は、代名詞「そ」に格助詞「の」がついた連語である。よって、「その」全体を代名詞とする①は誤りである。

②「完了・強意の助動詞『ぬ』が二度用いられている」について。波線部で、完了・強意の助動詞の「ぬ」が用いられているのは、「聞きつけなば」の「な」と、「行き逢ひなむ」の「な」の二カ所で、どちらも「ぬ」の未然形だが、判断に注意が必要なのは後者の「な」である。「行き逢ふ」というハ行四段活用動詞の連用形についているため、この「な」は「ぬ」の未然形と判断できる。②が正解である。

③「順接の確定条件の接続助詞『ば』が一度用いられている」について。波線部中の「ば」は、「聞きつけなば」という箇所にあるが、その前にある「な」は、②で見たように、完了・強意の助動詞「ぬ」の未然形である。未然形に接続する「ば」は、順接の仮定条件を表す。一方で、〈原因・理由〉を表す順接の確定条件の「ば」は、已然形に接続する。よって③は誤り。

④「願望の終助詞『なむ』が一度用いられている」について。「なむ」が願望の終助詞である場合は未然形接続であるが、波線部では、②で見たように「なむ」の直前はハ行四段活用動詞「行き逢ふ」の連用形になっている。よってここの「なむ」は、完了・強意の助動詞「ぬ」の未然形に、推量・意志の助動詞「む」がついたものである。④は誤りとなる。

⑤「可能の助動詞『る』が一度用いられている」について。「る」は、「のどむる」に一つ見つかるが、これはマ行下二段活用動詞「のどむ」の連体形の一部である。⑤も誤りである。

問3 **5** ①《内容把握問題》

「聞き知り顔ならむやは」は、単語ごとに区切ると「聞き知り顔／なら／む／やは」となり、「聞き知り顔」は〈聞いて知っているような様子〉という意の名詞、「なら」は断定の助動詞「なり」の未然形、「む」は推量の助動詞「む」の終止形、「やは」は反語の係助詞（今回のように文末にある場合は、終助詞とする場合もある）である。以上をもとに傍線部を訳すと、〈聞き知った様子でいられようか、いや、いられまい〉となり、状況をわかったような様子でいることはできない、という内容である。これを踏まえて本文をさかのぼると、本文には次のような内容が書かれている。

(1)「格子に近く寄り居てひとりごちたまふ気色を聞きつけて、胸つぶれて顔引き入れたまひぬるに」
→「格子に近く……気色」までが、「はかなくて……」の歌を詠んだ中納言の様子で、「聞きつけて……引き入れたまひぬる」が中の君の様子である。ここでは、中納言が帳台の外で歌を詠みかけたのに対し、帳台の内にいる中の君が、胸が締めつけられるような思いがして夜具を引きかぶった、という内容。

(2)「対の君も、とけて寝る夜なくのみ嘆き明かせば」
→中納言と中の君との状況に接した、対の君の様子。対の君も、中の君と同様に眠ることができず、ひたすら嘆いて夜を明かしている、という内容。

(3)「『この君は聞きつけたまへるにこそありけれ。わづらはしきわざかな』と思ふものから」
→対の君の心情。「中納言は（意中の女性が中の君だと）聞きつけたのだ」と察し、面倒なことだと思う、という内容。
※末尾の「ものから」は、逆接の確定条件を示す接続助詞で、〈～のに・～ものの・～ではあるが〉の意。ここでは、煩わしいことになったとは思うものの、それを嘆くことができない、という状況を表す。

以上を踏まえて、各選択肢を確認しよう。

①は(3)の内容にほぼ合致する。

②は、選択肢の前半は(1)とほぼ合致するものの、後半の「いくらなんでも中納言が気の毒だと感じている」が(3)の内容と異なる。

③は、選択肢の前半は(3)の部分とほぼ合致するが、後半の「中の君の苦悩を中納言になんとかわかってほしいと感じている」が、傍線部の内容と合致しない。

④は、「病状がいっそう深刻になったご様子だ」の部分が(1)の内容と異なる。

⑤は、「恐ろしいことになってしまった」の部分が、本文の「わづらはしきわざかな」の語義と合致しない。形容詞「わづらはし」は〈面倒だ・厄介だ〉の意だが、〈恐ろしい〉という意味はもたない。

問4　6　③　《内容把握問題》

傍線部の「いかが人も思ひ咎めざらむ」は、単語ごとに区切ると「いかが／人／も／思ひ咎め／ざら／む」となる。「いかが」は疑問・反語の副詞で、ここでは反語の用法である。「思ひ咎め」は、マ行下二段活用の動詞「思ひ咎む〈＝不審に思って心にとめる・変だと気づく〉」の未然形で、そこに、打消の助動詞「ず」の未然形「ざら」と推量の助動詞「む」の連体形がついたものである（陳述の副詞「いかが」に呼応して「む」が連体形になっている）。以上をもとに傍線部を直訳すると、〈どうして人（＝周囲の人）も変だと気づかないだろうか、いや、皆気づくだろう〉となる。すなわち、中納言の不審な様子に周囲の人々が気づいた、ということである。それでは、中納言がこのような状態になるまでの過程を、各選択肢の内容を確認しながら見てゆこう。

①は、本文の「つゆも女房のけはひなども漏れ聞こえず……『人目いかにあやしと思ふらむ』と思へば、静心なく」の箇所と関わる。このうち、後半の『人目いかにあやしと思ふらむ』と思へば、静心なく」は、〈「世間はどれほど不審だと思うだろう」と思うと、気持ちが落ち着かず〉という意味。選択肢を見ると、「『中の君がどれほど不快に思うだろう』と思うので、平静を装った」とあり、「思ふらむ」の主語を「中の君」にしている点、「あやし」を「不快に」とする点、「静心なく」を「平静を装った」とする点がそれぞれ本文と異なる。よって、①は誤り。

②は、本文の「『対の君といふは……あらはかすべくもあらず」の箇所と関わる。本文の注などを参考にして訳すと、〈「対の君というのは、あの晩に、『このような契りを』と答えた人であったよ」と聞いてわかって、〈そうかといって〉はっきりさせることもできず〉となる。これは、〈対の君が以前に返歌をした人であったと気づきつつも、それを確かめることもできない〉ということである。選択肢では、「対の君をよく知らなかった間は……『かかる契りを』と返歌したのは、中の君ではなく対の君であったのだと気づいた」とある。このうち、「中の君」と「対の君」とを間違って認識していたという内容は、本文にはない内容である。よって、②は誤りである。

③は、本文の「寝覚めのよなよな夜々……御文を隙なく書きおこせたまへど」の箇所と関わる。「いとわりなく紛れおはして」は〈ひどく無理に忍んでいらっしゃって〉の意であり、該当箇所を訳すと、〈寝覚めの毎晩毎夜、夜明け前の紛れなどに、対の屋に、ひどく無理に忍んでいらっしゃって、この数カ月思い悩む心の内を、涙に浮き沈みながら言い聞かせ、朝晩は、お手紙をひっきりなしに書き寄こしなさるけれども〉となる。これは、選択肢の内容とほぼ合致する。③が正解。

④は、本文の「ことわりに、恨みやるべきかたなく……互ひにかかる契りの、前の世まで恨めしきに」の箇所と関わる。このうち、本文の「我も人も、あいなかりける人違へに、あらぬ名のりを変へつつ」は、リード文を参照すると、〈中納言は、相手の女性を但馬守の娘であると誤解し、また、自らを宮の中将と偽った〉という事情であったとわかる。選択肢では「対の君と中の君との名を取り違えて理解した結果」としてしまっているため、④は誤り。また、「あいなし」は〈つまらない〉の意なので、〈些細な〉という訳も不適切。

⑤は、本文の「『身を知らずは』と……明け暮れはわぶる気色もて隠せど」の箇所と関わる。このうち、「心は思ひなされず」は〈心はしいて思うことができない〉という意味で、〈「我が身をわきまえないのは（よくない）」と心は思い込むことができない〉という内容である。また、「わぶる気色もて隠せど」は、〈辛い様子を隠すが〉という意味で、中納言が自らの辛い様子を隠そうとしているということである。選択肢を確認すると、前者は「頭では理解しているものの」、後者は「辛そうな様子を周囲に隠す努力が足りなかった」とあり、いずれも合致しない。よって、⑤は誤りである。

問5 7 ④ 《和歌の解釈問題》

Xの上の句「はかなくて君に別れし後よりは」を直訳すると、〈はかない関係であなたと別れたあとは〉となる。一方、下の句の「寝覚めぬ夜なくものぞ悲しき」は、「寝覚めぬ夜なく」の「ぬ」が打消の助動詞「ず」の連体形で、そのあとの形容詞「なし」と合わせて、二重否定になっている。それを踏まえて直訳すると〈寝覚めない夜がなく悲しいことであるよ〉となる。つまり、〈毎夜、途中で眠りから目が覚めない夜がないほど悲しんでいる〉ということである。上の句と合わせて解釈すると、〈あなたと別れて以来、ずっと心安らかに眠ることなく悲しい夜を送っている〉という意味になる。

Yの上の句は、第二句に「ぞ〜ぬ（連体形）」という係り結びがあるため、ここで句切れとなる（＝二句切れ）。上二句の「現とも思ひぞ分かぬ」のうち、「現」は〈現実〉の意の名詞、「思ひぞ分かぬ」は、動詞「思ひ分く（＝判断する）」の間に、強意の係助詞「ぞ」が割り込み、末尾にある打消の助動詞「ず」の連体形「ぬ」と呼応している。上二句を直訳すると、〈現実であるとも判断ができない〉となる。また、下三句は〈うたた寝の床に紛れた夢の寝覚めは〉というのが直訳であり、これは、はかない二人の逢瀬そのものを指している。この歌は二句切れになっているが、上二句と下三句とが倒置の関係になっているので、歌全体の内容を押さえるためには倒置を戻して、〈うたた寝の床に紛れた夢の寝覚めのようにはかない二人の逢瀬は、現実であったかどうか判断がつかない〉とするとよい。

XとYとの最も大きな相違点は、Xが、過去の逢瀬以来の寝覚めの悲しみを詠んでいるのに対し、Yが、過去の逢瀬のことを対象として詠んでいる点である。以上をもとに、各選択肢を確認しよう。

①は、Xについての説明には問題がないが、Yについて、「現とも思ひぞ分かぬ」の箇所を、「二人の別れが現実のことだとは理解できない」の意としている点が和歌の内容と合致しない。Yの歌で〈理解できない〉のは、〈二人の逢瀬が現実のことであったのかどうか〉という点で、「二人の別れが現実のこと」かどうかではない。

②も、Xについての説明には問題がない。しかし、Yについて、「うたた寝の床に紛れし」の箇所を「うたた寝の床についたようなはっきりとしない悲しみ」とする点が、和歌の内容と合致しない。「うたた寝の床に紛れ」たのは、「夢の寝覚め」であり「悲しみ」ではない。

③は、X・Yの説明ともに、それぞれの和歌の内容と合致しない。Xについては、「寝覚めぬ夜なく」を「別れの悪夢から覚める夜のない苦しみ」とするが、「寝覚めぬ夜なく」は〈途中で眠りから目が覚めない夜がない〉という意味であり〈「悪夢から覚める夜」がない〉ということではない。また、Yについて、「うたた寝の床に紛れし夢」を「苦しい気持ちはうたた寝の夢のように一時的なものである」とするが、「うたた寝の床に紛れし夢の寝覚め」とは二人の逢瀬のことであり、「苦しい気持ち」ではない。

④は、X・Yの説明がともに適切である。

⑤は、Xについての説明には問題がない。しかし、Yについて、「うたた寝の床に紛れし夢の寝覚めは」を「うたた寝の間は悲しみが紛れる」とする点が誤り。②と同様に、「うたた寝の床に紛れ」たのは「悲しみ」ではない。

問6 8 ④ 《全体の内容や表現の特徴を把握する問題》

本文と各選択肢の内容とを対照して考える。

①は、【文章Ⅰ】の「蓬萊の山といふとも」と【文章Ⅱ】の「虎伏す野辺、……千尋の底なりとも」とを比べている。【文章Ⅰ】の「蓬萊の山」は、本文の注にあるように〈東方の海上にあり、仙人が住むとされる霊山〉である。また、【文章Ⅱ】の「虎臥す野辺」は、釈迦が前世で、飢えた虎に我が身を与えたという故事を踏まえた表現であるが、この場合は、人の命を奪う虎が臥す危険な野辺をいう。また、「蓬が島」は「蓬萊山」の別名、「千尋の底」の「千尋」は〈非常に深いこと〉のたとえで、その「底」なので〈非常に深い海の底〉の意である。これらはいずれも、辿り着くのが困難な場所であり、それが三つ並べられている【文章Ⅱ】の方が、一つのみの【文章Ⅰ】よりも、困難をも乗り越えようという決意が強調されていると考えられる。よって、①は適切な内容である。

②は、【文章Ⅰ】の「わたつ海の底」と【文章Ⅱ】の「千尋の底」とを比べ

ている。【文章Ⅱ】の「千尋」は、①で見た通り〈非常に深い海の底〉で、【文章Ⅰ】の「わたつ海の底」とほぼ同義である。一方、【文章Ⅰ】の「見る目」は、和歌で用いられる際には、海藻の「海松布《みるめ》」と掛詞になり、さらに「わたつ海〈＝海〉」の縁語となるのが一般的である。したがって、【文章Ⅰ】について、「和歌的な修辞が用いられている」とするのは適切である。

③は、【文章Ⅱ】の「わづらはしかるべき方」と【文章Ⅰ】の「明け暮れ立ち馴れつる同じ麓の草」とを比べている。【文章Ⅰ】の「同じ麓の草」は、本文の注にもある通り「姉妹の比喩」である。また、【文章Ⅰ】の「つゆもかくべきかたなく」を直訳すると〈まったく（言葉を）かけることのできる方法もなく〉となり、この「つゆ」は打消の「なし」を強める副詞であるが、同時に、和歌などでは「露」との掛詞になることが多い。その場合、「露」は草葉などに置くものであるところから「草」の縁語となる。すなわち【文章Ⅰ】では、比喩と掛詞、および縁語が用いられており、選択肢の「修辞的な表現が用いられている」という内容は適切である。

④は、【文章Ⅰ】の「口惜しくも」と、【文章Ⅱ】の「口惜しく」とを比べている。【文章Ⅰ】では「雲のよそのことならば、思ひ寄りがたかるべきことにもあらず」という記述が続いている。これは〈雲の彼方のような遠く離れた他人のことであるならば、求愛しがたいことでもない〉の意で、中の君が血縁（立場）的にも物理的にも身近にいることでかえって苦しんでいる、ということを表している。一方、選択肢では「相手が宮中のような雲の彼方にいる高貴な身分の人のように恋い慕うことが困難な相手であればよいのに」とあり、中の君の身分の問題と解釈している。これは本文の内容と異なるので、④が解答となる。

⑤は、【文章Ⅰ】の「いかに見聞きつらむ」と、【文章Ⅱ】の「あさましと見思ふらん」とを比べている。前者は「いかに」が疑問の副詞で、「つらむ」は、完了の助動詞「つ」の終止形に現在推量の助動詞「らむ」が接続したものである。〈どのように見たり聞いたりしてしまっているだろう〉の意となる。後者は、「あさまし」が〈意外だ・あきれるほどだ〉の意の形容詞で、〈あきれたことだと見たり思ったりしているだろう〉の意となる。選択肢では「中の君が中納言の行動をあきれたものだと思っているだろう、という中納言の苦しい心情が直接的に描写されている」とあり、これは、本文の内容と合致している。よって、⑤は適切な内容。

全訳

【文章Ⅰ】

（中納言は）「誰と知らなかったうちは、蓬萊山であっても、そこにその人は（いる）、と聞きつけたならば、必ず尋ね登って逢いに行きたい我が心（である）と、気持ちを落ち着かせる時もあったし、海の底であっても、我が心の深いことは、思い詰めたならば、逢うことが難しいことはあるまいと思っていたので、気持ちの静まることもあったが、日ごろ馴れ親しんでいた同じ麓に生える草のように同じ屋敷で暮らす姉妹でありながら、まったく（言葉を）かけることのできる方法もなく、辛い」とお思いになった。「このような女性関係の方面では、けっしてこのように熱心になって惑うまいと思っていたのに、残念にも乱れてしまった心であるなあ。雲の彼方のような遠く離れた他人のことであるならば、求愛しがたいことでもない。そうはいってももしかし身近に見聞きし続けるようなことが、気持ちを静めがたく辛いことであろうよ」などと思い続けていると、胸に込み上げるような気持ちばかりがして、「手紙を送るとしても、確かにと（取り次ぎを）承諾するような人もない。対の君にどうにかして会いたいものだ」と思うが、よい機会があるはずもない。「（中の君も）私の存在を、自然と見聞きして知ってしまっただろうか。大君のもとに夫として親しく通っていたのを、そう（＝こちらは知らなかった）とはいっても、どのように見たり聞いたりしてしまっただろう。（中の君が）ひたすら病んでいると聞いているのは、このような心の乱れであったのだろう。思い寄らなかったことであるよ」と、人（＝中の君）の心のうちをまでも推し量ると、言葉がないことであるよ。

（妻である）女君が、たいそう上品で、立派な様子をしているのを見るにつけても、（中の君のことが）想像されて、どうかすると涙が出そうで、落ち着いた心もなくて、人が見ていない間は、（中の君の部屋を仕切る）中障子のそばを立ち去ることがない。（中の君は）ひたすら奥ゆかしく振る舞って、まったく女房の様子なども（部屋の中から）漏れ聞こえてこない。（中納言の）心は上の空になって、涙がこぼれる時ばかり多いので、「世間はどれほど不審だと思うだろう」と思うと、気持ちが落ち着かず、夜は、いっそう少しもまどろむことができないのにまかせて、人が寝入った隙には、そっと起きて、そちら（＝中の君のいる部屋）の格子のそばに近づいて立ち聞きなさると、人はみな寝ている様子であるのに、帳台の内といっても、廂一間を隔てている（程度な）ので、近くて、衾が押しのけられる音や、そっと鼻をかみ、自然とは寝つかない様子がかすかに漏れ聞こえるのを、「（中の君も私と）同じ気持ちで寝覚めているのであるようだ」と思うと、「他のことではあるまいよ。以前の夢の名残が覚める（＝九条での逢瀬の余情が薄れる）夜のないことであろう」とじっとお聞きになるのまで、我が身も固く凍りつき、切なく悲しいことにつけても隠しきれず、

「はかなくて……はかない関係であなたと別れたあとは、途中で眠りから目が覚めない夜がないほど悲しんでいる。

どうしたことか、（あなたの涙で）私の涙に凍る袖が溶けないのは」と、格子に近く寄り座って独り言をおっしゃる様子を（中の君は）聞きつけて、胸が締めつけられて顔を（衾に）引き入れなさったところ、対の君も、ひたすらうちとけて寝る夜もなく嘆いて夜を明かしているので、「この君（＝中納言）は聞きつけなさったのであった。面倒なことであるよ」と思うものの、気の毒だなどと、聞き知った様子でいられようか、いや、いられまい。

それから後は、用心して、まったく（中の君の）寝覚めの様子を漏れ聞こえさせない。（中納言は）心にも知らなかった日々には見聞きし心をとめることもなかったが、機会あるごとに様子を観察すると、「対の君というのは、あの暁に、『このような契りを』と答えた人であったよ」と聞いてわかって、（そうかといって）はっきりさせることもできず、寝覚めの毎晩毎夜、夜明け前の紛れなどに、対の屋に、ひどく無理に忍んでいらっしゃって、この数カ月思い悩む心の内を、涙に浮き沈みながら言い聞かせ、朝晩は、お手紙をひっきりなしに書き寄こしなさるけれども、（対の君は）「（中の君のことを）聞きつけなさってしまったことを、しいて（人違いだと）あらがって隠れても、断固押し通せるはずもあるまいよ。そうかといって、（手紙を）受け取り、情けをかけても、なんの甲斐《かい》があるはずもない」ものであるので、世間の噂がひどく煩わしそうなので、荒立てはしないものの、受け入れることはない。（中納言にとっては、こうした対の君の態度は）道理で、こちらから恨むべき筋合いもなく、自分も中の君も、つまらない人違いから、別の人の名を名乗っては、むなしくあてのない方向へただよって、互いにこのような契りが、前世まで恨めしいのにつけても、「我が身をわきまえないのは（よくない）」と、心は思い込むことができない。「あれこれと気をもむことであるよ。どうしよう」とばかり、明けても暮れても辛い様子を隠すが、どうして人（＝周囲の人）も変だと気づかないだろうか、いや、皆気づくだろう。

【文章Ⅱ】

中納言は、（相手が誰と）知らなかったうちは、虎伏す野辺でも、蓬が島でも、深海の底であっても、居場所を聞くならば間を置かずきっとお尋ねしようと思われなさっていたことを（心の）慰めに思いなさっていたが、憚《はばか》られそうな方面であると聞きなさってから、残念で、思い続けるうちに悲しみで胸がいっぱいになる気持ちがして、「手紙を送るとしても受け取ってくれそうにもない。こちらの様子を自然と聞き知っているだろう。打ち解けて（大君のもとに）出入りしていたのを、あきれたことだと見たり思ったりしているだろう」と思うにつけても、夜はまったくお眠りになることもかなわないのにまかせて、（周囲の）人が皆寝入っていても、そっと起き出して、そちら（＝中の君の部屋）の格子のもとに寄って聞きなさると、（中の）人は皆寝入った様子であるのに、几帳の中も廂一間だけ隔てているので、鼻をそっとかみなどして、泣いているのだろうかと思われる様子がかすかに聞こえる。「（中の君も私と）同じ気持ちでまどろむことができないのだろう。別のことを思っているのではあるまい。以前の夜のことを思いなさっているのだろう。その後、常に病気に沈んでいると噂になりなさったのも、そのこと（が原因）であったのだ」と、今まさに思い合わせなさる。それほどの方にもの思いをさせ申し上げることは、返

す返すも我が身の情けなさも加わって、

現とも……現実であったかどうか判断がつかない。うたた寝の床に紛れた

夢の寝覚めのようにはかない二人の逢瀬は。

と口ずさみなさる。

第4問

出典 **【文章Ⅰ】** 王栐《おうえい》『燕翼詒謀録《えんよくいぼうろく》』、**【文章Ⅱ】** 韓愈《かんゆ》「復讐状《ふくしゅうじょう》」

【文章Ⅰ】『燕翼詒謀録』は、南宋の王栐の撰。一二二七年の自序がある。宋代の職官・選挙・刑・地理などに関する沿革・得失を記す雑史随筆。国史成書や優れた政治の実行のためには正統な歴史書に記録されていない故事が重要、という考えのもとに執筆された。全百六十二条からなる。

【文章Ⅱ】「復讐状」は中唐の韓愈（七六八～八二四）の文章。『韓昌黎文集《かんしょうれいぶんしゅう》』第八巻「雑文・状・表状」所収。韓愈は、官は国士監四門博士《こくしかんしもんはかせ》（＝最高学府の博士）となり、その後、二度の嶺南《れいなん》地方（＝広東省《かんとんしょう》）への左遷を経て、吏部侍郎《りぶじろう》（＝官吏の任命などを司る役職）に至る。散文では、「達意〈＝作者の考えが読者によく伝わること〉」「載道〈＝儒教の教えを盛り込むこと〉」を重んじる「古文復興運動」と称される文体改革を提唱し、詩では白居易《はくきょい》とともに「韓白」と並称された。思想的には、仏教・道教を攻撃し、儒教中心主義を提唱し、自ら孔子の道統を意識した。

【出題のねらい】

試行調査の傾向を踏まえ、二つの文章を読み比べる形式とした。**【文章Ⅰ】**は復讐の具体的なエピソード二つと、それらへの刑罰と筆者の意見。**【文章Ⅱ】**は、唐代の上奏文で、復讐に対する儒教的な考え方と法令との間での、違いを述べる論である。設問では、語彙や書き下し文、傍線部の解釈・説明問題といったものの他、**問7**で、会話形式で内容理解を深く掘り下げる問題を出題した。

【概要】

【文章Ⅰ】

1 **張審素の二人の息子の復讐の話**（第一段落）

・唐の時代、張審素が楊万頃に殺された。
・張審素の息子である張瑝・張琇は、父のために楊万頃を殺して仇討ちを果たした。
・事件を審理した張九齢は、張兄弟を生かしておきたいと思った。
・李林甫は張兄弟を死刑にしたいと考えた。
・張兄弟は結局死刑になった。
・張九齢は立派な人物であり、人が善行をなすのを嬉しく思ったが、李林甫は小人物であり、人の善行に嫉妬した。
・張九齢と李林甫は、好むことや憎むことが異なっていた。

2 **復讐への対処法**（第二段落）

・父親が死刑に相当する罪を犯したのであれば、その子どもは仇討ちをしてはならない。
・父親が罪を犯していないのに殺されたり、君命ではなく罪に陥れられて死んでしまったりしたような場合には、仇討ちをしてもよい。
・張審素の仇は、当然仇を討つべき事例であった。

3 **太宗皇帝の、復讐への対処**（第三段落）

・北宋時代、甄ばあさんの息子は、母の復讐のため殺人を犯した。
・太宗皇帝は勅命を下して、甄ばあさんの息子を軽い棒たたきの刑で済ませて釈放させた。
・筆者が思うに、死刑にされた張兄弟が、太宗皇帝のような優れた時代・君主にめぐりあわなかったことは残念なことだ。

【文章Ⅱ】

復讐に関する韓愈の意見

・礼経（＝『礼記』）によれば、復讐は義であり、父を殺した者とは同じ天の下に生かしてはおけない間柄だとする。
・法令によれば、人を殺した者は死罪である。
・礼経と法令とは、ともに王が天下に教えを広める糸口なのに、このような違いがある。
・復讐を許さなければ、孝行者が、親を思う心をそこない、先王の教えにそむくことになる。
・復讐を許せば、人々は法をたのみにしてほしいままに殺人を犯す。
・法令が復讐を認めないのは、復讐の連鎖をくい止めるためである。

問1 **1** ① **2** ④ 《漢字の意味問題》

(ア)「悪」には、〈下手な（副詞）〉などの意味がある。二重傍線部の「悪」は、二文前文の「九齢《ハ》君子《ニシテ》、喜《ブ》二人《ノ》為《スヲ》レ善《ヲ》」―「林甫《ハ》小人《ニシテ》、嫉《ム》二人《ノ》為《スヲ》レ善《ヲ》」→「好悪不《ル》レ同《ジカラ》故也」という関係から、「好」＝「喜ブ」「悪」＝「嫉ム」と考える。①「嫌悪」が〈憎む〉の意味で正解。②「悪逆」は〈人の道にそむいた悪い行い〉の意。③「邪悪」は〈心がねじ曲がり、悪いこと〉の意。④「悪筆」は〈文字の下手なこと〉。⑤「悪銭」は粗末な銭（＝悪貨）で、〈不正な方法で得た金〉のこと。よって、②〜⑤はいずれも〈憎む〉の意からはずれる。なお、「憎む」という意味の時は音「オ」、「悪い」の意味の時は音「アク」となる。

(イ)「端」には、〈はし（名詞）〉〈はじめ・糸口（名詞）〉〈事柄（名詞）〉〈きちんと整っている（形容詞）〉〈はっきり・そのものずばり（副詞）〉などの意味がある。二重傍線部の「端」は「礼法二事《ハ》、皆王教之端《ニシテ》〈＝礼経と法令との二つのことは、二つともに王が天下に教えを広める糸口であるのに〉」となるので、〈はじめ・糸口（名詞）〉の意味である④「端緒」が正解。①「端正」は〈きちんと整っている〉の意。②「末端」は〈はし〉。③「端的」は〈はっきり・そのものずばり〉。⑤「万端」は〈すべての事柄〉の意。

問2 **3** ① 《返り点と書き下し問題》

白文の書き下し問題では、文の構造を分析し、句形・重要単語などの基本知識を使って読む順番を考える。そして、選んだ選択肢を訳して、文脈との整合性を考えよう。最初から選択肢の書き下し文を訳して、文脈に合いそうなものを選ぼうとするのは危険な解答方法である。

まず、傍線部**A**の「父死不以罪」に重要な句形が含まれているかを確認する。

☆**「以」の句形**

(1) 以《テ》レA《ヲ》〈Aを用いて・Aの理由で・Aのために〉
〔方法・手段・理由・原因・目的語〕

(2) V《スルニ》以《テス》レA《ヲ》（＝以《テ》レA《ヲ》V《ス》）
〈Aを用いて・Aの理由で・Aのために Vする〉〔倒置〕

(3) 〜以《テ》（＝而《シテ》）……〈〜そして……〉〔順接〕

☆**〔順接〕〔逆接〕〔条件〕の送り仮名**

(1) 順接→〜【連用形】《テ・シテ》
(2) 逆接→〜【連体形】《ニ・モ》／【已然形】《ドモ》
(3) 条件→〜【未然形】《バ》／【已然形】《バ》

次に、傍線部前後の文脈・文構造を検討する。

・「苟《シクモ》其《ノ》父《ノ》罪当《タラバ》レ死《ニ》、子不《カラ》レ当《ニ》レ報《ズ》レ讐《ヲ》〈＝もしその父親の犯した罪が死刑に相当するものであれば、子どもは当然仇討ちをしてはならない〉」

↓

X「父死不以罪」（傍線部**A**）
Y「或《イハ》非《ズシテ》レ出《ヅルニ》二上《ノ》命《ヨリ》一〈＝あるいは天子の命令ではなく〉」

↓

・「可《ケン》レ不《ル》レ報《ゼ》乎〈＝仇討ちをしないでよかろうか、いや、仇討ちをしなければならない〉」

「或いは」という語から、XとYには同類の内容が列挙されているとわかる。「以」の句形や各選択肢に含まれる送り仮名、前文の「苟《シクモ》……」の内容も踏まえると、Xには「父親が死んだ（殺された）が（逆接）」「罪を犯したからではなく〈原因＋否定〉」という要素が含まれると推測できる。

① 父死不レ以レ罪　父死するに　罪を以てせ　ず
② 父死不レ以罪　父死するは　以てせざるの罪　にて
③ 父死レ不二以罪一　父　以て罪せざる　に　死すれ　ども
④ 父死レ不レ以レ罪　父　罪を以てせざる　に　死する　も
⑤ 父死不二以罪一　父死すれば　以て罪せ　ず

各選択肢とも、返り点から書き下し文に直す点は問題ない。正誤判断のポイントは、①「父死」＋「不以罪」と分けて読めているか、②「以《テス》レA《ヲ》」と読めているか、③正しい接続関係にあるか、という三点である。①は、「父死」を「Vする＋に」という逆接の意味の形で読めていて、「以《テス》レA《ヲ》」の「以」の句形も正しく踏まえている。接続に注意して訳を確認すると、「父死するに〈＝父が死んだ（殺された）が（逆接）〉、罪を以てせず〈＝罪を犯したからではなく（原因＋否定）〉」と適切な意味・読み方になっている。

問3　4　⑤《内容把握問題》

傍線部Bの説明を要求した問題だが、傍線部を句形に注意して訳すこと。「為～所……」を発見できるか、「可……乎」を正確に訳出できるか、という二点がポイントとなる。

☆受身の句形
(1) 為《ル》二N《ノ》所《ト》一レV【連体形】〈NにVされる〉
(2) 見《ル》レV【未然形】〈見＝被・所・為〉〈Vされる〉
(3) V【未然形】《ル・ラル》二於N一《ニ》〈於＝于・乎〉〈NにVされる〉
(4) V【未然形】《ル・ラル》〈Vされる〉

☆「可」の句形
(1) 可《べシ》レV【終止形】→可能・許可・当然・義務
可《ベクンバ》レV【終止形】〈Vできるならば／してよいならば・Vすべきならば〉
(2) 可《ベケン》レV【終止形】乎〈Vできようか、いや、～できない・Vすべきであろうか、いや、～ない〉
～可《かナリ》〈まあよい〉〔文末用法〕

「為《リ》二人《ノ》所《ト》一擠陥《スル》一」は「人の擠陥する所と為り」と読み、〈人によって陥れられ〉の意味。「以死」は保留でよい。「可《ケン》レ不《ル》レ報《ゼ》乎」は否定詞「不」を含む反語文で「報ぜざるべけんや」と読み、〈仇討ちをしないでよかろうか、いや、仇討ちをしなければならない〉という意味。通して訳すと、〈人によって陥れられ、死んでしまったような場合には、仇討ちをしないでいられようか、いや、仇討ちをしないではいられない〉となる。各選択肢を確認しよう。

①は、「何者かを陥れて」がまず不適切。さらに、「父親の仇討ちをしてはならない」は本文と反対の内容である。②は、「仇討ちをしてもよいかどうかは即断できない」が本文とは異なる。③は、「父親の仇討ちをしたあと、役所に報告すべきだ」が、本文にはない内容。④は、「父親が何者かを陥れて恨まれ」「役所に報告したあとなら父親の仇討ちができる」が、それぞれ本文には書かれていない内容。傍線部における内容を過不足なく述べている⑤が正解である。

問4　5　③《解釈問題》

傍線部Cは「詔《みことのり》して杖に決して之を遣《や》らしむ」と読む。「詔す」は〈皇帝が命令する〉という意味で、使役文を構成する。

☆使役の句形
(1) 使《ム》二N《ヲシテ》一V【未然形】〈使＝令・教・遣〉〈NにVさせる〉〔助動詞型〕
(2) 命《ジテ》レN《ニ》V【未然形】《シム》〈Nに命令してVさせる〉
〔「命」には「教・遣」などの使役を暗示する動詞を用いる〕
(3) V【未然形】《シム》〈Vさせる〉〔文脈から使役文となる〕

「詔す」という語や注7、さらに傍線部**C**の直後に「惜シイ乎、瑝・琇之不レル遇ハ二聖時明主ニ一也」とあることから〔明主〕＝「太宗皇帝」）、傍線部**C**の主語は「太宗皇帝」と考えられる。「決シテレ杖ニ」は注10から〈死に及ぶことはない比較的軽い〉棒たたきの刑に処し〉という意味。「遣」は重要単語で、「派遣」という熟語から考えて、〈向こう側に追いやるイメージ〉をもつとよい。追い払う対象は、上文から「甄婆ノ児〈＝甄ばあさんの息子〉」である。以上を踏まえて選択肢を検討すると、①と②は、主語を「京兆府の長官」とするため誤り。さらに②は「刑場に送致させた」という点も本文と異なる。④は「刑を量らせ」が本文と一致せず、⑤は、刑の対象を「甄ばあさんを殺した男」とした点が誤り。以上より、③が正解。

問5　**6**　①　《筆者の考えを把握する問題》

傍線部**D**は「瑝・琇の聖時明主に遇はざるや」と読み、〈張瑝・張琇がすぐれた時代の素晴らしい君主にめぐりあわなかったことは〉の意味で、直前に「惜しいかな」の語を付している。ここでの「聖時明主」というのは、『燕翼詒謀録』に記す「太宗ノ雍熙三年……詔シテ決シテレ杖ニ遣ラシムレ之ヲ」という事件の処断を行った皇帝のこと。**問4**で考察したように、太宗皇帝の御代の雍熙三年（九八六）、太宗皇帝は、母（＝甄ばあさん）の復讐を行った息子を棒たたきという軽い刑罰で済ませて解き放たせた。ところが、「瑝・琇」は父のために仇敵・楊万頃を殺して復讐を果たしたが、実権を握っていた李林甫の処断により二人は死刑になった。このような李林甫の行動と太宗皇帝の恩情とを対比して、〈もし「瑝・琇」が「聖時明主（＝太宗皇帝）」に「遇」っていたならば、どのような処置になったと筆者は考えているか〉という点を解答するのである。〈軽い刑罰で済み、死刑を免れただろう〉という文章の流れに沿う内容の①が正解。他の選択肢は、本文の記述とは合わない内容を含む。②は「称賛されて」「軽い刑罰さえも加えられることはなかった」、③は「張兄弟は……軽い刑罰は自ら進んで受け入れた」、④「罪を問われる前に……明らかにしてもらえた」、⑤「君子であるとの名声を得る……広めることが叶っただろう」が誤りに該当する。

問6　**7**　④　《内容把握問題》

傍線部**E**「有リ二此ノ異同一」の「此ノ異同」は、直前から「礼法二事」における「異同〈＝違い〉」だと考えられる。「礼法二事」とは、**【文章Ⅱ】**の一文目「拠レバ二礼経一ニ……」「徴スレバ二法令一ニ……」から、「礼経」と「法令」のことだと考えられる。それぞれの内容を押さえよう。

・礼→「復讐ハ拠レバ二礼経一ニ、則チ義トシテ不レ同ジウセレ天ヲ」
〈＝復讐は礼経（＝『礼記』）によれば、**義（＝人間のなすべき筋道）として、（父を殺した者は）同じ天のもとに生かしてはおけないとされている**〉

・法→「徴スレバ二法令一ニ、則チ殺スレ人ヲ者ハ死ス」
〈＝法令によれば、すなわち**人を殺した者は死罪である**〉

・「礼法二事ハ、皆王教之端ニシテ、**有リ二此ノ異同一**」
〈＝礼経と法令との二つのことは、二つともに王が天下に教えを広める糸口であるのに、**この違いがある**〉

儒教を説く礼経では、復讐を「義」として認めているが、法令では、人を殺した者は死罪、とする。礼経と法令とは、ともに王が天下に教えを広める糸口であるのに、なぜこのような違いがあるかは、傍線部のあとに書かれている。

・礼→「不レバレ許サ二復讐ヲ一、則チ傷ヒテ二孝子之心ヲ一、而乖ク二先王之訓ヘニ一」
〈＝復讐を許さなければ、**孝子の親を思う心をそこない、先王の教えにそむくことになるだろう**〉

・法→「許セバ二復讐ヲ一、則チ人将ニ二倚リテレ法ニ専ラ殺サントスル一、無シ下以テ禁ジ二止スル其ノ端ヲ上矣」
〈＝復讐を許せば、**人々は法をたのみにしてほしいままに人を殺そうとするだろうから、それでは復讐の連鎖の発端をくい止めることができなくなるからであろう**〉

と筆者は考察している。さらに**【文章Ⅱ】**の注には、儒教の礼の考え方として、

「父の讐は共に天を戴かず〈＝父の仇とはともにこの世で生きることはしない〉」、「父は子の天なり。己の天を殺せると共に天を戴くは、孝子に非ず。行きて求めて之を殺して止む〈＝父親は子どもにとって天のような存在である。自分の天を殺した者とともに天を戴く者は孝行な子ではない。仇を殺すまで追い求めるべきである〉」ともある。つまり、礼経においては〈復讐は孝行心の表れであり、正当な行為〉とされる。しかし法令に鑑みると〈復讐を法的に認めてしまうと、法を拠り所として復讐の連鎖が起きる恐れがある〉という。このような違いを押さえて各選択肢を確認すると、④が一致する。

①は復讐を、礼経において「孝子の犠牲を称賛して人としての道を広めるもの」、法令において「王の天下を秩序づける糸口になるもの」とする点が誤り。②は復讐を、礼経において「父母のための勇気ある行為であり孝を広める基」とする点が誤り。③は復讐を、礼経において「自分も死ぬべき行為」とする点が誤り。⑤は復讐を、礼経において「復讐された者・復讐した者ともに死がふさわしい」とする点が誤り。

問7 **8・9** ③・⑥（順不同）**《二つの文章の主旨を対話形式で問う問題》**

本文の内容合致問題を対話形式にしたと考えればよい。ただし、二つの文章の対応関係を把握する点と、対話により読解が深まっている点に注意する。各選択肢を順に検討していこう。

①は、**【文章Ⅱ】**を踏まえている内容である。

②は、**【文章Ⅰ】**の張九齢と李林甫の事例を踏まえていて正しい内容である。

③は、「礼経の考えに基づき死刑になった」という点が本文と一致しない。張瑝・張琇が死刑になったのは李林甫個人の判断によるもので、礼経に基づいたものではない。

④は、**【文章Ⅰ】**を踏まえていて正しい内容である。

⑤について。礼経は儒家が提唱する概念であり、法令は実際の社会に対して法家たちが整備していった制度であるため、二者には、相容れない部分がある。よって、発言の内容は合っている。

⑥は、「親族を殺した」のように、対象を「親族」とする点が本文と一致しない。**【文章Ⅱ】**の注に「父の讐は共に天を戴かず」「父は子の天なり。己の天を殺せると共に天を戴くは、孝子に非ず」とあるように、復讐の正当性を「父親」を殺した場合に限定している。

⑦は、⑥の説明の通り、本文と一致する内容である。

⑧について。父親を殺した者に対する復讐のみを認めていた礼経の思想に対し、太宗皇帝は母親にまで広げて、甄ばあさんの仇討ちをした息子を減刑している。よって本文の内容と一致する。

書き下し文

【文章Ⅰ】

楊万頃《やうばんけい》張審素《ちやうしんそ》を殺《ころ》す。審素《しんそ》の二子《にし》瑝《くわう》・琇《しう》父《ちち》の為《ため》に仇《あだ》を復《ふく》し万頃《ばんけい》を殺《ころ》す。而《しか》して張九齢《ちやうきうれい》は之《これ》を活《い》かさんと欲《ほつ》するも、李林甫《りりんぽ》は必《かなら》ず之《これ》を殺《ころ》さんと欲《ほつ》す。而《しか》して二子《にし》竟《つひ》に大刑《たいけい》に伏《ふく》す。蓋《けだ》し九齢《きうれい》は君子《くんし》にして、人《ひと》の善《ぜん》を為《な》すを喜《よろこ》ぶ。林甫《りんぽ》は小人《せうじん》にして、人《ひと》の善《ぜん》を為《な》すを嫉《ねた》む。好悪《かうを》同《おな》じからざる故《ゆゑ》なり。

苟《いや》しくも其《そ》の父《ちち》の罪《つみ》死《し》に当《あ》たらば、子《こ》当《まさ》に讐《あだ》を報《はう》ずべからず。父《ちち》死《し》するに罪《つみ》を以《もつ》てせず、或《ある》いは上《かみ》の命《めい》より出《い》づるに非《あら》ずして、人《ひと》の擠陥《せいかん》する所《ところ》と為《な》り、以《もつ》て死《し》すれば、報《はう》ぜざるべけんや。審素《しんそ》の讐《あだ》、当《まさ》に報《はう》ずべき所《ところ》なり。

太宗《たいそう》の雍熙《やうき》三年《さんねん》七月《なながつ》癸未《きび》、京兆府《けいちやうふ》鄠県《こけん》の民《たみ》甄婆《しんば》の児《こ》、母《はは》の讐《あだ》を報《はう》じて人《ひと》を殺《ころ》すも、詔《みことのり》して杖《つゑ》に決《けつ》して之《これ》を遣《や》らしむ。惜《を》しいかな、瑝《くわう》・琇《しう》の聖時明主《せいじめいしゆ》に遇《あ》はざるや。

【文章Ⅱ】

復讐《ふくしう》は礼経《れいけい》に拠《よ》れば、則《すなは》ち義《ぎ》として、天《てん》を同《おな》じうせず。法令《はふれい》に徴《ちよう》すれば、則《すなは》ち人《ひと》を殺《ころ》す者《もの》は死《し》す。礼法《れいはふ》二事《にじ》は、皆《みな》王教《わうけう》の端《たん》にして、此《こ》の異同《いどう》有《あ》り。蓋《けだ》し以為《おも》へらく復讐《ふくしう》を許《ゆる》さざれば、則《すなは》ち孝子《かうし》の心《こころ》を傷《そこな》ひて、先王《せんわう》の訓《をし》へに乖《そむ》かん。復讐《ふくしう》を許《ゆる》せば、則《すなは》ち人《ひと》将《まさ》に法《はふ》に倚《よ》りて専《もつぱ》ら殺《ころ》さんとして、以《もつ》て其《そ》の端《たん》を禁止《きんし》する無《な》しと。

全訳

【文章Ⅰ】

楊万頃が張審素を殺した。張審素の子どもの張瑝・張琇の二人は、父のために仇討ちを果たして楊万頃を殺した。（事件を審理した）張九齢は張兄弟を生かしておきたいと思ったが、李林甫はぜひとも二人を死刑にしたいと思った。そして二人は結局死刑になってしまった。（こうなったのは）思うに、張九齢は立派な人物であり、人が善行をなすことを嬉しく思った。（しかし）李林甫は小人物であり、人が善行をなすことに嫉妬した。好むことと憎むことが異なっていたからである。

もしその父親の犯した罪が死刑に相当するものであれば、子どもは当然仇討ちをしてはならない。（しかし）父親が罪を犯していないのに殺されたり、あるいは天子の命令ではなく、人によって陥れられて、死んでしまったりしたような場合には、仇討ちをしないでよかろうか（いや、仇討ちをしなければならない）。張審素の仇は、当然に討たねばならない事例であった。

（一方、北宋の）太宗の雍熙三年七月癸未に、京兆府の鄠県の民であった甄ばあさんの息子は、母の復讐を遂げて人を殺したが、（太宗は）勅命を下して棒たたきの刑に処し、この息子を釈放させ（、死刑にはしなかっ）た。残念なことよ、張瑝・張琇が（宋朝のような）優れた時代の（太宗のような）素晴らしい君主にめぐりあわなかったことは。

【文章Ⅱ】

復讐は、礼経（＝『礼記』）によれば、義（＝人間のなすべき筋道）として、（父を殺した者は）同じ天のもとに生かしてはおけないとされている。法令によれば、すなわち人を殺した者は死罪である。礼経と法令との二つのことは、二つともに王が天下に教えを広める糸口であるのに、この違いがある。思うに、復讐を許さなければ、孝子の親を思う心をそこない、先王の教えにそむくことになるだろう。復讐を許せば、人々は法をたのみにしてほしいままに人を殺そうとするだろうから、それでは復讐の連鎖の発端をくい止めることができなくなるからであろう。

模試 第3回

解　　答

合計点	/200

問題番号(配点)	設問	解答番号	正解	配点	自己採点
第1問 (50)	1	1	③	2	
		2	⑤	2	
		3	③	2	
		4	①	2	
		5	②	2	
	2	6	③	9	
	3	7・8	①*・③*	12（各6）	
	4	9	②	9	
	5	10	③	10	
第2問 (50)	1	1	①	3	
		2	②	3	
		3	④	3	
	2	4	③	7	
	3	5	④	7	
	4	6	①	7	
	5	7	③	8	
	6	8	①	6	
		9	②	6	

問題番号(配点)	設問	解答番号	正解	配点	自己採点
第3問 (50)	1	1	③	5	
		2	①	5	
		3	⑤	5	
	2	4	②	5	
	3	5	①	7	
	4	6	⑤	7	
	5	7	④	8	
	6	8	③	8	
第4問 (50)	1	1	③	5	
	2	2	①	5	
	3	3	③	6	
	4	4	②	6	
	5	5	②	6	
	6	6	⑤	6	
	7	7	④	8	
	8	8	④	8	

＊は順序を問わない。

	出典	目安時間	難易度（大問別）	難易度（全体）
第1問	資料Ⅰ：Z会オリジナル文章 資料Ⅱ：澤田真哉「IT・情報と法律問題」 資料Ⅲ：「日本国憲法第13条」「特定電気通信役務提供者の損害賠償責任の制限及び発信者情報の開示に関する法律（抄）」条文	20分	標準	標準
第2問	堀江敏幸『戸惑う窓』	20分	標準	
第3問	『転寝草紙』	20分	標準	
第4問	洪邁「容斎随筆」	20分	標準	

第1問

出典 **【資料Ⅰ】** Z会 オリジナル文章（インターネットでの人権侵害の事例）
【資料Ⅱ】 澤田真哉《さわだしんや》「ＩＴ・情報と法律問題」（日本評論社「法学セミナー」二〇一八年八月号所収）
【資料Ⅲ】 日本国憲法第13条・特定電気通信役務提供者の損害賠償責任の制限及び発信者情報の開示に関する法律（抄）

「法学セミナー」は、法律を学んでいる人、実際に法律の仕事をしている人のためにさまざまな話題を提供する雑誌である。法律は何のために存在し、どのようなときに役立つのかを、弁護士による解説や対話形式で案内する特集の中から、インターネットと名誉棄損にまつわる記事を選んだ。

【資料Ⅱ】 の筆者の澤田真哉は弁護士。東北大学工学部生物化学工学科卒業、関東学院大学法科大学院修了。

【出題のねらい】 共通テストの第二回試行調査では、複数の文章や資料を読み比べて考えさせる形式が出題されている。とくに法律の条文のような実用的文章と論理的文章を照合して適切に答える力を測る点を考慮し、出題した。

【概要】 資料の概要は以下のとおり。

【資料Ⅰ】
インターネットの掲示板に、商品そのものに関する見解ではなく、社長個人の社会的信用を失墜させるような書き込みをして公開したことが、名誉棄損にあたる事例。事実に基づいた商品そのものの批判であれば公益とみなされるが、勝手な憶測で社長の人格をけなすのは「名誉棄損」にあたるので、プロバイダが「発信者情報開示請求」を受け入れ、訴訟に至ることとなった。

【資料Ⅱ】
インターネットにおける名誉棄損や人権侵害といえる事例や、プロバイダの責任について、発信者・被害者の双方で可能な措置を述べている。

[1] 名誉権
「名誉」とはその人が「社会から受けている客観的評価」のことであり、たとえ指摘した内容が真実であっても、人の社会的評価を低下させる場合は名誉棄損につながる。一方、公益目的で公共の利害に関する事実を公表する場合は、真実であれば名誉棄損にはならない。

[2] インターネットによる人権侵害の事例
事例として、「名誉棄損」以外に「プライバシー権の侵害」「肖像権の侵害」があることを紹介している。

[3] 削除要求
「プロバイダ責任制限法」とは、名誉棄損の案件が生じた場合に、名誉棄損の事実を訴える被害者と、公益目的であることを主張する発信者との板挟みになり、事態が収束しないことを考慮して、プロバイダの責任に制限をかけたものである。

[4] プロバイダ責任制限法上の送信防止措置
プロバイダはどのような場合に削除に関する責任を負うのか。
削除した記事が、公益目的の正当な記事だったと判明した
1削除した時点で、権利の不当な侵害を信じるだけの理由があった
2情報の発信者に削除に同意するか問い合わせたが、7日以内に返答がなかった
↓プロバイダは損害賠償責任を負わされない
被害者からの削除要求に応じなかった
1プロバイダが権利侵害を知らなかった
2プロバイダが権利侵害を知ることができなかった
↓プロバイダは損害賠償責任を負わされない

[5] 発信者情報開示請求
情報の流通による権利侵害が明らかで、発信者情報が損害賠償請求権の行使に必要であると判断された場合、発信者の情報開示が行われる。
↓プロバイダ等に発信者情報の開示請求が可能である。

【資料Ⅲ】
名誉毀損
・人の名誉を毀損した者は罰せられるが、公益を図る目的で真実を述べた場合は罰しない。
特定電気通信役務提供者の損害賠償責任の制限及び発信者情報の開示に関する法律（抄）
・特定電気通信による情報の流通により、他人の権利が侵害されたときのプロバイダ管理者の賠償有無についての条文
・条文の内容は、**【資料Ⅱ】**［3］～［5］に対応している。

問1 1 ③ 2 ⑤ 3 ③ 4 ① 5 ② 《漢字問題》

(ア)「**愉**快」の「愉」は〈楽しい〉という意味。①「説諭」の「諭」の訓読みは〈諭《さと》す〉で「説諭」は〈言って聞かせること〉という意味。②「癒着」は〈好ましくない状態で結びついている状態〉、③「**愉**悦」は〈楽しみ、喜ぶこと〉、④は「比喩」、⑤は「経由」。

(イ)「**中**傷」は〈根拠のない悪口で人を傷つけること〉。①は「抽出」（＝抜き出すこと）」、②「虫媒花」は昆虫が花粉を運んで受粉する花の種類。③は「忠誠」。④「折衷」は〈二つのもののよいところを合わせて別のものを作ること〉、⑤「胸**中**」で〈胸の内〉を指し、〈心境や考え〉のこと。

(ウ)「**匿**名」の「匿」には〈かくす・かくれる〉という意味がある。①は「不徳」、②は「監督」、③は「秘**匿**」（＝隠して他人に見せないこと）」、④は「会得」、⑤は「篤志（家）」で〈志が厚く、社会事業などに協力を惜しまない人〉のこと。

(エ)「**肖**像」は〈人物の顔を写し取った絵や写真などのこと〉。①「不**肖**」は〈愚か〉という意味。②は「了承」、③は「提唱」（＝意見・主張などを掲げて人に説くこと）」、④「高尚」は〈上品〉の意。⑤は「掌握」。

(オ)は「**行**使」。①は「専攻」、②は「断**行**」、③は「恐慌」、④は「控除」、⑤は「恰（格）好」。

問2 6 ③ 《資料の内容把握問題》

【資料Ⅱ】から、法律上の「名誉」とは「ある人が社会から受けている客観的評価」のことであり、「人権として守られるべき権利」であることを、前提としてつかんでおきたい。

「名誉棄（毀）損」に関しては、まず**【資料Ⅱ】**と**【資料Ⅲ】**を照らし合わせてみよう。

【資料Ⅱ】	**【資料Ⅲ】**
指摘した事実は真実ではあったが、社会的評価を低下させること →名誉棄損の可能性	（名誉毀損） 第二百三十条　公然と事実を摘示し、人の名誉を毀損した者は、その事実の有無にかかわらず、三年以下の懲役若しくは禁錮又は五十万円以下の罰金に処する
公益目的で公共の利害に関する事実を摘示すること →真実であるか、真実と信じられる根拠があれば名誉棄損にはならない	（公共の利害に関する場合の特例） 第二百三十条の二　前条第一項の行為が公共の利害に関する事実に係り、かつ、その目的が専ら公益を図ることにあったと認める場合には、事実の真否を判断し、真実であることの証明があったときは、これを罰しない

以上の二つの資料から、公表した内容がたとえ事実であっても、人の名誉を棄損するものであれば責任を負う可能性があるが、それが公益目的であれば正当な行為とみなされるということがわかる。この点を踏まえれば、政治家の政策を批判したり、不正を公表したりすることは、社会に資することであり、公益目的にあたるから、名誉棄損ということにはならない。また、商品やサービスについての情報を共有する目的で否定的な内容を発信することは、その内容が真実で、製造元や販売元を貶めること自体が目的でない限り、基本的には正

当な行為とみなされると判断することが可能であろう。

では選択肢を確認していこう。

①は「公開範囲が限定されている」ので、そもそも世間には行きわたらず、「社会的評価を低下させる」ことにはつながらない。

②選挙運動において他党の政策を批判することは、有権者が各党の政策を比較するうえで重要な材料となるから、「公益目的」とみなすことができる。

③のように社長の人柄についての「印象」を「事実」として公開することは、社長の「社会的評価を低下させる」ことにつながるため、「名誉棄損」と見なされる可能性がある。**【資料Ⅰ】**に挙げられたのと同様の事例であり、これが正解。

④の「政治家が……物的証拠と証言を得て」「新聞記事として」公開したということは、②と同様、「公益目的」と言える事例。**【資料Ⅱ】**の[1]においても、「政治家による不正」は「社会に広めることが必要な事実」として挙げられている。

⑤イヤホンの音の性能についての書き込みは、情報を共有することが目的であって、「名誉棄損」にあたると断言できない。

問3 7・8 ①・③（順不同）《資料の内容把握問題》

実用的文章を平易な文に置き換えるとどうなるかを読解する問題である。

「プロバイダ責任制限法」については、**【資料Ⅱ】**[3]・[4]・[5]でくわしく説明されている。この箇所は**【資料Ⅲ】**の「特定電気通信役務提供者の損害賠償責任の制限及び発信者情報の開示に関する法律（抄）」の条文と対応しており、条文の内容がわかりやすく説明されている。具体的には**【概要】**の**【資料Ⅱ】**[3]・[4]・[5]を確認してほしい。それを踏まえて、「適当でないもの」を選ぶことに注意しながら、選択肢を確認していこう。

①削除要請に応じるのは「他人の権利が不当に侵害されていると信じるに足りる相当の理由があったとき」（第三条・2・一）であるから、事実に基づいていないとプロバイダが判断した場合には、削除しなくてもよいことになる。したがって削除の対応を怠ったら「いかなる場合でも」責任を追及されるとするのは不適切。これが一つめの正解。

②「情報を書き込んだ相手に対して削除に同意するかどうかを照会してから七日経過しても、その旨を承諾しないという意思表示がなければ、削除によって情報の発信者に生じた損害についての責任を負わなくてもよい」という説明は、「プロバイダ責任制限法」の第三条2・二の内容に該当し、**【資料Ⅱ】**[4]に書かれている内容である。

③**【資料Ⅱ】**[4]で説明されているが、情報の流通によって他人の権利が不当に侵害されているのを知ることができない場合は「損害賠償責任を負わされない」のであるから、逆に「認知したうえで」情報を削除しない場合には、プロバイダは、被害を訴える側から権利責任を追及される可能性があるとみなされるのである。これが二つめの正解。

④**【資料Ⅱ】**[4]に「他人の権利が不当に侵害されていると信じるだけの相当な理由」があれば、プロバイダが「記事を削除しても、あとから損害賠償責任を負わされない」とある。よって、送信を防止することで、発信者に生じた損害について「プロバイダは責任を負う必要はない」という説明は適切である。

⑤**【資料Ⅱ】**[4]では、「被害者からの削除要求に応じない」ことについて、「プロバイダが権利侵害を知っていたか、知ることができたような場合でない限り」は責めを負うことはないと述べられており、「必ずしも削除の要求が通るわけではない」という説明と合致している。

問4 9 ②《趣旨把握問題》

問4の会話文では、**【資料Ⅱ】【資料Ⅲ】**の内容からさらに一歩踏み込んで、名誉棄損に関わる未成年どうしのトラブルについて論じている。波線部の直前に「その点」とあることから、ここではさらにその前の「人間関係や子ども自身の心の問題をケアしていく」というのがポイントになることがわかる。

インターネット上の名誉棄損の当事者が未成年であった場合、法律による罰則を適用させて罪を償わせるだけでは問題は解決しないと言える。法律はあくまで結果についての一義的な判断を下すのであり、なぜそのような事件に発展したのかや、被害者・加害者の双方が心に負った傷のケアに及ぶことはない。

そのような側面を「法律というものも万能な問題解決策ではない」と表現したことを、会話文の流れから読み取ってほしい。当事者が精神的にも社会的な存在としても発達途上にある未成年である以上、過失を改めたうえでお互いに将来が開けるような、一人ひとりに合わせた柔軟な解決策を模索するべきであり、この責任は法律による判断のみに委ねるのではなく、周囲の大人が協力して当たっていくべき事柄である。

①「名誉棄損を受けたとする者に不利に働く場合もある」ということは、「人間関係や子ども自身の心の問題をケアしていくこと」の必要性を指摘した直前の発言内容に合わない。

②会話文中で生徒Aが「私たちにとっても」と指摘しているとおり、もちろん大人にも言えることではあるが、子どもの場合は特に事件の背景について丁寧に考え、対応しなくてはならない。「人間関係の軋轢を解消するには至らず、同じようなケースが生じる可能性を排除する結果とはなりにくい」という説明は、この点を指摘している。これが正解。

③「実際の名誉の回復は、当事者個人に委ねられてしまう」とあるが、「名誉の回復」の方法についてはこの会話文で触れられていないため、不適切。

④は「法律」そのものが本質的な解決につながらないことの理由説明になっておらず、不適切。

⑤この会話文では、「人間関係や子ども自身の心の問題をケアしていくこと」を法律以外の部分で求めようとしている。人間関係や心の問題にはさまざまなケースが存在して複雑なものだ、ととらえているのである。よって「法律として整備すべき」は不適切。

問5 10 ③ 《資料の趣旨把握問題》

三つの資料全体を踏まえて内容が適切かどうかを判断する問題。選択肢の表現の細部に着目することはもちろん大切だが、「名誉棄損」にあたるのはどのような場合か、プロバイダ責任制限法の目的は何か、といった事柄の本質を全体を通してとらえることも求められている。

①「インターネット上の書き込み」について述べているが、公に知らしめた内容がたとえ事実であっても、それが該当者の「社会的信用」や「評価」を著しく低下させてしまった場合には、名誉棄損にあたる可能性があることは【資料Ⅱ】[1]で述べられている。

②プロバイダは、インターネット上で表現の自由を主張する発信者と名誉棄損の被害者の間で板挟みになる可能性があり、それが権利侵害にあたる情報の削除に関する判断を阻害している。これを解消するために、プロバイダの責任を軽減することが、プロバイダ責任制限法の目的の一つであると【資料Ⅱ】[3]で示されている。

③【資料Ⅱ】[5]で「記事が投稿されたコンテンツプロバイダに対する請求でIPアドレスを特定して、そのIPアドレスに基づいて接続プロバイダなどに再度開示請求を行う、という手順で記事を投稿した人の氏名や住所などの個人情報の開示までたどり着」くと述べられているので、接続プロバイダに名誉棄損が立証されてはじめて開示されるという③の説明は誤り。よって、これが正解。

④「すべての国民は個人として尊重される」は日本国憲法第13条、後半の記述は【資料Ⅱ】[2]の内容と合致する。

⑤「客観的評価」とはすなわち「名誉」のことを指す。これが低下すれば個人は著しい不利益を被るのは必至であって、それを憲法において守られなければならないとしているのである。これは【資料Ⅱ】[1]で示されている、法律上の「名誉」の定義と合致する。

第2問

出典 堀江敏幸《ほりえとしゆき》『戸惑う窓』「青い闇のある風景」（中公文庫　二〇一九年）

堀江敏幸（一九六四〜）は、小説家、フランス文学者。一九九五年『郊外へ』で小説家としてデビュー。二〇〇一年『熊の敷石』で芥川賞を、二〇〇三年『スタンス・ドット』で川端康成文学賞を受賞。代表作は、『いつか王子駅で』『なずな』『その姿の消し方』。『戸惑う窓』は、「窓」をテーマにした筆者の考察が書かれた随筆集。

【出題のねらい】　共通テストでは、一つのテクストを読解する力だけでなく、複数のテクストを読解する力を測る観点も含めた出題が予想される。その傾向を踏まえて、本問では、ある作品の作者としての、またそれを読み解く筆者としての、複数の視点を読み分ける力を問うた。問題文では、筆者が日野啓三の小説『天窓のあるガレージ』を引用しながら、作品の感想や「天窓」に対する感慨が、回想も交えながらつづられている。感慨、解説、回想などが、明確な区切りがなく流れるような筆致で書き進められており、回顧録とも文芸批評ともとれる独特の文体をなしている。

引用文の日野啓三（一九二九〜二〇〇二）は、小説家、文芸評論家。一九七五年『あの夕陽』で芥川賞を受賞。代表作は、『夢の島』『台風の眼』。

【概要】　大まかに見ると、筆者の回想に始まり、「天窓」の存在を介して、日野啓三の小説に描かれるガレージの様子、少年の心情や作品そのものへの解釈が、次のように展開されている。

1筆者の実家にあるガレージの回想（1〜7行目）

筆者の実家の建て替えに際して造られた小さなガレージには天窓があり、子どものころの筆者は、鍵のつまみを回すのが楽しく、よく天窓を開け閉めしていた。それが窓際に物が積まれるようになると、筆者は秘密基地を組み立てた。

2小説（『天窓のあるガレージ』）の内のガレージの様子（8〜15行目）

私は、『天窓のあるガレージ』の主人公である少年の内面にすぐ同化できた。少年の家のガレージは、自動車が事故で大破して空になり、少年は一人で壁にボールをぶつけたり、自転車の練習をしたりしていた。その後、小学校高学年から中学二年まではガレージに近寄らなかったが、ふたたびガレージに入った少年は自分だけのコーナーを立ちあげた。

3少年の心境の解釈（16〜26行目）

日野啓三の小説では、天窓よりもボールを跳ね返してくれる壁の方が大切で、天窓に気づかなかった、という少年の心の動きをみごとに表現している。

4「天窓」に関する回想（27〜39行目）

言葉そのものをめぐる触感的な記憶はなかなか抜けず、筆者は天窓を高窓の意と解釈しており、日野啓三の小説を読んでも、途中まで、天窓とは高窓のことだと思っていた。

5引用文中の「天窓」の様子（41〜58行目）

天窓から見える蜘蛛の姿に少年の鬱屈した気持ちが重ねられており、蜘蛛が逃げ出したあと、少年はガレージに最先端の設備を整えて、想像のなかで宇宙船にこもる。

・開閉不可能な丸い窓→青い球体を見つめるための装置
・蜘蛛の巣→電波をキャッチするアンテナ

6少年の心境の解釈（60行目〜問題文末尾）

内面の宇宙に少年は飛び立つ。少年が宇宙船から外を眺めた「天窓」は、出入りに関係のない「精神的な窓」である。その「天窓」を透かして、少年は自身の姿を幻視し、自分の身体に聖霊が入り込むと確信する。天の中央にある窓を見あげるときに、身体が想像のうちで浮遊しているような状態を保つために、ひんやりとした場所で横になる。天窓の彼方に「透明な青い闇」を見出し、やがて宇宙船から蘇生した少年は、時代や場所を超えて飛び出していく。

4〜6は特に、作品の解説と解釈、感慨とが入り混じり、独特の味わいをもたらしている。

問1 1 ① 2 ② 3 ④ 《語句の解釈問題》

(ア)「無機物」は本来〈生活機能を持たないもの〉の意であるが、〈人間らしさや生命らしさが感じられない〉という比喩的な用法もあるので、①が正解。

(イ)「陶酔」は〈気持ちよく酔う・うっとりとした気分に浸る〉の意で、②が正解。①③は「陶酔」の意味になく、「床に崩れ落ちるほどの」に続く表現としても不適切。④⑤は「陶酔」の意味にない。

(ウ)「野放図」は「のほうず」と読み、〈勝手気まま・際限がない〉の意で、④が正解。「野放図」は身勝手な様子を非難する文脈で用いられることが多いが、傍線部直前の「あちらとこちらの交信を媒介する」、直後の「高貴な精神性」から、ここでは、筆者が「天窓」に、挑戦的な自由さのようなものを感じ取っていることを読み取りたい。

問2 4 ③ 《表現把握問題》

キーワードの意味を、二つのグループに分ける問題。傍線部以外の「天窓」というキーワードに着目しよう。

・「私はずっと、天窓という言葉を通常よりも高い位置にある窓の意と解釈していた」(28行目)
・「日野啓三の小説の冒頭に魅せられ、先を読み進めているあいだも、私は途中まで、天窓とは高窓のことだとばかり思っていたのである――、第十八章で次の一節に出会うまでは」(38・39行目)

とあることから、日野啓三の小説を読むまで、筆者は天窓とは高窓の意味だけだと思っていたことがわかる。よって、以下のように整理できる。

Ⅰ筆者の回想に登場する「天窓」＝通常よりも高い位置にある窓
・外を眺めるためのものではない
・光を採るのではなく遮断するためのもの

Ⅱ日野啓三の小説に登場する「天窓」＝天井に設けられた窓
・コンクリートの分厚い天井に円筒状の穴があいていて、先端に直径三十センチの丸いガラスがはめてある
・夜空に垂直に向けられた望遠鏡
・船から水中を覗き込むガラス窓をさかさまにする要領

ここから、a〜eを確認していこう。

a筆者の回想に登場する窓であり、「隣家と接している一面に設けられた天窓」という表現から、「外を眺めるためのものではない」ものだとわかる。よって、Ⅰに分類できる。

b日野の小説の引用部分を受けた表現なので、Ⅱに分類できる。

c筆者の回想に登場する窓であり、「光を採るのではなく遮断するためのもの」だとわかる。よって、Ⅰに分類できる。

d筆者の回想に登場する窓であり、直前に「壁面上部にある窓、すなわち高窓と同義で」とあるので、Ⅰに分類できる。

e日野の小説に登場する窓であり、「屋根にのぼり、外から天窓の拭き掃除をしたりする」とあるから、天井に設けられた窓だとわかる。よって、Ⅱに分類できる。

以上から、正解は③である。

問3 5 ④ 《内容把握問題》

文学的文章の読解では、文章全体を貫くテーマを読み取る姿勢が大事であり、場合によっては、傍線部から離れた箇所も参照する必要がある。

傍線部直後に「当初彼はガレージに注いでいる光の源に気づいていなかった」とあるため、傍線部は「天窓」に気づいていないことを指していると読み取れる。この「天窓」に気づいていなかったというのがどのような状況なのか、さらに読み進めてみよう。

「天窓なんてどうでもいいと思っていたわけではない。ボールをきちんと跳ね返してくれる壁の方が大切だったのだ」(25行目)
↓単に天窓に気づかなかったことを言っているのではない。
「少年の心の動きをわずか二行でみごとに表現している」(26行目)
↓天窓に気づかなかったことから、筆者は少年の心の動きを読み取る。

「天窓」が何を象徴しているのかについては、「天窓」に気づく前と後で少年の心がどのように変化したかを考えてみるとよい。

・天窓を発見した少年が「想像のなかでこの世のしがらみを断ち切り」(57行目)、「内面の宇宙に彼は飛び立つ」(64行目)ようになる。
・ガレージが少年にとって周囲と隔絶された空間にこもるための場所になった。
←「この世のしがらみ」を断った中から窓の外を眺めるのは何のためか。
・「その窓を透かして、少年は自身の姿を幻視し」(68・69行目)、「窓の外を眺める術を習得して」(80行目)、「世界の風景は一変する」(86行目)

以上から、「天窓」は自分自身と向き合い、世界の見方を変えるものとしてとらえられている、とわかる。筆者は、自分自身と向き合うことのなかった少年の様子を、「天窓」に気づいていなかったという状況から感じ取り、面白さを感じたのである。以上のことを「作品の冒頭から浮かび上がってくる」とした、④が正解。

①「壁以外のものが目に入らなくなっていく様子」が誤り。「壁にボールをぶつけて孤独なキャッチボールに興じたり、自転車の練習をしたりするようになる」(10・11行目)とあるとおり、壁以外のものが見えなくなっているわけではない。

②筆者が「面白い」と感じるのは「天窓」に注目しない少年の心の動きであり、「ガレージに近寄らない間にものがたまってしまうエピソード」ではない。

③には、少年の心の動きが一切書かれておらず、不適切。筆者は「少年の心の動きをわずか二行でみごとに表現している」ことを「面白い」と言っている。

⑤「ガレージがさらに明るく快適になる」が誤り。少年の内面を「面白い」ととらえることと、「ガレージ」の様子は関係がない。

問4 6 ① 《内容把握問題》

筆者は「天窓」を、自分自身と向き合い、世界の見方を変えるものとして解釈している。単に世の中と隔絶することがガレージにこもる目的であるならば、窓を仰ぎ見るという行動の意味が説明できない。少年は「宇宙船」に見立てたガレージにこもりながらも、その外側を眺めることに何らかの意味を見出していた、というのは「(天の中央にある窓が)あちらとこちらの交信を媒介する」(77行目)といった記述から読み取れる。この「媒介」のニュアンスが踏まえられている①が最適。

②は「ふだんは周囲から見下されがちな少年」が、問題文からは読み取れない。「父親と波長が合わず、学校生活になんら意義を感じていない鬱屈した気持ち」(52・53行目)とあるが、「波長が合わ」ないことと、「見下され」ることとは別であるし、学校でどのように見られているかはわからない。

③は「本人から見ても無意味な行為」とあるが、「船外活動としてみずから屋根にのぼり」(65行目)といった表現から、少年自身は窓を磨く行為に何らかの意義を見出していたと読み取れる。「社会とのしがらみを断とうとする姿勢」というのも、少年は想像の中で宇宙船にこもることで社会とのしがらみを断っていたのであって、窓を磨くという行為で断っていたのではない。

④は「闇を室内に取り込み」が不適切。「天窓の彼方」に「青い闇」を見出したのであり、ガレージの内側に闇を取り込もうとしていたとする根拠はない。

⑤は「自分の内面の奥深くにいる『聖霊』」が不適切。「自分の身体に聖霊が入り込む。そう彼は確信し、床に仰向けになって天井を見あげる」(69・70行目)から、少年は、もともと「聖霊」は外側にいるものであり、天窓を通して「聖霊」が自分に入り込むと考えていたのである。

問5 7 ③《内容把握問題》

問題文では、最終段落で、「私たち」すなわち読者について言及される。唐突な印象を抱くかもしれないが、ここで言及されている「天窓」が「円形」「手の届かない高さに位置し」など、少年のガレージにあった「天窓」と同じ特徴を持っていることがわかれば、傍線部についても、ここまでの筆者の解釈を当てはめて考える必要があるとわかるだろう。日野の小説の「天窓」は、それを通して少年の内面や世界との関わりを知るものであった。読者である「私たち」にも、「天窓」と同様の存在として、読書を通して自分のことや社会のことを見直すきっかけが得られる、ということを言っているのだと解釈できる。以上の内容が書かれている③が正解である。

①は「現代社会の進歩についても興味関心が深まる」が誤り。少年はラジカセやシンセサイザーといった物をガレージに取り入れたが、それは「想像のなかでこの世のしがらみを断ち切り、そのままシェルターもしくは宇宙船を幻出させる」ことの一環であると書かれている。少年が天窓を通じて社会の進歩に関心を深めていたとは読めない。

②は「周りの人たちから見守られて過ごしているのだということを知り」が不適切。少年が天窓を通して経験したことは、問題文によれば「自身の姿を幻視し」「陶酔を感じ」「自分の身体に聖霊が入り込む」と確信したことである。「周りの人たちから見守られて」いると気づくという出来事は書かれていないので、不適切。

④は「ものごとには二面性があるのだと気づき、視野が広がる」が不適切。少年がものごとの二面性を知ったと読める内容はなく、読者である「私たち」がそれを学ぶような内容もない。

⑤は「世俗的な感情を断ち切って」とする根拠がない。たしかに「彼はある意味で生まれ変わり、窓の外を眺める術を習得して」（80行目）からは社会で生き抜く覚悟のようなものが読み取れるが、「かつて意識したことのない力を、深く身内に感じながら」（81行目）とあるとおり、何らかの力を感じたような心境が書かれており、これは感情を断ち切る心境とは異なるものである。

問6 8 ① 9 ②《表現の効果の把握問題》

(i)①「開け閉めどころか窓に近づくことさえ……」では、物の多さが、控えめな表現（＝窓の開け閉めが困難な状態）と強調した表現（＝窓に近づくことさえできない状態）とで後者が印象づけられている。また、「視線が仰角どころか直角に」では仰ぎ見る度合いが、控えめな表現と強調した表現とで、天窓の様子がわかりやすく表現されている。よって①が正解。

②「懐かしさすら感じられる最先端の舞台装置」で「懐かしさ」を感じているのは、パソコンが市販されるようになった現在に生きる筆者であって、小説中の少年が最先端の舞台装置に懐かしさを感じることはない。また、この表現で少年の「心の揺れ動き」を表すことはないので、不適切。

③「直前を否定する表現によって、ものごとの多面性が強調され」が不適切。二つの例はいずれも、単なる「AではなくB」の形であり、「ものごとの多面性」を「強調」しているわけではない。

④「他人を見下しがちな少年の内面」が問題文からは読み取れない。「父親と波長が合わず、学校生活になんら意義を感じていない」という表現はあるが、「見下しがち」までは読み取れない。

(ii)①「筆者自身がその魅力をつかみ損ねて戸惑う気持ち」とあるが、筆者は「すぐさま表題作の主人公である少年の内面に同化することができた」（8・9行目）とあるから、「魅力をつかみ損ねて」いるとは読めない。

②日野の作品に「澄んだ水中を覗きこむように冴え冴えと青く」「冷たいほど白々と冴えながら、ねっとりと甘美な濃い黄色」などの豊かな色彩表現が効果的に用いられている。一方、筆者自身の記述には、「漆黒ではなく青い闇」とあるだけで、筆者独自のものはなく、ここに対比関係が読み取れる。

③「短い文のたたみかけをくり返すことで」とあるが、日野の小説には長い文も見られるし、文の短さが面白さを際立たせているわけでもない。

④「日野の作品を引用することで、……論理的に説明している」が不適切。末尾の二段落は作品の解釈にとどまらず、日野の後の作品群の解釈に及び、読者についても書かれている。よって、筋道立てた「論理」に縛られない自由さが特徴的な文章だと言える。

第3問

出典 『転寝草紙《うたたねのそうし》』

室町時代前期に成立したと見られる物語で、作者は未詳である。小野小町の「うたたねに恋しき人を見てしより夢てふものは頼みそめてき」（『古今和歌集』）という歌から着想を得て作った物語と言われる。

姫君と左大将は、それぞれの夢の中で恋仲になるが、現実にはなかなか逢《あ》えない。姫君はわが身を悲観して入水自殺を図るが、石山寺の観音のご利益《りやく》により左大将によって助けられ、ついに恋を成就させた。

【出題のねらい】 過去のセンター試験では、軍記物語・擬古物語・御伽草子・仮名草子といったストーリーがはっきりとした出典からの出題が多くみられた。共通テストでもその傾向が続く可能性があることから、今回は御伽草子からの出題を行った。

【概要】 文章の概要は次の通り。

【序盤】夜うち更くるほどに……いたく念じて、聞き見給ふに、

姫君が石山寺に参詣した時、隣の部屋から宰相中将と左大将の声が聞こえてくる。姫君がのぞき見すると、左大将の姿が姫君の夢の中に通ってきた貴公子と少しも違わない。

【中盤】「大和、唐土は……語り給ふを聞く心地、ただならむやは。

左大将が「夢で逢瀬《おうせ》を重ねた女性と現実でも逢いたいとの一心で何も手につかない」などと述べているのを、姫君が聞く気持ちは並一通りでない。

【終盤】これぞ見しや夢……露のあだし命を

姫君は女の身で自分から左大将の前に進み出ることはできないと思い、来世での逢瀬を期待して入水を決意し、父大臣へ別れの歌を詠む。

問1 1 ③　2 ①　3 ⑤　**《語句の解釈問題》**

(ア)「いたく」は形容詞「いたし」の連用形が副詞化した語で、〈ひどく・はなはだしく・たいそう〉の意。〈体が痛い・苦しい・つらい〉という意味に勘違いしないこと。

「くづほれ（くづほる）」は〈体が弱る・衰弱する〉という意味の動詞だが、入試で覚えるべき古語というわけではない。意味は直後の文脈の「いといぎたなくて」から類推して判断してほしい（これがこの設問のねらいである）。「いぎたなし（寝汚し）」は**〈ぐっすり眠っている・寝坊だ〉**の意で、これは覚えておきたい古語である。したがって、姫君のお供の者たちが眠り込んでいるのは、「今日の道〈＝今日の参詣の道のり〉」で**〈疲労困憊《こんぱい》した〉**からだろうと見当がつくはず。これなら「くづほる」の語義にも合っている。

以上から、正解は③となる。

①は「迷って」、②は「苦痛で」「歩けなくなった」、④は「苦しくて」「休んでいる」が、それぞれ不適切。⑤は「体調を崩し」が「くづほる」の語義に合致するが、「いささか」が「いたく」の解釈として不適切で、消去できる。

なお、今回は解答のポイントになっていないが、「ぬるにや」は、「ぬる」が完了の助動詞「ぬ」の連体形、「に」が断定の助動詞「なり」の連用形、「や」が疑問の係助詞で、「や」の下に省略されている結びの「あらん」を補って〈～たのだろうか（～てしまったのであろうか）〉という訳になる。

(イ)まず、傍線部の前の「なよびかなる」は形容動詞「なよびかなり〈＝上品な〉」の連体形、「狩衣《かりぎぬ》」は〈貴族の普段着〉であり、左大将が〈上品な普段着姿〉でいることを押さえた上で傍線部を考える。

「やつれ」の終止形は「やつる」で、**〈目立たない姿になる・質素な身なりになる〉**の意の重要古語である。現代語の「やつれる〈＝顔などがやせ衰える〉」とは意味を区別すること。古文では、高貴な人がお忍びの旅などで身なりを目立たなくすることがよく見られる。

「なし」は四段動詞「なす（為す）」の連用形である。形容詞の「無し」ではない。「為す」は〈(1)する・行う　(2)（連用形について）**わざわざ～する**〉の意。ここでは補助動詞の(2)の意。

「給へ」は四段動詞「給ふ」の已然形（命令形説もある）で、尊敬の補助動詞の用法である。

「る」は完了・存続の助動詞「り」の連体形。下に「さまは」などを補える。

以上から、正解は①となる。

②の「表情にあまり精彩がなく」、③の「やせ細っても」は、それぞれ現代語の意味のひっかけ。④の「ひどく落ちぶれた姿」は、上にある「なよびかなる」と整合性がなく、文脈に合わない。⑤の「華やかな衣装で着飾って」は、「やつる」の語義に合っていない。

(ウ)形容詞の「かなし」は〈(1)**【愛し】**かわいい・いとしい　(2)**【悲し】**悲しい・かわいそうだ〉の意の重要古語。ここでは、姫君が母の死後、父大臣を頼もしい庇護《ひご》者として頼りにし、父大臣もまた、姫君を「かなしき」ことにしていた、というのだから、(1)の意味で**〈かわいい〉**者として世話した、と解するのが自然である。なお、サ変動詞の「かなしうす」は〈かわいがる〉という意味だが、傍線部の「かなしきことにし」も同様の言い方である。

以上から正解は⑤となる。

①の「悲しい」や②の「残念な」、③の「不憫《ふびん》な（＝かわいそうな）」は、それぞれ文脈に合わない。「大臣もまた」とあるように、姫君と父大臣は互いに大切に思い合っている関係である。④の「悔やまれる」は、「かなし」の語義に合っていない。

問2　4　②　《文法問題》

①「副詞『いかに』」が指すものは「いかに罪深からん」の「いかに」。ここは〈どんなにか・さぞ～だろう〉という疑問表現の意味である。

②「打消の助動詞『ず』」の候補は「先立ちぬべき道」の「ぬ」。助動詞「ぬ」は、未然形に接続するものは打消の助動詞「ず」の連体形、連用形に接続するものは完了の助動詞「ぬ」の終止形である。ここは「先立ち（タ行四段動詞「先立つ」の連用形）」についているので、完了の助動詞。したがって②が誤り。なお、「ぬべし」など「ぬ」＋推量の助動詞の形になる時、「ぬ」は〈強意〉の意味を表し、〈きっと～てしまうだろう・～に違いない〉と訳す。

③「推量の助動詞『べし』」が指すものは「先立ちぬべき道」の「べき（「べし」の連体形）」。助動詞「べし」は終止形に接続するが、②で確認した通り「ぬ」は完了の助動詞の終止形なので、③も正しい。

④「推量の助動詞『む（ん）』」が指すものは「罪深からん」の「ん」。助動詞「む（ん）」は未然形に接続するが、「深から」は形容詞「深し」の未然形なので、④も正しい。注意点としては、「深からん」を「深か」＋「らむ（らん）」と考えないこと。「らむ（らん）」を一語としてしまうと、「深か」の説明ができなくなってしまう。

⑤「係助詞『も』」は「空も」の「も」を指し、これも正しい。

問3　5　①　《心情把握問題》

人物関係について、（注）を参考にさらに言及しておくと、「殿の左**大**将」は、「宰相**中**将」よりも身分が上で、近衛府《このえふ》の上官であり、摂関家の貴公子という位置づけになっている。今回、「宰相中将」は「左大将」の石山寺参詣につき従っている立場である。

では会話文**X**（宰相中将の会話）から見ていこう。

「さても何事の御祈りにか……いといぶかしく思ひ給へらるるにつけて」は、**〈何のお祈りのためか、公私とも「御いとま（＝お暇）」が「ありがたき（＝めったにない）」頃なのに、参籠《さんろう》なさるのは、たいそう不審に思われます〉**ほどの意。

次の、「御袖《そで》の上も……見なし奉るに」の解釈が大きなポイント。表面的には〈袖が「ことわり（＝道理）」以上の露で濡れている〉ということだが、古典常識では、「袖・袂《たもと》」が「露・雫《しずく》・時雨《しぐれ》」などで濡れるという場合、〈涙を流す・泣く〉の意で使われることが多い。ここでもそう考えれば、文脈によく当てはまる。「ほのかにも、その故と……恨めしく侍《はべ》れ」と合わせて解釈すれば、**〈左大将の泣くさまが異常なほどに見えるのに、ほんの少しも、その嘆く理由を言ってもらえないのは、水くさくて恨めしい〉**となる。だから、「語り聞こえ給へ〈＝打ち明けてください〉」と迫っているのである。

次に、会話文**Y**（左大将の会話）に移ろう。ただしこちらは「思ひつつみても詮なし」を押さえれば十分。**〈思い隠しても仕方がない〉**の意で、要するに**〈打ち明けよう〉**ということである。

以上から正解は①となる。「涙がちで悲しそうなのに」は、〈袖＋露＝涙〉のポイントをちゃんと踏まえている。「ひたすら恨めしく思っている」も、「せちに〈＝ひたすら〉恨み給へば」から適切。「もはや心を閉ざすのはやめよう」も、「思ひつつみても詮なし」の意味に合う。

②「仏法を極めようとしている」とあるが、宰相中将は〈石山寺参詣は「何事の御祈り」なのですか〉と言っており、左大将の尋常でない泣き方から、おそらく恋愛の悩みがあっての祈願ではないかと想像していたと思われる。また、後半の「今まで参詣の本当の理由を隠してきたことを今後も守り続けようと思っている」は、「思ひつつみても詮なし」と矛盾する。

③「秋も深まった寒い頃なのに」が無関係。宰相中将はそのような不満を漏らしていない。

④前半の説明は適切だが、後半の「内心の苦悩をなかなか打ち明けられないのも、やむを得ないことだ」がおかしい。これでは打ち明けない方向になってしまう。会話文Yの直後の「うちとけ給ふ（→気を許して打ち明ける方向）」にも矛盾している。

⑤「あれこれと自分が忙しい時期に」が本文からは読み取れない内容。「御いとまもありがたき頃しも〈＝お暇もめったにない頃なのに〉」と尊敬語を用いているので、忙しいのは相手の左大将である。さらに、後半の「仲違い」も言い過ぎだし、「宰相中将に自分の内心のつらさをわかってほしい」とまで左大将が思っているかも明確でない。

問4 6 ⑤ 《心情把握問題》

「語り給ふ」と「聞く心地、ただならむやは」がそれぞれ誰のことか、冷静に把握する必要がある。そこで本文の最初から「語る」人と「聞く」人を整理していこう。

姫君の泊まる部屋の「隣なる局」から声が聞こえてきて、会話文Xで宰相中将が〈泣き悲しむ理由を教えてください〉と訴え、会話文Yで左大将が〈隠しても仕方がない〉と答えているので、「大和、唐土は……出で仕うまつるになん」は、左大将がその理由を具体的に語っている箇所だと見当がつく。〈女からAの歌をもらって以来、夢の中で二年ほど逢瀬を重ねてきたが、現実でも逢いたいとの一心で何も手につかず、体も衰弱してしまった〉と、恋煩いだったことを打ち明けている。その流れから、**「はかなき夢の契りをのみ……語り給ふ」のは左大将**と判断できるだろう。

さらに、傍線部のあとの部分を読み進めていくと、「やがてこの障子をも引き開けて……語り合はせまほしけれど、さすがに女のさるべきことにしもあらねば〈＝すぐにこの障子を引き開けて……語り合わせたいけれども、そうはいってもやはり女がそうしてよいことでもないので〉」とあることから、**左大将が「語り給ふ」言葉を「聞く」のは〈まだ障子を開けてない姫君〉、つまり、隣室で聞き耳を立てている姫君**である。

「ただならむやは」は、「やは」が反語の用法で、〈並大抵であろうか、いや並大抵ではない〉、今で言うところの〈ただならない〉の意である。姫君のただならない気持ちというのは、少しあとに「同じ心の夢物語、同じさまなる姿を見て」とあるように、左大将が姫君の夢に現れた貴公子と同じ姿をしていて、しかも姫君の見た夢の内容と同じ話をしているので、**夢の中で結ばれた男性とは左大将のことであり、その左大将が目の前にいることを知った驚愕《きょうがく》の気持ち**と言えよう。

以上の検討により、人物関係や内容を適切に踏まえている⑤が正解となる。「姫君が見た夢の内容と同じ話を語り」は「同じ心〈＝内容〉の夢物語」を踏まえている。「夢の中で逢瀬を重ねた女性と現実でも逢える縁がほしいのに」は、「ただこの夢の行方の、片時のうつつ〈＝現実〉にも、思ひ合はするよすがもがな」を踏まえている。「よすが」は〈縁・きっかけ〉の意。「もがな」は願望の終助詞で〈～（があっ）たらいいのになあ〉の意。〈夢の行方が、ほんの片時の現実にも、ぴたりと一致する縁があったらいいのになあ〉くらいに解釈できればよい。また、「夢の中で結ばれた男性が隣の部屋にいるとわかって動揺している」は、「ただならむやは」や「せんかたなき心迷ひ」から適切。

①「宰相中将は、左大将に対して……助言している」が不適切。

②・③・④はいずれも、人物関係が間違っている点だけで消去できる。

問5　**7**　④　**《和歌の解釈問題》**

まずは**A**と**B**の歌の内容をそれぞれ確認していこう。

Aは「女のもとよりとおぼしくて」とあるように、〈女からのものと思われる歌〉である（物語のつじつまを合わせて考えれば、この女は「姫君」を想起させる）。

また、「頼めただ／思ひ合はする思ひ寝のうつつにかへる夢もこそあれ」で、**初句切れ**の歌である。

「頼めただ」は、〈ただひたすら頼りにしていなさい・期待していなさい〉と解するのが自然である。〈仏を頼りにしなさい・仏に祈りなさい〉と解釈する必要性は認められない。

「夢もこそあれ」は係り結びで〈夢もきっとあるだろう〉の意。

あとは、〈「思ひ寝（＝恋しい人を思いながら寝ること）」が「うつつ（＝現実）」になる夢も見るものだ〉くらいに解釈できれば十分。要するに、**〈好きな人の思い寝を通じて見た夢が現実化することを期待しなさい〉**という歌である。

Bは、「さすがに**女**のさるべき〈＝そうしてよい〉ことにしもあらねば」や「来《こ》ん世の**海女**《あま》ともなりなば（→入水自殺を示唆している）」などの文脈を押さえて読めば、詠み手が「姫君」であることの判断にそう困難はないはず。

「嘆くなよ／つひには誰も消え果てん／小萩が露のあだし命を」で、**初句切れ及び三句切れ**の歌である。

「消え果て」は「命」について言っているので、〈死ぬ〉の意。「露」の縁語として「消え」という言葉を使っている。

「ん」は推量の助動詞の終止形で、〈〜だろう〉の意。

「小萩」は姫君のたとえで、「子」の意味を掛けているが、これは選択肢を見てわかればよい。また、「小萩が」の「が」は連体修飾格の用法で〈の〉の意。

「露のあだし命」に係っている。

「露」には〈⑴涙のたとえ　⑵はかない命のたとえ〉の意味があり、ここでは⑵の方（ちなみに会話文**X**中の「露」は⑴）。

「あだし」は接頭語の「徒し」で、名詞の上について〈はかない〉の意。つまり「露の」「あだし」の両方で〈命のはかなさ〉を強調しているわけである。

よって、**〈嘆かないでくださいね。最後は誰もが死ぬでしょう。小萩に置く露のように、子である私のはかない命を〉**くらいに解せる。

以上の検討により、正解は④となる。**A**の歌については正確な解釈がなされている。**B**の歌については、「『小萩』に『子』の意を掛けて」が難しかったと思うが、文脈から正しい内容だと判断してほしい。「現実の恋をあきらめて」は本文後半の流れからわかる。「すぐにでも命をなくすことを覚悟した」は、「来ん世の海女ともなりなば」「今は（これまで）と先立ちぬべき」「むなしく聞きなし給はん」「今は（これまで）と思ひとる」などからわかる（自殺を示唆している）。「子の自分が先に死ぬことをどうか嘆かないでほしい」も正確な解釈である。「遠回しに」は、「誰も」と一般化した表現を使っているし、「小萩」と比喩でぼかしている点からも、その通り。

①**A**は「三句切れ」ではないし、**B**の「出家を決意した左大将」も誤り。

②**A**は「句末を命令形で言い切った歌」ではないし、「夢を見せてほしいと仏に祈願しなさい」も不適切な解釈。また、**B**の「俗世を捨て去って仏の道に入る」も本文とは異なる。

③**A**については問題ないが、**B**の歌の詠み手を「左大将」とするのが誤り。

⑤**A**は「三句切れ」ではないし、「夢を見せてくださいと仏に祈りなさい」も不適切な解釈。また、**B**の「『露』が『涙』のたとえで」も誤りである。

問6　**8**　③　**《表現の特徴と内容を把握する問題》**

本文の描写と照らし合わせて、各選択肢を順に検討していこう。

①「来ん世の海女とも……めぐり合はまし」と考えて、来世での逢瀬を願って死のうとしたのは姫君だけなので、「男女が」「互いに」は不適切。

②『源氏物語』をかなり意識した作品であることは確かだが、「光源氏に似せた左大将」とまでは、この文章からは読み取りにくい。また、「最後は人生に絶望していく」のは、左大将でなく姫君の方である。さらに、「叙事的（＝出来事を述べるのが中心なさま）」とは言い切れない。「叙情的（＝心情を述べ

るのが中心なさま)」な要素の方が強いだろう。

③「さても何事の御祈りにか」や「今日まで参り籠るも、少しも思ひの行方や、晴るるすべもあらんと、念じ奉れば（＝今日まで参籠するのも、少しでも物思いの行方が、晴れる方法もあろうかと、祈り申し上げるので）」などからは、左大将が石山寺にお願い事があって来たこと、つまり**「石山寺参詣の現世利益」を期待していた**ことがわかる。リード文に「観音信仰で有名な石山寺」とあるが、一般に、観音菩薩《ぼさつ》（仏の一種と考えてよい）を信仰することによって、現世利益を受けられると考えられていた。また、**「和漢の古典から語句や趣向を取り入れ」もその通り。**（注）を見れば、この作品が日本・中国の多くの古典作品を踏まえていることがわかる。さらに、**「夢の中で逢った男女が現実でも巡り逢おう」としたのもその通り**で、それは「想像力豊かな構想」と言えるだろう。以上から③は適当である。

④**「前世からの因縁に翻弄されて**逢えなくなってしまう」に根拠がない。本文で左大将と姫君が逢えなかったのは、「さすがに女のさるべきことにしもあらねば、心強く忍び過ぐす」とあるように、姫君が女の身で自分から進み出ることはできないと考え、自制したからである。さらに、「和漢混淆《こんこう》文」が不適切で、「擬古文」とするのが適切。擬古文とは、主に平安時代の仮名文をまねて作った文章のことである。

⑤Aの歌の「頼めただ」は単に〈ただひたすら頼りにしていなさい〉と解するのが自然で、「石山寺の観音の加護」は無関係と考えるべき。また、「むなしく聞きなし給はん」は〈父が自分の死をお聞きになるとしたら〉の意で、「夢が頼りにならない」ことを表したものではない。

全訳

夜が更けるうちに、隣にある部屋は、あの紫式部が、『源氏物語』を作ったその場所とかいうことで、（姫君は）まずめったにない機会で見たいとお思いになっていると、たいそう気品のある声や気配がして、「宰相中将よ」と呼ぶのは、摂関家の左大将殿であるに違いない。その（呼ばれた）宰相中将と申し上げる人の声で、

「それにしても何事のお祈りでしょうか、官吏任命の儀式も時期が近くて、朝廷でも、個人でもお暇がめったにない頃なのに、このように参籠なさるのは、たいそう不審なことだとつい思われますにつけても、お袖の上も、通常の露めく秋にしては、道理を越えて（露が）降りた様子に（＝あまりにもお袖が涙で濡れ過ぎている様子に）、見定め申し上げるのに、かすかにも、そのわけを語り申し上げることがおありにならないのは、お心の分け隔ても深く、恨めしくございます。罪障懺悔とかいうものにも準じて、わざわざこのご参籠の機会に、一方で語り申し上げてください」

と、強く恨み言を言いなさるので、（左大将は）

「さあどうだかね、夜に語るものではないと言うのは、夢のことなのに。（でもあなたが）あれこれとこのようにお恨みになる上に、今日まで参籠するのも、少しでも物思いの行方が、晴れる方法もあろうかと、（仏に）祈り申し上げるので、仏にお任せ申し上げる身の上なので、思い隠しても仕方がない」

などと、心がうち解け（てお語り）なさる様子が、夢の中で通ってきた男性に、少しも違うことなく思われるにつけても、（姫君は）まず胸がどきどきして、ひたすら見てみたいが、（姫君の）お供の者たちは、今日の道中で非常に疲れてしまったのであろうか、たいそうぐっすりと眠っていて、明かりの火も消えてしまったが、隣の部屋の明かりの火は、たいそう明るく見える時に、（姫君が）部屋のすき間からそっとのぞきなさると、（左大将が）しなやかな狩衣姿でわざと目立たない身なりをしていらっしゃるのは、ちょうど以前の夢に、少しも違うところがないので、（姫君は）これもまたいつもの恋しい人を思いながら寝ること（によって見た単なる夢の出来事）であろうかと、自然と暗くなってくるお心を、強くこらえて、（隣の部屋の様子を）聞いたり見たりなさっていると、（左大将が）「日本や中国では、夢をたよりとして、ある場合は（殷の高宗が）傅巌の野に（夢の通りの賢人の）姿を探し出し、ある場合は（明石の入道が）明石の浦に（夢で見た光源氏を迎えるために）、舟を準備します例は、すべて確かに、（このことだったのかと）思い当たる現実もあることだが、私の場合は去年の三月の末頃に、女のところからと思われて、しなやかな藤に（次の和歌を）結んで、

頼めただ……ただひたすら頼りにしていなさい。（この人だったのかと）思い当たる、恋しい人を思いながら寝ることが現実になる夢もあるのです。【恋しい人を思いながら寝ることは、（この人だったのかと）思い当たる現実になる夢も見るものです】

と書いてあったのを見た時から、毎晩毎晩の夢の中で、あちら（の女のところ）に訪れたり、こちら（の私のところ）に（女を）迎えたりして、連なる枝の枯れない色（のような変わらない男女の仲）を誓い、並ぶ翼が、分かれない（ように別れのない男女の）仲を思って、この二年ほどを過ごしていますが、朝廷に仕える時も、個人的なことで振り返る時も、折々の月や雪の風情にも、ただこの夢の（逢瀬の）行方が、ほんの片時の現実にも、（この人だったのかと）ぴたりと一致する縁があったらいいのになあと、ひしひしと心にかかるので、何事も手につかない。正気もなく、わが身もやたらと弱くなってしまったのを、あれこれこらえて、（朝廷に）出仕しているのですよ」と、繰り返し説明なさるのを始めとして、ただ左大将自身の恋しい、いとしいと思うはかない夢の中の契りをばかり、泣いたり笑ったりして、語りなさるのを（姫君が）聞く気持ちは、並大抵であろうか、いや並大抵ではない。（姫君は）これは夢でも見たのか、それとも現実なのか（それさえはっきりとわからなくて）、どうしようもない気迷いがして、声も立ててしまいそうで、すぐにこの障子を引き開けて、（夢の中の）夜ごとの契りの行方をも、語り合わせたいけれども、そうはいってもやはり女が（自分からはしたなく）そうしてよいことでもないので、気丈にこらえて時間をやり過ごす。自分のお心も本当に情けない。それにしてもはかない夢の中だけでさえ、やはり面影は忘れがたいのに、まして（現実に左大将が姫君の見た夢と）同じ内容の夢語りをし、同じさまの姿をしているのを（姫君は）見て、このままうわの空の状態で、（左大将と）離れ離れになっては、ほんのちょっとの間も生き長らえることはできそうにない。またそうだからといって、左大将の心も知らないのに、心が乱れたままで、告白し、（左大将を）慕って行けることでもないので、ちょうど今（左大将を）見たことをあたかも逢瀬をもてたことにして、（入水して）来世で海女となったならば、かえって途絶えることのない逢瀬にも巡り会えるだろうと、強く覚悟なさるにつけても、母上がお亡くなりになったあとは、父大臣だけを頼もしい庇護者として頼りに思っていたのに、父大臣もまた、あれほどかわいい者として（私を）扱ってくださったのに、今は（これまで）と先立って（死んで）しまいそうな道の空も、どんなに罪深いことだろうかと（姫君が）お思いになるのはもっともなことで、ちょっとの間（のつもりで家を）出たのだが、それが最後とさえ（父大臣に）知られ申し上げないで、（父大臣は）明日は早く（会いたい）とお待ちになるだろうに、自分が死んだとお聞きになるとしたら、どんなに思い嘆きなさるだろうかと（姫君は）お思いになるが、今は（これまで）と覚悟する時なので、消えた明かりの火を（お供の者に）灯しつけさせて、父君へのお手紙を書きなさる。涙にくれて（書く文字は）定かであろうか、いや定かではない。

嘆くなよ……嘆かないでくださいね。最後は誰もが（この世から）消え果てるでしょう。小萩に置く露のように、子である私のはかない命を。

第4問

出典 洪邁《こうまい》「容斎随筆《ようさいずいひつ》」

「容斎随筆」は、人物、故事、典故、医学、占いなどの多方面にわたる考証随筆。本文は、元稹の「連昌宮詞」と白居易の「長恨歌」という長編詩を比べ、前者の方が優れていると評論したものである。

【出題のねらい】 漢文では、随筆・評論など論理性の強い文章が出題されることも多いため、今回扱った。このような文章では、筆者の心情把握や筆者の主張を問う問題・全文の構成や文章展開を問う問題が出題されやすいので、準備をしておこう。

【概要】

中唐の詩人元稹と白居易には、それぞれ盛唐天宝年間に起こった「安史の乱」を題材に、「連昌宮詞」と「長恨歌」という作品があって、ともに多くの人々に愛誦されている。しかし、「長恨歌」が玄宗の楊貴妃を追憶して悲しむ心情だけに終始しているのに対して、「連昌宮詞」は事件を反省し、為政者を戒め正す主旨がある点で「長恨歌」よりも優れている。

「連昌宮詞」は、初めに姚崇・宋璟による優れた政治を述べ、次に楊貴妃の台頭と安禄山の専横による乱世を述べ、次に楊国忠・李林甫の反安禄山の動きと安史の乱の勃発を述べ、最後に乱の平定に及んで戦争を止めるように願う語で終わっている。とりわけ人を教化する主旨があって、「連昌宮詞」の素晴らしさは「長恨歌」の比ではない。

問1 1 ③ **《漢字の意味問題》**

漢字は元来多義語であるが、熟語となったとき語の意味が定着する。したがって、熟語を訓読することが解答に至る基本的手順である。熟語の構造は、主に次の四つにまとめることができる。

1 **主語—述語** （日没《ガスル》）
2 **動詞—客語** 〔目的語・補語〕（読《ム》レ書《ヲ》・登《ル》レ山《ニ》）
3 **修飾—被修飾** （高《キ》山）
4 **並列** 〔対義語・同義語など〕（強弱・教育）

(1)「易」は、本文では「未《ダ》レ易《やすカラ》下以《テ》二優劣《ヲ》一論《ジ》上」と読み、動詞の上に置いて「易《やすシ》レ 動詞」〈……し易《やす》い〉と助動詞のように使われる形容詞である。「易」は形容詞のときの音は「イ」で〈やさしい〉の意で、「エキ」の音のときは動詞で「かふ」「かはる」の訓となる。

①は熟語の構造は並列で「交易《コウエキ》」（交《まじハリ》易《かフ》）、②は修飾—被修飾で「不易《フエキ》」（不《ず》レ易《かハラ》）、③は並列で「難易《ナンイ》」（難《かたシ》易《やすシ》）、④は修飾—被修飾で「易者《エキシャ》」（名詞）、⑤は並列で「改易《カイエキ》」（改《あらたメ》易《かフ》）。したがって、「易」を「イ」と読み、〈やさしい〉の意味となる「難易」が適切。

(2)「休」は動詞で「やすむ」と「やむ」の訓がある。本文では「兵を用ゐるを休《や》めんことを乞《こ》ふ」として、「やむ」と読み〈やめる〉の意で使われている。

①・②・④・⑤の熟語の構造は並列。①は「休憩《やすミいこフ》」、②は「帰休《かへリやすム》」、④は「休息《やすミやすム》」、⑤は「休養《やすミやしなフ》」。③の熟語の構造は動詞—客語で「休《やム》レ戦《いくさヲ》」、意味は〈双方の合意により、戦闘を一時やめること〉。したがって、「休」を「やむ」と訓読し、〈やめる〉の意を表す「休戦」が適切。

問2 2 ① **《語句の意味問題》**

「膾炙《くわいしゃ》」はもともと『孟子』にある語句で、「膾」は「なます」のことで〈細かく刻んだ生肉〉、「炙」は〈あぶり肉〉のこと。ともに誰もが喜んで食べる食物である。したがって「人口に膾炙す」とは、「誰もが喜んで食べる→口にする→話題にする」と意味が転化し、〈多くの人々の評判になる〉という意味になる。ここでは「連昌宮詞」「長恨歌」はともに長編詩であるから、〈多くの人々が喜んで口ずさむ〉の意にとるのが適当である。よって、①の「多くの人々に愛誦されているということ」が正解。「愛誦」とは〈詩や文章などを好んで口ずさむこと〉である。

③の「暗誦」は近いが、〈暗記していることを口に出して唱えること〉で、〈暗記する・そらんじる〉の方に意味の重点が置かれているため、「愛誦」より劣る。②の「批評の対象」、④の「読み継がれている」、⑤の「さまざまに解釈されている」は、いずれも意味が異なる。

問3　3　③　**《書き下しと解釈問題》**

傍線部の書き下しで読み方が分かれる語は、「過」と「始末」である。「過」は「すぐ」「よぎる」「あやまつ」「とがむ」などの動詞の読みがある。「始末」は〈はじめと終わり〉〈はじめから最後まで・顚末〉などの意。また日本語では〈物事の処理〉〈倹約〉などの意もある。「不レ過レ述」は「長恨歌」の内容が「無二他ノ激揚一」〈他に気持ちを激しく高揚させるものはない〉と言って、下文に〈「連昌詞」に及ばない〉と述べているのであるから、述べる内容を低めて言う言い方である。したがって、「……を述ぶるに過ぎず」と読むところだ。「始末」を〈処理する〉でとると意味が通らないので、傍線部は〈顚末〉の意でとるのが適切。よって、正解は③となる。

①・④・⑤は「始末」を〈処理〉の意でとっているところが不適切。②・⑤は「不レ過」を〈間違ってはおらず〉と訳しているところが誤り。

問4　4　②　**《返り点の問題》**

白文訓読には何らかの句法が絡んでいると考えられるので、まず句法の手がかりとなる語を見つけることが大切だ。傍線部でポイントとなる「若」には、いろいろな読み方があるので整理しておこう。

(1) 若《なんぢ》　「なんぢ」二人称を表す。〈あなた・お前〉
(2) 若《もシ》―バ、―　「もし」仮定を表す。〈もしも〉
(3) 若《ごとシ》二～ノ一／若《ごとシ》二―（連体形）ガ一　「ごとし」比況を表す。〈ようだ〉
(4) 不《ず》レ若《しカ》二～一ニ　「しかず」比較級を表す。〈～には及ばない〉
(5) 莫《なシ》レ若《しクハ》二～一ニ　「しくはなし」最上級を表す。〈～が一番だ〉

（(4)・(5)のように、「若」が否定されているときは比較形を表す。「～」は名詞または名詞相当句、「―」は活用語または一まとまりの節を表す。）

傍線部は、「不若」とあり「若」が否定されているので、比較の句形である。よって、「不若」は「しかず」と読むのがふさわしい。ここで、基本的な比較の句形を確認しておく。

A《ハ》不《ず》レ若《しカ》レB《ニ》
読み「AはBに若《し》かず」
意味〈AはBに及ばない・AよりBの方がよい〉

・この形では、Bの位置にくる事柄が優位となり、Aの位置にくる事柄が劣位となる。
・「A《ハ》不《ず》レ若《しカ》レB《ニ》」が基本的な形だが、Aの部分が省略されることがある。

傍線部の一文は、比較形「A《ハ》不《ず》レ若《しカ》レB《ニ》」のAの部分が省略されている形である。選択肢を検討すると、①は「若《なんぢ》」、③は「ごとき」、⑤は「ごとくせ（ざれば）」と読んでいるので誤り。「不若」を「若《し》かず」と読んでいる②か④に絞られる。④は「有」を「有らば」と読んでおり、全体で〈連昌詞があれば、監《かん》戒規諷《かいきふう》の主旨に及ばない〉となり意味が通らない。②は「連昌詞の監戒規諷の意有るに若《し》かず」で〈連昌詞に監戒規諷の主旨があるのには及ばない〉となり、意味が通る。したがって、正解は②。

「連昌詞（連昌宮詞）」と何を比較しているかと言えば、もちろん「長恨歌」である。問題文では、元稹の詠んだ「連昌宮詞」と白居易の詠んだ「長恨歌」を取り上げ、まず「殆《ほとん》ど未《いま》だ優劣《ゆうれつ》を以《もつ》て論《ろん》じ易《やす》からざるなり〈＝おそらく両者の優劣を論じることは簡単ではあるまい〉」と述べている。そして、**問3**で確認したように傍線部Bで長恨歌の内容を示し、次にこの傍線部Cで「連昌宮詞」の内容を示して、「連昌宮詞」の方が優れているという評価を下しているのである。比較の句形に注意して正しく訓読するとともに、注も参照して傍線部の意味をしっかりつかんでおこう。

問5 5 ② 《傍線部の解釈問題》

傍線部は、〈安禄山が朝廷で玄宗の寵愛を受けて楊貴妃の養子となった〉という文に続いて、権力を手中にした安禄山の様子を述べるところである。したがって「号レ国」の主語は安禄山である。「号ス」は動詞で「さけぶ」「よぶ」などの読みがあり、〈命令する〉の意もある。傍線部の直後に「権を弄び」とあるように、ここでは権力を得た安禄山が、国に号令を下し国政を動かす権力者になったことを表す。後半は、「門前市を成す〈＝羽振りのよい人の家に地位や名声を慕って大勢の人々が集まり出入りする〉」という言葉があるように、「門前閙《ガシキコト》如《シ》レ市《ノ》」とは、まさにそのことで、今や大きな力を得て権勢家となった安禄山の邸宅の前には、安禄山に取り入っておこぼれの利益を得ようとする人々が群がり集まったのである。よって、正解は②。

①は、安禄山が「大勢の人々にわめき散らしていた」が誤り。

③と④は、「号レ国」の主語を「人々は」としている点で誤り。

⑤は、「国中に命令を発して人を集め」が誤り。

問6 6 ⑤ 《内容把握問題》

傍線部の主語は、直前の「弄《ビ》レ権《ヲ》」の主語と同じく安禄山である。前文「号レ国」以下傍線部までは、強大な権力を手にした安禄山の傲慢ぶりを述べている部分だ。傍線部の「宰相」はいわゆる提示主語であって、英語の主語のような動作の主体者ではない。〈宰相はといえば〉と話題を提示して、その説明が述語として下に続くのだ。「不レ記《サ》レ名《ヲ》、依稀《トシテ》憶《ヒ》得《タリ》」の動作の主体が安禄山なのである。つまり、「宰相《ハ》（安禄山）不レ記《サ》レ名《ヲ》、依稀《トシテ》憶《ヒ》得《タリ》」〈宰相は（といえば）（安禄山は）名前も覚えていず、ぼんやりと思いつくのだった〉と補って訳すとわかりやすいだろう。傍線部で注意したい言葉を確認しておくと、「記《ス》」は〈心に覚える〉、「依稀」は〈ぼんやりして明らかでない〉、「憶」は〈思い出す・思う〉の意。このような態度の安禄山の心理を、最も適切に表現しているものを選べばよい。

主語を確定することで、「宰相が」を主語としている①・②・③は、すべて除外できる。結局、④と⑤を検討することになる。「宰相の名もうろ覚えであるほど慢心しているさま」として、先に確かめた内容を述べている⑤が正解。

④の「宰相の名を覚える必要がないほど尊敬を集めているさま」は、本文に根拠がなく、また語句の意味からしても不適切。

問7 7 ④ 《筆者の主張を把握する問題》

「連昌宮詞」の詩評に関する設問であり、「長恨歌」は対比材料としての扱いにすぎない。それは全文の構成を見てもわかるだろう。初めにこの二つの長編詩が、ともに安史の乱を題材にして、多くの人々に愛誦される優れた詩であると紹介して、次に「長恨歌」はただ玄宗の楊貴妃を追憶して悲しむ顚末を述べているだけだが、「連昌宮詞」は事件を反省し、為政者を戒め正す主旨があって、「長恨歌」より優れていると、詩としての価値評価を明言しているのだ。これが筆者の主張であり、また、詩評である。

後段は「連昌宮詞」の内容紹介をした上で、再度筆者の主張を述べたのが傍線部である。なお、「非《ズ》二長恨《ノ》比《ニ》一」とは、〈「長恨歌」よりはるかに優れている〉の意である。よって、正解は④。

①は、「『長恨歌』は……『連昌宮詞』……よりも、詩としては優れている」としているところが誤り。

②は、「ともに優れていて優劣を比べるべきではない」が誤り。

③は、「後者は安禄山を厳しく非難している」が誤り。筆者が評価しているのは、「監戒規諷之意」すなわち過去を反省し、将来を戒めている点であって、安禄山個人への非難の厳しさではない。

⑤は、「『長恨歌』の豊かな詩情とは比べものにならない」として、「長恨歌」の方が優れているとしているところが誤り。

問8 8 ④《文の構成を把握する問題》

4行目にある「如云」以下の「連昌宮詞」の内容紹介の文章から判断する。漢詩の構成は長編詩であっても、絶句の「起・承・転・結」と同様の内容構成をもつ場合が多い。ここで紹介されている「連昌宮詞」も同じことがいえる。

> 第一段…姚崇・宋璟の二人が宰相となり、玄宗に諫言し、清潔公正な政治が行われたこと。
> 第二段…姚・宋の死後、楊貴妃が朝廷を動かすようになり、安禄山が専横な態度で振る舞ったこと。
> 第三段…楊国忠・李林甫の安禄山排除の動きと安史の乱の勃発、天下争乱。
> 第四段…「其ノ末章ハ」とあるように、反乱の平定と詩人の戦争終結を願う言葉。

以上の内容構成を正しくとらえている④が正解となる。①・②・③はみな段落を正しく分けられていない。⑤は四段落の末章がとらえられていない。

書き下し文

元微之《げんびし》、白楽天《はくらくてん》は唐《たう》の元和《げんわ》・長慶《ちやうけい》の間《かん》に在《あ》つて、名《な》を斉《ひと》しくして共《とも》に天宝《てんぽう》の時事《じじ》を賦詠《ふえい》す。連昌宮詞《れんしやうきゆうし》、長恨歌《ちやうごんか》は皆人口《みなじんこう》に膾炙《くわいしや》し、之《これ》を読《よ》む者《もの》の情性《じやうせい》をして蕩揺《たうえう》し身《み》は其《そ》の時《とき》に生《い》き親《みづか》ら其《そ》の事《こと》を見《み》るがごとくせしめ、殆《ほとん》ど未《いま》だ優《いう》劣《れつ》を以《もつ》て論《ろん》じ易《やす》からざるなり。然《しか》れども長恨歌《ちやうごんか》は明皇貴妃《めいくわうきひ》を追憶《つひさう》するの始末《しまつ》を述《の》ぶるに過《す》ぎず、他《た》の激揚無《げきやうな》し。連昌詞《れんしやうし》の監戒規諷《かんかいきふう》の意有《いあ》るに若《し》かず。姚《えう》崇《すう》・宋璟相公《そうえいしやうこう》と作《な》り、上皇《じやうくわう》を勧諫《くわんかん》するに言語切《げんごせつ》なり、長官清平《ちやうくわんせいへい》にして、太《たい》守揀選《しゆかんせん》するを好むは皆相公《このみなしやうこう》に由《よ》ると言《い》ふと云《い》ふがごとし。開元《かいげん》の末姚宋死《すゑえうそうし》し、朝廷漸漸《てうていぜんぜん》として妃子《ひし》に由《よ》る。禄山宮裏《ろくざんきゆうり》に養《やしな》はれて児《こ》と作《な》り、国《くに》に号《がう》して、門《もん》前閙《ぜんさわ》がしきこと市《いち》のごとし。権《けん》を弄《もてあそ》び、宰相名《さいしやうな》を記《しる》さず、依稀《いき》として憶《おも》ひ得《え》たり。楊李《やうり》と廟謨《べうぼ》して顛倒《てんたう》す。四海揺《しかいゆ》れて、五十年来瘡痏《ごじふねんらいさうゐ》と作《な》る。其《そ》の末章《まつしやう》は官軍淮西《くわんぐんわいせい》を討《う》つに及《およ》んで、廟謀《べうぼう》して兵《へい》を用《もち》ゐるを休《や》めんことを乞《こ》ふの語《ご》なり。蓋《けだ》し元和十一二年間《げんわじふいちにねんかん》の作《つく》る所《ところ》ならん。殊《こと》に人《ひと》を風《ふう》するの旨《むね》を得《え》て、長恨《ちやうごん》の比《ひ》に非《あら》ずと云《い》ふ。

全訳

元微之と白楽天は唐の元和・長慶年間に生きて、（詩人としての）名声を等しく得て、ともに天宝の時代に起きた事件（安史の乱）を題材として詩を詠んだ。その「連昌宮詞」と「長恨歌」はどちらも多くの人々に愛誦されて、その詩を読む人の心を揺さぶり動かし、あたかも自分がその時代に生きて、自らその（詩に詠まれた）ことを見ているような気にさせるものであって、おそらく両者の優劣を論じることは簡単ではあるまい。しかしながら「長恨歌」は玄宗皇帝が楊貴妃を追憶して悲しむ顛末を述べているにすぎず、その他に気持ちを激しく高揚させるものはない。「連昌宮詞」に事件を反省し、将来の戒めとし、為政者の誤りを正し諭す主旨があるのには及ばないのである。（たとえば、）姚崇と宋璟が宰相となって、ねんごろに玄宗に諫言して、中央の長官たちが清廉で公平となり、郡の長官たちが人物を選んで任用することを好むようになったのは、すべて二人の宰相によることだと言うと（「連昌宮詞」に）述べているようなところである。開元の末に姚と宋が死ぬと、朝廷は次第に楊貴妃の思い通りになるようになった。安禄山が宮中で寵愛されて楊貴妃の養子になって、（権力を得て）国に号令を下すようになり、（彼の）邸宅の前には彼にへつらう人々が群がり集まった。（安禄山は）権力を好きなように振るい、宰相の名もうろ覚えで、ぼんやりと思いつく有様であった。楊国忠は李林甫と朝廷で方策を練って安禄山の失脚を図った。天下は（安史の乱で）揺れ動いて、五十年来の（平和の世は）戦乱状態になった。この詩の最後の章は、政府軍が賊軍を淮西で鎮圧するに及んで、朝廷で方策を立てて戦争を止めるように願う語で終わっている。思うに元和十一年と十二年の間に作られたものだろう。特別に人を教化する主旨があって、「長恨歌」の比ではないと言う。

模試 第4回

解　答

合計点	/200

問題番号(配点)	設問	解答番号	正解	配点	自己採点
第1問 (50)	1	1	②	2	
		2	③	2	
		3	⑤	2	
		4	①	2	
		5	⑤	2	
	2	6	④	8	
	3	7	③	8	
	4	8	③	8	
	5	9	④	8	
	6	10	②	8	
第2問 (50)	1	1	①	3	
		2	⑤	3	
		3	①	3	
	2	4	③	9	
	3	5	④	9	
	4	6	⑤	9	
	5	7	②	7	
		8	①	7	

問題番号(配点)	設問	解答番号	正解	配点	自己採点
第3問 (50)	1	1	④	5	
		2	②	5	
		3	⑤	5	
	2	4	①	5	
	3	5	①	7	
	4	6	④	7	
	5	7	②	8	
	6	8	③	8	
第4問 (50)	1	1	①	5	
		2	②	5	
	2	3	⑤	6	
	3	4	①	6	
	4	5	⑤	6	
	5	6	②	6	
	6	7	③	6	
	7	8・9	②*・⑦*	10（各5）	

＊は順序を問わない。

	出　典	目安時間	難易度 大問別	難易度 全体
第1問	文章Ⅰ：田中克彦『漢字が日本語をほろぼす』 文章Ⅱ：佐久協『日本一愉快な国語授業』	20分	標準	標準
第2問	文章Ⅰ：夏目漱石『門』 文章Ⅱ：中島敦『文字禍』	22分	やや難	
第3問	『落窪物語』	19分	標準	
第4問	漢詩：呉偉業『梅村集』 文章：李瀚撰『蒙求』	19分	標準	

第1問

出典　**【文章Ⅰ】** 田中克彦《たなかかつひこ》『漢字が日本語をほろぼす』（角川SSC新書　二〇一一年）

【文章Ⅱ】 佐久協《さくやすし》『日本一愉快な国語授業』（祥伝社　二〇〇七年）

田中克彦は一九三四年兵庫県生まれ。東京外国語大学モンゴル語学科卒業、一橋大学大学院社会学研究科修了、一橋大学名誉教授。専門は社会言語学とモンゴル学。言語学をことばと国家と民族の関係からとらえた研究で知られる。

佐久協は一九四四年東京都生まれ。慶應義塾大学卒業、同大学院で中国文学・国文学を専攻。慶應義塾高校で教職に就き、退職後は主に中国古典に関して活発な著述活動を行っている。

【出題のねらい】

共通テストの第二回試行調査で出題された、複数の文章を読み比べるタイプの演習として出題した。【文章Ⅰ】は日本語表記のローマ字化を主張するもの。【文章Ⅱ】は日本語表記のローマ字化について、ひらがな化と並列して二つの方向性のうちの一つとして解説するものである。視点や前提となる時代状況の違いに留意して読み取りたい。

【概要】　問題文の概要は次のとおりである。

【文章Ⅰ】

1 **オトそのものを最も自然にうつし出すローマ字表記**（1～3段落）

・ことばとはオトのつらなりであり、オト自体を最も自然にうつし出すのはローマ字表記だが、日本語では子音と母音を一体としてカナでうつすことが確立しているため、日本人には子音と母音を分けてオトをうつすことが難しい。

2 **ローマ字表記で明らかになる日本語の文法的原理**（4～8段落）

・日本語を分析的にみようとするとき、ローマ字表記は日本語人自身にも多くのことを教えてくれる。

・漢字で書けば一見無関係に見える単語も、ローマ字書きすれば、ある動作を表す動詞とその動作に関係のある名詞が、たった一つの母音のちがいで区別されており、母音の入れ替わりが大きな文法的役割を果たしていることが明らかになる。

・母音の文法的役割を覆い隠す点では漢字と同様だが、カナは漢字に比べればはるかにオトそのものを露出させている。

・古代日本語ではこのような文法的原理がいきいきと働いていたが、オトを隠す漢字によって単語のつながりが切り離されてしまった。

3 **日本語の発展のためのローマ字化**（9～13段落）

・日本語を書くにあたって、私たちがふだん気づかない問題、使いにくさ、不具合を指摘してもらい、改良し発展させるためには、なるべく多くのさまざまな出自の人に日本語共同体に参加してもらう（＝日本語なかまの関係になる）ことが必要である。私たちは、新しい日本語なかまが日本語とその書きことばを身につけやすい工夫をすることで、自分の利益につなげられる。

・文法、発音はもはや改良できない要素であるが、せめて文字のつづりを、ドイツ語のようにわかりやすく、おぼえやすくしておくべきである。日本語はきびしい言語の国際競争にさらされている。

【文章Ⅱ】

1 **日本語の文字改革の二大主張**（1～4段落）

・日本語の文字改革の二大主張は、ローマ字化とひらがな化である。

・ローマ字表記については、占領軍の後押しもあり、駅名にローマ字が並記されているのも占領軍の要請があってのことだが、現在ではハングルや中国の簡体字による駅名表示も見られるようになり、時代の推移がうかがわれる。

・かな文字論者はローマ字論者より伝統があり、勢力もはるかに大きかったが、最大の主張理由である機械化する上での漢字の煩雑さが、ワープロの開発と普及により解消されたことで、勢力は弱くなっている。

2 **アメリカで主張された文字改革**（5段落）

・一九世紀のアメリカで、ロブシャイドという言語学者が米語の綴りと発音を一致させる表記改革を提唱したが、インテリ階層と上流階級の猛反発により敗退した。

・もし提案が受け入れられていたら、外国人が米語を学ぶのに便利であるだけでなく、アメリカの識字率向上にも貢献したと思われる。

3 文字改革の不可逆性（6～8段落）

・すべての文字改革に反対するのは誤りだが、文字改革はいったん変えたら元には戻せないことは肝に銘じておく必要がある。

・韓国では漢字を廃してハングル表記化を推し進める際に、漢字は大学で習得すればよいと考えた。ところが、大学で初めて漢字を学ぶには膨大な時間とエネルギーが必要だと判明し、その時に改めて小学校から基礎的な漢字を教えるよう修正しようとしたが、漢字教育のノウハウが失われていた。

・モンゴルでは、ロシア語で表記されていたモンゴル語をパスパ文字で表記する法案が可決されたが、パスパ文字は七〇年以上も使用されていなかった上に煩雑であり、達成すべきかをめぐっては、議論が続いている。

問1 1 ②　2 ③　3 ⑤　4 ①　5 ⑤　**《漢字問題》**

(ア)「実**態**」で〈本当の状態〉。①「体制」は〈社会や組織が長期にわたって従っている一定の原理〉。②は「**態**度」。③「大義」は〈人として守るべき大切な道〉。④「対立」は〈二つの同等のものが反対の立場で向かい合っていること〉。⑤「安泰」は〈無事で平穏なこと〉。

(イ)「分**断**」は〈つながっているものを別々に切り離すこと〉。①「段階」は〈物事が進行する順序〉。②「弾力」は〈外から作用する力によって変形したものが、元の形に戻ろうとする力〉。③「**断**絶」は〈続いてきたものが途絶えること〉。④は「相談」、⑤は「温暖」。

(ウ)「**健**在」は〈衰えることなく力を発揮していること〉。①「兼業」は〈本業以外に他の仕事を行うこと〉。②「賢明」は〈かしこくて判断が道理にかなっていること〉。③は「建設」。④「堅固」は、〈固くてしっかりしていること〉。⑤「頑**健**」は〈丈夫で強いこと〉。

(エ)「補**足**」は〈足りないところを付け足すこと〉。①「俊（駿）**足**」は〈足が速いこと〉。②「結束」は〈団結すること〉。③「側頭（部）」は〈頭の両側〉。④「即座」は〈その場ですぐ〉。⑤は「速度」。

(オ)「**重**宝」は〈便利なものとしてよく使うこと〉。①「落丁」は〈書籍や雑誌の一部のページが抜け落ちること〉。②「新調」は〈新しく作ること〉。③は「胃腸」。④「風潮」は〈世の中の傾向〉。⑤「丁**重**」は〈礼儀正しく丁寧なこと〉。

問2 6 ④　**《内容把握問題》**

【文章Ⅰ】に設けられた傍線部の内容把握問題。傍線部の次の段落に「たとえば……」とあり、以降で傍線部の内容が説明されていることは明らかである。したがって、この話題を取り上げた5～8段落の内容をまずは正しく押さえる。この部分では、

・「一見全く関係のない別の単語のように見えるが……たった一つの母音のちがいで区別されることがまず明らかになり……**e→aの母音のいれかわりが大きな文法的役割をしていることがあきらかになる。**」
・「日本語では、**子音をきりはなした母音そのものが、品詞の区別をしたり新しい単語を作る上で、いかに大活躍したか**」

といった内容が述べられており、右の内容に合う選択肢は④である。

①は、前半の日本語の音のとらえ方については問題文に沿った内容だが、日本人が外国語を学ぶために音の聞き方を変えるということに焦点があり、不適切。

②は、オトの重要性と漢字で書き表された意味の重要性を比較する内容で、日本語における母音の文法的役割について一切触れていないため、不適切。

③は、日本語における母音の文法的役割について述べた前半の内容に問題はないが、「現代の日本語ではそのような原理が失われ、日本語が新しい単語を創り出す活力を失っている」ということは問題文では述べられておらず、不適切。

⑤は、日本語で子音と母音が一体として認識されることは問題文で述べられている内容ではあるものの、これは日本人がローマ字書き日本語を学ぶことに反論する人の意見であり、あえてローマ字で表記することが何を教えてくれるかということについては説明できておらず、不適切。

問3 7 ③ 《内容把握問題》

【文章Ⅰ】の空欄補充問題。空欄Xは問題文末尾の段落にあり、この段落では、これまで展開されてきた筆者の主張がどのような危機意識から発したものであるのかが述べられている。空欄の直後に「せりにかけられている」とある。「せり〈競り〉にかける」とは本来は〈収穫したものを市場に持っていき、買う業者が値段をつけあう〉という意味だが、ここでは単に〈競い合う〉程度の意味で考えればよいだろう。きびしい言語の国際競争の場において、空欄の要素が競い合いのポイントとなっているということだと考えられる。**【概要】**にまとめたように、問題文前半では、ローマ字表記が最も自然にオトをうつし出すとして、日本人がローマ字表記を用いる利点について述べているが、筆者の主張の力点は問題文後半にある。後半では、筆者がローマ字表記を推進するのは、日本語の改良・発展のために多くの人に日本語を使ってほしいと思っているからであること、またそのために、

・「なるべく日本語、その書きことばを**身につけやすいように工夫しておくことが……自分の利益になる**」（37・38行目）
・「**文字のつづりがわかりやすく、すぐにおぼえられるようにしておかなければならない**」（39・40行目）

と考えているためであることが述べられている。以上の内容に合う選択肢は③である。

①に述べられているような、日本語の「歴史的、民族的な意義」を筆者が重要視するような記述は問題文にないため、不適切。

②も同様に、「荘重さ、高度な文化性」が日本語の生き残りのために重要だという記述は問題文にない。むしろ空欄直前に「そのこった使いかたを見せびらかせていい気になっているときではない」と述べられているのだから、筆者が重要視しているものとは逆の方向性である。

④は日本語の使いやすさについて述べた選択肢ではあるが、問題文では日本語を発音することや耳で聞くことに対する利点を述べた記述はなく、終始表記の問題について述べているので、不適切。

⑤は言葉を柔軟に革新していくことについて述べており、一見正しいように見えるが、筆者が重要視している〈学びやすさ〉という点に触れておらず、不適切。

問4 8 ③ 《内容把握問題》

【文章Ⅱ】で挙げられている、「ローマ字論者」「かな文字論者」「米語の綴り

を発音と一致させるための運動家」（ロブシャイド）という表記改革論者たちの共通点を問う問題。問題文の内容をまとめよう。

ローマ字論者

・「ローマ字の授業は、**私より二歳年下の弟の時にはなくなっていました**」
・「ローマ字論者は占領軍の後押しもあり、なかなかの勢力でした」

かな文字論者

・「『かな文字論者』は伝統もあり、勢力も遥かに大きなものでした。現在でも**数は激減していますが健在なようです**」
・戦後まで永く勢力を保った「かな文字論者」の主張の基本は、漢字が煩雑で教育や機械化に不向きだというもの
→日本の子供だけでなく、外国人が日本語を覚える際の負担にもなり、日本語が世界に普及しない原因となっている
・一九八〇年代にワープロの開発と普及が急速に進み、かな文字論者は勢力を伸ばせなくなった

ロブシャイド

・言語学者であり、米語の綴りを発音と一致させるための運動家
・「彼（＝ロブシャイド）が著した『ロブシャイド英語辞典』は明治期の日本で大変に重宝されました」
・「彼の提案はインテリ階層と上流階級の猛反発を喰らい、運動資金も得られずに**あえなく敗退してしまいました**」

以上から、**【文章Ⅱ】**で挙げられているこの三つの表記改革は、いずれもいったんは勢力を伸ばしたが、過去に果たされないままに勢力を失った主張であるとわかる。したがって、③が適切な選択肢である。

①の「外国の圧力」はローマ字論者の主張を後押ししたものであり、「機械化」はかな文字論者の主張の根拠となったものだが、ロブシャイドがそのような外部的要因を受けて主張を展開したとの記述は問題文にないので、不適切。

②は、ローマ字論者に占領軍の後押しがあったこと、またかな文字論者の補足の主張として、漢字が「外国人が日本語を覚える際の負担」になることが挙げられていたとあることから不適切。

④の「ワープロの普及」は、ローマ字論者、一九世紀に主張されたロブシャイドの表記改革とは無関係。

⑤の「主に学校現場で自説を実践する教育者たちで構成されていた」という内容は、文中で述べられていない。

問5 9 ④ **《複数の文章の趣旨把握問題》**

複数の問題文の趣旨に関する会話文を掲げた設問。

①は、**【文章Ⅰ】**はローマ字論者自身の主張、**【文章Ⅱ】**は文字改革のいくつかの主張について客観的に述べたものである。また、「戦後に学校でローマ字教育を受けたけど、二年後にはその授業がなくなっていた」という筆者の経験についての記述が問題文にあり、筆者はローマ字教育を世の中の推移の一局面として「退いた視点」でとらえていると言えるので、適切。

②は、**【文章Ⅰ】**は現代におけるローマ字化の主張、**【文章Ⅱ】**は戦後のローマ字化の主張について述べているので、適切。

③の**【文章Ⅰ】**についての記述は、6段落の記述に合致している。また、**【文章Ⅱ】**についての記述も、問題文冒頭の一文に沿っており、適切。

④は「外国人にとって発音しやすいように言葉そのものを変えていこう」とあるが、日本語が外国人にとって発音しにくいと問題視する記述は**【文章Ⅰ】**にはない。また筆者は12段落で「文法や発音はどんなに改良しようとしても、もはや手のつけようがない」と述べているので、発音を変えていこうという方向性も合致しない。よって不適切。

⑤の**【文章Ⅰ】**に関する記述は、9～11段落の記述に合致している。また、**【文章Ⅱ】**に関する内容も適切である。

以上から、筆者の考えとして適当でない選択肢は④である。

問6 10 ② **《文章の構成・展開の把握問題》**

二つの文章を比較して、その構成や展開について分析した選択肢の適否を判

断する問題。

①【文章Ⅰ】が、「子音と母音に分けて言葉をとらえるローマ字表記が……より適切なものである」ということを主張しているという点では正しい。しかし、【文章Ⅰ】は「抑制した論調」というよりも、終始自身の主張を強く前面に押し出している点で不適切である。

②【文章Ⅰ】についての記述の前半は、5段落の記述に合致している。また、後半は9～11段落の記述に合致している。【文章Ⅱ】が「日本語の文字改革の二大主張」について、「自説を前面に出さない形」をとりながら、末尾で「見解を出している」という内容も適切である。

③【文章Ⅰ】で「日本語の使いにくさや不具合を指摘し、ローマ字表記の導入による改善を迫」っていることは確かだが、それが「オトとしての日本語の伝統的な原理を守り伝えようとする愛着ゆえである」といった内容は読み取れない。【文章Ⅱ】に関する記述は適切である。

④【文章Ⅰ】では「たいせつな、日本語にそなわった文法能力を、漢字は別の文字をあてがって分断し、消し去ってしまう」（17・18行目）、「日本のカナは子音と母音をひとまとめにしているから、そのなかみが見えない」（19行目）と述べており、漢字もかなもどちらも文法的原理を見えにくくするものと考えているため、不適切。【文章Ⅱ】では日本語の文字改革に関して、自身の主張を述べるのではなく客観的立場から論じており、また6段落にはむしろ文字改革に際して慎重な姿勢を求める記述もあるため、不適切。

⑤【文章Ⅰ】で、「日本語の表記をローマ字に変えることで外国人の学習者が増え」ることを期待していることは問題文に合致しているが、筆者は「文法や発音はどんなに改良しようとしても、もはや手のつけようがない」と考えているので、「文法や発音も……改良されていくことを肯定的にとらえている」という記述は誤りである。【文章Ⅱ】は6段落の内容を踏まえているが、「否定的な見解」が言い過ぎである。

以上から、適切な選択肢は②である。

第2問

出典　**【文章Ⅰ】**夏目漱石《なつめそうせき》『門』**【文章Ⅱ】**中島敦《なかじまあつし》『文字禍』

『門』は、『三四郎』『それから』に続き、夏目漱石の前期三部作と呼ばれている。問題文は、友人の妻を奪った宗助の葛藤を描く『門』の冒頭部である。

『文字禍』は、中島敦初期の短編小説である。古代メソポタミア文明のアッシリアを舞台に、文字の霊に翻弄《ほんろう》される博士の姿を描いている。

【出題のねらい】

文字や図形からそれぞれの全体性が失われ、意味を見出せなくなるという「ゲシュタルト崩壊」を扱った二つの文章を出題した。小説において、描かれる事件や題材は、作者が表現したい心情や主題を表現するための道具であるといえる。同じ道具によって、それぞれの作者が描こうとしているものを正確に読み取りたい。また、このような感覚は現代のわれわれにも十分に共感できるものだが、明治期の小説にも通底する心情を読み取っていこう。

【概要】

【文章Ⅰ】『門』

●舞台　宗助の自宅（崖の前に建つ一軒家）

●登場人物　宗助……御米との結婚以来、家族や友人と断絶

御米……もともとは親友である安井の妻だが、いまは宗助の妻

①二人の会話

宗助	御米	
「好い天気だな」→	「ええ」と云ったなり	夫婦の日常的で気の置けない会話
生返事 ←	「散歩でもしていらっしゃい」	
「近」の字について尋ねる 「字と云うものは不思議だ」 「おれだけかな」→ 「神経衰弱のせいかも」→	「どうかしていらっしゃる」	宗助の不安感

②自宅の立地

茶の間の襖を開けるとすぐ座敷

突き当りの障子を開けると崖が聳えている

いつ壊れるか分らない ↔ 元は竹藪で根が残る

（根があるから崩れない）　（切り開かれて藪にならない）……矛盾

③軽いいさかいと和解

宗助	御米
佐伯の家に手紙を書く →	「手紙じゃ駄目」
「駄目でも……出しておこう」←	「行って……話をして来なくっちゃ」
	返事をしない
「それで好いだろう」→	悪いとも云い兼ね、争いもしなかった
「ちょっと散歩に行って来る」→	「行っていらっしゃい」微笑しながら答えた
歩み寄り	理解

【文章Ⅱ】『文字禍』

●舞台　古代のアッシリアの王宮図書館（文字の精霊が出ると噂される）

●登場人物　老博士……王に命じられて文字の精霊について調査する

①博士の研究

・日ごと図書館に通い、研鑽に耽った

・一つの文字を前に終日睨めっこをして過ごした

↑凝視と静観とによって真実を見出そうとした

②博士の発見

・文字が解体して、意味のない一つ一つの線の交錯としか見えなくなる

・今まで当然と思っていたことは決して当然でも必然でもない

……眼から鱗の落ちた思い

・文字の霊の存在を認めた→文字の霊の性質が次第に少しずつ判って来た

問1　1 ①　2 ⑤　3 ①　《漢字問題》

(ア)「勾配」で〈斜面、傾斜の程度〉。正解は①「配慮」で〈あれこれ心をくばること〉。②は「乾杯」。③は「心肺」。④は「排除」で〈押しのけたり取りのぞいたりすること〉。⑤は「参拝」。

(イ)「穏当」で〈無理なく筋が通っていること。妥当〉。正解は⑤「穏便」で〈やり方や態度がおだやかである様子〉。①は「音信」、②は「温厚」、③は「謝恩会」、④は「御の字」で〈しめたものだ〉の意。

(ウ)「看過」で〈見すごすこと〉。正解は①「看板」。②は「敢然」で〈思い切って行う様子〉。③は「監督」。④は「喚起」で〈注意や自覚などを呼び起こすこと〉。⑤は「欠陥」。

問2　4 ③　《内容把握問題》

宗助と御米のやりとりから、二人の関係性やお互いに対する思いを読み取る問題である。やりとりについては、以下のように整理できる。

・宗助…「おい、好い天気だな」
↓
・御米…「ええ」と云ったなりであった
↓単に「云った」でなく「云ったなり」（＝他に何もしていない）と表現していることから、言外に「他に言葉もあろうがそれだけだった」という物足りなさが表現されている
・宗助…別に話がしたい訳でもなかった
・御米…「散歩でもしていらっしゃい」
↓
・宗助…生返事

言葉少なな二人のやりとりが続く場面だが、会話の内容は決してぎすぎすしたものでなく、返事も言葉少なだが冷淡な様子ではない。ここから、二人が気の置けない関係であり、相手に気を遣いすぎず、穏やかに言葉を交わしている様子が読み取れる。以上に合う選択肢は③。

①**【文章Ⅰ】**後半に佐伯家を巡る軽い言い合いはあるが、「お互いに心に根深いうらみを抱えている」とまでいうのは言い過ぎ。

②「夫婦の関係はすでに冷め切って」いるとは読み取れない。また、宗助も御米もあっさりとした対応をしているので、「夫のほうは……熱心に話しかけて」「妻のほうは冷淡に拒絶する」も不適切。

④気が置けない相手だからこそ、あまり気を遣いすぎることもなく打ち解けた対応をしていると考えられるので、「敏感に感じ取り」「細やかに」は不適切。また、宗助の語りかけも半ば独り言めいたものであり、「日差しの心地よさを共有しよう」という意図は読み取れない。

⑤佐伯家について気になっているとはいえ、御米もそれほど深刻でない口調で切り出しており、「気の重い話」「なんとか避けようと別の話題を持ち出した」とまでは考えられない。

問3　5 ④　《表現の効果の把握問題》

文章中の情景描写や物語の舞台の設定は、作者がそれを通して登場人物の置かれている状況や彼らの心情を暗示しようとしている場合が多い。そこでまずは、二人が住んでいる家がどのような場所に建てられているのかを確認していく。

・南が玄関で塞がれているので……うそ寒く映った
・廂に逼るような勾配の崖→いつ壊れるか分らない
↓「竹藪」と「崖」が、お互いに問題を抱えつつ、お互いがあるから安全も担保されているという、矛盾した危うさを抱えている
・日も容易に影を落さない
↓二人が住んでいる環境について、閉塞感とほの暗さが感じられる描写が続いている
・元は一面の竹藪だった→また竹が生えて藪になりそう

ここで、登場人物の置かれている状況を確認しよう。問題文冒頭のリード文に、宗助は親友の妻を奪い、そのために実家とも疎遠になり、親友も希望していた職も失い、罪の意識を抱えたまま二人で隠れるようにして暮らしている、とある。そのような、暗さと不安定さを内在した二人の境遇に、この家の様子が呼応するように描かれているのである。以上にあてはまる選択肢は④。

①立地はよくないが、茶の間と座敷もあり、特に貧しい家である様子は読み取れず、「夫婦の貧しい暮らし」は不適切。また、「竹」が「困窮しても夫婦の気持ちの結びつきは揺るぎない」といった夫婦の堅固な関係を表しているとは読み取れない。

②爺の言葉は、二人が置かれている状況の不確かさ、あやうさを表しており、状況を冷静に指摘する役割を果たしている。よって、「八百屋の爺がユーモラスに描かれて」「爽快感を与える役割」は不適切。

③宗助の心痛は、大半が過去の出来事によるものであり、また、佐伯家を巡る問題がなかなか片づかないことにも一因があるので、「宗助の心痛が安全性を担保されない現在の暮らしに不安を抱えているから」というのは不適切。

⑤「二人が置かれている厳しい状況」は読み取れなくもないが、「現実から目を背けて生きようとする二人の姿」までは読み取れない。

問4　**6**　⑤　**《心情把握問題》**

御米の言動から、彼女の心情を読み取る問題である。これまでの二人のやりとりと、そこから読み取れる御米の心情をたどっていこう。

・御米…「ちっと散歩でもしていらっしゃい」
　＝宗助の鬱々とした様子や、文字を巡るやりとりから、御米が宗助の様子を見かねて、それとなく気分転換をさせようとした
　↓
・宗助…生返事
　＝散歩に行こうとはしない
　↓
・佐伯家についてのやりとり
　＝二人の間にやや険悪な空気が流れる
　↓
・宗助…「ちょっと散歩に行って来る」
　＝佐伯との交渉に直接行かず手紙を出すことを、御米が内心よく思っていないことを知っていて、機嫌をとろうとこびた態度をとった
　↓
・御米…「行っていらっしゃい」と微笑する
　＝御米に歩み寄ろうとする宗助の気持ちを察した

このように、宗助が散歩に行くと言い出したのは自分の提案を受け入れ、歩み寄ったからだ、ということに気づいたうえでの御米の言動だと読み取れるので、正解は⑤。

①宗助といる御米はくつろいだ様子であり、閉塞感を覚えているようには読み取れないので、「辟易しており」「解放感」は不適切。

②御米の態度からは、「期待しても無駄だとあきらめている」といった強い失望感は感じられない。はっきりとした態度はとらないまでも、浮かない様子から「微笑」に表情は変わっており、宗助の心情にも一定の理解を示していると読み取れる。

③微笑している御米の様子からは、宗助が「散歩に行ったまま帰ってこないのではないかという不安」は読み取れない。

④宗助が「佐伯の家に直談判に行くつもりである」ということを読み取る根拠が文中にない。

問5　**7**　②　**8**　①　**《複数の文章の趣旨把握問題》**

『門』と『文字禍』を読み比べて会話している内容から、二つの文章の特徴をとらえる問題である。共通テストでは、このように複数のテクストをもとにした問題が出題される方針が出されている。両者を対比させ、それぞれの題材の扱われ方の違いが作品全体にどのように影響しているのかを読み取っていきたい。

さて、ここでは両者が「ゲシュタルト崩壊」というキーワードを中心に、

・『門』では宗助が「近」「今」という字がわからなくなったことに悩んでいる
・『文字禍』では老博士が、文字が点と線との集まりにしか見えなくなったことに驚いている

という対比がなされている。

『門』での流れは、以下のように整理できる。

宗助が「近」の字を御米に尋ねている
・最近簡単な文字がわからなくなることが多い
「容易い字でも、こりゃ変だと思って疑ぐり出すと分らなくなる」
「しまいには見れば見るほど今らしくなくなって来る」
↓
「おれだけかな」
「神経衰弱のせいかも知れない」…不安を吐露

宗助は、日常で用いる文字がわからなくなったことを何気ない調子で御米に話している。一方で、宗助の話しぶりからは彼の不安が顔をのぞかせる。よく文字がわからなくなるのは自分だけだと思うことで、宗助は、自分と自分を取り巻く世界との決定的な「ずれ」があるように感じたのである。これは、半ば世捨て人のように生きている宗助の不安感、孤独感の表れであると考えられる。

一方、『文字禍』では、老博士が文字に疑問を抱くようになったきっかけは、彼が「文字の精霊」について調べるよう命じられ、真剣に文字と向き合うようになったことだとある。

・書物を離れ、ただ一つの文字を前に、終日それと睨めっこをして過ごす
↓
・いつしかその文字が解体して、意味の無い一つ一つの線の交錯としか見えなくなってきた

ここでは、文字がわからないという現象は、純粋に文字と向き合い続けた結果として表れている。そしてそれ以降、もともと意味のない線の集まりが一つの意味を表現することに精霊の存在を認めるようになるのである。

以上から、空欄**X**に入るのは波線部②である。

次に、空欄**Y**について考える。「文字を文字として認識できなくなる」という二人に起こった現象は同じであるが、『門』ではそれが自分と世界との「ずれ」の象徴として表現されているのに対し、『文字禍』では「文字の精霊」の認識という、それまでの世界観の大きな変化として描写されている。このそれぞれの感覚について正しく説明しているのは、①である。

②宗助と御米は仲のよい夫婦であり、「関係修復」は二人の関係に合わず、不適切。また、博士が文字の研究をしたのは「責任感」によるものだけではなく、博士がもともとその分野に関心を持っていたと考えられる。

③博士が「日ごと問題の……研鑽に耽った」ことのもともとの動機は、文字の精霊の性質を調べるよう、アシュル・バニ・アパル大王に命じられたからであることを踏まえると、博士に「強い意志と自主性」があるとは言いきれない。また、宗助が自分の心の状態に危機感をもっているとはいえ、「すでに精神を蝕まれている」は言い過ぎ。なお、「神経衰弱」とは、今でいうノイローゼの一種で、気持ちが疲弊して敏感になっている状態のこと。

④漢字がわからなくなったという宗助の感覚は、現代のわれわれにとってもそれほど珍しいものではなく、文中でも、彼が「この時代ならではの生きづらさを感じている」ほど重大なこととして描かれてはいない。

⑤博士は「文字の精霊」の正体を調べるうちに自然とこの感覚に陥ったのであり、もともとそれを「普遍化しよう」という意図があったわけではない。

第3問

出典 『落窪《おちくぼ》物語』

『落窪物語』は、平安時代の作り物語である。作者は未詳で、成立時期も不明であるが、『枕草子』（西暦一〇〇〇年頃成立）の中に本物語への言及があり、成立時期の目安になる。内容は、継母《ままはは》に虐げられ「落窪の間《ま》」という部屋に住まわされていた姫君が、中将の手によって救い出され幸せをつかむ物語である。

【出題のねらい】 これまでのセンター試験では、物語からの出題が多くみられた。鎌倉時代以降のものが頻出だが、二〇一四年度や試行調査では、平安時代の作品である『源氏物語』が出題されたため、今回は平安時代の物語の一つである『落窪物語』を出題した。

【概要】

1 女君（落窪の君）が懐妊し、夫・中将の愛情がいっそう深まった頃、中将の母・北の方が、女君を祭見物に誘った。北の方の配慮をうれしく感じた中将は、祭見物に消極的な女君を説得する。北の方からの手紙もあり、女君は参加を承諾した。

2 祭当日、女君の侍女たちは、中将方の侍女が女君に丁重に仕えるのを見て感激する。北の方は、初めて会う女君の可憐さを好ましく感じ、中将の妹・中の君も女君とこまやかに語らう。

3 祭の後、中将は、すぐに女君を連れ帰ろうとするが、北の方が巧みに引き留め、女君を自宅へ招く。中将の父・大将殿も女君を丁重にもてなし、女君は、数日をそこで過ごしてから帰った。

問1 1 ④ 2 ② 3 ⑤ **《語句の解釈問題》**

（ア）は「おろかならず」が重要である。「おろかなら」は、ナリ活用の形容動詞「おろかなり」の未然形で、「おろかなり」は〈おろそかだ・いいかげんだ〉の意を表す。そこに打消の助動詞「ず」が付いているので、全体として〈おろそかではない・いいかげんではない〉の意となる。また、「まして」は〈なおいっそう・言うまでもなく〉の意を表す。以上より、④が正解である。

①・②・⑤は、「まして」を「なおいっそう」「言うまでもなく」と訳しており、その点はよい。しかし「おろかならず」を、①「成熟した様子である」、②「おだやかに振る舞う」、⑤「見劣りすることはない」と解するのは、いずれも意訳である。語義に正確な④がある以上、①・②・⑤をあえて正解と見る必要はない。また、③は「まして」を「まったくもって」と訳す点が明らかな誤り。

（イ）は「ゆかしう」と「はべらざめり」が重要である。「ゆかしう」はシク活用の形容詞「ゆかし」の連用形・ウ音便である。「ゆかし」は〈見たい・聞きたい・知りたい〉の意を表す。その前にある「物」は多義語であるが、傍線部の前後を見ると、「物見まほしくしたまふ」「物見に出でたらば」といった類似表現があり、さらに「注1」を参考にすると、賀茂《かも》神社の祭礼を指しているとわかる。よって「物ゆかし」は〈祭を見たい〉の意と決まる。一方、「はべらざめり」は、丁寧の補助動詞「はべり」の未然形「はべら」に、打消の助動詞「ず」の連体形「ざる」、推定（推量）の助動詞「めり」が付いたものである。ただしここでは、「ざるめり」が撥音《はつ》便化して「ざんめり」となり、さらに撥音を表記しないために「ざめり」という形になっている。意味は〈〜ないようです〉となる。以上の内容を満たす選択肢は②で、これが正解である。

①は「めり（〜ようだ）」、③は「ず（〜ない）」の訳出がなく、誤りである。また④と⑤は、「物」を「祭」の意としていない点が明らかな誤りである。

（ウ）は、「げに」「ただの人」「あてに」が重要である。このうち、「げに」は〈なるほど・いかにも〉の意の副詞、「あてに」は〈高貴だ・上品だ〉の意の形容動詞「貴《あて》なり」の連用形である。「ただの人」は「ただびと」ともいい、〈一般の人・普通の人〉の意である。今回は、「姫宮」について「ただの人ならず」としているが、これは、彼女が「宮（＝皇族）」であることと関係する。「人物関係図」にあるように、「姫宮」の父は帝である。つまり、天皇の娘なので〈普通の人〉とは違うと言われているのである。よって、正解は⑤。

①は、全体が意訳になっているが、特に後半部「とても近づきがたくて」が

「あてにけだかくて」の訳として明らかな誤り。②は、「ただの人」を、具体的な人物である「中の君」に限定している点が誤り。「ただの人」は特定の人物を指す表現ではない。③④は、「ただの人ならず」の内容をそれぞれ「幼さを感じさせず」「自信に満ちあふれ」と、恣意的に解釈している点が誤り。

問2　4　①《文法問題》

各選択肢を順に確認していこう。

①と②について。係り結びの法則で、「こそ」の結びは助動詞「しか」となる。ただし、係助詞「こそ」の結びは已然形になるため、「しか」も過去の助動詞「き」の已然形（活用は、「（せ）／○／き／し／しか／○」）である。よって、①が正解で、②は誤りとなる。なお、他に係り結びを起こすものには、係助詞「ぞ」「なむ」「や」「か」があるが、いずれも結びは連体形になる。結びが已然形になるものは「こそ」のみのため、しっかり区別をつけておこう。

③「つかうまつる（つかまつる）」には、⑴本動詞と⑵補助動詞の二つの意味がある。

⑴本動詞…①お仕え申し上げる（「仕ふ」の謙譲語）
②〜し申し上げる・〜してさし上げる（「行ふ」「す」などの謙譲語）
③いたす・いたします（「行ふ」「す」などの謙譲語・丁寧語）
⑵補助動詞…〜申し上げる・お〜する（謙譲語）

問題文では、乳母のおとどが女君に「心しらひ（＝心遣いをする・気をつかう）」の様子を表す。ハ行四段活用動詞「心しらふ」の連用形「心しらひ」についているので、「つかうまつり」は作者から女君への敬意を表す謙譲の補助動詞。「心しらひつかうまつりて」で、〈心遣い申し上げて〉という意味となる。よって③は誤り。

④は助詞「が」の用法について。助詞「が」には、格助詞・接続助詞の二つがあり、格動詞「が」は体言や連体形に接続し、接続助詞「が」は連体形に接続する。ここでは「惟成」という名詞に接続しているので、格助詞だと判断でき、④は誤り。なお、「惟成があるじの君」を逐語訳すると〈惟成の主人の奥様〉となり、「が」は下の「あるじの君」を修飾しているので連体修飾語をつくる「が」である。

⑤は助動詞「る」について。「（乳母のおとどが）若き人々に笑はる（＝若い人々に笑われる）」という状況で、受身の意を表す。よって、⑤は誤り。受身の意は、多くは「……に――る（らる）」の形で表されるので、判断のヒントにしよう。

問3　5　①《心情把握問題》

傍線部「物憂げなれば」は、形容動詞「物憂げなり」の已然形に、接続助詞「ば」が付いたものである。「物憂げなり」は、形容詞「物憂し（＝何となく気が進まない）」からできた形容動詞で、〈気が進まないようだ・いやそうだ〉の意を表す。よって傍線部は〈気が進まないようなので〉という意味になる。それでは、なぜ気が進まないのだろうか。それを考えるために、傍線部直前の会話文「心地の悩ましうて……いとわりなからむ」に注目しよう。会話文の前半、「心地の悩ましうて……思ひ知られて」は、そのまま訳すと〈気分がすぐれなくて、見苦しい姿になったことも思い知られて〉の意である。ただしここは、漠然とした気分の不快さを訴えているのではない。なぜなら、本文の冒頭に「孕みたまひにければ」とあるからである。つまり彼女は、身重《みおも》であるために気分がすぐれず、また見苦しい姿になったと感じているのである。会話文の後半、「物見に出でたらば……いとわりなからむ」は、〈祭見物に出たならば、自分の姿を見られるような場合に、とてもつらいだろう〉という意味になる。「我見えたらむに」の「見え（＝見ゆ）」は〈（人に）見られる〉の意を表す。また「わりなからむ」は、〈道理に合わない・つらい〉の意の形容詞「わりなし」の未然形「わりなから」に、推量の助動詞「む」が付いたものである。よって彼女が、身重の姿を人に見られるとつらいだろうと心配していることがわかる。以上を踏まえると、①が正解である。

②は、選択肢後半の「多少は……無理にでも行こうと思い詰めている」の箇

所が明らかな誤り。彼女自身は、祭見物に出かけたいとは全く思っていない。
③は、選択肢後半の「夫の家族の前で倒れたら」の部分が本文になく、誤りである。本文の「我見えたらむに」は、あくまでも自分の姿を見せることであり、「倒れ」るという内容を含む言葉ではない。
④は、選択肢後半の「なるべく目立たないようにするにはどうすればよいか」の部分が本文にない。本文の「いとわりなからむ」は、〈とてもつらいだろう〉という意味の表現で、〈目立たないようにする〉といった意味ではない。
なお、②・③・④はいずれも、「心地の悩ましうて」を、女君の懐妊の話題と結びつけておらず、その点でも誤りである。
⑤は、選択肢末尾の「心配をかけることになるだろう」が誤りである。「わりなからむ」を〈心配をかけることになるだろう〉と訳すのは意訳に過ぎる。

問4 **6** ④ **《内容把握問題》**

傍線部の「入れたてまつりたまふ」は、動詞「入る」の連用形に、謙譲の補助動詞「たてまつる」と尊敬の補助動詞「たまふ」とが付いたもので、〈入れ申し上げなさる〉という意味である。本文を見ると、傍線部の前には「上や中の君などおはする所に」という一節があり、「入れ」たのが、北の方や中の君のいる場所であるとわかる。ここまでを押さえた上で、本文をさらにさかのぼってみよう。そうすると、会話文の前に「女君は」という言葉が見つかる。「〇〇は」という言葉は、動作の主体を表す際によく用いられるので、一見すると、この「女君は」が「入れたてまつりたまふ」の主語のようである。しかし「は」には、主語以外の言葉に付き、それを取り立てて強調する用法もあるので、注意が必要である。そこで、「女君は」の後にある会話文の内容を確認しよう。

会話文の前半「何かうとうとしくは思ひ聞えむ」は、「何か」が反語を表す表現で、「うとうとしく〈うとうとし〉」は、〈疎遠だ・よそよそしい〉の意の形容詞である。また「思ひ聞えむ」の「聞え」は謙譲の補助動詞、「む」は推量の助動詞である。以上より、〈どうして疎遠に思い申し上げるだろうか、いや思い申し上げない〉という意味になる。また、会話文の後半「思ふべき仲は、むつましくなりぬるのみなむ、後《のち》もうしろやすく心やすき」は、形容詞が多く用いられているが、「むつましく〈むつまし〉」は〈親しい・親密だ〉、「うしろやすく〈うしろやすし〉」と「心やすき〈心やすし〉」は、ともに〈心配がない・安心だ〉の意を表す。また、「後も」の「後」は〈将来〉の意、「思ふべき仲」の「べき〈べし〉」は「当然」の用法である。これらをもとにそのまま訳すと、〈思うはずの仲というものは、すっかり親密になった場合だけが、将来も安心できて気楽なものだ〉の意となる。この場合の「思ふべき仲」とは、親・姉妹などの、家族の仲のことである。

以上を踏まえると、会話文以降は、〈「疎遠に思うことはなく、家族の仲というものはすっかり親密になった場合だけが将来も安心できるものだ」と言って、上や中の君のいる所へ入れた〉ということになる。そうすると、「入れ」た相手は女君と見るのが適切であり、「入れ」た相手が女君であるならば、それをしたのが女君本人であるとは考えられない。ここでは、中将が、自分の妻である女君を、母上や妹のいる場所へ入れたと見るのが自然である。先の「は」の問題に戻れば、この「は」は、「女君」を取り立てて強調する用法の「は」であり、「女君のことは」とか「女君について」のように訳す「は」ということになる。以上より、④が正解である。

①は、全体の主語を「大将殿の北の方が」としている点、また、選択肢中の会話文末尾に「女君を同席させるのは当然である」とある点で明らかな誤りである。本文には、この説明に該当する表現がない。また、「入れたてまつりたまふ」には使役を表す言葉はなく、〈中将に～同伴させた〉のように理解するのは不適切である。

②は、全体の主語を「大将殿の北の方が」としている点、また、「親や兄妹というものは……心底望んでいるものである」が、本文から離れた内容になっている点で誤りである。本文の「後もうしろやすく心やすき」は、〈将来も安心できて気楽なものである〉の意であり、これを「夫婦仲がよい状態であることを、心底望んでいる」と解することはできない。

③は、「本当の意味での信頼感」や「同伴することに同意してもらったということ」などの箇所が明らかな誤り。「うしろやすし」や「心やすし」を、信

頼感と取ることはできるが、「本当の意味での」に該当する言葉が本文にはない。また、「同意してもらった」に当たる言葉も本文にはない。

⑤は、全体の主語を「女君が」としている点が明らかな誤りである。先にも触れたように、会話文の前の「女君は」は、主語を示す言葉ではなく、「入れたてまつりたまふ」は、中将の動作と見るのが適切である。

問5　7　②　《内容把握問題》

傍線部は二つの文から成っているが、前半はそのまま、〈中将はとても憎い心を持つ人です〉の意と見てよい。後半は「な～そ」という禁止の語法が用いられており、「思ひたまふ〈＝思いなさる〉」を禁じた表現である。したがって、〈思いなさいますな〉の意となる。これは、女君に向けた言葉で、「憎い心の持ち主である中将」のことなど、「思ってはいけない〈＝愛してはいけない〉」という忠告になっている。もちろん、これは本気の忠告ではなく、会話文の後に「笑ひたまへり」とあるように、冗談として言ったものである。このような場面の様子を踏まえた上で、北の方の発言の趣旨を考えよう。

傍線部の前までの、中将と北の方の言動をまとめると

Ⅰ中将の君、やがて二条にと思せど（＝中将の君は、すぐに二条の屋敷にとお思いになるが）

↓

Ⅱ北の方

（ⅰ）騒がしうて、思ふこと聞えずなりぬ……心のどかに語らひ聞えむ（＝騒がしくて、思っていることを申し上げないままになりました。一、二日でものんびりと語らい申し上げましょう）。

（ⅱ）中将の物騒がしきやうに……従ひたまへ（＝中将が気ぜわしそうに連れ申し上げるのはどうしてでしょう。私の申し上げることに従いなさいませ）。

となる。Ⅰが中将の行動、Ⅱがそれに対する北の方の言葉で、Ⅰを見ると「やがて（＝すぐに）」という言葉があるように、中将は急いで女君を連れ帰ろうとしている。それに対して北の方は、Ⅱの（ⅰ）で女君を自宅へと誘い、Ⅱの（ⅱ）で急ぐ中将を牽制して、女君を連れ帰れないようにしている。北の方は巧みに二人を引き留め、自邸に招待したのである。実際、彼女の行動が功を奏して、中将と女君はこの後、北の方（と大将殿）の屋敷へと向かっている。

このような流れを踏まえると、傍線部「中将はいと憎き心ある人ぞ。な思ひたまひそ」も、中将と女君を引き留めるために発せられた言葉だと考えられる。中将のことを「いと憎き心ある人」と言いなし、女君に対して、〈中将を思ってはいけない〉と言うことで、傍らの中将に、二条邸への帰宅を思いとどまらせようとしているのである。よって②が正解である。

①は、選択肢の「中将が話をさえぎったからであるとかこつけることで」が誤り。本文の「中将の物騒がしきやうに聞ゆるはなぞ」は、中将が、今まさに「物騒がしきやうに（＝気ぜわしそうに）」しているということであって、祭見物の場で、騒がしくしていた、という意味ではない。

③は、選択肢の「女君を正式な嫁として認め」が誤り。本文には「嫁として認め」るかどうか、といった話題は出ていない。また、「いかにも姑らしい振る舞い」という箇所も、本文に該当する表現がなく、不適切である。

④は、選択肢の「彼女がどのくらい中将のことを思っているのか判断しかね、……女君の本心を探ろうとする態度」が明らかな誤り。北の方が、中将を悪く言いなしたのは、女君を引き留めるためであって、女君の、愛情の深浅《しんせん》を計ろうとしているのではない。

⑤は、選択肢の「本当は留まりたいという女君の気持ちを、彼女に代わって中将に伝えようとする」が明らかな誤り。女君がどうしたいと思っているのかは、本文で触れられていない。

問6　8　③　《文章全体の内容に関する正誤問題》

このような問題では、各選択肢の内容を本文と照合し、確実に判断しよう。

①は、選択肢の「女君の懐妊に半信半疑であったため」が明らかな誤り。本

文では、北の方が女君の懐妊について言及する箇所はない。「おのれも今まで対面せぬ……となむ思ふ〈＝私も今まで対面しないのが、気にかかっているので、『このような機会に』と思う〉」と、直接の対面を望んでいるだけである。

②は、選択肢の「『誰か見む』と強い調子で嘘までついて」が誤り。「誰か見む」は〈いったい誰が見るだろうか、いや誰も見ない〉という意の反語表現であり、選択肢にある通り「強い調子」の言葉ではある。しかし「誰も見ない」というのは、「嘘」をついた表現ではない。本文を見ると、「誰か見む」の後に、「上、中の君こそは。それ、まろが見たてまつる、同じこと」とあり、〈母上や、中の君は見るだろうが、それは私が見るのと同じことだ〉と言っている。これは、本当は見る人がいるにもかかわらず、見る人などいないと嘘をついているのではなく、見られて困るような相手はいない、という意味の誇張表現として用いているのである。よって、その点を誤解している②は誤りである。

③は、本文の「衛門、少納言……対の御方の人たち、労《いたは》り用意したまふさま、いとめでたしと思ふ」の内容とほぼ合致しており、これが正解である。本文の「労り用意したまふ」は、「労り（労る）」が〈心を込めて世話する〉、「用意」が〈心遣い・配慮〉の意で、選択肢の「大切にお世話する」の内容と合致する。「めでたし」は、〈すばらしい〉の意の形容詞で、選択肢の「感激した」の箇所と矛盾はない。

④は、選択肢の「謙虚な態度であることを褒めた」が誤り。本文を見ると、「恥かしと思ひたまへる」の後には「いとをかしうにほへり」とあり、これは〈たいそう愛らしく美しかった〉という意味を表すだけである。選択肢にあるような〈謙虚な態度〉や〈褒めた〉の意は含まれていない。

⑤は、選択肢の「女君のことを『いみじく思ふ子』のように思っている」が誤り。本文を見ると、「いみじく思ふ子の御ゆかりなれば」という表現があり、この「ゆかり」は、確かに〈縁者〉の意味を持つ。しかし、ここでいう「いみじく思ふ子」は、嫁である女君よりも、大将殿の実子である中将を指すと見るのが自然であろう。そしてそのように捉えると、「いみじく思ふ子」の「御ゆかり」が中将の縁者、すなわち妻である女君のこととなる。よって、「いみじく思ふ子」を女君と見るのは誤りである。また、選択肢には「女君の親類縁者まで呼び寄せて」とあるが、「呼び寄せて」に該当する表現が本文にはない。以上より、⑤は誤りである。

全訳 こうして思い通りに、ゆったりと思い合って結婚生活を営みなさるうちに、（女君が）ご懐妊なさったので、（中将は）言うまでもなくおろそかに扱わない。四月、大将殿の北の方が、宮たちが、桟敷で賀茂神社の祭を見物なさる時に、中将の君に、「二条の方に祭をお見せ申し上げなさい。若くていらっしゃる人は、祭を御覧になりたく思うものですのに。私も今まで対面しないのが、気にかかっているので、『このような機会に』と思う」と申し上げなさると、中将は、とてもうれしいと思いなさっている様子で、「どのようなわけでございましょうか、ほかの若い女性のように祭見物がしたいとも思わないようです。すぐに勧めて参上させましょう」と申し上げなさって、二条邸においでになって、「母上はこのようにおっしゃっていますよ」と申し上げなさると、（女君は）「気分がすぐれなくて、（妊娠のために）見苦しい姿になったことも思い知られて（行きたくないのです）。祭見物に出たならば、自分の姿を見られるような場合に、とてもつらいでしょう」と言って、気の進まない様子であるので、中将は、「いったい誰が（あなたを）見るでしょう（、見られて困るような人は誰も見ません）。母上や、中の君は（見るでしょうが）。それは、私が（あなたを）見申し上げるのと、同じことです」と言って、無理に勧め申し上げなさるので、「（あなたの）御心（に任せます）」と申し上げなさる。北の方は、お手紙にも、

「（何としても）やはりおいで下さい。おもしろい祭見物も、『今はご一緒に』と思っております」

と申し上げなさった。（その手紙を）御覧になるにつけても、以前の石山詣での折に、（継母が）女君一人を選んで外しなさったことも思い出されて、つらい。

一条の大路に、檜皮葺《ひわだぶき》の桟敷をたいそう立派にして、（桟敷の）御前には一面砂を敷かせ、植木を植えさせ、長くお住まいになれるほどにお造りになる。（そこへ）夜明け前においでなさった。衛門、少納言は「阿弥陀仏の浄土に生

まれたのだろうか」と思われる。（継母の君が、）この女君に多少とも関心のある人がいるとその人を、憎らしい人と悪しざまに言っていたことを（衛門たちは）見慣れていたので、対の御方（＝中将）付きの侍女たちが、（女君のことを）心を込めてお世話なさる様子を、たいそうすばらしいと思う。中将の乳母は、あのように言った（＝右大臣家の娘との縁談を勧めた）が、姿を現して、心遣い申し上げて、「どなたが惟成の主人の奥方ですか」と尋ね回って、若い侍女たちに笑われる。女君（のこと）は、「（母上や中の君が）どうして（あなたを）疎遠に思い申し上げることがありましょうか（、いえ、ありません）。互いに思い合うはずの（家族の）仲というものは、すっかり親密になった場合だけが、将来も安心できて気楽なものです」と言って、母上や中の君のおいでになる席へ入れ申し上げなさる。（北の方が）御覧になると、（女君は）ご自身の娘や、姫宮にも劣らず、愛らしい様子に見える。紅の綾の打ち袿一襲、二藍の織物の袿、薄物の濃い二藍の小袿をお召しになって、恥ずかしいと思っていらっしゃる様子が、たいそう愛らしく美しい。（皇女である）姫宮は、なるほど普通の人とは違い、高貴で気品があって、十二歳ほどでいらっしゃるので、まだたいそう若くあどけなく、可愛らしい様子である。中の君は、若い御心から、（女君を）美しいとお思いになって、心を込めて語らい申し上げなさる。

祭見物が終わったので、御車を（桟敷に）寄せて帰りなさる。中将の君は、すぐに二条の屋敷に（帰ろう）とお思いになるが、北の方が、「騒がしくて、思っていることを申し上げないままになりました。（わが家へ）さあいらっしゃい。一、二日でものんびりと語らい申し上げましょう。中将が気ぜわしそうに（連れ）申し上げるのはどうしてでしょう。私の申し上げることに従いなさいませ。中将はとても憎い心を持つ人です。（こんな人のことを）お思いなさいますな」と言って、笑いなさっている。御車を寄せたので、前の方には姫宮、中の君、後ろの方には嫁の女君と自分とでお乗りになる。次々に皆（それぞれの車に）乗りなさって、すぐに続いて大将殿の屋敷においでになった。寝殿の西の方を急遽《きゅうきょ》飾り付けて、（女君を）降ろし申し上げなさった。女君の侍女たちの居所には、中将がお住まいになった西の対の端をあてた。たいそう丁重におもてなしなさる。大将殿も、たいそう（愛しく）思う子（＝中将）の御縁者（＝妻）であるので、侍女に至るまでかいがいしくもてなしなさる。四、五日滞在なさって、「ひどく気分のすぐれない時期をやり過ごして、落ち着いて参上しましょう」と言って、帰りなさった。（北の方は）これまで以上に、対面なさってから後は、（女君のことを）しみじみと可愛いものと思い申し上げなさった。

第4問

出典 【漢詩】呉偉業《ごいぎょう》『梅村集《ばいそんしゅう》』、【文章】李瀚《りかん》撰・徐子光《じょしこう》注『蒙求《もうぎゅう》』

【漢詩】の作者呉偉業（一六〇九～一六七二）は明末・清初の詩人で、字は駿公、梅村と号す。古典主義を掲げた文学活動を行い、また、明末の政治に関わって抗清運動の一員にもなったが、清朝が立つと出仕を迫られ、国子監祭酒（＝大学総長）に着任した。詩風は田野山水を愛し平明温順、追旧の悲しみが多く詠われる。詩の題名の「課女」は、娘に勉強を勧める、という意味。娘は亡き先妻の子どもで、継母と暮らしているため、大切に育てられているか心配でならない。呉偉業の、娘への愛情があふれる詩である。

【文章】は『蒙求』集註巻下所収の「閔損衣単」。『蒙求』は唐代の初学者用の学習書であり、『易経《えききょう》』（＝五経の一つで、占いに関する書）にある「童蒙求我」という言葉から「蒙求」という名前がついた。本文は四字一句の韻文で、五百九十六句を並べている。中国では明末になると、児童用教科書の主流は『三字経《さんじきょう》』などになり、『蒙求』は廃れたが、日本では平安時代以降、代表的な学習書として珍重され、「勧学院（＝藤原氏のための大学寄宿舎）の雀は『蒙求』をさえずる」と言われるほどであった。本文の「閔損衣単」は孝子説話で、「閔損」は、継母から冷たい仕打ちを受けても孝行の気持ちをもった、という故事である。

【出題のねらい】

【漢詩】は娘に向けた親心を詠ったもの。娘は実の母親を亡くして継母に育てられているため、辛い思いをしていないかを心配しつつ、こみあげる愛情を詠う。【文章】は孔子の弟子の閔子騫《びんしけん》が、実母を亡くして継母から冷たい仕打ちを受けるものの、兄弟のため我慢して、父が離縁するのを止めたという内容。この二つの題材は「実母を亡くす」という点がつながっている。設問は、共通テストに向けた対策として、会話形式で内容理解を深く掘り下げるものを出題した。

【概要】

【漢詩】

第一句・第二句＝娘が成長するにつれて、育てやすさをいとしく思い、私は老年になろうとしていて男子をもうけることは難しいと感じる。

第三句・第四句＝（娘は）夜（私の部屋の）灯のもとに来て立ち、（私は娘の）手を引いて月光のもとに出て娘の姿をじっと見る。

第五句・第六句＝（娘が）幼いうちから勉強して賢いことを喜び、（一方で）我が家が貧乏で、実母を失って娘が寒い思いをしていないかと心配する。

第七句・第八句＝（娘は）自分の昔話ができて、「私は都で生まれたの」などと言う。

【文章】

・閔損は幼い時に母を亡くした。
・父は後妻をめとり、二人の男子をもうけた。
・損は継母に孝行を尽くした。
・継母は損を憎み嫌い、自分の生んだ子どもたちには暖かい綿入れを着せて、損には粗末で寒い服を着せた。
・冬に、父が損に馬車の手綱を取らせると、損は体が凍えて、手綱を取り落とした。
・父は損を叱ったが、損は言い訳をしなかった。
・父は事情を察知し、継母を離縁しようとした。
・損は泣き、「母がいれば私一人が凍えるだけだが、母がいないと三人が寒い思いをすることになる」と父に言った。
・父は納得して、離縁を思いとどまった。
・継母も悔い改め、以後、三人の子どもに平等に対応した。
→意地悪だった継母は、慈しみ深くなった。

問1 1 ① 2 ② 《漢字の意味問題》

(ア) 「易」には、(1)「かフ・かハル〈＝かえる・かわる（動詞）〉」、(2)「やすシ〈＝簡単だ・たやすい（形容詞）〉」といった意味がある。(1)の音読みは「エキ」で、熟語は「貿易」「交易」など。(2)の音読みは「イ」で、熟語は「容易」「簡易」などがある。二重傍線部の「易」は、「漸く長じて渠の易を憐れみ〈＝だんだん成長するにつれて、娘の育てやすさをいとしく思い〉」と読解する。詩の第一句のため、詩題「課スレ女ニ」や、対句となる第二句にある「子」に注目して、〈娘を養育しやすい〉といった意味になると考える。正解は①。「憐れむ」は〈可愛いと思う〉の意味。

(イ) 「弱」には〈弱い（形容詞）〉の他、〈劣る（動詞）〉〈若い・幼い（形容詞）〉などの意味がある。二重傍線部の「弱」を含む箇所は、「弱師に従ひて慧なるを喜び　貧しければ母を失ひて寒からんかと疑ふ〈＝幼いうちから先生について学び、聡明であることを喜び、（我が家は）貧しく実の母を失って寒い思いをしていないかと心配する〉」と解釈する。ここでは「弱年」や「弱輩」の「弱」であり、正解は②。③「何も知らない頃から」、④「知恵もつかないうちに」は言いすぎの表現である。ちなみに、「弱冠」という語は〈二十歳〉の意味。『礼記《らいき》』にある「二十を弱と曰ひ冠す〈＝二十歳を弱と呼び冠をかぶる〉」からできた言葉である。

> ☆主な返読文字
> 次のような語が、名詞・動詞・助動詞などの前にある時は、返読する。
> 有《あり》・無《なシ》・多《おほシ》・少《すくなシ》・難《かたシ》・易《やすシ》

問2 3 ⑤ 《漢詩の空欄補充、句の解釈問題》

漢詩の句末の空欄補充は、押韻の問題だと考えるとよい。この詩は五言律詩のため、偶数句末で押韻する。四句目の末字「看（kan）」、六句目の末字「寒（kan）」、八句目の末字「安（an）」から、韻は「an」となる。よって、①「安」と⑤「難」に絞ることができる。傍線部の句を「将に衰へんとして」＋「子の□を覚ゆ」と二分すると、「子の□を覚ゆ」は、第一句との対応で、「漸く長じて渠の易きを憐れみ　将に衰へんとして子の難きを覚ゆ」と考えることができる。よって正解は⑤。第一句と第二句は対句を作ることが多いので注意しよう。なお、「覚ユ二子ノ難キヲ一」は、「覚ユ二子ノ難キヲレ得」の「得」が省略された形である。「子」とは家を継ぐ息子のことで、女の子の場合は「女」「児」などという。

問3 4 ① 《傍線部の解釈問題》

傍線部は「亦往事を談ずるを知る　生日長安に在りと」と読む。「知る」は〈理解する・心得る〉などの意味で、「往事」は〈昔の出来事〉、「談ず」は〈語る〉。「生日」は〈生まれた日〉という誕生日の意味で用いる。

尾聯（＝七句・八句）は詩のまとめの内容となり、本詩では、娘の可愛らしさを尾聯で集約して詠いあげる。訳出すると、〈（娘は）また昔のことを語ることを知っていて、『私は都で生まれたの』と言う〉となる。この内容に合致するのは①。幼いながらも昔話ができて、「私は都で生まれたの」と可愛らしく話すのである。

②は、「昔に語ったことを覚えていて」「都に行ってみたいの」がそれぞれ本文と合致しない。③は、「行った先々の思い出話」「都で誕生日祝いをしたの」が誤り。「生日」は〈誕生日〉の意味だが、〈誕生日祝いをする〉という意味はもたない。④は、「昔の話を聞きかじっていて」が「談ず〈＝語る〉」と合わず、「都で暮らしたことがあるの」という訳出も不適切。⑤も、「以前の出来事を聞き知っていて」という訳出が「談ず」には合わず、「都で大きくなったの」という内容も本文とは合わない。

問4 5 ⑤ 《返り点と書き下し問題》

白文の書き下し問題では、漢文の文構造を分析し、句形・重要単語などの基本知識を使って読む順番を考える。また、選んだ選択肢を必ず訳して、文脈と合っているかも確認しよう。まず、傍線部Cの「母疾悪之、所生子以綿絮衣之」に含まれる句形を整理する。

☆「之」の句形

(1) 之《ゆ》ク二〜ニ一〈＝〜に行く〉

(2) Vスレ之《これ》ヲ〈＝之をVする〉

(3) A之《の》B〈＝AのB〉〔連体格〕

(4) S之《の》Vスルヲ〈＝SがVするのを〉〔主格〕

(5) 有リ二S之《の》Vスル者一〈＝SでVする者がいる〉〔同格〕

☆「所」の句形

(1) 為ル二N ノ所トレV【連体形】スル〈＝NにVされる〉

(2) 所《ところ》レVスル〔下にくる活用語を連体修飾語化し、さまざまな事柄の理由・対象・手段などを表す〕

☆「以」の句形

(1) 以テレAヲ〈＝Aを用いて・Aの理由で・Aのために〉〔方法・手段・理由・原因・目的語〕

(2) Vスルニ以テスレAヲ〈＝以テレAヲVス〉〈＝Aを用いて・Aの理由で・Aのために〉〔倒置〕

(3) 〜以テ（＝而シテ）……〈＝〜そして……〉〔順接〕

傍線部**C**の「母疾悪之」を「母＋疾悪＋之」という形に分けて、さらに、「所生子以綿絮衣之」に含まれる「所」「以」の句形も踏まえ、各選択肢を検討する。

①と③は、「之」を「之《ゆ》き」と動詞で理解しているが、(1)の「之ク二〜ニ一」という形を満たしていないため、不適切である。②は、直下の「生む」から返読する「所」の用法（2）に反する書き下し（「子を生めば……衣する所にして」）をしているので誤り。さらに④は、「以テレAヲ」という形（1）に反する書き下し（「之に以てし」）をしているので誤り。よって正解は⑤。

問5 6 ② 《内容把握問題》

傍線部**D**「父察シテ知リレ之ヲ」とあるが、父はどのような事情を察知したのか、前文までの内容を押さえよう。損は次のような状態にあった。

・早く母を喪ふ〈＝幼くして母を亡くす〉

・父後妻を娶り、二子を生む〈＝父は後妻をめとり、二人の男子をもうけた〉

・損至孝にして怠らず〈＝損は（継母に）孝行を尽くすことを怠らなかった〉

・母之を疾悪し、生む所の子には綿絮を以て之に衣せ、損には蘆花の絮を以てす〈＝継母は損を憎み嫌い、自分の生んだ子どもには綿入れを着せ、損には葦の穂を入れた粗末な服を着せた〉

・父冬月損をして車を御せしむ〈＝冬の頃、父が損に馬車の手綱を取らせた〉

・体寒えて靷を失ふ〈＝（損は）体が凍えて、手綱を取り落とした〉

・父之を責むるも、損自ら理らず〈＝父は損を叱ったが、損は言い訳をしなかった〉

↓

・父察して之を知り〈＝父は事情を察知し〉

↓

・後母を遣らんと欲す〈＝継母を離縁しようとした〉

という流れなので、父が察知したのは、継母の損に対する冷たい仕打ちである。これに合致する選択肢は②。

①は「母を亡くした損が喪に服し粗末な服しか着ない」が誤り。粗末な服は継母によって着せられていたのである。③は「損は冬の馬車の扱いに不慣れ」が誤り。手綱を取り落としたのは寒さのせいである。④は「継母と損とは仲が悪く、損は十分な食事もできず」が誤り。損は継母に対して親孝行であったし（「損至孝ニシテ不レ怠ラ」）、欠いていたのは食事ではなく衣服である。⑤は「（損は）継母に暖かい服を着せ」が本文にはない内容なので誤り。

問6 7 ③ 《空欄補充問題》

空欄を含む文は、「損泣きて父に啓して曰はく、『母在れば X 寒え、母去れば Y 単ならん』と。父之を善しとして止む。母も亦悔ひ改め、 Z を待つこと平均にして、遂に慈母と成る〈＝損が泣いて父に申し上げて言うには『母がいれば X が凍え（るだけですが）、母がいなければ Y が粗末な服を着ることになります』と。父はこの言葉に納得して、離縁を思いとどまった〉」という内容である。選択肢を見ると「一子・二子・三子」と子どもの数が挙がっているが、父と継母との間に生まれた子どもは二人で、先妻の子は損一人であることを押さえよう。継母がいれば、冷たい仕打ちを受けて寒い思いをするのは損だけなので、Xには「一子」が当てはまる。継母がいなくなれば、可愛がられていた継母の子二人を含めて、三人全員が粗末な服で寒い思いをすることになる。よってYは「三子」がふさわしい。そして、継母が悔い改めた後は三人の子どもへの対応が平等になったので、Zには「三子」が入る。③が正解である。

問7 8・9 ②・⑦（順不同） 《対話形式の内容読解問題》

本文の内容合致問題が対話形式になっていると考えよう。ただし、**【漢詩】**と**【文章】**との対応関係を把握することと、対話により読解が深まっている点に注意する。選択肢を順に検討していく。

①の「**【漢詩】**では呉偉業が、娘が勉強に励むことを喜んで大切にしているのに、**【文章】**では、当初は閔子騫が継母から冷遇されていてかわいそう」という内容は、これまで説明した本文の内容と合っている。

②は、「**【文章】**の閔子騫は勉強熱心で怠らなかった」「**【漢詩】**の娘は自分だけでは勉強しないから」が、それぞれ本文と合わない。閔子騫が「勉強熱心で怠らなかった」という内容は本文には書かれていない。また、**【漢詩】**には「弱《キヨリ》喜《ビ》二従《ヒテ》レ師《ニ》慧《ナルヲ》一」〈＝幼いうちから先生について学び、聡明であることを（私は）喜び〉」とあるのみで、「（娘が）自分だけでは勉強しない」という内容は読み取れない。

③の「（呉偉業の思いは）夜に呉偉業のところにやって来た娘の手を引いて……生活の苦しさを気にかけたりしていることからもわかるね」は、「晩二来《タリテ》灯下《ニ》一立《チ》」〈＝（娘は）夜（私の部屋の）灯のもとに来て立ち〉」「携《ヘテ》就《キテ》二月中《ニ》一看《ル》」〈＝（私は娘の）手を引いて庭の月光の中へ赴き、娘の姿をじっと見る〉」といった内容や、「貧《シケレバ》疑《フ》二失《ヒテ》レ母《ヲ》寒《カランカト》一」〈＝（我が家は）貧しく実の母を失って（閔子騫のように）寒い思いをしていないかと心配する〉」といった内容に合致する。

④の「娘に対して心配していたことは、実母がいなくて、貧しく寒い思いをさせているのではないか、ということだったと思うよ」も③と同様に、「貧《シケレバ》疑《フ》二失《ヒテ》レ母《ヲ》寒《カランカト》一」という内容に合う。

⑤の「幼いうちに母親が亡くなって、貧しい生活をしているという状況に直面して、**【文章】**の閔子騫のエピソードが思い起こされたんじゃないかな」と、⑥「**【漢詩】**の……句の発想のもとには、**【文章】**の『早く母を喪ふ』『損には蘆花の絮を以てす』『体寒えて』などがあると考えられるね」という内容は、**【漢詩】**で触れられている内容と閔子騫の故事とにつながりがある点を正しく説明している。⑤と⑥はともに、本文の内容に合致する。

⑦の「実母を亡くした後は貧乏になって葦の穂の粗末な服で寒い思いをした……継母の慈愛によって困窮から逃れることができた」が誤り。寒い思いをした理由は継母からの冷たい仕打ちによるものであるし、困窮から逃れることができた、という内容も本文にはない。

⑧の「**【文章】**を踏まえて**【漢詩】**を読むと、母親を失った子どもに対する、父親としての親心を一層深く詠いあげていることがわかって」は**【漢詩】**の内容に沿っていて正しい。ちなみに「課《ス》レ女《ニ》」に詠われる呉偉業の娘も、閔子騫と同じく、亡き先妻との間にできた子どもである。今の母が継母であるがゆえに、呉偉業はいっそう娘のことが気がかりなのである。

書き下し文

【漢詩】

漸《やうや》く長《ちやう》じて渠《かれ》の易《やす》きを憐《あは》れみ
将《まさ》に衰《おとろ》へんとして子《こ》の難《かた》きを覚《おぼ》ゆ
晩《ばん》に灯下《とうか》に来《き》たりて立《た》ち

携《たづさ》へて月中《げっちゅう》に就《つ》きて看《み》る
弱《をさな》きより師《し》に従《したが》ひて慧《けい》なるを喜《よろこ》び
貧《まづ》しければ母《はは》を失《うしな》ひて寒《さむ》からんかと疑《うたが》ふ
亦往事《またわうじ》を談《だん》ずるを知《し》る
生日《せいじつ》長安《ちやうあん》に在《あ》りと

【文章】

閔損字《びんそんあざな》は子騫《しけん》、早《はや》く母《はは》を喪《うしな》ふ。父後妻《ちちごさい》を娶《めと》り、二子《にし》を生《う》む。損至孝《そんしかう》にして怠《おこた》らず。母之《ははこれ》を疾悪《しつを》し、生《う》む所《ところ》の子《こ》には綿絮《めんじょ》を以《もつ》て之《これ》に衣《き》せ、損《そん》には蘆花《ろくわ》の絮《じょ》を以《もつ》てす。父冬月損《ちちとうげつそん》をして車《くるま》を御《ぎょ》せしむ。体寒《からだこご》えて靷《たづな》を失《うしな》ふ。父之《ちちこれ》を責《せ》むるも、損自《そんみづか》ら理《ことわ》らず。父察《ちちさつ》して之《これ》を知《し》り、後母《こうぼ》を遣《や》らんと欲《ほつ》す。損泣《そんな》きて父《ちち》に啓《けい》して曰《い》はく、「母在《ははあ》れば一子寒《いっしこご》え、母去《ははさ》れば三子単《さんしひとへ》ならん」と。父之《ちちこれ》を善《よ》しとして止《や》む。母《はは》も亦悔《またく》ひ改《あらた》め、三子《さんし》を待《ま》つこと平均《へいきん》にして、遂《つひ》に慈母《じぼ》と成《な》る。

全訳

【漢詩】

だんだん成長するにつれて、娘の育てやすさをいとしく思い
私はもう老年になろうとしていて男子をもうけることは難しいと感じる
（娘は）夜（私の部屋の）灯のもとに来て立ち
（私は娘の）手を引いて庭の月光の中へ赴き、娘の姿をじっと見る
幼いうちから先生について学び、聡明であることを（私は）喜び
（我が家は）貧しく実の母を失って（閔子騫のように）寒い思いをしていないかと心配する
（娘は）また昔のことを語ることを知っていて
「私は都で生まれたの」（など）と言う

【文章】

閔損、字は子騫、幼くして母を亡くした。父は後妻をめとり、二人の男子をもうけた。損は（継母に）孝行を尽くすことを怠らなかった。（それなのに／しかし）継母は損を憎み嫌い、自分の生んだ子どもには（暖かい）綿入れを着せ、損には葦の穂を綿の代わりに入れた粗末な服を着せた。（そのような）冬の頃に父が損に馬車の手綱を取らせた。彼は体が凍えて、手綱を取り落とした。父は彼を叱ったが、損は自分からは言い訳をしなかった。父は事情を察知し、継母を離縁しようとした。損が泣いて父に申し上げて言うには、「母がいれば一人の子が凍えるだけですが、母がいなければ三人の子が裏地のない非常に粗末な服を着ることになります」と。父はこの言葉に納得して、離縁を思いとどまった。（これを聞いて）継母もまた悔い改め、（以後は）三人の子に対する態度が平等になり、ついに慈しみ深い母となった。

模試 第5回

解　答

合計点	/200

問題番号(配点)	設問	解答番号	正解	配点	自己採点
第1問 (50)	1	1	②	2	
		2	⑤	2	
		3	①	2	
		4	③	2	
		5	④	2	
	2	6	④	7	
	3	7	①	8	
	4	8	③	7	
	5	9	⑤	8	
	6	10・11	②*・⑤*	10（各5）	
第2問 (50)	1	1	③	3	
		2	④	3	
		3	②	3	
	2	4	⑤	7	
	3	5	④	8	
	4	6	②	8	
	5	7・8	③*・⑥*	10（各5）	
	6	9	③	8	

問題番号(配点)	設問	解答番号	正解	配点	自己採点
第3問 (50)	1	1	①	5	
		2	⑤	5	
		3	③	5	
	2	4	③	5	
	3	5	②	7	
	4	6	①	7	
	5	7	④	8	
	6	8	⑤	8	
第4問 (50)	1	1	③	5	
		2	⑤	5	
	2	3	②	6	
	3	4	⑤	7	
	4	5	③	7	
	5	6	④	6	
	6	7	②	7	
	7	8	④	7	

＊は順序を問わない。

	出　典	目安時間	難易度 大問別	難易度 全体
第1問	落合陽一『日本進化論』	20分	標準	やや難
第2問	安藤宏『太宰治』	19分	標準	
第3問	文章Ⅰ：紫式部『源氏物語』 文章Ⅱ：北村季吟『源氏物語湖月抄』 文章Ⅲ：賀茂真淵『源氏物語新釈』	22分	やや難	
第4問	朱逢吉『牧民心鑑』	19分	標準	

第1問

出典 落合陽一《おちあいよういち》『日本進化論』（SB新書 二〇一九年）

落合陽一（一九八七～）は筑波大学図書館情報メディア系准教授、大阪芸術大学客員教授・デジタルハリウッド大学客員教授。二〇一五年に東京大学学際情報学府を短縮終了し、二〇一七年より二〇一九年まで筑波大学学長補佐を務めた。メディアアーティストとして多数の作品を発表しており、二〇一〇年に独立行政法人情報処理推進機構よりスーパークリエータ／天才プログラマーに認定されるなど、多くの賞を受賞している。

【出題のねらい】 日本の高齢化と人口減少に対し、即効性のある対処法は存在しない。こうした傾向を前提として社会を成り立たせていく必要があることに対して、筆者は政治（Politics）と技術（Technology）をかけ合わせた造語「ポリテック」を提唱している。社会問題を解決するにあたって、まず「テクノロジーをいかに活用するか」を考えるべきであり、場合によっては、人にテクノロジーを寄り添わせるのではなく、人をテクノロジーに合わせるような解決策も採用すべきだろう。政治とテクノロジーがより深いレベルで融合することで、これから何十年も続く人口減少傾向の中にあっても、人々が幸せに暮らせる社会をつくること、これこそが筆者の掲げる「ポリテック構想」である。

受験生諸君は「デジタルネイティブ世代」と呼ばれることもあるが、いまだコンテンツを視聴するというレベルに留まっている人も多いであろう。未来に絶望することなく、テクノロジーという新たな武器を用いてこの難題をともに解決していきたいという願いを込めて出題した。

【概要】 問題文の概要は次のとおりである。

① **高齢化社会での経済成長**

社会保障費の伸びを対GDP比で見れば、2040年度の負担は2018年度の1・1倍にすぎず、国民が負担できないほどではない。

また、その増加分も医療と介護に偏っており、対策することで十分乗り越えていけるものである。

② **デンマークに学ぶべき**

日本とよく似た人口構成比をなしている国がデンマークであるが、デンマークのGDPは以下の要因から安定して伸び続けている。

・製造業から流通・小売業へと産業構造を転換したこと

・テクノロジーを活用して行政を効率化していること

これを見習って、日本も少しずつ変革を始めるべきである。

③ **シルバー民主主義**

有権者全体の四割を高齢者が占めるようになっている。政治家も、当選するためには高齢者に受け入れられやすい公約を掲げるようになる。この結果、痛みを伴う改革を避ける傾向が生まれやすくなっている。若年世代は目の前の生活に精一杯になっているが、選挙権を行使していかねばならない。人口が減少し続ける日本が社会保障の問題にどう対応するのか、各国が注目している。これからの20年をどのように乗り切るかによって、日本という国と、それを担う若者世代の真価が試されることになるだろう。

問1 1 ② 2 ⑤ 3 ① 4 ③ 5 ④ **《漢字問題》**

漢字の学習は丸暗記に頼らず、語句の意味や文字本来の意味とともに「理解」することが大切である。そうすることで同音異義語の区別もできるようになる。

(ア)「**懸**案」とは〈問題視されながらも、まだ解決されていない事項〉。選択肢はそれぞれ①「陰険」、②「**懸**命」、③「嫌悪」、④「研究」、⑤「倹約」であり、②が正解。

(イ)「**緩**やか」とは〈ゆとりがあるさま、ゆっくりしているさま〉。選択肢はそれぞれ①「感」、②「貫徹」、③「閑静（＝静かで落ち着いているさま）」、④「監視」、⑤「**緩**急（＝遅いことと、速いこと）」であり、⑤が正解。

(ウ)「**施**策」とは〈実行するべき計画〉という意味で、「せさく」は慣用読み

（＝本来の読み方ではないが、一般化しているもの）である。選択肢はそれぞれ①「**施**術（＝医術を施すこと、手術を行うこと）」、②「資格」、③「仕置（き）」、④「試合」、⑤「支離滅裂」であり、①が正解。

(エ)「**履**歴」とは〈それまでの経歴、記録〉。選択肢はそれぞれ①「離職」、②「脳裏」、③「草**履**」、④「利己」、⑤「処理」であり、③が正解。

(オ)「一**途**」とは、「一途をたどる」で〈一つの方向にばかり進むこと〉。選択肢はそれぞれ①「意図」、②「譲渡」、③「徒労」、④「使**途**（＝使い道）」、⑤「塗料」であり、④が正解。

問2 **6** ④ 《図表の内容把握問題》

図表の内容把握問題は、図表そのものに注目する以上に、「筆者がどう分析しているか」を文中から読み取ることが大切。図表にあった事実と矛盾する選択肢は誤答となるが、筆者が注目させたい部分と異なる点のみを指摘している選択肢も誤答となることに気をつけよう。まず、1～7段落の内容を整理する。

> 高齢者の増加による国家財政の破綻は現実味のあるシナリオに思える
> （2040年度に社会保障費は190兆円で、2018年の1・6倍にあたる）
> ⇔
> 今後の社会保障費は、国民が負担できないほどに増えるわけではない
> （対GDP比でみると1・1倍）
> だから財政が破綻するわけではない
> ＝
> 2025年以降の15年間で増加する2～3ポイント程度の負担を、労働力の拡充やテクノロジーの配備でいかに担うか、ここさえ解決できれば、少なくとも現状維持は可能だ……（**A**）

さて、**図表1**のタイトルには「今後の負担増は、実は2000年代よりマイルド」「社会保障給付費の対GDP比」とある。まず前提として、GDPとは「国内総生産」のことで、一定期間に国内で新たに生産されたモノやサービスの付加価値のことである。この「GDP」に対して、その分野の金額が何パーセントにあたるのかという比率が「対GDP比」である。図表をみていくと、2000年からの十年間で対GDP比が1・46倍に伸びているのに対し、2010年代は1・11倍と伸びが「マイルド」になっている。また、表中には名目GDPが数字で記入されていることからも、伸びが確認できる。

しかし、重要なのはこうした事実だけではない。先ほど整理した「だから財政が破綻するわけではない」「現状維持は可能だ」という結論（A）と結びつけながら読み取っていくことで、〈財政破綻という未来予測は現実味を感じやすいが、実際は対処可能だ〉としている④が正解だとわかるだろう。

①は「正確な数字の裏づけがまったくない」が不適切。社会保障費の絶対的な金額を重視するか、対GDPの比率を重視するかの違いはあるが、どちらも裏づけのある数字である。

②は「計算を間違っており」が不適切。「未来のことである以上、確実な予測はできません」とあるとおり、計算が間違っているわけではない。

③は「そもそも議論すること自体が適切ではない」が不適切。5段落に「検討してみましょう」とあるように、「議論する」ために準備された図表である。

⑤は「実情を踏まえた統一指標で未来を論じなければ無意味である」が不適切。たしかに3段落で金額ベースの議論を「誤報」と言い切っているし、対GDP比で考えるべきだと提言もしているが、**図表1**の意図はそこにはなく、結論（A）と異なっている。

問3 **7** ① 《内容把握問題》

まず、傍線部を含む8段落の内容を整理しておこう。

２０４０年まで（＝「これからの20年」）の社会保障費の内訳
・年金と医療の占める割合（対ＧＤＰ比）が大きい
・将来的には、年金は微減傾向、子育ては現状維持、医療と介護が増加
＝
医療と介護の分野でコストを抑える施策が重要

設問文には「ここまでの議論を踏まえた」「具体的な説明」という文言が入っているので、条件に注意しながら解答していこう。

「ここまでの議論を踏まえた」については、[4]段落に「議論をスタートしましょう」とあり、続いて「社会保障費はどのように変化していくのか」について検討されている。ここから、「これからの20年」と社会保障費が深く関わっていることが読み取れる。具体的には、[6]段落の冒頭が「まず1つ目は」で始まっていることや、[8]段落の冒頭が「さらに」で始まっていることがヒントになる。すなわち、

・2～3ポイント程度の増加を、労働力の拡充やテクノロジーの配備で解決できれば、少なくとも現状維持は可能……（A）
・増加するのは医療と介護の分野だけなので、ここのコストを抑えることに集中すべき……（B）

という二点を指摘すればよいだろう。「具体的な説明」については、「医療と介護の分野でコストを抑える施策」が、実際にはどういう施策を指しているのかが述べられていないので、ここを具体化すればよいだろう。その際には「労働力の拡充やテクノロジーの配備」（A）と合致するものでなければならない。

こうした視点で確認すると、①は「領域ごとに分析すればその増減は一様ではない………今とさほど変わらぬ状態でいられる」（B）という指摘が「ここまでの議論を踏まえ」たものとわかる。また「外国人労働者や介護ロボットなどを集中的に（＝一様ではないので、不足している分野に）取り入れることで」（A）という指摘が「具体的な説明」にあたるので、これが正解である。

②は「年金に関する負担は今後微増する傾向にあり」が不適切。むしろ微減傾向である。

③は「保育士の増員に注力し」が不適切。筆者は医療と介護に集中することを重視しており、子育ての分野の人件費増大は想定していない。

④は「年金に必要な金額は大きなものではない」が不適切。また、医療や介護の予算を「減らすことが先決」とは主張しておらず、テクノロジーの力を借りて「増加を抑える」ことを推奨している。

⑤は「国民それぞれが必要経費を抑える必要がある」が不適切。国家が政策として取り組むことが重要だと指摘されていた。

問4　**8**　③　**《図表の趣旨把握問題》**

設問文では「**図表3**と関連づけた筆者の主張」と対象が限定されているので、先に図表から読み取れることを確認しよう。

・タイトルは「日本とデンマークの人口構成比」で、人口ピラミッドの構成が似ている……（A）
・「Population（人口）」の絶対数は日本がデンマークの二十倍……（B）
・人口の折れ線グラフを見ると、デンマークは今後も増加傾向にある

次に[9]～[18]段落の内容を整理しておこう。

社会保障費を考えるうえで、元手である税収を増やすことも重要
＝
継続的な経済成長を実現できれば、長期的な税収増加が見込める
人口が減少する社会ではＧＤＰも減少するのが一般的
日本……高齢化で労働者人口が減り続けているため、安定した経済成長は
困難とされる
しかし、本当に高齢化社会で経済成長は実現できないのか？
【ＧＤＰが伸び続けるデンマーク】
・日本の人口ピラミッドと似ている（高齢化社会）……（A）
＝社会保障費の負担が大きい

・人口が少なく、内需に頼れない……（B）
↓
・製造業から流通・小売業へと産業構造を転換
・テクノロジーを活用した行政の効率化
↓
日本は人口が多いので一度には改革できないかもしれないが、経済成長のために地方自治体の単位からでも手を打ち始めるべきである……（C）

（A）（B）の事実を踏まえつつ、筆者の主張（C）を述べている③が正解。

①は「人口の増加をめざすべき」が不適切。図表と結びついた主張ではないし、最終段落でも「人口が減少し続ける日本」というトレンドを否定はしていない。

②は「別の方法でアプローチすべき」が不適切。デンマークのような産業構造の変革や行政の効率化を、筆者は推奨している。

④は日本の「少子化」に注目している点が不適切。「デンマークのＧＤＰはこれからも伸びていく傾向であることが直接読み取れる」も、折れ線グラフは人口を表したものであることに合わない。

⑤は「規模の大きな日本でも自由に国の制度を改革できるようにしていかなければならない」が不適切。（C）でまとめたとおり、まずは地方自治体という国家の一部分から改革を始めることが主張の中心である。

問5　**9**　⑤　**《図表の内容把握問題》**

まず⑲～㉓段落の内容を整理しておこう。

60歳以上が有権者全体の約4割〔シルバー民主主義……（A）〕
＝
・数十年先の未来の問題は先送りされやすい
・当選を目指す政治家は、高齢者に優しい公約を掲げやすい

政治に参加していない若年層
・若年層の投票率は低下の一途……〔図表4……（B）〕
・長期的な視点に基づいた意見を述べられる若年層はごくわずか
・目の前の生活に精一杯で先のことを考える余裕がない
↓
若年層は、せめて選挙権は行使すべき……（C）

設問は「（A）シルバー民主主義について」「（B）**図表4**を用いることで」「（C）どのような主張をしているか」を答えることが要求されている。

（A）「シルバー民主主義」とは、単に有権者の多くを高齢者が占めているというだけのことではない。未来に問題が深刻化するとわかっていても、それが「未来の問題」であるために先送りされてしまう傾向や、政治家たちが高齢者に有利な公約を掲げる傾向まで含めて、批判的に表現した用語である。

民主主義は、どうしても多数決的な側面から逃れられない。こうした「シルバー民主主義」に対抗するには、若年層による投票が不可欠のはずである。しかし、（B）**図表4**のとおり、投票率は低下の一途をたどっている。また、長期的な視点に基づいて政治的意見や判断を述べるには多くのことを学ぶ必要があり、現代の若年世代の可処分時間・可処分所得の少なさでは難しいかもしれないが、時間もお金もかからないのだから、（C）せめて選挙権は行使すべきだ、というのが筆者の主張である。以上を踏まえた⑤が正解。

①は「若年世代の人口を増やすこと以外に方策は見当たらない」が不適切。筆者は投票率の向上を勧めているのであり、若年人口を増やすことは考えていない。

②は「全世代が平等となるよう選挙制度の変革を進めていくべきである」が不適切。現状の選挙制度（民主主義）を否定する選択肢となっているが、ここの論点とずれる。また、解答の条件となっている（B）の指摘もない。

③は「若年層には経済的援助を通じていっそうの政治参加を促す必要がある」が不適切。筆者は、若年層の選挙権の行使を呼びかけているが、そのための具体的な方法については述べていない。

④は「若年世代と交流を持ち」が不適切。筆者は、交流によって解決を図ろうとは主張していない。

問6 10・11 ②・⑤（順不同）**《趣旨把握問題》**

問題文全体の主張を踏まえた上で、そこから導くことのできる意見を指摘する設問である。こうした問題では、問題文の記述からやや踏み込む表現であっても、論理的に導ける範囲であれば正解となるので注意が必要となる。

まず24段落の内容を整理しておこう。

日本の人口減少は、世界のトレンドと逆行している
＝
独自に解決策を模索していくしかない
＝
どのように乗り切るかによって、日本という国と、それを担う私たちの世代の真価が試される

「真価が試される（＝真価を問われる）」とは、価値や能力が本当に備わっているかどうかの判断が、有無を言わせず下される状況のこと。それまでは表面的には問題が起きていなかったことが前提で用いられる表現である。

日本という国は、少なくとも過去七十年ほどは順調に経済発展を遂げ、世界でも有数の先進国だと高く評価されるようになった。しかし、戦後の焼け野原の状況からスタートしたことや増え続けてきた人口を考えれば、経済発展をしてきたこと自体は不自然でも何でもないとも言える。少子高齢化による人口減少という逆境を乗り越えられてこそ、これまでの日本の発展は真に能力があったからだとみなされるだろう。また、この逆境を乗り越えるためには「シルバー民主主義」を打ち破る若年層の行動が必要不可欠である。その意味では「私たちの世代」の真価も問われることになる。

次に、選択肢を順に見ていこう。24段落だけでなく、問題文全体を踏まえて考えていく。

①は**問2**で確認したとおりであり、正しい。社会保障費を対ＧＤＰ比で考えれば、これからの20年は決して乗り切れないほどのものではないと考えられる。

②は「これまでは経済の拡大のおかげでなんとか乗り越えてきた」「未来は不確実だから」という点が不適切。前者については、**図表1**の名目ＧＤＰの推移を見る限り経済が拡大しているとは考えられない（増税などを織り交ぜつつ、これまでの貯金で乗り越えてきたというのが実際のところである）。後者については、「不確実だから社会保障費を抑制しよう」という因果関係は成立していない。したがってこれが正解の一つめである。

③は正しい。「経済を成長させる方法を考えることも大切だよ」は9段落の「この税収を増やすことも社会保障費を考えるうえでの重要な施策です」を受けた表現であるし、「もっと知的生産の割合を増やしていくべきだね」はデンマークの脱製造業の方針を見習うべきだという主張を受けた内容である。

④は正しい。「テクノロジーの助け」については、7段落に「テクノロジーの配備」とある点、参考例として挙げたデンマークがテクノロジーを活用している点から推測できる。「国を挙げてしっかり改革を進めれば」以降は、これこそ筆者が提案しているアイディアそのものである。

⑤は「そうした仕組み（＝少数意見が無視されやすい民主主義）からの脱却を見据えて行動するのが若者のつとめだよ」が不適切。民主主義自体からの脱却ではなく、若年層の投票行動を促している。したがってこれが正解の二つめである。

⑥は正しい。先に確認した「真価が試される」という表現を具体化したものである。これは、先に見た「論理的に導ける範囲であれば正解となる」パターンである。

第2問

出典　安藤宏《あんどうひろし》『太宰治』（ちくま新書　二〇〇二年）

安藤宏は一九五八年東京都生まれ。東京大学文学部を卒業後、上智大学勤務を経て、東京大学大学院人文社会系研究科助教授、同教授を歴任。専門は日本近代文学で、太宰治に関する著作が多い。著書に『太宰治　弱さを演じるということ』『日本近代小説史』『「私」をつくる　近代小説の試み』などがある。

【出題のねらい】　表現技法や構造把握の問題、テーマに関する対話形式の問題等の新しい傾向に慣れることをねらいとした。①文学における「ナンセンス」の役割についての筆者の主張をとらえる、②筆者の「ナンセンス」の概念を通して太宰がどのように評価されているかを読み取る、という複合的な読解も試している。

【概要】　今回の問題文は、大きく四つのまとまりに分けることができる。

〔Ⅰ〕小魚が〈つくだに〉でしかなかったことを知る哀しみ（1～4段落）

「洋之助の気焔」冒頭の詩において、小魚が〈つくだに〉でしかなかったことを知る哀しみとは、現実世界のつましさに対抗し、想像力で日常の事物を夢の世界に置きかえようとして、結局過酷な現実に復讐される哀しみである。この場合、世界に働きかけるコトとモノとしての現実世界の両者を、一個のかけちがいの感覚としていかにペイソスに塗り替えていくかに、方法としての「ナンセンス」の成否がかけられている。

〔Ⅱ〕「スレちがい」と「かけちがい」（5～9段落）

二人の人物が異なる意味内容を主張してスレちがいに終わったときに浮かびあがるのは、単なる意味内容の対立でしかない。意思疎通における「かけちがい」に伴う（＝意思疎通にまつわる）悲哀やペーソスのみを抽出し強調するには、意味そのものを空白、つまり「無意味（ナンセンス）」なものに置きかえてしまえばよい。太宰が師井伏鱒二から学び取った「ナンセンス」の精神は、日常的なコミュニケーションに意図的に楔を打ち込み、世界を揺さぶる強力な手立てなのだ。

〔Ⅲ〕小説における「意味はずし」の意味（10～14段落）

既成の価値観を無化し解体していく「意味はずし」は、小説の重要な任務である。明治以降の擬似科学主義は小説に特定の意味や教訓を求めようとする先入観を生むが、それ自体は小説の歴史において特殊なものであり、フィクションからアレゴリーを求めようとする読み方自体を風刺し、笑いとばしてみせるのも（「意味はずし」としての）フィクションの役割にほかならない。

〔Ⅳ〕ナンセンスの「敗北」が意味するもの（15～19行目）

太宰の描く荒唐無稽（＝ナンセンス）は小説から教訓を導き出そうとするわれわれの先入観をはぐらかしてしまうが、一方で「無意味」は常に「意味」に「敗北」するという哀しい寓意も背負っている。だが、この連戦連敗であるという一点において、「ナンセンス」は「センス」に拮抗できるのである。

「ナンセンス」にまつわる悲哀やペーソスとは、結局のところ「センス」に打ち負かされる悲哀・ペーソスである。しかしその哀しみがあってこそ、「ナンセンス」は「センス」に拮抗できる。それがわかっているから、井伏鱒二も太宰治も「ナンセンス」を自らの小説の手法として「近代」の価値観に立ち向かった、という構図を正確に押さえよう。

問1　1 ③　2 ④　3 ②　《語句の解釈問題》

(ア)「面目躍如」とは〈その人らしさを十分に発揮し、世間の評価が高まるさま〉という意味。直前に「彼が得意としていたナンセンス・ユーモア」とあり、彼の得意な技法が1段落の詩の中で十分に発揮されているという意味合いだと理解できるので、正解は③。

①は「評価が人によって分かれる」を導く根拠が文中にない。
②は「本来の実力に見合わない」が「面目躍如」の意味に合致しない。
④は「これまでの苦労」を導く根拠が文中にない。
⑤は「努力せずに」「偶然」を導く根拠が文中にない。

(イ)「ものうげに」は漢字で書くと「物憂げに」となり、本来は〈なんとなく気が晴れない・気が進まない〉という意味。正解は④。直後に「泣いた」「逃げ腰をつかひながら」とあることから消極的な猫の態度が読み取れ、④が正解だと再確認できる。

①は語義に合致しないし、直前の「鰯を焼いてゐたら」と「何も知らない」がつながらない。

②は直後の「静かに……歩いて来た」と「がむしゃら」が矛盾する。

③は前後のつながりからは間違いと言い切れないが、語義に合致しない。

⑤は語義に合致しないし、前後の消極的な猫の態度と合致しない。

(ウ)「象徴的」は〈ある具体的な事柄が、抽象的な思想や概念を端的に表しているさま〉という意味。たとえば「彼女は薔薇《ばら》である」という比喩(隠喩)は、〝彼女の「美しさ」〟という抽象的な概念を「薔薇」という具体物によって端的に表している。この〈美しさ――薔薇〉という関係において、「薔薇」という言葉が「象徴的」であると言えるのである。直前を見ると、「新戯作派」という呼称(具体)が彼らの〝「ナンセンス」による擬似科学主義の否定〟という文学的運動(抽象)を比喩的に表していることから、正解は②。

①「合理的」というのはここで見た関係性を踏まえていない。

③「絶対的」は〈他との比較によらず、その価値が決まるありさま〉という意味で、ここで見た関係性を踏まえていない。

④「感覚的」は〈理屈ではとらえきれない、感覚や感性によってとらえられるようなありさま〉という意味だが、文中に導く根拠がない。

⑤「神秘的」は〈人知でははかり知れない不可思議な秘密を持った〉という意味だが、文中に導く根拠がない。

問2 **4** ⑤ **《内容把握問題》**

まず、「かけちがいの感覚」について筆者がどのように説明しているかをたどっていこう。

(1)小魚が〈つくだに〉でしかなかったことを知る(3段落)
(2)想像力によって日常の事物を夢の世界に置きかえてみようと試みる(4段落)
(3)結局「物」は一個の「物」に過ぎないという、過酷な現実に復讐されてしまうことになる(4段落)
(4)世界に働きかけるコトと、モノとしての現実世界とのズレに気づく(4段落)

ここから、

〈小魚=想像力で日常の事物を夢の世界に置きかえようと試みる=世界に働きかけるコト〉

〈つくだに=「物」は一個の「物」に過ぎないという、過酷な現実=モノとしての現実世界〉

という関係が読み取れる。人間は想像力を用いて、目の前の現実を読みかえ、作り変えようとするが(=a)、現実の方はかたくなに今ある姿を変えようとしない(=b)。このズレのことを「かけちがいの感覚」と呼んでいるのだと理解し、この構図に合致するかどうか、という観点から選択肢を検討しよう。「ねことの親密な心のつながりを夢見た」はaと、「ねこが人間とわかりあえることなどはない」はbと、それぞれ対応していることから、正解は⑤。

①「一度つくだにになった小魚は生き返ることを受け入れようとしない」が不適切。小魚自身の意思を確認できる詩の表現が存在しないし、4段落からも、働きかけを行うのは「小魚」ではなく「人間」の方だとわかる。

②「小魚に泳ぎ出すだけの力は残っていない」が不適切。「泳ぎ出すだけの力」の有無を問えるのは、小魚が生きている場合だけである。

③人間と猫がともに「勘違い」をしている、という内容になっており、aとbの対比を押さえていない。

④「ねこは鰯をもらった程度では人間に心を許さない」が誤り。これでは、

ねこが人間に心を許す可能性を示唆しており、aとbの間の決定的なズレを押さえていない。

問3 5 ④ 《内容把握問題》

まず、「ナンセンス」の意味については、9段落に「意味そのものを空白、つまり『無意味（ナンセンス）』なものに置きかえてしまえばよい」とあることから、〈意味内容が空白である状態＝ナンセンス〉と言える。次に、「徹底的に意識化された演技（ポーズ）」の意味については、9段落を見ると、「カバンの中身（具体的な意味内容）が空であることを知りつつ、なおかつ意味のある『ふり』をして運ばなければならなくなった」とあることから、〈意味内容が空白だと知りつつ、なおかつ意味のある「ふり」をすること〉と言える。最後に、傍線部の「変奏していく」目的・理由について9段落を見ると、「意思疎通にまつわる悲哀やペーソスのみを抽出し、強調する」「伝達そのものに由来するペイソス」とある。ここは、〈意思疎通や伝達をしようとしても、それ自体が不可能である可能性に思い至り、むなしさを感じること〉を表すことから、〈意思疎通にまつわる悲哀・ペーソス〉を強調することが「変奏していく」目的・理由であるとわかる。以上を押さえているのは、④。

①9段落冒頭を見ると、たしかにAとBという人物が〈異なる意味内容〉を主張しているが、「別の人物にあえて主張させる」に対応する記述は確認できず、前半が不適切。

②9段落末尾に「日常的なコミュニケーションに意図的に楔を打ち込み」とあるが、「楔を打ち込み」は、（注）にあるように〈じゃまを入れる〉という意味なので、「日常的なコミュニケーションが根本的に無意味」とまでは言えない。

③傍線部直前の「読み比べてみると、先の詩と外見以上の共通点が見えてくる」では〈「詩」と「小説」の共通点〉について言及していることから、「『詩』の形ではなく……『小説』という形に変えていく」と、「詩」と「小説」を対比させるのは不適切。

⑤「ありふれた」「この世界が当たり前のように存在しているという先入観」についての記述が文中にない。

問4 6 ② 《趣旨把握問題》

傍線部の「意味はずし」の意味については、直前に「既成の価値観を無化し、解体していく行為」とあるので、これを手がかりにして傍線部を検討しよう。まず「既成の価値観」については、11段落に「現実をリアルに写実しようとする擬似科学主義が浸透する」「『近代』を支配してきた価値観」「マルクス主義的な世界観」「科学的、合目的的な世界観」とあるので、こうした〈現実に対する「近代」の科学主義的、合目的的、マルクス主義的な価値観〉が「既成の価値観」であるとわかる。また12段落を見ると「一般に小説に特定の意味や教訓を求めようとするわれわれの先入観は非常に根強いものがある」とあるので、この〈一般的傾向としてあげられる、非常に根強い先入観〉も「既成の価値観」であるとわかる。

次に「解体していく」については、11段落に「かつて江戸戯作に豊かに内包されていた『嘘』『出鱈目』『荒唐無稽』の役割を再発見し」で説明されている。また、「小説の重要な任務」については、13段落に「フィクションからアレゴリー（＝たとえとしての教訓／現実に対応する合理的な理由があるとする先入観）を求めようとするこうした読み方自体を風刺し、笑い飛ばしてみせるのもまたフィクションの役割」で説明されている。以上を踏まえている②が正解。

①文中では〈「本来の小説のあり方」とは？〉という視点で語られている記述はないので、「『本来の小説の姿』として近代以降も継承しようとする」としているのは不適切。

③傍線部の「意味はずし」という言葉が表しているように、「フィクション（絵空事）」の役割は〈既成の価値観の無化・解体〉であって、その後に「新たな価値観」を生み出す、という役割は指摘されていないので、不適切。

④「近松門左衛門などの作った『江戸戯作』へと、読者の目を向けさせようとする」を導く記述は文中にないので、不適切。

⑤「科学的・合目的的な人生のあり方を楽しめるようにする」というのは、先に見た11段落、13段落の記述と矛盾する。

問5 7・8 ③・⑥（順不同）《趣旨把握問題》

傍線部の「拮抗」は、（注）にあるように、もとは「ほぼ同じ勢力や力をもって、互いに対抗して張り合うこと」という意味であるが、傍線部直前には「連戦連敗であるという一点において」という記述がある。このように、一見するとかみ合わない「連戦連敗」と「拮抗」という概念を結びつける根拠を文中の記述から確認する、というのが本問の意図である。

①～③はいずれもその根拠を4段落に求めており、④～⑥は10段落・13段落・16段落に求めていることから、作業としては、以下の二つがある。

・4段落の内容の検証
・10段落・13段落・16段落の内容の検証

4段落は三つの文で構成されている。そのポイントは以下のとおり。

(i)現実生活のつましさに対抗するため、想像力によって日常の事物を夢の世界に置きかえてみようと試みるが、結局「物」は一個の「物」に過ぎないという過酷な現実に復讐される
(ii)世界に働きかける「コト」／「モノ」としての現実世界とのズレに気づく
(iii)夢＝コト／現実＝モノの両者を一個のかけちがいの感覚としていかにペイソスに塗り替えていくかに、方法としての「ナンセンス」の成否がかけられている

(i)には「対抗するため」という言葉があるが、結局、〈夢は現実に復讐される〉つまり「連戦連敗である」という事実が述べられているだけで、なぜそれが「拮抗」につながるのかについては示されていない。(ii)はコト（夢）とモノ（現実）を並列しているだけであり、ここから「拮抗」につながるヒントは得られない。(iii)は、かけちがいの感覚を「ペイソス」に塗り替えていくことが、方法としての「ナンセンス」の成否にかかわる、とある。つまり、「ペイソス」に塗り替えることができれば、「ナンセンス」は成功したことになるし、「連戦連敗」であっても、そこに「ペイソス」を見出すことができれば、負けた者への〈もの悲しさや哀愁〉が印象づけられ、「拮抗」をもたらす、と考えられるのである。以上の流れを踏まえた③が一つめの正解である。

①「つまらない現実世界を楽しくする」では、(i)しか踏まえておらず、結局「過酷な現実に復讐される」ので、「拮抗」をもたらしているとは読めない。

②「この働きかけが『拮抗』とするのが不適切。「働きかけ」は(ii)を踏まえているが、要するに(i)の「想像力によって日常の事物を夢の世界に置きかえてみようと試みる」ことと同じであり、それだけでは「拮抗」をもたらせない点については①と同じである。

次に、10段落・13段落・16段落の内容は、以下のとおり。

10段落　「意味はずし」とは既成の価値観を無化・解体していく行為であり、小説の重要な任務である
13段落　フィクション（絵空事）からアレゴリー（たとえ・教訓）を求めようとする読み方を風刺し、笑い飛ばして見せることも、フィクションの役割である
16段落　太宰治の小説「喧嘩次郎兵衛」は、「無意味」は常に「意味」に敗北するという哀しい寓意（テーマ）を一つ背負っている

10段落には「意味はずし」の積極的な役割についての記述があるが、「連戦連敗であるという一点において」という条件については述べられていない。13段落は「風刺」という「フィクション」の積極的な役割について述べているだけで、「連戦連敗であるという一点において」という条件については説明できない。16段落は〈「無意味」の「意味」に対する敗北〉という内容であり、これが「連戦連敗」に対応しているし、「哀しい寓意（テーマ）」といった「哀しみ（ペイソス）」に関する記述もある。

先に確認したように、〈ペイソスが生じる〉ことは負けた者への〈もの悲しさや哀愁〉の印象づけへとつながるため、「拮抗」をもたらすと考えることができる。以上から、⑥が正解となる。

④「〈真実＝センス〉は〈嘘＝ナンセンス〉に取って代わる」が不適切。も

し「取って代わる」ことができるならば、そもそも〈拮抗〉という状態は成立しない。

⑤「〈自己の人生の風刺〉」「〈自分の人生の無意味さ＝ナンセンス〉を笑って受け入れ」が不適切。13段落で「風刺し、笑い飛ばしてみせ」ているのは「フィクション（絵空事）からアレゴリーを求めようとする」「読み方」、さらに言えば、そうやって「絶えず自分の行為に意味づけをしなければ生きていけぬ」「人の哀しい性」であり、自分の人生が無意味だと言っているわけではない。

問6 **9** **③** 《複数の文章の関係の把握問題》

以下、各選択肢を検討していく。

①【Ⅰ】の「つくだにの小魚は……たうとう生き返らなんだ」は3段落の「小魚が〈つくだに〉でしかなかったことを知る哀しみ」に対応している。そして〈つくだにが生き返る〉という思いは、4段落にあるとおり「過剰な思い入れ」であることは間違いないが、それ以降の文章で〈過剰な思い入れを持たずに現実と向き合うべきかどうか〉という点に関する記述はない。よって、不適切。

②【Ⅱ】の「わが恋は容れられたり」は、たしかに8段落で「かけちがいの感覚……あるいは片想いの感覚」と説明されている。だが、「相手に接触することがハラスメントにつながる」という教訓を導く根拠が、文中に明示されていない。

③【Ⅲ】の荒唐無稽な話の内容の意味するところは、15段落で「この小編は、まさしく荒唐無稽であるがゆえにこそ、小説から何か役に立つ教訓を導き出そうとするわれわれの先入観をはぐらかしてしまう」に明示されている。また16段落に「『真面目』なテーマを揶揄しているはずのこの小説」とあり、いずれも「荒唐無稽」の果たす役割についてきちんと示している。「人生」に言及していることで迷うかもしれないが、15段落にある「〈ものの上手の過ぎた罰〉」の例を見れば、この教訓が「人生」に関わるものであることは導ける。よって、これが正解。

④【Ⅳ】の「岩に囁く」は19段落の「荒唐無稽」に、「岩は答へなかつた」は「日常的現実世界からむなしくはねかえされてしまう」に対応しており、両者を合わせると〈現実世界に対する荒唐無稽の敗北〉という論理が成り立つ。一方、文中で〈「新戯作派」の敗北〉を示唆するものはなく、むしろ11段落では「『嘘』『出鱈目』『荒唐無稽』の役割を再発見」「『近代』を支配してきた価値観に果敢に戦いを挑んだ」と肯定的に評価されている。よって、不適切。

第3問

出典 **【文章Ⅰ】**紫式部『源氏物語』「藤裏葉」巻、**【文章Ⅱ】**北村季吟《きたむらきぎん》『源氏物語湖月抄《こげつしょう》』、**【文章Ⅲ】**賀茂真淵《かものまぶち》『源氏物語新釈《しんしゃく》』

【文章Ⅰ】の『源氏物語』は平安時代中期に成立した、紫式部作の長編物語。主人公である光源氏と彼を取り巻く人々の人生を、繊細な心理描写や美麗な風景描写によって描き出した、日本古典文学における最高傑作とされる作品。物語に限らず、和歌や謡曲など、後世に大きな影響を与えた。「藤裏葉」巻は全五十四帖のうち第三十三帖にあたり、「乙女」巻（第二十一帖）から続いていた光源氏の息子・夕霧と内大臣の娘・雲居雁との恋愛が成就する場面が中心である。

【文章Ⅱ】の『源氏物語湖月抄』は北村季吟による『源氏物語』注釈書（六十巻）。延宝元年（一六七三）成立、同三年刊行。季吟は箕形如庵《みのかたじょあん》や松永貞徳《まつながていとく》から源氏学を伝授され、『細流抄《さいりゅうしょう》』などの中世期の『源氏物語』注釈書を参考にしながら、如庵説や自説を加え、本書を成した。

【文章Ⅲ】の『源氏物語新釈』は、賀茂真淵による『源氏物語』注釈書（五十四巻）で宝暦八年（一七五八）成立。和学御用であった真淵が田安宗武《たやすむねたけ》の下命により、『湖月抄』に書入れをする形で『源氏物語』に注を施したものがもとになっているとされる。

【出題のねらい】

二〇一七・二〇一八年実施の試行調査に取り上げられた『源氏物語』を用いて、複数の資料を横断しながら解釈する形式での出題を行った。**問3**・**問5**の『源氏物語』本文に対する読解力を問う問題はもちろん、**問4**・**問6**では主張の異なる『湖月抄』『新釈』の独自の解釈を的確に把握する力も問うている。

『源氏物語』は登場人物が極めて多く、また関係性も複雑である。本問のように光源氏が登場しない場面や、光源氏没後の次の世代を描く宇治十帖（二〇一八年試行調査「浮舟」巻を含む）が出題されても、リード文や注などから人間関係や場面を理解し、対応することが求められる。

【概要】

【文章Ⅰ】

・内大臣に雲居雁との結婚を許された夕霧は、柏木の案内で雲居雁の部屋を訪ねる。美しく成長した雲居雁に甘える夕霧は、宴の席でのやりとりを引き、雲居雁との深い仲を暗示させるような言葉で言い返したかったと話す。雲居雁は聞くに堪えず、夕霧を責めるような歌を詠むが、そのかわいらしさに夕霧も笑いながら返歌する。

・雲居雁と一夜を共にした夕霧は、夜明けが近づくもいっこうに帰ろうとしない。その様子に内大臣は苦言をもらすが、夕霧は夜が明けきる前に帰途につく。その寝乱れた夕霧の顔は見るかいのあるものであった。

【文章Ⅱ】

・《A歌》親の目を忍んで会っていたことを匂わせようとした夕霧をとがめた雲居雁の歌。二人の仲を知ってから一度も対面を許さなかった父（＝内大臣）なのに、軽率な人柄かのように言うことを非難する。

・《B歌》「河口の」と言おうとした真意を雲居雁に説明する夕霧の歌。確かに内大臣は厳しく守っており、「河口」の歌のように二人の密会を防げなかった罪を親に負わせるつもりではなかったと弁明する。

【文章Ⅲ】

・《A歌》雲居雁が夕霧を責める歌ではなく、二人の仲が世間の噂となってしまったことを嘆いた歌。「こめきたり」は女の子らしいという意味で、のちの人がこの語を誤解したために歌の解釈も誤ったのである。

・《B歌》雲居雁の心細そうな様子に、夕霧の気持ちも和らぎ、少し笑いながら「涙が止まらず気持ちがもれ出てしまい、人々の噂になってしまった」と相手の意を迎えて詠んだ歌。こう解釈しなければ「少し笑って」とあることが理解できない。

問1　1 ①　2 ⑤　3 ③《語句の解釈問題》

(ア)　傍線部は夕霧と再会を果たした雲居雁の様子である。直前のラ行四段動詞「ねびまさる」は、〈成長する、年をとる〉意のバ行上二段動詞「ねぶ」に「勝る」が接続した複合動詞。「ねぶ」と同様に〈年をとる〉という意もあるが、基本的には、〈年齢より大人びて見える〉〈成長するにつれて美しく立派になる〉のように解釈すべき語。美しく成長した雲居雁に対する表現として適切なものを選ぶ。

程度の甚だしさを表す副詞「いとど」や、〈感じがよい、見苦しくない〉の意である形容詞「めやすし」は、柔軟に訳すことができる語である。傍線部で最も注意する点は「飽かぬところなく」。カ行四段動詞「飽く」に接続した助動詞「ず」、形容詞「なし」という二種の否定語が見え、慎重に訳出したい。ここでの「飽く」は現代語「飽きる」と異なり、〈満足する〉と訳すべきなので、〈満足しないところがない〉すなわち〈すべて満ち足りている〉という意味になる。よって①が正解。

②・③は、助動詞「ず」が訳出できていないことに加えて、「めやすし」を正反対の意で訳している点で不適切。

④は、雲居雁の様子に対する「めやすし」の表現として不適切。

⑤は、一見文意が通りそうだが、助動詞「ず」が訳出できていない。「飽く」を〈飽きる〉と訳したことで、結果的に矛盾がないように見えるにすぎない。もちろん「飽く」には〈飽きる〉という意もあるが、助動詞「ず」を反映させていない点で不適切である。

(イ)　「さし答《いら》ふ」は「答ふ」に接頭語「さし」がついたハ行下二段動詞で、〈答える、返事をする〉の意と、転じて〈助言する〉、または〈合奏・合唱する〉の意がある。続く願望の助動詞「まほし」・完了の助動詞「つ」から、夕霧が「さし答へ」したかったのだとわかる。

先の宴で少将（＝雲居雁の兄）が謡曲「葦垣」を、夕霧へのあてつけのように謡った出来事を引き合いに出し、少将を「いたき主〈＝ひどいかた〉」であると表現することからも、この少将の振る舞いを夕霧が快く思っていないことが窺《うかが》えるだろう。男の失敗をほのめかす「葦垣」に対し、すでに男女は結ばれているという「河口」で、義理の兄に意趣返ししてやりたかったというのである。よって正解は⑤。

①は、夕霧が実際に言い返したとしている点で不適切。さらに助動詞「まほし」の解釈も適切ではない。あくまで願望の意であるため、「〜なければよかった」とまで訳すのには飛躍がある。

②・③は「さし答ふ」の主語を夕霧と解釈できていない点で不適切。

④は「さし答ふ」を〈合唱〉の意で解釈した点で不適切。謡曲とあるため歌に結びつけたくなるかもしれないが、先に述べたように、あてつけのように「葦垣」を謡った少将と共に合唱したいと思っていたとは文脈からも読み取れない。

(ウ)　真淵がB歌の解釈を述べたあと、夕霧が少し笑ったことについて説明する部分である。ヤ行下二段動詞「聞こゆ」は、ここでは〈聞こえる〉ではなく〈理解する・わけがわかる〉と訳出するのがよい。前後の文脈を踏まえ、傍線部を見てみよう。品詞分解すると、〈副詞「か（斯）く」＋カ行四段動詞「と（解）く」＋打消の接続助詞「で」＋係助詞「は」〉となり、〈このように理解しないでは〉が直訳。これに合う選択肢は③。

では、見当がつかなかった場合、どのような手順を踏めばよいだろうか。まず選択肢に「このよう（こう）」が共通することから、副詞「かく」が導き出せる。残る「とかでは」だが、直後に指示語「この」があることからも、一度文意が切れると予想でき、「とかでは」のうち「は」が助詞であるとわかる。さらに、「とかで」を一語と考えるにはあまりにも不自然であることから、「と」か＋で＋は」となり、「で」は助詞だと判断する。助詞「で」は、(1)格助詞（「にて」が変化した語）、(2)打消の接続助詞の可能性が高く、それぞれ(1)体言や連体形 (2)未然形に接続する。活用語尾がア段となるのは四段動詞以外にはないため、四段動詞「とく」＋打消の接続助詞「で」だとわかる。

助詞「で」の打消表現を訳出できていない②・④・⑤は不適切。①は文脈にあてはめて違和感がないかもしれないが、動詞「とく」が反映されていない点で正答に及ばない。さらに、「で」はあくまで接続助詞であるから、直前の語に対し〈〜ないで・〜ずに〉と訳すべきであり、あたかも形容詞「なし」のように単独で〈なかった〉と訳すのは適切ではない。

問2 4 ③《文法問題》

波線部は、雲居雁を訪ねる夕霧の姿に対する語り手の評。品詞分解すると次のようになる。

○形容詞「いつかし」連用形「いつかしく」のウ音便化
○強意の係助詞「ぞ」
○ヤ行下二段動詞「おぼゆ」連用形
○尊敬の補助動詞「たまふ」連用形
○過去推量の助動詞「けん（けむ）」連体形（係り結びによる）
○念押しの終助詞「かし」

よって、誤りである③が正解。「けむ」を「けん」と表記することは音便化ではない。音便とは発音の便宜のために音が転じることである。ここで音便について確認しておこう。

・イ音便　→い　例 書きて→書いて　よき人→よい人
・ウ音便　→う　例 思ひて→思うて　悲しくて→悲しうて
・撥音便　→ん　例 死にて→死んで　静かなるめり→静かなんめり（※）
・促音便　→つ　例 立ちて→立つて
※ラ変型活用の語が二つ続く場合の多くは、「る」が「ん（撥音便）」に変化し、無表記となる。
例 静かなるめり→静かなんめり→静かなめり
あるめり→あんめり→あめり

問3 5 ②《状況把握問題》

本問では、リード文や注を足がかりにした適切な状況把握が求められ、とくに「世の例にも……」の発話者（傍線部の主語）とその内容とがカギとなる。

第二文「女は……」には、**問1**(ア)で触れたように雲居雁の様子が描かれる。久々の再会に、雲居雁は恥ずかしがっているものの、夕霧から見れば美しく成長した姿は大変感じがよかった。その状況を踏まえて会話文を以下解釈する。

「世の例」は〈世間で前例とされること〉の意で、〈手本となる事柄〉というよい意味もあるが、多くは〈人々の世間話の種〉という否定的な意味で用いられ、文脈で判断する必要がある。続く「なりぬべかりつる身」には、完了・強意の助動詞「ぬ」＋推量の助動詞「べし」の《確述用法》が見え、さらに完了の助動詞「つ」が接続しているため、〈世の例〉にもきっとなってしまうに違いなかった私〉と訳せる。これより「世の例」もネガティブな意味と考えられる。

この段階では発話者が断定できないが、あとの「かうまでも思しゆるさるめれ」で夕霧だとわかる。「かうまで」は「斯くまで〈＝このようにまで〉」のウ音便化。「思しゆるさ」はサ行四段動詞「思し許す」の未然形で〈お許しになる〉の意。リード文にある通り、二人の仲がようやく内大臣に認められ、雲居雁を訪れる場面であるから、「かうまで」はこの訪問ないしは結婚を指し、「思し許す」の主語は内大臣となる。また最後に、推量の助動詞「めり」が接続していることから、内大臣からの許しが出た根拠を発話者が推量していることも読み取れる。つまり、世間話の種にもなってしまいそうなほど相手に焦がれる私の、「心もて」すなわち自らの意志こそが、頑なな内大臣の心を動かしたのだというのである。以上より、発話者は夕霧だと判明する。

引き続き会話文の後半を見てみよう。「さまこと」は「様異」と書き、〈普通と異なっているさま〉の意。〈格別にすぐれたさま〉を表すこともあるが、「あはれを知りたまはぬ〈＝（私の）愛情を知ってくださらない〉」様子が普通ではないのであるから、ここでは前者の意味がふさわしい。夕霧との再会を喜ぶでもなく、恥ずかしそうにしている雲居雁に対して、長年の誠意ある愛情でようやく結婚にこぎ着けたのに、ひどい仕打ちだと夕霧が文句を言うのである。

以上から正解は②。

①・③・⑤は、発話者を雲居雁とする点で不適切。台詞の内容も、ただ単語の意味をつなぎあわせただけにすぎず、全体が見えていない解釈である。

④は「思しゆるさるめれ」を〈(雲居雁が)許さない〉と訳している点で不適切。さらに、現段階で親に結婚を認められているため、「危険を冒して」も誤っている。

なお、傍線部X「恨みきこえたまふ」の敬語表現について確認すると、ヤ行下二段動詞「きこゆ」は謙譲語(語り手→雲居雁)、補助動詞「たまふ」は尊敬語(語り手→夕霧)で、「恨み言を申し上げなさる」と夕霧にも敬意が含まれる訳をする点に注意しよう。また、今回は「恨み」を「恨み言」の意の名詞として解釈し、「きこゆ」を本動詞としたが、「恨み」をマ行四段動詞連用形とした場合、「きこゆ」は補助動詞と判断される。もちろん文意は変わらないので、どちらでとっても構わない。

問4 6 ① 《筆者の主張を把握する問題》

本設問で問われているのは『源氏物語』自体の解釈というより、『源氏物語』に対する二者の注釈内容を把握する力である。よって『源氏物語』本文における正答ではなく、あくまで季吟・真淵両者の解釈を正確に把握しよう。

さらに傍線部は、雲居雁が「あさき名を」歌(A歌)を詠んだあとの一言であることから、A歌の解釈も問題となる。両者の主張について、(1)夕霧が「河口の」と言い返したかったとする意図、(2)夕霧に対する雲居雁の態度(A歌を詠むに至る心情)、(3)A歌の解釈、(4)「あさまし」の解釈、という四点に着目して、次にまとめる。

【文章Ⅱ】 北村季吟『源氏物語湖月抄』

(1)〈関の荒垣は堅く守っていたが、人目を忍んで互いに心を通じさせていた(=親の目を忍んで会っていた)〉という意味。(「関の荒垣は……さしいらへまほしかりつれ」)

(2)雲居雁がそれ(=(1))をとがめた。(「のたまへるをとがめて」)

(3)〈父が河口の関をもらす(=二人の仲を黙認していた)ようなことがあっただろうか、いやない〉。つまり、二人の仲を知ってから、一度も対面が許されたことはないほどであり、父が軽率であるかのように言うのはなぜか、ととがめる気持ち。(「河口の関をいかが……とがめたる心なり」)

(4)(3)のとがめる気持ちによって、(歌だけでなく)言葉でも「あさまし」と言った。(「それ故に……なるべし」)

【文章Ⅲ】 賀茂真淵『源氏物語新釈』

(1)〈関守ならば厳しく関をしておけよ。粗があったために女も男と心をあわせて関から出たのだ〉という意味。(注1)の内容)

(2)雲居雁が夕霧に張り合い道理を説く歌と解釈する説はよくない。雲居雁は世間の噂の恐ろしさを嘆いている。それが「こめきたり(=女の子らしい)」様子である。(「雲ゐの……わろし」「人口は……おぼすさまなり」「こめきたりは女子らしきてふこと」)

(3)〈軽率な行いによって世間の人の噂となってしまい、どうして人に知られないようにできなかったのか、世間の噂は恐ろしいものだ〉(「われらが……おぞましきものなり」)

(4)「あさまし」は「おぞまし(=恐ろしい)」の意味。(「あさましはおぞまし」)

以上を踏まえて、選択肢を確認していこう。

①は【文章Ⅲ】(2)(3)、および【文章Ⅱ】(2)(3)を踏まえており、【文章Ⅱ】の軸である「夕霧の行いをとがめる雲居雁の心情」を読み取る点で適切といえる。よって正解。

②は、A歌に対して、【文章Ⅱ】が夕霧を批判する歌と解釈する点(2)(3)は適当であるが、【文章Ⅲ】の「父親に噂を流された」恐ろしさを嘆いていると解釈する点が(2)(3)と異なるため、不適切。

③は、前半が【文章Ⅲ】(2)(3)と合致するものの、【文章Ⅱ】が「父親が夕霧を遠ざけていた」「父親が夕霧の悪い評判を流していた」とする点は全体の主旨から大きく外れており不適切。加えて、〈父親を批難する気持ち〉という点も本文とは異なる。

④は、【文章Ⅲ】(2)に関する内容で、【文章Ⅱ】の著者季吟など後世の人が誤解してきた、という点も本文「後人この語をも思ひ誤る」に合致する。しかし(3)と照らし合わせると、〈女子であるがゆえにこれまで雲居雁が人々の言いなりになってきた〉という記述は本文にはない。【文章Ⅲ】では世間の噂を恐れ、その様子が「こめきたり」という様子だった、というのである。よって不適切。

⑤は、【文章Ⅱ】【文章Ⅲ】の共通点として夕霧が「河口の」と言おうとした意図を挙げているが、【文章Ⅱ】(1)および【文章Ⅲ】(1)と合致する。しかし、【文章Ⅱ】が二人の秘密を父親にもらすような夕霧の行いに対する、雲居雁のあきれた気持ちを読み取っているとする点が、(3)(4)から不適切。

問5　7　④　《古典常識・内容把握問題》

本設問文の「後朝」とは、元々「こうちょう・ごちょう」と読んで〈翌朝〉を指す言葉であるが、〈男女が共寝をした翌朝〉を指して「きぬぎぬ」と読む場合が多い。共寝の際に二人の衣をかけて寝て、翌朝自分の衣を身につけて別れたことから、「きぬぎぬ(衣々)」が別れの象徴となったのであった。選択肢を見れば、雲居雁の部屋を訪れた翌日を指すだろうと想像がつくものの、ぜひ古典常識として押さえておきたい知識である。

本文の該当箇所については、雲居雁との歌の応酬のあと、文が途切れることなく翌日の描写につながるため注意が必要。「会えなかった年月の積み重なりも堪えがたく苦しい」などと酒の酔いにかこつけて苦しげに振る舞った夕霧は、「明くるも知らず顔」、すなわち夜が明けることにも知らん顔で部屋に滞在したと描写され、ここから後朝の出来事と判断できる。順を追って整理しよう。

(1) 夜が明けることも知らん顔で部屋に滞在したままの夕霧。
(2) 夕霧がまだ部屋にいるため女房達は声をかけることができずにいる。
→「人々聞こえわづらふ」
※本来であれば夜明け前に男性は女性宅から帰るべきである。
(3) 内大臣は「したり顔なる朝寝かな〈＝得意顔で朝寝をしていることだ〉」ととがめる。
※「したり顔」とは夕霧が早くも夫のように振る舞っていることを言うのであろう。
(4) 夕霧は夜が明けきらないうちに邸を出る。その寝乱れた顔は見るかいがある(＝すばらしい)。
→「されど明かしはてでぞ出でたまふ、ねくたれの御朝顔見るかひありかし」

注意すべきは、夕霧がいつ邸を出たかである。「明くるも知らず」という表現からすでに夜が明けたと誤解しがちだが、(4)の通り、結局夜が明けきらないうちに帰っている。「されど明かしはてでぞ出でたまふ」の中で、打消の接続助詞「で」を見落とすと正反対に解釈してしまうので注意。正解は④。

夕霧が「きまり悪さを感じた」「気分が悪くなった」とする①・②は、「酔ひにかこちて苦しげにもてなし」を誤解しているため不適切。サ行四段動詞「もてなす」には〈取りはからう〉〈世話をする〉などの意味もあるが、ここでは〈振る舞う〉の意で、実際に気分が悪くなっているというより、そのようなふりをしていると解釈すべき。つまり、酔いにかこつけて苦しそうなふりをして、共寝を果たし長く部屋に滞在したのである。さらに、「女房や内大臣をはばかって(①)」「女房達に看病され(②)」という点も本文にない。

③は「聞こえわづらふ」を〈告げ口〉と誤訳しており不適切。ヤ行下二段動詞「聞こゆ」に接続したハ行四段動詞「わづらふ」は、単独では〈苦しむ、心配する〉〈病気になる〉の意だが、動詞についた場合には〈～するのに困る・～しかねる〉と訳す。「聞こゆ」は「言ふ」の謙譲語であるから、直訳すると「申し上げかねる」。文脈に合わせれば、お起こしできかねる、ほどの意。女房は雲居雁を起こすために声をかけたいのだが、部屋に夕霧がいるためできない

でいるのだ。ちなみに敬意の方向は人々（＝女房）↓夕霧（あるいは雲居雁）。

⑤は、夕霧が夜明けまで滞在したとする点、さらに「ねくたれの御朝顔」を雲居雁のものとする点で不適切。「御朝顔」は、邸を出ていく夕霧の顔を指している。ちなみに文末に念押しの終助詞「かし」があることから、夕霧の起き抜けの顔のすばらしさを語るのは語り手であるとわかる。

問6　**8**　**⑤**　**《内容把握問題》**

「文章の内容」とあるが、**【文章Ⅱ】**の季吟説および**【文章Ⅲ】**の真淵説がそれぞれ理解できているかを問うもの。**問4**が「あさまし」を軸とした両者の主張の差異を問うたのに対し、本設問はその範囲が広くなっており、本文から該当箇所をいかに手早く適切に見出せるかがポイントとなる。

以下、選択肢の内容を吟味していく。

①夕霧が「河口」を引いた意図は、**問4**の**【文章Ⅱ】【文章Ⅲ】**解説の(1)で示した通りである。人目を盗み男女が関係をもっていたことを匂わせる、という意図はある程度共通するものの、「こめきたり」の語釈の指摘は真淵によるもののため、不適切。

②季吟の解釈について、真淵が賛同したとするのは不適切。**問4**の**【文章Ⅲ】**解説(2)で触れたが、真淵は「雲ゐのあらそひことわる事と思へる説は皆わろし」とはっきり述べている。

③「くきだの関」を季吟が「菊田の関」と解釈していることは、「菊田のせきの厳きほど……」という表現からも確認できる。さらに真淵が元は「なみだの関」だったのではないかと仮説を示す点も正しい。しかし、真淵は「くきだの関」は「なみだの関」の書き誤りだと述べているが、「菊田の関」を採用することへの批判を読み取ることはできない。さらにつけ加えると、「書物に見出せない」のは「くきだの関」である。よって不適切。

④はB歌の解釈について。「もりにける」に季吟が「守《も》る」を見出していることは「内府の守り給へること」「河口の関の守れども」などからわかる。一方で真淵が「あまりに涙せきあへずもらせし……」と解釈していることから、「漏《も》る」が見出されているとわかり、両者の解釈は適切。ただし真淵がそこに「悲恋」を読み取っていると捉えることは不適切。嘆く雲居雁に対して夕霧が「心もなごみて少しわら」うという二人の関係性の解釈からも、真淵の主張は悲恋とは遠いものであると判断できる。

⑤にある通り、雲居雁の心情の解釈は両者で大きく異なる。季吟が〈夕霧を批難する雲居雁〉を、一方の真淵が〈人の噂の恐ろしさを嘆く雲居雁〉を捉えていることは、**問4**で確認した。さらにA歌だけでなくB歌にも目を向けると、季吟は、〈内大臣に罪を負わせるつもりはないなどと言い訳し、雲居雁をなだめようとする夕霧〉と捉えており、二人の応酬の中心には内大臣という存在が据えられている。一方の真淵は、B歌から、〈心細そうな雲居雁に気持ちの和らいだ夕霧が、涙が止まらず気持ちがあふれ出てしまったため〉だと、相手の意を迎えて声をかける姿を見出す。A歌ともに内大臣の話題は出てこず、あくまで二人の行いに関する内容に終始していると言ってよい。正解は⑤。

全訳

【文章Ⅰ】

夕霧は、夢かとお思いになるにつけても、（結婚にこぎつけた）自分をますます立派なものだとお思いになっただろうよ。雲居雁は、大変恥ずかしいと深く思っていらっしゃるも、成長するにつれて美しくなったご様子は、いよいよ不足するところがないほど感じがよい。「（恋のために焦がれ死んで）きっと世間の話の種にもなってしまうに違いなかった私を、自分の（雲居雁に対する）誠意ゆえにこそ、このようにまでもお許しくだされたのでしょう。（それなのに私の）愛情を理解してくださらないのも、普通ではない仕打ちです」と恨み言を申し上げなさる。「少将がすすんで謡い出した『葦垣』の歌の心は、お耳におとめになりましたか（＝おわかりでしたか）。ひどいかただなあ。『河口の』と、言い返してやりたかった」とおっしゃると、雲居雁はたいそう聞くに堪えないとお思いになって、

「あさき名を…浮き名を世間に流した『河口』はどうしてもらしたのでしょうか、関の荒垣を越えたと（＝浮き名を世間に言い流した河口であるあなたは、どうしてもらしてしまったのですか、二人が深い仲で

あると）ひどいおかたです」とおっしゃるご様子は、とても子どもっぽい感じである。

夕霧は少し笑って、

「もりにける…もらしてしまったのはくきだの関であるのに、河口が浅いことだけに責任を負わせないでほしいものです（＝二人の仲がもれて浮き名が世間に流れてしまったのはくきだの関の父大臣の守りからもれてしまったためで、私の口の軽さだけを責めないでください）

（会えなかった）年月の積み重なりもたいそう堪えがたく苦しくて、正気ではいられない（＝何もわからない）」と酔いにかこつけて苦しそうに振る舞って、夜が明けるのにも知らん顔である。女房達が申し上げかねる（＝お起こしできない）のを、内大臣は、「得意顔で朝寝をしていることだ」とおとがめになる。しかし夜が明けきってしまわないうちにお出でになる、その寝乱れた朝の起き抜けのお顔は、（風情があって）見るかいがあることよ。

【文章Ⅱ】

《A歌》師匠曰く、かの夕霧が「関の荒垣は堅く守っていたけれども、人目を忍んで互いに心を通じさせていた」という意味で、「『河口の』と言い返したかった」とおっしゃったのを（雲居雁が）とがめて、「父が河口の関をもらす（＝二人の仲を黙認していた）ようなことがあっただろうか、いやない」と言うのである。その言わんとする意味は、「私の父は心を尽くして私たちの評判を気にして（私・雲居雁を）お守りになっていたところ、かの『乙女』巻において二人が恋仲であるとお知りになってから、一度も二人の対面をお許しになったことはないので、私の父親が軽率であるような評判を言い広めなさるのはどうしてか」ととがめる気持ちである。それゆえ言葉でも「あさまし」と言ったのであろう。

《B歌》師匠曰く、この返歌の意味は雲居雁が、（夕霧が）自分の父の軽率な評判を流すようなことを言おうとしたことに文句を言うのを、夕霧が「なるほど（もっともだ）」と（同調し）、（「河口の」を引いた）真意を説明なさるという意味である。「実に内大臣（＝父）が（雲居雁を／二人の関係が外にもれないように）お守りなさっていたことは、菊田の関が厳しいほどであったのを、『河口の関守がいてもそこから出て私はあなたと共寝した』という『河口』の歌のように、軽率なかたであるかのように内大臣に罪を負わせるつもりではありませんでした」というのである。それゆえ次の言葉にも「覚えがない」など言い訳しているのである。

【文章Ⅲ】

《A歌》この歌は右に述べたことによって、雲居雁が夕霧に張り合い道理を説く歌だと解釈する説はみなよくない。ただ「私たちの思慮が浅く軽々しかった行いの評判を立て、世間の人の噂として流されてしまったのは、どうして人に知られないようにし損なってしまったのでしょうか、世間の噂は恐ろしいものです」と雲居雁が嘆き、それゆえ女の子らしく穏やかであると夕霧も思うような様子である。「あさまし」は「おぞまし〈＝恐ろしい〉」（の意味である）。「こめきたり」は「女の子らしい」ということであることはかなり前にも言った通りで、後の人がこの言葉を誤解したために歌の解釈を間違ったのである。

《B歌》「くきだの関」というものは書物には見出せず、「なみだの関」を見誤って書いたのであろう。さて雲居雁が心細そうに大人しくおっしゃったために、夕霧の気持ちも和らいで少し笑って、「これは世間の人が（二人のことを）軽率だと言いなしたというだけで、あまりに涙が止まらず気持ちがもれ出てあらわれてしまったために、人々の噂になってしまったのだ」と、今は譲歩しておっしゃったのである。このように解釈しなければこの「少し笑って」とあることも理解できない。

第4問

出典 朱逢吉《しゅほうきつ》『牧民心鑑《ぼくみんしんかん》』第六章『訟を聴く』第一「訟源を弭む」の全文。

『牧民心鑑』は、中国・明の時代の地方官であった朱逢吉が、地方長官（「牧民者」）の職務を遂行する上での心得や正しいあり方などを、十三カ条にわたって述べたもの。明では一四〇四年に出版され、日本でも江戸時代に各藩でよく読まれた。

【出題のねらい】

過去のセンター試験漢文の出題傾向を参考に、漢文の出題形式に慣れてもらうことをねらいとしている。漢文の問題文は、筆者の主張が比較的はっきりした随筆風の文章から出題されることも多い。そこで今回は主張が明確に示されている問題文を選定した。また、漢字の用法や句形、あるいは句形を使って解くものなど基本事項の理解度を問う設問にも対応できるように、句形が絡む設問を多く作問した（**問2**、**問3**、**問5**、**問6**）。ほか、**問1**は漢字の意味の問題、**問4**は理由説明、**問7**は筆者の主張を問うものである。句形はただ覚えるだけでなく、その覚えた知識を文章の中でちゃんと使えるかどうかが鍵となる。問題演習に集中的に取り組んで、知識の定着と得点力アップを目指してほしい。

【概要】

・訴訟のおこる要因＝民に礼義がない
　←だから
為政者……民に礼義を教えることが第一
　↔対比
わかっていない為政者
　礼義を教えず、厳しい法令や刑罰で取り締まる
　流れを止めるのにその源を塞がないようなもの
　←だから
訴訟をなくすには、民に礼義を教える以外にない
　礼を教える→譲り合って争わない
　義を教える→分限を知って度を越えた望みを抱かない
　言動や交際に礼義があれば、訴訟はおこらない
　←さらに
・訴訟をそそのかす者←教え戒めて、誤りを自覚させる
・貧しさから訴訟する者←経済的援助をさせて生活を安定させる
　←
それでもだめなら→厳罰を加える
　←そうすれば
訴訟は自然となくなる

問1 1 ③ 2 ⑤ 《漢字の意味問題》

(1)「牧」は「ぼくス」と読む。「牧」の字は、〈牛を養う人〉が原義で、そこから〈放牧する〉〈動物を養う〉〈役人〉〈治める〉の意となった。訴訟をなくすために民をどう治めていくか、という本文全体の趣旨と照らし合わせれば、ここの「牧」は③「治める」の意味であるとわかる。

(2)「素」は「もとヨリ」と読み、〈前から・元来・もともと〉の意である。漢文ではよく出題される語なので、しっかりチェックしておこう。解答は⑤。

問2 3 ② 《句形の読みと意味を把握する問題》

波線部の漢字は、どれも漢文の句形に関するものである。一つ一つ見ていこう。

(a)の「惟」は限定の句形で「たダ～（ノミ）」と読む用法、「コレ」と読んで口調を整える用法、動詞で「おもフ」と読む用法がある。「コレ」と読んでも指示語ではない。

(b)の「将」は、すぐ下の「止」の送り仮名が「止メント」となっている。ここから「まさニ～ントす」と読む再読文字であることがわかる。「将」には他に「もつテ」、「ひきヰル」などの読みもある。

(c)の「未」は、「いまダ～ず」と読む再読文字。

(d)の「仍」は「よル」・「よリテ」と読んで〈そこで・したがって〉という順接の意を表す場合と、「すなはチ」と読んでやはり〈そこで〉という順接の意を表す場合があるが、本文だけからはどちらとも決め難いだろう。

(e)「猶」には、大まかに次の三つの用法がある。

ア「なホ～ごとシ（ちょうど～のようである）」と読む再読文字の用法。

イ　動詞の前に置かれ「なホ（それでもなお）」と読む用法。

ウ　抑揚形の句形「Aスラ猶ホB、況《いは》ンヤCヲヤ（AでさえなおBである、ましてCはなおさらだ）」で用いられるもの。

傍線部の「猶」は抑揚形の句形でもなく、「猶」の下に返り点がないので再読文字でもない（「ちょうど～のようだ」という訳も文脈に合わない）。よってイの「なホ」と読む用法である。

これに従って選択肢を検討すると、次のようになる。

①(a)「惟」は「これ」と読む×指示語で、(b)「将」は○「まさに～す」と読む再読文字。

②(a)「惟」は○「ただ」と読み限定の意を表し、(d)「仍」は○「よりて」と読み順接を表す。

③(b)「将」は×「もつて」と読み手段・方法を示し、(c)「未」は○「いまだ～ず」と読む再読文字。

④(c)「未」は○「いまだ～ず」と読む再読文字、(e)「猶」は×「なほ～ごとし」と読む再読文字。

⑤(d)「仍」は○「すなはち」と読んで順接を表し、(e)「猶」は×「なほ～ごとし」と読む再読文字。

説明が二つとも「○」なのは②だけなので、解答は②。

なお、(d)の「仍」は「すなはチ」と読むよりも、「よリテ」と読むことのほうが多い。書き下し文も「よリテ」で読んである。

問3　4　⑤　《傍線部の解釈問題》

この設問も句形の理解が鍵になる。傍線部の「苟」は「いやしクモ」と読み、〈もし～なら〉と訳す仮定の句形である。

仮定の句形

①若（如・設）シ～バ＝もシ～バ（もし～ならば）（→問6）

②苟クモ～バ＝いやしクモ～バ（もし・かりにも～ならば）

③縦（縦令・仮令）ヒ～トモ＝たとヒ～（トモ）（たとえ～としても）

④雖モ二～一ト＝～トいへどモ（たとえ～としても）

⑤～レバ則チ～＝～レバすなはチ～（～ならば～）（→「痛法モテ加フレバ之ニ、則チ～」はこの用法）

⑥使メバ二Aヲシテ Bナラ一＝AヲシテBナラしメバ（AにBさせれば）（→「使ニ之知レ止而不レ濫」はこの用法、「之をして止まるを知りて濫せざらしめば」と読む）

したがって傍線部を書き下すと「苟くも礼義を知らば、訟何を以て生ぜん」で、「苟知二礼義一」の部分を解釈すると、〈もし礼と義とを知ったなら〉となる。この段階で①「たとえ礼と義とを知ったとしても」、②「礼と義をわかっているのに」、④「礼と義をわきまえているのだから」は、「苟」の訳と合わないので除外できる。

残る③と⑤だが、「礼義を知る」のが「為政者」なのか「人々」なのかに着目して考えていこう。傍線部の直後に「牧スルレ民ヲ者ハ、必ズ以テ二礼義ヲ一為シ二先教ト一」とある。「先教」とは〈まず第一に教えること〉の意。為政者はまず第一に民に礼義を教えることが訴訟を減らす根本だというのである。同じことが、「無シレ過グル下以テ二礼義ヲ一為スニ上レ教ト焉」と、さらに「教フルニレ民ヲ以テシレ礼ヲ……教フルニレ民ヲ以テシレ義ヲ」と述べられている。このように見ていくと、「礼義を知る」のは「民」、すなわち「人々」であることがわかるだろう。ここから③が除外され、残った⑤が解答となる。

筆者は、訴訟が起こる原因を、訴訟を起こす側の人々の方に求めている。人々が互いに自己の正しさを主張して譲らないために、争いがおこり訴訟へと発展すると考えているのである。だから人々に礼と義を教えて、譲り合って仲良くし（「使二之譲而不レ争一」）、気持ちや行動に節度を持たせれば（「使二之知《リテ》レ止《マルヲ》而不《ラ》レ濫《セ》一」）、訴訟をおこすことなどなくなる、というのである。

問4 5 ③ 《理由把握問題》

傍線部「世《ノ》昧《キ》レ此《ニ》者」の「昧」は、〈物事の事情や道理をよく知らない〉の意。「此」の内容は、その前に述べられている「人々に礼義がないから訴訟がおこる」ことを指している。よって「世《ノ》昧《キ》レ此《ニ》者」は、〈世の中の、訴訟のおこる原因をよくわかっていない者（為政者）〉という意味になる。

そのような為政者について、筆者は傍線部に続く箇所で、まず「不レ知《ラ》レ以《テ》二礼義《ヲ》一為《シ》二先教《ト》一務《ムルヲ》レ是《ヲ》、而惟深刑・酷法《ヲ》以《テ》威《ス》レ之《ヲ》」と述べている。「是」は「以《テ》二礼義《ヲ》一為《シ》二先教《ト》一」を指す。「深刑・酷法」は〈厳しい刑罰とひどい法令〉の意。つまり彼らは訴訟のおこる根源をわかっていないので、人々に礼義を教えることをせず、厳しい刑罰やひどい法令で人々に威圧的に臨んで、無理やり訴訟を減らそうとする、というのである。続いて筆者は「譬《フルニ》レ之《ヲ》、……未レ有《ラ》二能《ク》止《ムル》者一也」と、このような役人の行動を、水の流れを止めることを例にして述べる。水の流れを止めるには流れの源を塞ぐ必要があるのに、訴訟のおこる根源を知らない役人は、流れの源を塞がずに流れを止めようとする。だがそれでは決して流れを止められない、すなわち訴訟はなくならない、というのである。

このような記述から、「世《ノ》昧《キ》レ此《ニ》者」は、「流れの源を塞がない」のと同じように「訴訟のおこる根源を知らず」、「人々に礼義を教えない」ので、訴訟をなくすことができないということがわかるだろう。そこで選択肢を検討すると、この三点がおさえられている③が解答となる。

①は、「人々を礼と義で教化しようとするから」の部分が内容と合っていないため、不適切。

②は「訴訟のおこる根源はわかっているが」の部分が不適切。「世《ノ》昧《キ》レ此《ニ》者」は訴訟のおこる根源をわかっていないのである。

④は「人々の礼と義の欠如の根源と考えている」がおかしい。「世《ノ》昧《キ》レ此《ニ》者」は人々の礼義の欠如の原因どころか、礼義の必要性すら認識していないのである。

⑤は「流れの源を塞いでも流れを止められない」が内容と合っていない。

問5 6 ④ 《書き下し問題》

傍線部に使役の句形が使われていることがわかれば容易。「使之」の「之」は「これ」と読む指示語で、その前の「民」を指す。使役の句形は「使（令）《ム》二A《ヲシテ》B《（セ）》一（AヲシテB（セ）しム）」だから、これを傍線部にあてはめると、Aにあたるのが「之」、Bにあたるのが「譲而不争」である。書き下すと「之をして譲りて争はざらしめ」となり、解答は④。

問6 7 ② 《内容把握問題》

傍線部を書き下すと「如し果して貧窶ならば、則ち義を好むの人に勉めて、其の力を資助し、以て其の生を治めしむ」である。「如」は「もシ」と読んで仮定を表す。「果して」は、〈思った通りに〉〈ついには〉〈本当に（仮定表現で用いる）〉などの意味があるが、ここでは〈本当に〉の意。「勉」はここでは〈すすめる〉の意。「義を好むの人」というのは〈道義を重んずる人〉のことで、社会正義や道理を重んじて弱い者を助けようとする気持ち（「義侠心《ぎきょうしん》」ともいう）の強い人のことを言う。「其の力を資助し」の「其の」は「貧窶（な人）」を指し、「資助」は、「資」に「物資」とか「資産」という言葉があるように、経済的・物質的な援助のこと。「其の生」の「其の」も「貧窶（な人）」を指す。直訳すると「もし本当に貧しいならば、道理を重んずる人にすすめて、経済的援助をさせ、その貧しい人の生活がうまくやっていけるようにさせる」となる。

もう一つ、これまでの文脈もおさえておこう。傍線部を含む「仍《テ》於二境内《ニ》一、……」以下の部分で、筆者はまず「詢《ヒ》下人之健《ケ》二於興《スニ》レ詞《ヲ》……」と、訴訟をそそのかす者を教え戒めて、訴訟をそそのかすことが間違いであることに気づかせよと述べる。そして傍線部へと続くのだが、注意してほしいのは、筆者はこの「仍《テ》於二境内《ニ》一、……」以下の部分で「訴訟をなくす」方策について言及しているという点である。それまで述べたことを受けて、訴訟をなくすための方策をより具体的に挙げているのである。つまり傍線部も訴訟の話なのである。したがって傍線部で筆者は、貧しい者が、（貧しさから）訴訟する時は、誰か道義を重んずる人に経済的援助をさせて、訴訟の要因となっている貧しさを解消させればよい、というのである。

　このように内容をおさえて選択肢を検討すると、②が解答となることがわかる。

　①は「訴訟に勝てるようにする」、④は「訴訟を継続させる」が全体の文脈と合わない。傍線部の部分は「訴訟をなくす」方策についての話である。

　③と⑤は、「訴訟をなくす」という全体の文脈と合わない。また「資助」の解釈もおかしい。

「如」・「若」の用法

☆「如」・「若」共通

①比喩…如（若）レ《シ》A《ノ》〈Aノごとシ〉＝Aのようだ

②比較

・不レ如（若）レ《カ》A《ニ》〈Aにしカず〉＝Aに及ばない

・莫（無）レ《シ》如（若）レ《クハ》A《ニ》〈Aニしクハなシ〉
＝Aに及ぶものはない

③仮定…如（若）《シ》〜《バ》〈もシ〜バ〉＝もし〜ならば

④疑問・反語

・何如（何若）〈いかん〉＝どのようであるか
如何（若何）〈いかん〉＝どうすればよいか
〈いかんゾ〉＝どうして〜か

☆「若」のみの用法

若〈なんぢ〉＝お前・あなた

問7　**8**　④　**《筆者の主張を把握する問題》**

　このような本文全体に関係する設問は、まず各選択肢を読んで、その説明のポイントがどこにあるかをおさえる。それからそのポイントに該当する本文の箇所を検討してその内容をおさえ、最後にその内容と照らし合わせて、各選択肢を検討していく。

　まず各選択肢のポイントをおさえる。各選択肢の説明は、五つとも「訴訟をなくすには」で始まっており、ここから「訴訟をなくすにはまず何が大事か」ということがポイントになっていることがわかる。さらに各選択肢には「重い刑罰」について言及があり、ここから本文の中で「重い刑罰」についてどのように述べられているかという点が第二のポイントになる。

　そこでそれぞれの内容が本文でどのように記されているか見ていこう。まず最初のポイントについては、すでに**問3**で見たように、筆者は訴訟のおこる要因を、人々に礼と義がないことと考えている。だから為政者は人々に礼と義を教え、人々が互いに争わず、分不相応の望みを抱かないようにすれば、訴訟がおこることなどないと述べている。次に「重い刑罰」について、本文では二箇所「惟深刑・酷法《ヲ》以《テ》威《ス》レ之《ヲ》」、「如《クニシテ》レ此《クノ》而猶不レ悛《メ》。然《ル》後痛法《モテ》加《フレバ》レ之《ニ》」で触れられている。ただし一つ目は、訴訟のおこる根源を理解していない役人について言及した箇所であり、筆者の主張とはむしろ逆である。二つ目の「然《ル》後痛法《モテ》加《フレバ》レ之《ニ》」は、礼義を教え、訴訟をそそのかす者を反省させ、貧しい者を困窮から救うという方策をとっても改まらない場合の最後の手段として言及されている。筆者は最初から「重い刑罰」を用いるのではなく、最後に用いるべきだと言うのである。

　このようにポイント別に筆者の主張をおさえて、各選択肢を検討する。

①「訴訟をなくすには、まず×為政者が礼と義を学んで、互いに謙譲の心を持ち、道理にはずれた行為をしないようにすることが第一であるが、それでも礼と義を実行しない者には厳罰で臨むべきである。」

　ポイントの内容は二つともおさえられているが、礼と義を学ぶのが「為政者」となっている点がおかしい。為政者（＝「牧民者」）は教える側である。この選択肢は不可である。

②「訴訟をなくすには、その×根源となっている重い刑罰をいったん停止して、×為政者が礼と義で人々に接するようにすることが第一で、それが実現してから徐々に刑罰を重くするべきである。」

　「重い刑罰」に関する説明が間違っている。本文では、重い刑罰は訴訟のおこる要因ではない。また、「為政者が」礼と義で人々に接するというのも間違っているので不可。

③「訴訟をなくすには、×重い刑罰とともに人々に礼と義を教えて、礼に基づいて行動し、義が実践される社会を作ることが第一であるが、もしそれでも効果がない場合はさらに×刑罰を重くするべきである。」

やはり「重い刑罰」に関する説明がおかしい。筆者は訴訟をなくすには、重い刑罰ではなくて、礼と義を教えよと主張している。刑罰を加えるのは最後の手段で、刑罰を重くしていくわけではない。この選択肢も不適切。

④「訴訟をなくすには、人々に礼と義を教えて譲り合いの精神を持たせ、度を越えた望みなどを抱かないようにさせるのが第一であるが、もしそれでも改めない場合は厳しい刑罰を下すべきである。」

これは第一のポイントの説明も、「重い刑罰」に関する第二のポイントの説明も、間違っている所はない。

⑤「訴訟をなくすには、その根源である礼と義のない社会を改善し、人々に礼と義を教えることが理想であるが、そのような社会の実現には時間がかかるので、×当面は重い刑罰を用いるべきである。」

これも「重い刑罰」に関する説明がおかしい。筆者は最後の最後まで重い刑罰を用いるべきではない、と考えているのである。

このように検討していくと、説明として最も誤りのないのは④である。よって④が解答となる。

書き下し文

訟《うつたへ》の生《しやう》ずるは、礼義《れいぎ》無《な》きに由《よ》るなり。苟《いやし》くも礼義《れいぎ》を知《し》らば、訟《うつたへ》何《なに》を以《もつ》て生《しやう》ぜん。故《ゆゑ》に善《よ》く民《たみ》を牧《ぼく》する者《もの》は、必《かなら》ず礼義《れいぎ》を以《もつ》て先教《せんけう》と為《な》し、以《もつ》て訟《うつたへ》を無《な》くするの大本《たいほん》と為《な》す。世《よ》の此《これ》に昧《くら》き者《もの》は、是《これ》を務《つと》むるを知《し》らず、惟《た》だ深刑《しんけい》・酷《こく》法《はふ》を以《もつ》て之《これ》を威《おど》す。之《これ》を譬《たと》ふるに、将《まさ》に流波《りうは》を止《とど》めんとして、其《そ》の源《みなもと》を塞《ふさ》がざれば、未《いま》だ能《よ》く止《とど》むる者有《ものあ》らざるなり。故《ゆゑ》に訟《うつたへ》の弭《や》まんことを欲《ほつ》すれば、礼義《れいぎ》を以《もつ》て教《けう》と為《な》すに過《す》ぐる無《な》し。民《たみ》を教《をし》ふるに礼《れい》を以《もつ》てし、之《これ》をして譲《ゆづ》りて争《あらそ》はざらしめ、民《たみ》を教《をし》ふるに義《ぎ》を以《もつ》てし、之《これ》をして止《とど》まるを知《し》りて濫《らん》せざらしめば、一言一動《いちげんいちどう》、礼有《れいあ》りて存《そん》し、一交一接《いつかういつせつ》、義有《ぎあ》りて行《おこ》なはる。此《か》くのごとくにして而《しか》も訟《うつたへ》多《おほ》きことは、未《いま》だ之《これ》を信《しん》ぜざるなり。仍《よ》りて境内《きやうない》に於《お》いて、人《ひと》の詞《ことば》を興《おこ》すに健《た》け、素《もと》より善《よ》く訟《うつたへ》を鼓《こ》する者《もの》を詢《と》ひ、善言《ぜんげん》もて之《これ》を教《をし》へ、法《はふ》を以《もつ》て之《これ》を戒《いまし》め、務《つと》めて其《そ》の前過《ぜんくわ》を改《あらた》めしめ、如《も》し果《はた》して貧窶《ひんく》ならば、則《すなは》ち義《ぎ》を好《この》むの人《ひと》に勉《つと》めて、其《そ》の力《ちから》を資助《しじよ》し、以《もつ》て其《そ》の生《せい》を治《をさ》めしむ。此《か》くのごとくにして猶《な》ほ悛《あらた》めず。然《しか》る後《のち》痛法《つうはふ》もて之《これ》に加《くは》ふれば、則《すなは》ち訟《うつたへ》必《かなら》ず自《おのづか》ら息《や》まん。

全訳

訴訟がおこるのは、（人々に）礼と義がないことによる。（人々が）もし礼と義とを知ったなら、どうして訴訟などおこることがあろうか。だから民を治めることに優れている者は、必ず礼と義をまず最初に（人々に）教えることとし、それを訴訟をなくす根本とする。世間の、この道理をよくわかっていない者は、根本（＝礼と義を教えること）を務めることを知らず、ただ重い刑罰や厳しい法令で人々を恐れさせる。これをたとえるなら、流れる水を止めようとして、その（流れの）源を塞がないなら、（流れを）止めることのできる者などいないというようなものである。だから訴訟をなくそうと思うなら、礼と義を教えることよりすぐれたものはない。人々に礼を教えて、人々に譲り合って争わないようにさせ、人々に義を教えて、人々にそれぞれの分限に安んずることを知って度を越えないようにさせれば、（人々の）ちょっとした言動にも礼があり、ちょっとした交際にも義が実践されるようになる。このようにしてしかも訴訟が多いなどということは、とても信じられないことである。そこで治める地域の中で、訴訟をおこさせることが上手で、もともと訴訟をそそのかす者をたずね調べ、訓戒となるような言葉でこの者を教え、法令で戒め、極力その者の以前の過失を改めさせ、もし本当に貧しい（から訴訟するの）ならば、道義を重んずる人に勧めて、（その者に）財政的援助をさせ、その（貧しい者の）生計を立てさせる。このようにしてもなお反省し改めない。（もしそうならそのような者に）そこで（はじめて）厳しい刑罰を加えるようにしたら、訴訟は必ず自然となくなるだろう。

模試 第6回

解　答

合計点	/200

問題番号(配点)	設問	解答番号	正解	配点	自己採点
第1問 (50)	1	1	⑤	2	
		2	②	2	
		3	④	2	
		4	④	2	
		5	①	2	
	2	6	②	8	
	3	7	⑤	8	
	4	8	①	8	
	5	9	③	8	
	6	10	②	8	
第2問 (50)	1	1	②	3	
		2	⑤	3	
		3	④	3	
	2	4	③	7	
	3	5	④	8	
	4	6	②	8	
	5	7	③	6	
		8	⑥	6	
		9	⑤	6	

問題番号(配点)	設問	解答番号	正解	配点	自己採点
第3問 (50)	1	1	①	5	
		2	②	5	
		3	③	5	
	2	4	①	6	
	3	5	⑤	7	
	4	6	②	7	
	5	7	③	7	
	6	8	②	8	
第4問 (50)	1	1	③	5	
		2	①	5	
	2	3	②	7	
	3	4	⑤	7	
	4	5	⑤	7	
	5	6	①	6	
	6	7	②	6	
	7	8	③	7	

＊は順序を問わない。

	出典	目安時間	難易度 大問別	難易度 全体
第1問	文章：柄本三代子『健康の語られ方』 資料：「食生活指針」	21分	やや難	やや難
第2問	文章Ⅰ：橋本治『窯変　源氏物語』 文章Ⅱ：田辺聖子『新源氏物語』	20分	やや難	
第3問	『雫ににごる』	20分	やや難	
第4問	馮夢龍『智囊』	19分	標準	

第1問

出典【文章】柄本三代子《えのもとみよこ》『健康の語られ方』（青弓社　二〇〇二年）
【資料】「食生活指針」（二〇一六年）

　柄本三代子の専門は社会学。主な著書に『ニュース空間の社会学』『リスクと日常生活』などがある。

【出題のねらい】　共通テストの問題作成方針では、「近代以降の文章」に、従来の論理的文章や文学的文章に加えて、実用的文章が含まれている。また、過去二回行われた共通テストの試行調査においては、文章と図表、実用的文章を組み合わせた問題が出題されている。この傾向を踏まえて、今回は表を含む文章に加え、実用的文章を【資料】として提示し、それらを比較検討する問題を出題した。

【概要】【文章】は、自らの健康をコントロールし、改善することが求められるようになった現代人の生活について、主に食生活を中心に考察している。大きくは、ヘルスプロモーション活動について述べられた第一～六段落と、栄養学について述べられた第七～九段落、「食生活指針」について述べられた第十段落以降の三つに分けられる。ただし、栄養学が「食生活指針」やヘルスプロモーション活動の裏づけとなっており、また、「食生活指針」がヘルスプロモーション活動の根拠になっているというように、三つの部分が相互に関連している。部分に注目するだけではなく、論理展開を正確に把握したい。

Ⅰヘルスプロモーション活動の目的と実践例（第一～六段落）

・私たちは、生活や健康を脅かすさまざまなリスクを自力で回避して自己で責任を負って生きぬいていくためのリテラシーを自発的に獲得しなければならない。そのための場の典型例が、地域の保健所・保健センターを中心にしておこなわれるヘルスプロモーション活動である。（第一段落）

↓

・ヘルスリテラシーを高めることに積極的でない人は、その人個人が病のリスクを負うにとどまらなくなってくる。それはもはや個人的な事柄などではけっしてなく、社会全体の利益を損ねることになるのだ。したがって、わがことではあってもみんなで生活習慣を見なおし、リスク回避に取り組んでいかなくてはいけないのだ。そのようにして社会全体の責任が、個人の生活習慣に負わされている、そんな時代に私たちは生きている。（第二段落）

↓

・都内Q市でおこなわれているヘルスプロモーション活動（第三段落）

↓表1

・新聞に折り込まれた広報などで開催を知った参加者たちは、啓蒙されるために集う。したがって、いま現在私たちの身体や生活習慣にどのような問題があるのかを見いだすことからセミナーは始まる。（第四段落）

↓

・二〇〇〇年から二〇一〇年にかけて国をあげて日本で実施される「21世紀の国民健康づくり運動（健康日本21）」という運動がある。「健康日本21」の特徴は、具体的な数値目標をこまかく設置している点にある。（第五段落）

↓

・ヘルスプロモーション活動における説明では科学的知を駆使した専門家システムが作動し、人びとを信頼させるのだ。（第六段落）

Ⅱヘルスプロモーションにかかわる主な科学である栄養学（第七～九段落）

・ここではとくに食をとおして、みずからの身体をコントロールする側面について考察しよう。（第七段落）　**主題の提示**

↓

・ヘルスプロモーションにかかわる主要な科学である栄養学の歴史と発展は、食物のなかに「栄養素」を発見するということにつきる。その栄養素には、身体に対してなんらかの作用がある。そしてそれが欠乏するとどのような症状が身体に表れるのか、またその栄養素はどこに存在しているのか。これら因果関係の発見過程が、すなわち栄養学という科学の発展の過程なのである。（第八段落）↓表2

←

・栄養学における、このような食品成分還元主義は、近代科学の進歩を意味してきた要素還元主義と同根である。（第九段落）

Ⅲ「食生活指針」の特徴（第十〜十四段落）

・しかし食生活指針のなかに栄養素は登場しない。ヘルスプロモーション活動の根幹をなす栄養指導の根拠となっているのは、「第六次改定日本人の栄養所要量」「健康づくりのための食生活指針」「健康日本21（各論：栄養・食生活）」である。（第十段落）

←

・食生活指針の特徴は、生活への入り込み方がきわめて巧妙である点にある。それは少なくとも抑圧的なものなどであるはずもなく、かなり懇切丁寧に私たちの食生活に口をはさんでくる。（第十一段落）

↓**「食生活指針」**

←

・専門家の考えた科学言説を食生活のなかによく浸透させ、統制的なアプローチではなく、自覚的なセルフコントロールによる生活改善を可能にすること、このことこそが食生活指針作成の主眼だった。（第十三段落）

←

・「食事の楽しみ」さえも食生活指針には盛り込まれている。あるべき食生活についての説明の様式を、「楽しみ」にまで拡張していくことによって、より実践的なレベルにイデオロギーを落下させていくのだ。親しみやすさ、簡単さ、わかりやすさ、楽しさ、そういった現実的な実践可能性も含めた説明の様式をとらなくてはならない。このような要件を兼ね備えているのが、まさに食生活指針なのである。（第十四段落）

問1 1 ⑤ 2 ② 3 ④ 4 ④ 5 ① **《漢字問題》**

(ア)「**獲**得」。①は「核心」、②は「収**穫**」、③は「改革」、④は「隔世」、⑤は「乱**獲**（濫**獲**）（＝野生動物などをむやみやたらにとること）」。

(イ)「疲**弊**」。①は「併設」、②は「語**弊**」、③は「閉口（＝手に負えなくて困ること）」、④は「紙幣」、⑤は「不平」。

(ウ)「開**催**」。①は「裁断」、②は「採用」、③は「債権」、④は「**催**促」、⑤は「掲載」。

(エ)「**招**く」。①は「焦点」、②は「推奨」、③は「継承」、④は「**招**致（＝自分のところで何かするように働きかけること）」、⑤は「詳細」。

(オ)「**巧**妙」。①は「精**巧**」、②は「拮抗（＝互いに同じくらいの力で張り合っていること）」、③は「効用」、④は「復興」、⑤は「均衡」。

問2 6 ② **《図表の内容把握問題》**

ヘルスプロモーション活動の目的は、個人のヘルスリテラシーを高めることにあるが、【文章】の第一段落では、以下のように記されている。

・生活や健康を脅かすリスクを自力で回避して自己で責任を負って生きぬいていくためのリテラシー（＝情報を読解して活用する能力）を高めるための場
・人びとが自らの健康をコントロールし、改善することができるようにするプロセス
・健康になるために必要な知識の取得をめざしたり、情報を収集したり、実践に移すために必要とされるヘルスリテラシーを、参加者は習得する

このような、ヘルスリテラシーを高める活動が行われるようになった背景として、【文章】では「ヘルスリテラシーを高めることに積極的でない人は、……社会全体の利益を損ねることになる」（13〜15行目）と考えられるように、「社会全体の責任が、個人の生活習慣に負わされている、そんな時代」（16行目）になったことが挙げられている。

以上から、ヘルスプロモーション活動は次のように整理できる。

社会全体の利益を損ねないように、生活や健康を脅かすリスクを自力で回避して自己で責任を負って生きぬいていくことにつながるような知識の取得をめざしたり、情報を収集したり、実践に移すために必要とされるヘルスリテラシーを参加者が習得する場――Ⅰ

では、傍線部の都内Q市ではどのような取り組みがなされているだろうか。第四段落にあるように、参加者たちは啓蒙されるために集い、活動は「いま現在私たちの身体や生活習慣にどのような問題があるのかを見いだすことから」始まる。これを確認したうえで**表1**を見ると、以下のことが確認できる。

対象　20代、30代、40代、シルバー世代など幅広い年代
内容　参加者の食生活のチェックやダイエットの方法などのほか、実習が組み込まれている

ここから、都内Q市のヘルスプロモーション活動では、

幅広い世代を対象に、参加者の健康状態や生活習慣のチェックや知識の吸収に加え、実践的な取り組みがなされている――Ⅱ

ことが理解できる。以上のⅠとⅡを踏まえている選択肢は②である。②には「参加者が楽しみつつ」とあり、ここについての直接の言及はないが、**表1**のセミナーの内容や、「ヘルスプロモーション活動の根幹をなす栄養指導の根拠」となっている「食生活指針」の説明で、「食事の楽しみ」について言及されていることから、ヘルスプロモーション活動においても、「楽しみ」が重視されていることがわかる。

①は、「実践よりもその前提となる理解力を養成することに主眼をおいて」が誤りである。**表1**で確認したとおり、Q市のヘルスプロモーション活動においては、実践面も重視されている。

③は、「より専門的な科学的知識を参加者が講義を受けながら習得して」が誤り。**表1**の活動例を確認すると、活動の後半に実習が多いことがわかることから、「講義を受けながら」と言い切るのは不適切。

④は、「主として健康増進に関心のない若年層を対象にして」が誤り。**表1**で確認したとおり、Q市の活動は幅広い世代を対象にしている。

⑤は、「社会全体のリスクに関する情報を段階的に提供する」が誤り。**表1**の各回の活動内容を確認すると、「社会全体のリスク」に明確に言及していない。

問3　7　⑤　《文章と図表の関係把握問題》

表2は、栄養学を踏まえた食品成分の一例である。第八段落にあるように、栄養学は「ヘルスプロモーションにかかわる主要な科学」であり、〈身体に対してなんらかの作用がある栄養素が欠乏するとどのような症状が身体に表れるのか、またその栄養素はどこに存在しているのかといった、身体と栄養素との因果関係〉を明らかにしていくものである。

一方、**【文章】**の「食生活指針」は、「ヘルスプロモーション活動の根幹をなす栄養指導の根拠となっている」ものである。この特徴は、次のとおり。

・栄養素は登場しない（第十段落）
・懇切丁寧に私たちの食生活に口をはさんでくる。生活への入り込み方がきわめて巧妙である（第十一段落）
・専門家の考えた科学言説を食生活のなかによく浸透させ、統制的なアプローチではなく、自覚的なセルフコントロールによる生活改善を可能にすることこそが食生活指針作成の主眼だった（第十三段落）

以上を**表1**を踏まえてさらに整理すると、次のようになる。

表2
栄養学に基づいて食品を「成分」ごとに分類したものの一例であり、各成分と「主作用」「欠乏症」「存在」との関係が示されている。これが表1のヘルスプロモーション活動の科学的な根拠となっている

「食生活指針」
栄養素に言及せずに、表2のような栄養学の知見を食生活のなかによく浸透させ、自覚的なセルフコントロールによる生活改善を可能にすることをめざしたものであり、表1のようなヘルスプロモーション活動の根幹をなす栄養指導の根拠となっている

以上と合致するのは、⑤。

①は、「『食生活指針』は**表2**のような栄養学のはらむ問題を改善するために策定されたものである」が誤り。栄養学のはらむ問題について問題文では言及されていないし、すでに確認したように、「食生活指針」は**表2**のような栄養学の知見を踏まえたものである。

②は、**表2**を「実際の食生活や健康との関連について、大衆の理解を得るために作られたもの」としている点が誤っている。**表2**はあくまでも栄養学という科学に基づいたものであり、実際の食生活については言及がない。

③は、「『食生活指針』は栄養学や**表1**のような活動を参考にして」が誤り。すでに確認したように、「食生活指針」が**表1**のようなヘルスプロモーション活動の根拠となっているので、「食生活指針」が**表1**を参考にするのでは方向が逆。

④は、「『食生活指針』は栄養学の知見が導入される前の旧来の健康指導の標語である」が誤り。「食生活指針」は**表2**のような栄養学の知見を食生活のなかによく浸透させるためのものであり、「旧来の」標語というわけではない。

問4 **8** ① **《趣旨把握問題》**

「食生活指針」に関する文中の記述を確認しよう。

・食生活指針の特徴は、生活への入り込み方がきわめて巧妙である点にある（第十一段落）
・専門家の考えた科学言説を食生活のなかによく浸透させ、統制的なアプローチではなく、自覚的なセルフコントロールによる生活改善を可能にすること、このことこそが食生活指針作成の主眼だった（第十三段落）
・「食事の楽しみ」さえも食生活指針には盛り込まれている。イデオロギー（＝人間の生活や行動を制約している観念の体系）を実践レベルで浸透させるためには、この楽しみに着目するほかないだろう。あるべき食生活についての説明の様式を、「楽しみ」にまで拡張していくことによって、より実践的なレベルにイデオロギーを落下させていくのだ（第十四段落）
・親しみやすさ、簡単さ、わかりやすさ、楽しさ、そういった現実的な実践可能性も含めた説明の様式をとらなくてはならない。このような要件を兼ね備えているのが、まさに食生活指針なのである（第十四段落）

以上を整理すると、「食生活指針」とは、〈専門家の考えた科学言説を食生活のなかによく浸透させ、自覚的なセルフコントロールによる生活改善を実践可能にするために、食事の楽しみに着目して説明したもの〉だと言える。これに合致するのは①。

②は、「簡単には批判できないという不可侵領域をつくり出している」が誤り。第十四段落によると、不可侵領域をつくるのは高尚な理念であり、この高尚な理念の限界を踏まえたものが「食生活指針」だと言える。

③は、「結果として食生活指針の適切性を裏切ってしまっている」が誤り。第十四段落によると、「食生活指針」についてではなく、「楽しく食事することがいちばん」という開き直りについて、適切性の裏切りを指摘している。

④は、「実践的ではない抽象的な理念になっている」が誤り。「食生活指針」の特徴は、生活改善を実践可能なレベルで説明したことにある。

⑤は、「生活の改善や健康の増進よりも、本来あるべき食事の楽しみ方に重

きを置いて」が誤り。自覚的に生活改善をするために「食生活指針」は策定されている。

問5　**9**　③　**《複数の文章比較問題》**

【資料】は二〇一六年に改正された「食生活指針」であるが、【文章】中の「食生活指針」には見られなかった記述がある。二人の生徒の意見を参考にしつつ、【資料】で新たに加えられた記述を整理しよう。


Ⅰ【文章】では見られなかった、栄養素や食品成分についての記述がある。

Ⅱ食品ロスや無理な減量・低栄養についての記述がある。

Ⅲ食品ロスの問題が取り上げられている。

Ⅳ【文章】では「家庭の味、手づくりのこころを大切に」とあったが、【資料】では「外食や加工食品・調理食品」もあわせて利用することが想定されている。

Ⅴ「『和食』をはじめとした日本の食文化を大切に」「地域の産物や旬の素材を使う」などの記述がある。


以上を踏まえると、〈【文章】の「食生活指針」に比べ、【資料】の「食生活指針」には、栄養学の知見が取り入れられており、社会状況や時代の変化に合うように改正されていることがわかる。また、日本の文化や地域の特性について自覚的になるように促していることもわかる。以上に合致するのは③。

①の「社会の変化に惑わされることなく」は、社会の変化に対応して改正された指針の説明になっていないので、誤り。

②は、「日本人のこれまでの食生活や食習慣を続けるのが健康には最もよい」が誤り。たしかに、日本の食文化を大切にすることの意義が新しい指針では指摘されているが、「食生活指針」は生活の改善をめざしたものであり、食塩の量などについても具体的なアドバイスがなされている。単に従来の食生活や食習慣を続けることの意義を紹介したものではない。

④の「科学的な知識に頼らずに理想を提示する」は、栄養素や食品成分に言及している新たな指針と合わず、不適切。

⑤の「栄養面での言及が簡潔になる」は、かつての指針よりも栄養素や食品成分に関する記述が多くなったことを踏まえていないので、誤りである。

問6　**10**　②　**《図表の表現把握問題》**

①表1の「ヘルスセミナー①」や「高脂血症予防セミナー」の「目的」では参加者に訴えかける表現が用いられている。これは、「人びとが自らの健康をコントロールし、改善することができるようにする」（3・4行目）ことをめざすヘルスプロモーション活動の趣旨に沿ったものであると言える。①は正しい。

②「栄養成分や『500kcal』などの数値を具体的に記すことによって、参加者の生活習慣に対する危機意識をあおり」が誤り。表1の「食物繊維、カルシウムの多い食品の紹介」、「これだけ食べても500kcal」などの記述は、栄養に関する知識を高めたり、実践方法を楽しみながら理解したりするためのものであり、危機意識をあおっているものとは言えない。これが正解。

③【資料】では、「食生活指針」で指針の要点が、「食生活指針の実践」で具体的な実践方法が記されており、これによって、目標と実践方法が読み手にとってわかりやすくなるように整理されている。よって③は正しい。

④【資料】の「食生活指針の実践」では、丁寧語の文末表現が用いられている。抑圧的な姿勢ではなく丁寧に食生活に介入する「食生活指針」の特徴が、【資料】の新しい指針でも受け継がれていることがわかる。よって④は正しい。

⑤【資料】では、食塩摂取量の目標値が「……です」ではなく、「……とされています」と表現されている。【資料】の「食生活指針」に栄養学の知見が取り入れられていることから、この表現は、目標値が栄養学など科学的な立場を踏まえていることを示していると解釈できる。よって⑤は正しい。

第2問

出典　【文章Ⅰ】橋本治《はしもとおさむ》『窯変　源氏物語』（中央公論社　一九九一年）
【文章Ⅱ】田辺聖子《たなべせいこ》『新源氏物語』（新潮社　一九七九年）
【問5 原文】『源氏物語』

　橋本治（一九四八～二〇一九）は、一九七七年に『桃尻娘』で小説家としてデビュー。古典文学の現代語訳や二次創作も手がけ、「春って曙よ！」ではじまる『桃尻語訳　枕草子』の斬新な現代語訳は、当時、大きな話題を呼んだ。

　田辺聖子（一九二八～二〇一九）は、文芸同人を経て一九六四年に『感傷旅行』で芥川賞を受賞し、恋愛小説やエッセイを多く手がけた。古典の翻訳・翻案も多いが、特に、『源氏物語』については多くの著書がある。

【出題のねらい】『源氏物語』原文では、光源氏の心情にはほとんど触れられていないが、橋本氏・田辺氏の文章では現代の文章によって、光源氏の心情が生き生きと描き出される。また、それぞれで描かれる光源氏の人物像はまったく異なっており、新しい文学として別の魅力を放っている。『源氏物語』も含め、同じあらすじの物語について、それぞれの作者がそれぞれの「光源氏」を表現するために、どのような描写をしているかという点に注目してほしい。

【概要】

【文章Ⅰ】『窯変　源氏物語』
《四歳の春のとき》
……帝は「私」を春宮にしたかった↔波風を立てることを避けた
・世間の声「及ばぬということもあるのか」→屈辱
……愛されて輝きを与えられても、それ以上の力は与えられない
・「私」はこの世の枢要からはずされた
《六歳のとき》
・祖母の死
・己れの非力さがもたらす心細さを知った
《七歳のとき》
・読書始めの儀……「末恐ろしい」と言われる
↑
「私」は身よりのない哀れな幼な子でありさえすればよい
　愛らしい幼な子＝美しいということは、この世界で最大の力を持つ
　女なら畏れ、遠ざけた／大人の男なら御簾に入れなかった
　→女でも大人の男でもない子供として愛されるという究極の強さ
《高麗人の占い》
・高麗人の観相士の占い
「帝王の上にもなれる相を持つが、国が乱れる。補佐をする方がよい」
・帝の決断→「源」の姓を授け臣籍に降す

【文章Ⅱ】『新源氏物語』
《若宮が三歳のとき》
・若宮→光り輝くような美しさ／涙にくれる父帝をふしぎそうに見守る
・帝は若宮を第一皇子より愛し、東宮に立てたかった
↔仄めかすと若宮の身に危険が及ぶ
《六歳のとき》
・祖母が亡くなる→若宮は祖母を泣き慕う
・御所に引きとられた若宮は宮中の人気者となる
《高麗人の人相見》
「天子の位に昇るべき相があるが、そうすると、国が乱れ、民が苦しむ。国政を補佐する方がよい」
・帝の決断……不安定な人生より、臣下に降す方が将来の運も開けるだろう
→源氏の姓を賜り、ただびととなる

　同じ出来事が語られているが、前者で描かれた光源氏がどこか人間離れした孤高の存在として描かれているのに対し、後者では帝や祖母、周囲の人と光源氏との心のやりとりがより細やかに描かれていることに注目したい。

問1 **1** ② **2** ⑤ **3** ④ 《漢字問題》

(ア) 「不**穏**」は〈不安定で、おだやかではないこと〉。正解は②「**穏**便」で、〈行い方が穏やかであること〉。①は「温厚」。③は「御礼」。④は「恩師」で〈教えを受け、学恩のある先生〉。⑤は「濁音」。

(イ) 「**会**心」で〈思ったとおりだと満足すること〉。正解は⑤「照**会**」で、〈不明な点を問い合わせること〉。①は「後悔」。②は「巡回」で〈見回って歩くこと〉。③は「改革」。④は「快諾」で〈相手の申し出を快く引き受けること〉。

(ウ) 「枢**要**」で〈最も重要で中心となるところ〉。正解は④「**要**塞」で、〈防衛のための軍事施設〉。①は「凡庸」で〈平凡でありふれていること〉。②は「動揺」で〈気持ちが揺れ動き、平静を失うこと〉。③は「容積」。⑤は「溶解」で〈とけること〉。

問2 **4** ③ 《心情把握問題》

原文や田辺版（**【文章Ⅱ】**）にはない、橋本版（**【文章Ⅰ】**）での「私（光源氏）」の心情表現についての問題である。原文や田辺版は作者や帝の目線を中心に描かれており、光源氏の主観が描かれているのは橋本版のみである。春宮の座を与えられなかった光源氏が感じた「屈辱」がどのようなものであったかを手がかりにして、橋本版の光源氏の人物像をとらえていきたい。

まず、傍線部を含む段落の内容を確認しよう。

> 人はそれを傷いことと言うのかもしれない。しかしそれは、私にとっては生まれ落ちて初めて知った〝屈辱〟というものだった。
> （**【文章Ⅰ】** ℓ13・14）

二つの「それ」に注目すると、光源氏が「屈辱」だと感じたことは、人が「傷い」と考えることだとわかる。さらにさかのぼって、「傷いこと」の内容を確認すると、

> 「あれほどご寵愛遊ばしたものを、及ばぬということもあろうよな」
> （**【文章Ⅰ】** ℓ11）

とある。「ご寵愛」の方向は「帝→光源氏」であり、「及ばぬ」とは〈光源氏が帝の寵愛にもかかわらず、春宮になれなかったこと〉である。

それでは光源氏は、春宮になりたかったのであろうか。これについては、直後に「四歳のこの身になんの野心のあろう筈もない」とあり、光源氏は決して春宮の座に執着したわけではないことがわかる。さらに続く部分を読むと、

> 「及ばぬということもあるのか」――その言葉の中に潜む憐憫、嘲弄。
> （**【文章Ⅰ】** ℓ17）
>
> 父帝という後楯を持ちながら、……決して後楯とはなりえない。
> （**【文章Ⅰ】** ℓ19〜21）

とある。**天上人から誰よりも愛されるという最高の栄誉を得るということが、現実社会では何の力も持たず、むしろ「及ばぬ」と哀れみとあざけりを向けられるというところ**に、光源氏はどうしようもない「屈辱」を覚えたのである。「屈辱」が〈名誉や立場を傷つけられること〉という意で、あくまでも**もともと栄光や栄誉があり、それを傷つけられたときに生じる感情**であるということを押さえたい。

よって正解は③。「愛され、輝きを与えられる」のに、「それ以上の力を……与えられたりはしない」ということを「屈辱」だと感じているのである。

①は、「勿論私のせい」なのは、「私」が優秀すぎて帝から寵愛されていたために、春宮に選ばれるのではないかと周囲の疑惑を呼ぶことになったからである。よって「屈辱」の内容にはあたらない。②は、帝が「私」を春宮にしたいという思いを表に出さなかったのは「私」の立場を思いやったためであり、それを「私」も理解している。これは「屈辱」の内容にはあたらない。また、④の祖母の思いは、「私」の「屈辱」とは無関係である。

問3　**5**　④　**《人物像把握問題》**

『窯変　源氏物語』『新源氏物語』ではいずれも、母が死に、第一皇子が次の春宮に決まったことに続いて、光源氏の祖母の死が描かれているが、両者の描かれ方は、心情の描写などの面で大きく異なっている。二つの文章での描かれ方の違いを、比較しながら読み取っていこう。

【文章Ⅰ】『窯変　源氏物語』

祖母を失って、私は初めて己れの非力さがもたらす心細さというものを知った（**【文章Ⅰ】**ℓ31）

祖母が死んだその悲しさよりも、その瞬間に襲ってきた心細さ（**【文章Ⅰ】**ℓ31・32）

彼女とて、死ぬことが本意ではなかった（**【文章Ⅰ】**ℓ34）

この祖母が生きてさえすれば私も人並の情愛というものによって育まれることがあったのかもしれないという、悔恨のやるせなさ（**【文章Ⅰ】**ℓ36・37）

「私」は自身が非力な子供にすぎないということを痛感し、その心細さに涙を溢れさせている。そして、自身がこれで「人並の情愛」を決定的に手放すことになるのだということも悟っているのである。

しかし一方で、祖母は「私」の全面的な庇護者というわけではない。「私」は祖母を「彼女」と呼び、死に直面した祖母の思いを冷静に分析している。当時の「私」は六歳の幼な子なのだから、その**早熟ぶりの異様さが浮き彫りにされている**といえるだろう。

これに対して、『新源氏物語』で祖母の死がどのように描かれているかを確認していこう。

【文章Ⅱ】『新源氏物語』

このときは物心ついていたので、若宮はおばあちゃまを泣き慕った（**【文章Ⅱ】**ℓ7）

ここでは、祖母の死についての「若宮（光源氏）」の反応は簡単にまとめられている。ここで「このときは物心ついていた」とあるのは、これに先立つ若宮の母、桐壺更衣の死の時と比較しての記述である。幼すぎてその死に何の感慨もなかった母の死と違い、六歳（数え年なので、現代では四、五歳にあたる）の若宮はその死を理解し、会えないことをさとって泣き慕った、というのである。ここで描かれているのは**六歳という年相応の若宮の反応**であり、**幼くして母に続いて祖母まで亡くした若宮の哀れな境遇**が簡潔に描かれている。

こうした両者の違いを指摘した選択肢は④。光源氏の幼さ、悲劇的な境遇に重点を置いて描いた**【文章Ⅱ】**に対し、**【文章Ⅰ】**では祖母の死に際して涙を見せた光源氏の内面を主観的に描くことによって、その人物像の特異さが浮き彫りになっている。**【文章Ⅰ】**と**【文章Ⅱ】**で描かれた光源氏の人物像の大きな違いは、〈年相応にいたいけで純真な光源氏〉と〈年齢を考えれば異様ともいえる洞察力を持つ光源氏〉の差であり、④はこれを端的に指摘している。

①「光源氏の強い思慕」「祖母の死の中にも救いと今後の活路を見出そうとする光源氏のたくましさ」が不適切。**【文章Ⅰ】**では、祖母の死は「心細さ」という感情を光源氏が思い知った契機であることが描かれており、その後の人格形成にも影を落としたと考えられるが、祖母に対する「強い思慕」までは読み取れない。また、**【文章Ⅱ】**で「光源氏のたくましさ」は描かれていない。

②「その状況を受けとめようと葛藤する光源氏の内面がより深く描かれ、読者に感情移入させようとする働きかけ」が不適切。**【文章Ⅱ】**では幼い光源氏が祖母を失い涙する様子が、短い文章ではあるが効果的に描かれているが、「葛藤する光源氏の内面」は描かれていない。

③「美しくみなに愛される光源氏の『光』の部分に焦点が当てられている」が不適切。**【文章Ⅰ】**では「光」の部分しか描かれていないわけではなく、母と祖母を相次いで亡くし、父帝に愛されても決して春宮にはなれない光源氏の不遇もしっかりと描かれている。

⑤「光源氏が春宮になるという夢を失ってから亡くなるまでの二年という年月を強調することによって、その間の二人の情愛の深さを想像させる演出」が不適切。**【文章Ⅰ】**では「二年」という年月が流れたことは描かれているが、

これが「二人の情愛の深さ」に結びつけて描かれているわけではない。

問4 **6** ② 《心情把握問題》

幼くして母を失い、父が後楯にならないことをさとった「私」が、宮中でどのように生きていくかを見出していく場面である。「もしも……なら」という仮定を挙げながら自分の立場を冷静に分析し、身の処し方を選び取っていく「私」の冷徹な判断に注目することで、これに続く部分を丁寧に読み取っていこう。

・もしも私が女なら、女達は私を畏れ、遠ざけた（**【文章Ⅰ】** ℓ58）
→（子どもの男であったために）驚きと賛嘆の声をもらした愛おしみ……得体の知れない危険を見出だす（ℓ63・64）
・もしも私が大人の男であったなら、女達は決して私を御簾の内へは入れない（ℓ65・66）
→男ではなく子供なのだ（**【文章Ⅰ】** ℓ69）

「私」は美貌と気品を持ちながら、女でもなく、大人の男でもないために、**宮中では脅威の対象にも、恋愛の対象にもなり得ない**のである。そのため、「不思議な困惑、押し潰しきれぬ怒りにも似た警戒心」（**【文章Ⅰ】** ℓ72・73）を奥底に感じながらも、**男も女も「私」の美しさに魅せられ、その才能を賛美した**のである。こうして「私」は、「すべての人に愛されるという究極の強さ」（**【文章Ⅰ】** ℓ84）を手に入れたのである。以上をとらえているのは、②。

①「ただの無力な子供としていることによって、ひたすらその存在を愛でられる」が不適切。周囲は「私」を母親を亡くした可哀想な子であるとしているが、一方で「私」は圧倒するような気品や美貌、才能で、周囲を意識的に魅了しているのである。

③「あえて彼女に近づいて神経を逆撫でし、遺恨を晴らす」が不適切。弘徽殿の女御の御簾の内にまで「私」は入っているが、それは帝の意向であり、「私」自身が望んで弘徽殿の女御を挑発しようとしているわけではない。

④「私」は一方的な「愛玩物」になっているのではなく、周囲が自身に向ける愛情をしたたかに利用しているのであるから、「自分を愛玩物へと貶めた彼らにひそやかな復讐を果たす」は不適切。

⑤「自身の美しさと才能を誇示することによって、自身を熱狂的に愛する者たちで周囲を固め」「父の力を借りずに大きな権力を手に入れるための基盤を作り上げる」が不適切。ここで「私」が求めているのは「愛される」という「究極の強さ」であり、政治的・実際的な権力ではない。

問5 **7** ③ **8** ⑥ **9** ⑤ 《表現把握問題》

まず、原文の『源氏物語』の現代語訳を示す。

帝は、畏れ多いお考えで、日本の人相見をお命じになって、お考えになっていた方面であるので、今までこの君を親王にもおさせにならなかったのを、「人相見は本当に優れていた」とお思いになって、「無位の親王で、母方の親戚の頼る縁のないものとしては放っておくことはできまい。私の御代もいつまでもあるというあてもないのだから、臣下として朝廷の御補佐をするのが、行く先も確かなものであろう」と思い定められて、ますますさまざまな学問や芸術を（若宮に）お習わせになる。

際立ってかしこくて、臣下にしてしまうにはたいへんもったいないけれど、親王におなりになったら、世間の疑いの目をお負いにならなければならないことにおなりになるだろうから、占星術のすぐれた専門家に占わせなさっても同じように申すので、源氏の姓を与え、臣下にし申しあげようと決断された。

原文は古文の特徴として、主語は明示されず、また、「かしこき御心」「思しよりにける筋」などの具体的な内容も示されていない。当時の人が読めば主語や帝の意向が明らかであったからだが、現代人が読むためには、よりくわしい説明が必要になる。さらに、**【文章Ⅰ】【文章Ⅱ】**とも、それぞれの作者の意図した人物像や心情をより明らかにするため、補足がなされていることに注目したい。**a**から順に、問題文と比べながらくわしく見ていこう。

aは、原文では

> 今までこの君を親王にもなさせたまはざりける

にあたる部分である。原文と比べて大きな違いとして、『帝の御子』と呼ばれるばかり」「正式の皇族の一員たる」が追加されていることが挙げられる。これには「親王」など、現代のわれわれにはなじみのない言葉を理解しやすくする意図があると考えられるが、これにあたる選択肢はない。

次の違いとして、原文では「親王にもなさせたまはざりける（＝親王にもおさせにならなかった）」と「帝」を主語として描いているのに対し、**【文章Ⅰ】**では「私は……親王宣下の儀をすませてはいなかった」と、「私（光源氏）」を主体として描いていることが挙げられる。「親王にもなれなかった」ことを受身でとらえるのではなく、「（自身が）親王宣下の儀をすませていなかった」とあくまでも自身の身の上を主体的にとらえることで、**光源氏の強い自意識と、自身の度量に見合わない不遇への不満**が、より明確に描かれていて、〈自身の能力に絶対的な自負をもったうえで、その能力の高さゆえに逆に宙ぶらりんな立場に置かれているということを冷静に理解し、諦念と屈辱感をないまぜにしている〉という人間離れした光源氏像が、より明確になっている。これに合う選択肢は③。

bでは、傍線部の直前で「帝は」という主語が明示されている。一方、原文では、

> 際ことに賢くて、ただ人にはいとあたらしけれど

とある。「賢く」「あたらし」の主語は明示されていないが、文脈から「光源氏」であることは明らか。一方で、「あたらし（＝もったいない・惜しい）」と考えているのが誰なのかは明示されておらず、帝とも、作者である紫式部の視点であるともとらえることができる。

しかし、**【文章Ⅰ】**においては、「帝が」、光源氏が臣籍に降るということを「惜しまれはした」のだということがはっきり示されている。**自分の寵愛する若宮が才能に恵まれているのに臣籍に降さなければならないという帝自身の葛藤が、より強く描かれている**のである。これに合う選択肢は⑥。

cは**【文章Ⅱ】**からの抜粋である。ここまでの読み取りでも見てきたように、**【文章Ⅱ】**では**【文章Ⅰ】**に比べ、光源氏のいたいけさや父の息子に対する情愛に主眼がある。この部分においてはどうだろうか。

これは、原文では

> 「……行く先も頼もしげなめること」と思し定めて

の部分である。「頼もしげなる」は〈心強い・しっかりしている感じだ〉という意味の古語だが、「今後も心配はない」ということが漠然と説明されているだけで、何が心強いのか、というくわしい内容は書かれていない。

これに対して、**【文章Ⅱ】**では「頼もしげなる」の内容が「将来の運も開け」「才能も発揮できる」と具体的に説明されている。**帝が光源氏の行く末を真摯に考え、最良と思われる道をようやく決断した**のだ、ということがより明確に示されているといえる。これに合う選択肢は⑤。

第3問

出典 『雫ににごる』の一節。

『雫ににごる』は、鎌倉時代に成立したと考えられる擬古物語であり、作者や詳しい成立年などは不明。『源氏物語』などの先行する物語からの影響が見られる作品である。

【出題のねらい】 今回は、これまでのセンター試験でよく出題された中世の物語文を出典として、「語句の解釈問題」「文法問題」「心情把握問題」「全文の内容合致問題」などを出題した。また、和歌の解釈や修辞技法が今後出題されることに備えて、**問5**で和歌に関する問題を出題した。これによって、共通テストの古文対策をして、自分の弱点の把握に努めてほしい。

【概要】

1 内侍督の臨終を見守った中納言は深い悲しみに暮れる。中納言は、内侍督が死の間際に、中納言からの愛情を理解していると伝えようとしてくれたことに感動しつつ、最期の時までも内侍督の心を煩わせてしまったと心苦しく思う。

2 宮中にいた宰相の中将は、内侍督の死の知らせを受け、何も考えられない気持ちになり、急いで帰宅するものの、そこで亡くなった内侍督を見て、茫然自失となる。帝も、二度と彼女に会えなくなったことをひどく嘆く。

3 火葬に付そうとしても内侍督の遺体はなかなか燃え上がらず、人々は、若宮のことが気がかりで、この世への未練を断ち切れないためだろうと思う。事情を知った帝は、彼女が生前に帝に送った手紙への返事として、和歌を書き記した手紙を送る。

4 帝は内侍督を後に格上げする宣旨をくだし、中納言と宰相の中将はそれを聞いて、より悲しみを募らせる。宰相の中将が帝からの手紙を火葬の炎にくべると、手紙とともに内侍督の魂は天に昇っていった。

問1 1 ① 2 ② 3 ③ 《語句の解釈問題》

まず傍線部中に、覚えておくべき重要語や大切な文法事項が含まれていないかどうかをチェックし、次に、傍線部の前後の文脈と合わせて検討する、という手順で問題を解いていこう。

(ア) 「そこら」は副詞で、〈たくさん〉〈非常に〉という意味をもつ。現代語の〈その辺〉という意味ではないので注意しよう。同じく〈たくさん〉の意となる副詞には「ここら」などがある。「月ごろ」は〈数カ月来〉の意。なお、似た表現に「年ごろ〈＝数年来・長年〉」、「日ごろ〈＝数日来・いつも〉」がある。また、「添ふ」には〈寄り添う・付き従う〉という意味がある。「そこら」を「多く」、「月ごろ」を「月々にわたり」と正しく解釈し、「添ふ」の意味も踏まえている①が正解である。

②と③は、「月ごろ」を、「月が変わるたびに」「月ごとに」とそれぞれ解釈している点が誤り。

④と⑤は、主語を「お仕えする者たち」と解釈しているので誤り。傍線部以下は「声をだに聞かせ給はざりつるに〈＝（内侍督は中納言に対して）声さえもお聞かせにならなかったのに〉」と続くが、これはリード文の、「長い間、内侍督の実家に通うものの対面が許されなかった」と一致する内容である。よって、文脈から、ここでの主語は中納言だと判断できるだろう。

なお、③と④は〈手紙を送る〉という解釈をしているが、「添ふ」にはそのような意味はない。

(イ) 「今は」は、名詞で〈臨終・最期〉という意味をもつ。また、〈今はもうこれまで〉といった〈断念・別れ〉を表す場合にも用いられ、第3段落2行目にある「今は」のように、主に会話文で用いられる。「ありさま」は、〈様子・姿〉〈境遇〉という意味。よって「今はの御ありさま」は、〈（内侍督の）亡くなられたご様子〉という解釈ができるので、②が正解である。なお、傍線部直後の「しるき」は形容詞「しるし（著し）」の連体形で〈はっきりしている〉という意。ここは〈内侍督が亡くなられたご様子が明らかである〉という解釈になる。

①は、「御ありさま」を内侍督の状態ではなく、「お別れをする」という行動として解釈しているので誤り。

③は、「今は」を正確に解釈できておらず、また、①と同様に、内侍督の状態を説明したものではないので誤り。

④は、「今は」を「このままの状態を保」つ、と解釈しているので誤り。

⑤は、「今は」を「今にも生き返りそうな」と解釈しているので誤り。

(ウ)「いたづらに」は、〈暇だ〉〈無駄だ〉という意味の形容動詞「いたづらなり」の連用形だが、慣用句の「いたづらになる」には〈死ぬ〉という意味がある。ただし、ここでは「いたづらになし」とあり、「なし」が「なす（サ行四段活用動詞）」の連用形で〈～の状態にする〉という意味であることを踏まえれば、「いたづらになす」は〈死なせる〉となる。また、そのあとに続く「奉りぬ」だが、「奉り」は謙譲の補助動詞「奉る」の連用形、「ぬ」が完了の助動詞「ぬ」の終止形で、〈～し申し上げてしまった〉という意味。傍線部の直前で「ただ、我ゆゑぞかし〈＝ただただ、自分のせいであるよ〉」という中納言の心の内が述べられているので、文脈より、傍線部直前の「人」は内侍督を指すと判断できるだろう。よって、〈（中納言の強引な恋慕によって苦しめたために内侍督を）死なせ申し上げてしまった〉となり、③が正解。

①は「無用な苦悩」、②は「死への決意」、④は「不義理」が、それぞれ「いたづらになし」を正しく解釈できていないので誤り。

⑤は、「いたづらになし」を「無駄な后の座に就け」るとしているので誤り。内侍督が后に格上げされたことを中納言が非難している様子は、本文にない。

問2 4 ① **《文法問題》**

各選択肢を順に確認していこう。

①「しも」は強意を表す副助詞の「しも」。副助詞「しも」は、取り去っても文意が変わらないことが特徴。ここでは、「しも」を取って「今はの折、いかばかり苦しかりつらむに」としても文が不自然にならないので、「しも」は副助詞だとわかる。①が正解。なお、「しも」は、強意を表す副助詞「し」が係助詞「も」を伴って一語化したものである。

②「苦しかりつ」を品詞分解すると、「苦しかり（形容詞「苦し」の連用形）」＋「つ（完了の助動詞「つ」の終止形）」なので、その後の「らむ」は、終止形接続をする現在推量の助動詞「らむ」。「ら」が、選択肢のように完了の助動詞だとすると、サ行変格活用動詞の未然形か四段活用動詞の命令形（已然形）に接続することになるので、合致しない。

③「たり」が接続している「思し知り」は、四段活用動詞「思し知る」の連用形なので、「たり」は、連用形接続をする完了の助動詞「たり」である。断定の助動詞「たり」ならば、体言に接続するはずである。なお、その下の「ける」は、連用形接続をする過去の助動詞「けり」の連体形。

④と⑤について。波線部の言葉は、中納言が内侍督に向けた心情であり、逐語訳すると〈（内侍督は）臨終の折には、どれほど苦しかったであろうに、（私の）愛情の程度（＝深さ）をご理解なさっていたことを言おうとお思いになったお心の程度（＝寛容さ）〉となる。よって、「苦しかり」「思し寄りける」の主語は内侍督なので、④は不適切。また、「こころざし」は中納言の心情ではあるが、「御心」は内侍督の心情を指すので、⑤も不適切。

問3 5 ⑤ **《内容把握問題》**

傍線部Xには、内侍督の死を深く嘆いている中納言の姿を見た、周囲の人々の思いが書かれている。ここではまず、傍線部の「おはせましかば……ざらまし」で用いられている助動詞「まし」に注目しよう。「まし」には主に、

- **反実仮想**＝〈もし～ならば、―であろうに〉
- **意志**（ためらいの気持ちを含みもつ）＝〈～しようかしら〉
- **推量**（中世以降に用いられる用法）＝〈～だろう〉

という三つの用法がある。「まし」が反実仮想になる場合、多く次の形をとる。

- ～ましかば―まし
- ～ませば―まし
- ～せば―まし

・未然形＋ば―まし
※「せば」の場合、「せ」は過去の助動詞「き」の未然形

傍線部は「〜ましかば―まし」という形なので、この「まし」は反実仮想の用法で用いられていると判断できる。反実仮想とは、〈事実と反することを仮定する〉という意味。ここでの事実とは〈「同じ心に」「あはれを交は」すことがなく、「まことの契り」ではいらっしゃらなかったので、「この世」に「とどまり」なさっていらっしゃる〉ということである。

「人々」が問題としているのは、内侍督と中納言の二人についてなので、「あはれを交は」すの「あはれ」は〈愛情〉の意味であり、「契り」は〈二人が恋仲になるという宿縁〉の意味になる。また、内侍督が亡くなり中納言が生き残っているので、「この世」に「とどま」っている人物は中納言ということがわかる。さらに、リード文の「中納言からの一方的な恋慕」「内侍督の実家に通うものの対面が許されなかった」という説明や、本文に内侍督が中納言の恋情に積極的に応《こた》えようとする場面がないことから、二人が同程度に愛し合っていたとはいえない。

以上を踏まえると、傍線部は〈二人が同程度に愛し合っていたならばともにあの世に旅立てるが、そうではなかったので、中納言はどんなに嘆いても内侍督と一緒に死ぬことができないのだろう〉という解釈ができる。したがって、⑤が正解。

①は、「来世では……成就する」が傍線部の解釈からはずれている。

②は、前半部の主語を、帝と内侍督にしている点が誤り。また、後半も、「内侍督」が「この世にとどまること」を許されなかったのではなく、「中納言」が〈あの世に旅立つこと〉を許されなかったというのが正しい。

③は、前半部と後半部の主語を、帝と内侍督にしている点が誤りである。

④は、「内侍督は死ぬことがなかった」ではなく、〈中納言が死に後れることはなかった〉が正しい。

問4 6 ② **《心情把握問題》**

傍線部YからZに至るまでの、宰相の中将の心情の変化に関して、ポイントとなる箇所を1〜3として次に示す。

1「宰相の中将は……ものおぼえ給はんやは」

「ものおぼえ給はんやは」の係助詞「やは」は、反語を表す場合が多く（「かは」も同様）、ここでは、〈何かお考えになろうか、いや、何もお考えになれない〉という意味である。この直前に「かくと聞き給ふに〈＝このようにお聞きなさると〉」とあり、「かく」が、〈内侍督が亡くなってしまったこと〉を指していると気づけば、**宰相の中将は内侍督の死の知らせを聞いて呆然とした状態になった**とわかるだろう。

2「宰相の中将、急ぎおはして……添ひ臥し給へり」

内侍督死去の知らせを受けて急ぎ帰宅した宰相の中将が、亡くなった内侍督の傍らに添うようにして横たわっている中納言を見つける場面である。この箇所では、彼女の側に横たわる中納言に対して、**宰相の中将が嫌悪やとまどいを感じているような記述はない**ことに注意しよう。

3「亡き人の、寝入りたるやうにて……ものもおぼえ給はず」

「亡き人（＝内侍督）」の姿を見た宰相の中将の感慨は、「なべてのはらからにてだに……」以降の部分に示されている。ここでは、程度の軽いものを挙げて程度の重いものを類推させる副助詞「だに〈＝さえ〉」が用いられていることに着目しよう。

「なべて」は〈普通に・並一通りに〉という意味なので、「なべてのはらから」は〈普通の（間柄の）きょうだい同士〉と解釈できる。そのようなきょうだいでさえも他のきょうだいと死に別れる時は「おろかなるまじき〈＝並一通りであるはずがない〉」ほど悲しいが、まして宰相の中将と内侍督は「かたみに、またなき御思ひども〈＝互いに、比べようもない思い（合う間柄）〉」なので、内侍督のなきがらを見た宰相の中将は、「ものもお

ぼえ給はず〈＝何もお考えになれない〉」状態になっているのである。

したがって、「だに」が示している程度が軽いものは〈普通の間柄のきょうだい〉、程度の重いものは〈宰相の中将と内侍督との間柄〉だとわかる。ここでは、**妹と死別した宰相の中将の悲しみの深さ**を強調するため、世間一般のきょうだいにおける死別の悲しみが引き合いに出されているのだ。

なお、「おろかなるまじき」は、形容動詞「おろかなり〈＝並一通りだ・いい加減だ〉」の連体形に打消当然の助動詞「まじ」の連体形がついたもので、〈並一通りであるはずがない〉という意味になる。

以上の、**1**〜**3**のポイントを正確に押さえている②が正解。なお、選択肢の「退出の許しを願い出て」という箇所は、本文の「内裏に『かうかう』と奏して、宰相の中将のまかで給ふ〈＝帝に『内侍督が亡くなった』と申し上げて、宰相の中将が退出なさる〉」に基づいている。

①は、後半の「中納言がいることを……動揺してしまった」が誤り。中納言の姿を見て宰相の中将が動揺したという記述は、本文にない（**2**参照）。

③は、後半の「中納言とともに茫然自失の状態」が誤り。「かたみに〈＝互いに〉」は、宰相の中将と中納言ではなく、宰相の中将と内侍督との関係を指している（**3**参照）。

④は、まず「その死をなかば予想していた」が誤り。宰相の中将が内侍督の死を予想していたとわかる記述が本文にはない。また、「自分の判断力の甘さをひどく嘆いた」も誤り。「おろかなる」は、正確な判断ができなかったという〈愚かさ〉を表すものではない（**3**末尾参照）。

⑤は、「内侍督が死ななければならなかった理不尽さにやり場のないほどの怒りを感じてしまい」が誤り。本文には、怒りではなく呆然とした様子や深い嘆きが書かれている（**1**・**3**参照）。

問5 7 ③ 《和歌の解釈・修辞技法を把握する問題》

各選択肢を順に検討し、A〜Dの和歌の解釈と修辞技法を確認する。

① Aの歌についてであるが、煙となって天に昇るのは内侍督であるから、「煙」は内侍督のたとえだと考えられる。また、「後る」には、〈遅れる〉〈生き残る・先に死なれる〉〈劣る〉などの意味がある。ここでの「立ち後る」は、〈内侍督に先に死なれてこの世に生き残る〉という意味で、主語は帝である。

「縁語」は、意味の上で関連深い語を二つ以上潜ませるようにして用いることで、情緒やおもしろみを加えるという技法である（例〈**衣**―着る―裁つ〉〈**波**―立つ―寄す〉）。なお、縁語関係になっている語は、和歌の主旨に直接関係しないので、必ずしも訳す必要はないという点に注意しよう。

Aの歌では、「煙」に関連深い「燃え」「立ち」「ひ（火）」が用いられ、それぞれ「煙」の縁語となっている。「立ち」は「発《た》つ〈＝出発する〉」の掛詞になっていて、歌の解釈上は「煙が立つ」ことではなく、〈この世から（あの世に）旅立つ〉ということである。「思ひ」の「ひ（火）」も、歌の主旨に直接関係しない。①は、Aの歌の内容・修辞技法の説明として正しい。

② Bの歌についてであるが、「逢ふ瀬」は、直前に「三瀬川〈＝三途の川〉」とあるので、〈あの世で二人が会うこと〉を意味する。その二人とは、末尾に「我も後れじ〈＝私も（あの世に行くのを）遅れないようにしよう〉」とあることから、帝と内侍督だと判断できる。また、「急ぎつる」の主語は、完了の助動詞「つ」が用いられていることから、〈先を急いで亡くなってしまった人〉、すなわち内侍督と判断できよう。この歌は、自分をこの世に残して急ぎあの世に旅立ってしまった内侍督に対して、帝が〈自分もまもなくあの世に行くので、そこで再び逢って夫婦となろう〉と呼びかけたものである。よって、②は、Bの歌の内容説明として正しい。

③ Cの歌についてであるが、まず、「蓮」は、仏教において極楽の池に生えているものとされる植物であり、極楽往生した人には、その人が座ることができる蓮が用意されていると信じられていた。その「蓮」の葉の上に溜《た》まる水滴である「露」は、〈はかなく消えてしまうもの〉の比喩《ひゆ》としてしばしば用いられ、ここでは、死んでしまった内侍督をたとえたものである。また、「隔てざらなむ」の「なむ」は、打消の助動詞「ず」の未然形「ざら」についているので、他者への願望を表す終助詞「なむ〈＝〜てほしい〉」だとわかる。これは帝の詠んだ歌であるから、「隔てざらなむ」の「隔て」の主体は帝ではなく内

侍督で、〈(あの世では)あなた(＝内侍督)は私(＝帝)に対して、(心を)隔てないでほしい〉という解釈になる。③は、「露」が「内侍督を象徴したもの」であるというのは正しいものの、「隔てざらなむ」の「隔て」の主体を「帝」としている点が誤り。よって、③が正解である。なお、第1段落5行目に「結ばばや」と自己の願望を表す終助詞「ばや」が使われている。「なむ」と「ばや」の区別はとても重要なので、次に示しておく。

〈未然形＋なむ〉＝他者への希望〈～てほしい〉
〈未然形＋ばや〉＝自己の願望〈～たい・～たいものだ〉

④**D**の歌についてであるが、「契り置きし」の「し」は、「置く(カ行四段活用動詞)」の連用形に接続しているので、過去の助動詞「き」の連体形だとわかる。歌の中には、連体形と結ぶ係助詞である「ぞ・なむ・や・か」がないので、この「し」は直後の体言「心」を修飾していると判断できる。また、「紫の雲」は、(注7)にあるように、〈阿弥陀如来が、亡くなった人を極楽に導くために乗ってくる雲のこと〉なので、この歌は、〈内侍督が極楽往生できるように、阿弥陀如来よ、極楽まで導き送ってくれ〉と願ったものだとわかる。したがって、④は**D**の歌の内容説明として正しい。

⑤は句切れと係り結びについて説明している。句切れとは和歌における意味や調子の切れ目のことで、文の末尾に相当する箇所(＝句点(。)が打てる箇所)が句切れとなりやすい。具体的には、

・活用語の終止形や命令形の箇所
(ただし直後に「べし」などの終止形接続の助動詞がない場合)
・終助詞の箇所
・係り結びの〈結び〉の箇所
・倒置している箇所
・文脈上、意味が終結している体言の箇所

などが挙げられる。**C**の歌では、「この世こそ思はずならね」の「ね」が、「なる(ラ行四段活用動詞)」の未然形に接続しており、打消の助動詞「ず」の已然形だとわかる。また、下の句は「蓮葉の上置く露は隔てざらなむ」と続き、全体で〈この世では(あなたは私の)思い通りにならなかったが、あの世では心を隔てないでほしい〉という意味となるため、ここでは「こそ……已然形」の形で、上の句と下の句が逆接の関係で続いている。**D**の歌も、「送りこそやれ」の「やれ」は、「遣《や》る(ラ行四段活用動詞)」の已然形で係助詞「こそ」の結びとなっている。さらに続く箇所を見ると、「紫の雲」と新たな体言が続いているため、「やれ」の箇所で切れる四句切れの歌だとわかる。よって⑤は、**C**・**D**の歌における係り結びと句切れの説明として正しい。

問6 **8** ② 《全体の内容合致問題》

①は、本文で中納言が「神仏のしわざなめり〈＝(自分のしたことへの)神仏の行為であるようだ〉」と思っていることから、中納言が、内侍督と結ばれなかったことを「神仏の意思が働いたから」と考えている様子はうかがえる。しかし、「内侍督と中納言の、互いにこの世で結ばれたいという思い」は明らかな誤り。中納言から内侍督への一方的な恋慕なので、「互いに」結ばれたいと思っていたわけではない。

②は、中納言の心中を述べている部分の、「今はの折しも……なりにける人かな」をきちんと解釈できているかが鍵《かぎ》となる。長く恋慕しても少しも応えようとしなかった内侍督が、苦しい死の間際に、「こころざし〈＝中納言の愛情〉」を「思し知りたりけるを言はん〈＝理解なさっていることを言おう〉」としたのである。これは、〈中納言がどれだけ自分を愛しているかが、内侍督はわかっている〉ということであって、〈内侍督が中納言を愛そうとした〉ということではない。また、「言はんと思し寄りける御心のほど〈＝(中納言の愛情を理解していることを)言おうとお思いになったお心の寛容さ〉」とあり、中納言は、内侍督が臨終の折にそれだけでも示してくれたことに感動している。さらに、「人の御心を尽くさせんとなりにける人かな〈＝内侍督のお心を消耗させるようになってしまった者(である私)だなあ〉」と続き、感動しながら

も、最期の時まで内侍督の心を煩わせたことを、中納言は心苦しく思っているのである。したがって、②は本文の内容に一致している。②が正解。

③は、「内侍督を薄情な人だと恨めしく思った」が誤り。帝は、内侍督の死に衝撃を受けて大変悲しみ、二度とこの世では会えないことを嘆いている。また、帝が内侍督に送った和歌からは、あの世でも夫婦となって親密な関係でありたいと望んでいる様子がうかがえる。よって帝が内侍督を恨んでいるとは本文から判断できない。

④は、「内侍督が生きている間に返事をしていたらどれほどよかっただろうかと深く後悔した」が誤り。〈生きている間に返事をすべきだったと帝が後悔している〉ということは本文には書かれていない。内侍督からの手紙に返事を出さなかったことについては、帝は「この世にて、ありし文をたぶに言はずなりにしに、うれしきついでに言ふべきにこそ」と述べている。「ありし」は、「あり（ラ行変格活用動詞の連用形）」＋「し（過去の助動詞「き」の連体形）」で、〈以前の〉〈生前の〉などの意味をもつ。「たぶ（賜ぶ・給ぶ）」は、「与ふ」の尊敬語で〈お与えになる〉という意味。「うれしき」は〈うれしい〉というよりも、ここでは〈絶好の・ちょうどよい〉というような意味で使われている。「ついで」は〈機会〉という意味。なお、文末の「こそ」は、係り結びで已然形と呼応関係をもつが、ここでは結びの語句（言はめ）が省略されている。以上の意味を踏まえると、〈この世で、（内侍督が）生きている時に手紙をくださったが返事を出さなかったので、ちょうどよい機会だから返事をしよう〉という解釈になる。

⑤は、「中納言が内侍督に送った手紙」が誤り。宰相の中将が火葬の火にくべた手紙は帝から送られた手紙である。したがって、「宰相の中将が、内侍督への中納言の愛情を許容することを示す」も誤りである。

全訳

中納言は、「今は、そうであっても（＝私のことを愛してくれなくても）（生きていてくれさえすればよい）」と、思い残すことなく思われていたのに、（内侍督が）亡くなるのを見届け申し上げる気持ちは、「（内侍督が亡くなったのは、帝の愛する人を愛するなど）あってはならないことをして、（自分のしたことへの）神仏の行為（＝罰）であるようだ」と、亡くなった人（＝内侍督）に添い臥して、泣き焦がれなさる様子は、気の毒である。「多くの月々にわたって（内侍督の）近くにいたけれど、（私に対して）声さえもお聞かせにならなかったのに、臨終の折には、どれほど苦しかったであろうに、（私の）愛情の程度（＝深さ）をご理解なさっていたことを言おうとお思いになったお心の程度（＝寛容さ）。何につけても、人（＝内侍督）のお心を消耗させるようになってしまった者（である私）だなあ」と思うにつけても、「この世では結ばれる宿縁とも思わなかったが、せめてあの世では、同じ蓮の（上に置く）露として（内侍督と）結ばれたい（＝極楽では夫婦になりたい）」と思い乱れなさる様子（を見ると）、「いっそう、（中納言と内侍督とが）同じ思いで、互いに愛情を交わしていて、（この世で夫婦になれる）本当の宿縁でいらっしゃったならば、（中納言は）この世にもとどまりなさらないだろうに」と、見申し上げる人々も、気の毒な思いが、引き起こされる心持ちがした。

宰相の中将は、「（宮中にいる）若宮の五夜の祝い・七夜の祝いの間は（宮中に）お控えなされ」と帝がおっしゃられ、（宰相の中将）自身でも、そのように（宮中に控えていようと）お考えになったが、このように（内侍督が亡くなったと）お聞きなさると、何かお考えになれるだろうか、いや、何もお考えになれない。心があわただしく、帝に「こうこう（＝内侍督が亡くなった）」と申し上げて、宰相の中将が退出なさるのを（帝が）お聞きになるお心は、「今となっては、それでは、離れてさえも（内侍督の声を）聞くことはできないのだ」と、三途の川の渡し場に、自分も急いで行きたく（＝早く内侍督のあとを追って自分も死んでしまいたく思うほどに）、（帝は内侍督のことを）浅くなく（＝深く）愛されていらっしゃるので、御衣を引きかぶって、お休みになってしまった。宰相の中将には、「それにしても、どうして、そのような（＝内侍督が亡くなる）ことがあろうか。確かなことを知らせよ」と、実直に帝がことさらにおっしゃられるけれども、一の宮（＝若宮）のことや、先日の（内侍督から送られた）お手紙など（に示された帝へ）の愛情に、離れているとはいっても、少しも、（内侍督を）いい加減にお思いになろうなどとはお思いにならない。

宰相の中将は、急いで（自邸に）いらっしゃって、（内侍督を）見申し上げなさると、中納言が、（内侍督と）同じように添って横たわっていらっしゃった。亡くなった人（＝内侍督）が、寝入っているようで、白くかわいらしい様子であるのを見申し上げなさる気持ちは、一般の（間柄の）きょうだいでさえも、このような（きょうだいの）最期のご様子（を見て）、「もうお別れなのだ」と思う悲しさは並一通りであるはずはないが、（宰相の中将と内侍督とは）互いに、比べようもない思い（合う間柄）であるので、（宰相の中将は）何もお考えになれない（ほどの深い悲しみであった）。

「ひょっとして（生き返りはしないか）」と、人々は見つめなさるけれど、お亡くなりになったご様子は明白なことであるから、悲しいとはいっても、そのままにしていてはならないので、音羽山の麓で、火葬にし申し上げなさるが、まったく十分に燃えなさらないのを、人々は、「（この世に）未練を感じることがおありなのだ（ろう）」と申し上げる。「きっと、一の御子（＝若宮）のことであろう」とお思いになるので、ひそかに、ご事情を知る人が、このことを（帝に）申し上げなさると、（帝は）生きているか死んでいるかわからない様子でお休みになっていたが、（その人が）参上して、このことを申し上げると、泣きながら、「いったいどうしたらよいことか」と帝がおっしゃられるので、「お手紙などがございますのがよい（でしょう）（＝お手紙を書いて送るのがよいでしょう）」と、（その）人が申し上げると、「この世で、生きている時に手紙を（内侍督が私に）くださったが（返事を）言わないでいたので、ちょうどよい機会だから言うのがよい（だろう）」と、しみじみと悲しくて、泣きながらお書きになる。

燃えやらず…あなたは十分に燃えることなく、この世への未練を残していると聞くが、私もまたこのままこの世に生き残ろうという思いではない。

三瀬川…三途の川で逢うことがありはしないかと、急いであの世に旅立ったあなたの旅路に私も後れまいとしている。

この世こそ…この世ではあなたは私の思い通りにならなかったが、あの世の蓮の葉の上では、露のようにこの世ではかなく消えてしまったあなたは、私に心を隔てないでほしい。

しみじみと情愛のこもったことを、さまざまにお書きになり、封をなさって、その上に（さらに次の歌を）お書きになる。

契り置きし…固く約束を交わしたということもあるので、亡くなった内侍督を極楽まで導き送っておくれ。紫の雲に乗る阿弥陀如来よ。

（帝は、内侍督を一階級上げて）后の宮とするご命令をお授けになる。一の宮（＝若宮）のことをお考えになるにつけても、やはり（母が内侍督という役職のままでは）不十分に思われなさるので、さらに一階級つけ加えるのだろう。「一の宮（＝若宮）のお母上であることにより、贈皇后宮を贈り申し上げなさる」と、（勅使がやって来て）帝のご命令を読み上げているのをお聞きになる宰相の中将・中納言などは、さらにいっそうの悲しさが加わって、思いがけなく寒気がするほどにお思いになったが、（内侍督の生涯が不十分な状態で）残念なことに（中途半端に）終わりなさったので、中納言は、「ただただ、私のせいであるよ。人（＝内侍督）を、死なせ申し上げてしまった」と、恐ろしく、何につけても、女（＝内侍督）のためには、畏《おそ》れ多いご宿縁である。たいそう思案にくれ、（中納言と内侍督とは）とくに何もないご縁であるけれど、中納言も（葬礼で内侍督を）お見送りなさるので、宰相の中将は、（中納言に対して）お気の毒にとご覧になりつつ、帝のお手紙を、（火葬の）煙の中に入れるとあとは、（内侍督の魂は）雲となって、（地上から）離れて天に昇りなさった。

第4問

出典 馮夢龍《ふうむりゅう》『智嚢《ちのう》』

『智嚢』とは「智恵のふくろ」のこと。「人間に智があるのは地に水があるようなものだ。地に水がなければ焦土となり、人に智がなければ生ける屍である。人が智を使うのは地に水が流れるようなもので、地勢が凹んでいると水がたまるし、人もまずいことにぶつかれば智が働くことになる。古今の成敗得失のあともすべて、これをもとに考えれば筋が立つ。」と筆者が自叙で言っているように、古来の賢人名士が働かせた知術計謀に関する話を網羅したもので、二千余話を収めている。

【出題のねらい】 文脈を確実に押さえていかないと作者の主張が理解できず、正解の選択肢が選べない、という出題となっている。書き下し問題も重要句形の確認のみならず、接続を意識しながら語順をしっかりと読み取る力が共通テストでは問われるだろう。一つ一つの問題を丁寧に検討しよう。

【概要】

1 孔子一行と農夫のエピソード（第1段落）
・旅の途中で、孔子一行の馬が逃げ出して畑の作物を食い荒らした
・農夫は怒り、馬をつかまえた
・子貢が丁寧な言葉で、馬を返すように農夫を説得→失敗
・孔子は、「人が聞き分けられそうもない（高尚な）言葉で説得するのは、贅沢な供えものや宮廷の雅楽で獣をもてなすようなものだ（効果がない）」と言って、馬飼いを説得に行かせる
・馬飼いが冗談を用いながら農夫を説得→成功

2 孔子の行動についての筆者の批評（第2段落）
・人は同種類・同程度のものであれば通じ合うものである
もしも…
・馬飼いと同じ言葉で子貢が農夫を説得したとしたら
→口から出る言葉と気持ちが異なっているため、説得は失敗しただろう
・孔子が子貢よりも先に馬飼いを説得に行かせていたら
→子貢の気がすまなかっただろうし、子貢が失敗したからこそ馬飼いの言葉が農夫に届いたのだ
↓
・（孔子のような）聖人や達人の考えで、人の能力は十分発揮することができる
・法律や規則、資格や地位で人を拘束、評価していると、天下のことは何も成し遂げることができない

問1 1 ③ 2 ① **《漢字の意味問題》**

問1では、漢字の〔読み〕〔意味〕〔同じ意味を含む熟語〕のいずれかが問われると予想される。どれが問われても対応できるように、日頃から重要漢字については、読みや意味を正確に押さえておこう。

(1)の「卑」は、元来の意味は〈さげすむ〉だが、ここでは〈低くする〉の意味。相手ではなく自分自身を〈低める〉の意味。農夫に対して、子貢が言葉を低めて馬を返してくれるようにお願いした、ということ。その意味を踏まえているのは③の「へりくだった」。

(2)の「固」は「もとより」と読む基本的な副詞。意味は〈いうまでもなく〉。④の〈以前から〉という意味も「もとより」の意味としては正しいが、その場合「素《もと》より」と表記する。同じ読みでも漢字の表記によって意味が異なる場合があるので注意が必要だ。今回の場合、文脈を踏まえても〈いうまでもなく〉が最適。試験では知識だけでは解答が選べない場合があるので、常に文意に矛盾がないことを確認しながら解答しよう。

問2 3 ② **《内容把握問題》**

まず、傍線部を書き下した上で口語訳してみよう。

太牢を以て野獣に享し、九韶を以て飛鳥を楽しましむるに譬ふるなり
→牛、豚などを用いた祭礼用の供えもので野獣をもてなし、九韶の雅楽で飛ぶ鳥を楽しませようとすることにたとえられるのである

ポイントは「譬《たと》ふ」。設問では、傍線部から読み取れる孔子の考えを説明したものを選ぶよう求められているので、傍線部を単に口語訳すればいいのではなく、そこからさらに導き出される事柄を考えなければならない。祭礼用の供えものや宮廷の雅楽というのは、人間にとっては十分贅沢といえるが、ふるまう相手が野生の動物であれば、ありがたみはまず伝わらないだろう。つまり、傍線部は〝**無駄なこと**〟の例えであり、傍線部の直前にある「人の聴く能はざる所を以て人に説く（＝人が聞き入れることのできないものでその人を説得する）」ことのたとえとなっている。よって、「孔子の考え」の解答としては傍線部の直前部分に言及しなければならない。

①は比喩の説明に留まっているので不適切。

③⑤も同様で、かつ③は比喩同士を比較している点が、⑤は贅沢な供えものと雅楽を比較している点が比喩の説明としても誤り。

④は前半は良いが「獣のように怒り出す」とまでは比喩から読み取れない。

よって正解は②。「相手が受け入れることができないもの」が野獣にとっての「太牢」や野生の鳥にとっての「九韶」の言い換えとなっている。

問3 4 ⑤ 《内容把握問題》

「安」は多様な意味を持つが、今回は文頭にあるので〈疑問 (1)どうして (2)どこに〉、あるいは〈反語 (1)どうして〜か、いや〜ない (2)どこに〜か、いやどこにもない〉の副詞と判断できる。「安」に限らず、疑問か反語かを見分ける設問は多く出題されるので、ポイントを以下で確認しておこう。

【疑問】

疑問詞〜活用語（体）二……一（乎《か》）

※相手や読み手に疑問を投げかける場合に使用されることが多い

訳：……だろうか

例 安くんぞ子の稼を犯さざるを得るか。（傍線部を疑問で読んだ場合）

【反語】

疑問詞〜活用語（未）ン二……一（乎《や》）

※発言者の主張・意見を述べる際に使用されることが多い

訳：……だろうか、いや……なはずがない

例 安くんぞ子の稼を犯さざるを得んや。（傍線部を反語で読んだ場合）

今回は傍線部に送り仮名が付されていないため、文脈で疑問か反語か判断するしかない。傍線部は農夫を説得している馬飼いの言葉の締めくくりにあたる部分であり、その言葉を聞いた農夫は大いに喜び、特に返答などしていないので、疑問ではなく反語と考えるのが自然だろう。次に「いづくにか（＝どこ）」「いづくんぞ（＝どうして）」のどちらで訳出するかだが、馬が作物を食べたのは畑であることは明らかなので〈どこ〉ではうまく意味が通じない。

他に句形といえる箇所がないか探してみると、「得不」は「〔反語の疑問詞〕＋得レ不レ……」で〈……せずにはいられない〉〈どうしても……する〉の意味。

以上を踏まえると正解は⑤。

①と④は「安」を〈どこ〉で訳しており、かつ「犯人」「落ち着いて」など傍線部の語にない意味を勝手に補っている点が不適切。

②は「安」を疑問で訳しており、畑の作物を食べられたという本文の事実に反した内容になっているので不適切。

③は「安くんぞ得ん……」で〈何とかして……したいものだ〉という願望で訳しているが、返り点に沿った読み方ではないし、否定のニュアンスが一切な

いので不適切。

問4 5 ⑤《書き下し問題》

書き下し問題は、当然のことながら重要語や句形を押さえて考える必要があるが、文脈把握も重要な決め手となる。今回の重要語は「所以《ゆえん》」。④では意味が通じず、①・③のように「以て……（する）所（となる）」という読み方もあるが、今回は「以」の前に「所」があるので、素直に「所以」と読めばよい。この時点で候補は②・⑤に絞られる。

次に、傍線部の主語「此」は具体的には直前の部分を指しているので、「『詩経』や『書経』の話を農夫の前で述べることは」となる。これにうまくつながるように、「腐儒」以下の読み方を考えよう。

②は疑問文であることが文脈にあわないので不適切。

よって正解は⑤となるが、「所以」には〈⑴原因・理由　⑵手段・方法　⑶目的〉の意味があり、今回は「原因」の意味。また、⑤は「使・令」などの漢字を伴わずに「国を誤た**しむる**」と読ませているので、戸惑った人もいるかもしれない。使役「しむ」と受身「る・らる」については、文脈の意味合いによって、漢字を伴わずに読み込む場合があるので注意しよう。過去のセンター試験の書き下し問題でも、送り仮名だけの受身を含んだ箇所が出題されたことがある。

問5 6 ①《空欄補充問題》

空欄には「子貢」か「馬圉」のどちらかが入るのだから、**【概要】**で確認した第1段落のエピソードをもとに空欄を順に見ていこう。

[Ⅰ]と[Ⅱ]は同じ一文の中にあり、[Ⅰ]（之説）は「誠に善」だけれども、かりに[Ⅱ]（之口）から発すれば農夫は従わない、と仮定の表現を用いているので、[Ⅰ]と[Ⅱ]は別の人物だと考えるのが自然。子貢の言葉は農夫の説得に失敗しているので、「誠に善」とは言いがたく、また[Ⅱ]の口から出た言葉であれば野人は従わないというのだから、[Ⅱ]は説得に失敗した「子貢」、[Ⅰ]は「馬圉」。

残る[Ⅲ]と[Ⅳ]、[Ⅴ]と[Ⅵ]は対に近い形になっているのであわせて考えよう。

> 先に[Ⅲ]を遣れば則ち[Ⅳ]の心服せざらん
> ⇔
> 既に[Ⅴ]を屈して、[Ⅵ]の神始めて至る

[Ⅲ]も[Ⅱ]と同様に仮定の表現（～ば）を用いているので、実際とは逆のことだとわかり、[Ⅲ]は「馬圉」、[Ⅳ]は「子貢」と判断できる。そして逆に[Ⅴ]と[Ⅵ]を含む文は実際のことを述べているので、子貢の説得が失敗→馬飼いの説得が成功、の流れで[Ⅴ]は「子貢」[Ⅵ]は「馬圉」。「屈」はここでは〈やりこめる〉といった意味。以上を踏まえて、正解は①。

問6 7 ②《返り点と書き下し問題》

「曷ぞ……や」は疑問、または反語の句形で、間に入る活用語が未然形なら**「曷ぞ……ンや」と読み、「どうして～だろうか、いや～ない」**と訳す。連体形であれば**「曷ぞ……や」と読み、「どうして～だろうか」**と訳す。

次に文章の構造に着目すると、傍線部の主語は「孔子」で「馬圉を遣る」と「子貢の往くを聴す」という動作が置き字の「而」で結ばれていることがわかる。ポイントとなるのは否定の「不（ず）」で、第1段落のエピソードを踏まえると、「馬圉」よりも先に「子貢」を農夫のもとにやっているので、「子貢の往くを聴さず」としてしまうと文意にあわない。ここまでで①・④・⑤は候補から外れる。

次に②と③を比較すると、傍線部の前半と後半を②は順接、③は仮定でつないでいる。置き字の「而」は「……《テ・シテ》而」（順接）、または「……《ドモ・ニ・モ》而」（逆接）の意味を示すので正解は②。

「而」は、試験ではよく出題される語なのでここで確認しておこう。

【順接の場合】
「〔用言〕二……一而《テ・シテ》〔用言〕二〜一」
↓〈……して〜〉
【逆接の場合】
「〔用言〕二……一而《ドモ・ニ・モ》〔用言〕二〜一」
↓〈……だが〜〉

問7 8 ③ 《書き下しと筆者の主張を把握する問題》

本文のまとめにあたる箇所。傍線部の直前を確認すると、「聖人達人の情は故に能く人の用を尽くす（＝〔かつての〕聖人や達人はだから人々を充分に活用することができた〔といえる〕）」は、第1段落の孔子の行動について述べているとわかる。それに比べて後世の人々は「文法を以て人を束ね、資格を以て人を限り、又兼長を以て人を望む（＝法律や規則で人を縛り、資格や地位で人を限り、長をいくつも兼ねた者が人の上に立つ）」と述べていることから、傍線部は、後世の人々の至らなさを嘆いている場面だと判断できる。選択肢を順に見ていこう。

①は傍線部を疑問で読んでおり、至らなさを嘆くという点で弱い。また「表面的な規則や法則や肩書きで人材を絞り込もうとした孔子」が誤り。

②は反語で解釈している点は問題ないが「有つ」は〈保有する〉という意味。また、①と同様に孔子をマイナスでとらえている点、孔子と「聖人や達人」を別で考えている点が不適切。

③は傍線の読み、意味ともに問題なく、「孔子の……その場の適性によって活躍させる」も適切。よって正解。「天下の事豈に済る有らんや」を直訳すると、〈天下のことはどうして成就するだろうか、いや何も成就しない〉となる。

④は解釈で「豈に……んや」の反語の意味を踏まえておらず不適切。

⑤は傍線部を疑問で読んでいる点が不適切。また「規律や肩書きによって埋もれている人材」という内容は文中にはない。

書き下し文

孔子《こうし》行游《かうゆう》す。馬逃《うまのが》れて稼《か》を食《は》む。野人怒《やじんいか》り其《そ》の馬《うま》を繫《つな》ぐ。子貢往《しこうゆ》きて之《これ》に説《と》き、詞《ことば》を卑《ひく》くすれども得《え》ず。孔子曰《こうしい》はく、「夫《そ》れ人《ひと》の聴《き》く能《あた》はざる所《ところ》を以《もつ》て人《ひと》に説《と》くは、太牢《たいらう》を以《もつ》て野獣《やじう》に享《きやう》し、九韶《きうせう》を以《もつ》て飛鳥《ひてう》を楽《たの》しましむるに譬《たと》ふるなり」と。乃《すなは》ち馬圉《ばぎよ》をして往《ゆ》かしめ、野人《やじん》に謂《い》ひて曰《い》はく、「子《し》東海《とうかい》に耕《たがや》さず、予《よ》西海《せいかい》に游《あそ》ばざるなり。吾《わ》が馬安《うまいづ》くんぞ子《し》の稼《か》を犯《をか》さざるを得《え》んや」と。野人《やじん》大《おほ》いに喜《よろこ》び、馬《うま》を解《と》きて之《これ》に予《あた》ふ。

人各〻《ひとおのおの》類《るい》を以《もつ》て相通《あひつう》ず。詩《し》・書《しよ》を野人《やじん》の前《まへ》に述《の》ぶるは、此《こ》れ腐儒《ふじゆ》の国《くに》を誤《あやま》たしむる所以《ゆゑん》なり。馬圉《ばぎよ》の説《せつ》は誠《まこと》に善《ぜん》なるも、仮使《たとひ》子貢《しこう》の口《くち》より出《い》づれば、野《や》人乃《じんすなは》ち従《したが》はざらん。何《なん》となれば則《すなは》ち文質《ぶんしつ》貌《かたち》殊《こと》にし、其《そ》の人固《ひともと》より已《すで》に離《はな》るればなり。然《しか》らば則《すなは》ち孔子《こうし》曷《なん》ぞ即《すなは》ち馬圉《ばぎよ》を遣《や》らずして子貢《しこう》の往《ゆ》くを聴《ゆる》すや。先《さき》に馬圉《ばぎよ》を遣《や》れば則《すなは》ち子貢《しこう》の心服《こころふく》せざらん。既《すで》に子貢《しこう》を屈《くつ》して、馬圉《ばぎよ》の神始《しんはじ》めて至《いた》る。聖人達人《せいじんたつじん》の情《じやう》は故《ゆゑ》に能《よ》く人《ひと》の用《よう》を尽《つ》くす。後世文法《こうせいぶんぱふ》を以《もつ》て人《ひと》を束《つか》ね、資《し》格《かく》を以《もつ》て人《ひと》を限《かぎ》り、又兼長《またけんちやう》を以《もつ》て人《ひと》を望《のぞ》む。天下《てんか》の事豈《ことあ》に済《な》る有《あ》らんや。

全訳

孔子一行が旅をしていた。（そのとき）馬が逃げて（ある農夫の）畑の作物を食い荒らした。農夫は怒り、その馬を繋いだ。子貢が（農夫のもとに）行って説得し、言葉をへりくだって（頼んだ）が（馬を返してもらうことが）かなわなかった。孔子が言うことには、「そもそも人が聴きわけられないような（高尚な）言葉で人を説得しようとするのは、牛や豚を用いた一級品の供えもので野獣をもてなし、九韶の雅楽で飛ぶ鳥を楽しませようとすることに例えられるのだ」と言った。（そして）今度は馬飼いに説得に行かせ、馬飼いが農夫に言うことには、「あんたが東（の果ての）海で耕さず、俺が西（の果ての）海を旅していなかったのだ。（だから）俺の馬が（目に入った）あんたの作物を食わないわけにはいかなかったのだ」と。農夫はたいへん喜んで馬を解放して返した。

人は同種類・同程度の者であれば通じ合うものである。『詩経』や『書経』の話を農夫の前で述べるのは、腐れ儒者が国を誤らせるやり口である。馬飼いの話はたいへん良いが、もし（同じ言葉が）子貢の口から出たとしたら農夫は言うことをきかなかったであろう。なぜならば言葉とその内容、（話し手の）見た目が普通とは異なる（＝それぞれが一致していない）状態で、その人となりももちろんひどくかけ離れているからだ。それならば孔子はなぜすぐ馬飼いをやらず、子貢が交渉に行くのを許したのだろうか。（もし）先に馬飼いをやれば子貢の気が済まなかっただろう。（それに）孔子が子貢をしくじらせて初めて馬飼いの心が（農夫に）通じたのである。聖人や達人の心は、人の能力を十分に発揮させることができるのである。後世（の人々）は法律や規則で人を縛り、資格や地位で人を限り、長をいくつも兼ねた者が人の上に立っている。（それでは、）天下のことはどうして成就するだろうか、いや何も成就しないのである。

平成30年度試行調査

解　答

合計点	/200

問題番号(配点)	設問	解答番号	正解	配点	自己採点
第2問 (50)	1	1	①	2	
		2	②	2	
		3	⑤	2	
		4	④	2	
		5	①	2	
	2	6	④	6	
	3	7	⑤	8	
	4	8	④	9	
	5	9	①	8	
	6	10-11-12	②-④-⑥	9 (各3)	
第3問 (50)	1	1	⑤	3	
		2	④	3	
		3	③	3	
	2	4	②	8	
	3	5	④	6	
	4	6	②	7	
	5	7	④	8	
	6	8	②	6	
		9	①	6	

問題番号(配点)	設問	解答番号	正解	配点	自己採点
第4問 (50)	1	1	④	7	
	2	2	③	5	
		3	①	5	
		4	②	5	
	3	5	③	7	
	4	6	⑤	7	
	5	7-8	②-⑥	14 (各7)	
第5問 (50)	1	1	②	4	
		2	④	4	
	2	3	①	7	
	3	4	①	7	
	4	5	①	7	
	5	6	⑤	7	
		7	③	7	
		8	①	7	

(注)-(ハイフン)でつながれた正解は、順序を問わない。

※記述問題（第1問）の解答は掲載しておりません。

	出　典	目安時間	難易度 大問別	難易度 全体
第1問	文章Ⅰ：鈴木光太郎『ヒトの心はどう進化したのか――狩猟採集生活が生んだもの』 文章Ⅱ：正高信男『子どもはことばをからだで覚える　メロディから意味の世界へ』 資料：川添愛『自動人形の城　人工知能の意図理解をめぐる物語』	20分	標準	標準
第2問	資料Ⅰ：ポスター（著作権のイロハ） 資料Ⅱ：著作権法条文 資料Ⅲ：名和小太郎『著作権2.0 ウェブ時代の文化発展をめざして』	20分	標準	
第3問	吉原幸子「紙」「永遠の百合」	20分	標準	
第4問	紫式部『源氏物語』	20分	標準	
第5問	文章Ⅰ：金谷治訳注『荘子』 文章Ⅱ：劉基『郁離子』	20分	標準	

第2問

問題のねらい

実用的な文章および資料、それに関連する内容の文章（評論文）という、三種類のテクストを題材として提示している。**文章の読解を中心に、適宜他のテクストを参照して問いに答える方式**である。

全六問。文章の内容に関する問いが多いので、基本的には従来の現代文（論説文）と同じ感覚で取り組める。しかしながら問2は複数のテクストを参照して事例を選ばせる問い、問4は文章内に示された二つの表を比較し違いを読み取る問いで、単純な読解問題ではない。文章内には全部で三つの表が含まれており、文章読解と同時に表の読み解きも要求されていることがうかがえる。また、問5は文章表現に関するものである。論説文も文章表現を通して読者に内容を伝える以上、**表現のしかたの中に筆者の意図が反映されていたり、説得力を付与するなどの効果があったりすることを意識しておきたい**。問6は資料を補完する問い。他の資料を参照して作成した資料を補完するため、実質上はテクスト全体の要旨を把握することが求められている。

出典

【資料Ⅰ】…ポスター「著作権のイロハ」
【資料Ⅱ】…著作権法（二〇一六年改正）の抄録
【文章】…名和小太郎《なわこたろう》『著作権2.0　ウェブ時代の文化発展をめざして』（NTT出版ライブラリーレゾナント　二〇一〇）の一部

文章の概要

【資料Ⅰ】は「著作権のイロハ」と題するポスターである。著作物の定義・著作物の具体例・著作権の例外規定の三点について図示したもので、【資料Ⅱ】・【文章】を参考に作成したことが、設問文に示されている。【資料Ⅱ】は二〇一六年改正の著作権法から、本問に関係する条文を抜き出して示したもの。【文章】は名和小太郎の著作の一部。以下に文章の構成を示しておく。

[1]～[12]著作権法の対象の定義

[1]～[4]「**著作物**」**という概念の概説**
原作品に存在するエッセンス（**記号列**）
原作品が失われたり、不正確な複製・再現をされたりしても存続する（原作品・複製物＝**実体**）

[5]～[12]**著作権法における「著作物」の定義**
[5]～[7]「**叙情詩モデル**」**による著作物の定義**
「著作物」は多種多様（神話から理工系論文まで）
←
[表1]著作権法内のキーワードによって、**著作権法の定義から除外される著作物**の性質を明らかにする
←
著作権法の定義する著作物に最も適合するのは
叙情詩　⟷　理工系論文・新聞記事
←
著作権法の対象＝叙情詩モデル
※無方式主義の原則＝叙情詩モデルに合わないものを認めることになる

[8]～[12]**叙情詩モデルに基づく著作物の判定方法**
テキストの特徴
[表2]
・**叙情詩型**　(高)**表現の希少性**　＝　**著作物性**(濃)
・**理工系論文型**　(高)**普遍性**　＝　**著作物性**(薄)
←
叙情詩と理工系論文を両端として著作物性を判断できる

[13]～[18]著作権法の考え方

[13]～[18]**著作権法を適用する際の考え方**
[13]・[14]「**表現／内容の二分法**」
どんなテキストも「表現」と「内容」を持つ
←
著作権法は「表現」の価値（**希少性**）**によって判断**する
※理工系論文の価値は「内容」にある（[11]）

[15]～[18]「**利用／使用の二分法**」
著作権法は「利用」をコントロールする
利用と使用の判断基準は不明確（「利用」の例＝[表3]）
著作権法の過剰な適用を避けるための考え方
現実の利用においては使用との区別が困難な場合もある

解説

問1 [1] ① [2] ② [3] ⑤ [4] ④ [5] ① 《漢字》

(ア) 合致 ①致命 ②報知 ③稚拙 ④緻密 ⑤余地
(イ) 適合 ①匹敵 ②適度 ③水滴 ④警笛 ⑤摘発
(ウ) 両端 ①丹精 ②担架 ③破綻 ④落胆 ⑤端的
(エ) 閲覧 ①欄干 ②出藍 ③乱世 ④一覧 ⑤累卵
(オ) 過剰 ①剰余 ②冗長 ③醸造 ④施錠 ⑤常備

One point

この出題形式では実質上、傍線部と選択肢、合計で30個の熟語の漢字表記を問うている。原則として同音異字を問われ、字形が似た漢字が出されることも多い。「稚拙」「緻密」「丹精」「欄干」「冗長」など、漢字以前に言葉を知らないと答えられないものもある。日頃から多くの文章を読み、分からない語を調べるなど、**語彙の増強を図っておくことが大切**である。

(エ)②「出藍の誉れ」は、弟子がその先生よりも優れているという評判を意味する言葉。(エ)⑤「累卵の危うき」は、卵を積み重ねたように不安定で危険な状態を表す言葉。**故事成語やことわざ、慣用表現などの語句の知識は、直接問われなくとも、このような形で出てくる場合がある。**

問2 [6] ④ 《意見把握と事例選択》

まず傍線部Aの意味を【文章】から押さえておく。第2段落で筆者は「著作権法」が定義する「著作物」について説明している。「著作物」とは「原作品のなかに存在するエッセンス」であり、その「エッセンス」が「記録メディアから剝がされた記号列」と言い換えられている。さらに第1段落には「記録メディア」の具体例として〈紙・カンバス・空気振動・光ディスク〉が挙がっている。また「原作品」とは〈最初の作品とそれが載せられた実体（記録メディア）〉だとある。したがって、著作物とは、原作品を構成する要素のうち、記録メディアではないもの（＝記号列）ということになる。

次に【資料Ⅱ】の着目すべき点を押さえる。傍線部Ⓐが著作物の「定義」を述べていることから、【資料Ⅱ】も第二条（定義）の条項を中心に参照すればよい。第二条第一号に「著作物」とは「思想又は感情を創作的に表現したものであつて、文芸、学術、美術又は音楽の範囲に属するもの」と定義している。「表現したもの」は、歌や絵画、文章などの形に表されていることを意味するので、【文章】が言う「記録メディア」の要素を含む。したがって「記号列」は「思想又は感情」ということになる。

以上を踏まえて選択肢を見ると「記号列」が「思想や感情」であることを捉えている④が正解。

①・②・③は「文化的所産・文芸雑誌・美術品」としているが、これらはいずれも思想や感情を表現したもの、つまり記録メディアを指している。

⑤は「著作権法ではコントロールできない」という文言がこの段落の主旨と合わないので誤り。

問3 [7] ⑤ 《内容把握》

選択肢の中に含まれている言葉を手がかりに【文章】の該当する部分を参照して考える。

① 著作物の「利用」に関しては第15～18段落で論じている。それによると、著作物に対する操作のうち「著作権に関係するもの」を「利用」という、とある。また「利用」以外の操作は「使用」といわれ「使用に対して著作権法ははたらかない」とある。選択肢では「利用」を「著作者の了解を得ることなく行うことができる」としており【文章】とは逆の内容になっている。

② 叙情詩モデルについては第5～12段落で論じている。第6段落には「著作権法にいう著作物の定義は叙情詩をモデルにしたもの」とある。一方、第7段落では「無方式主義という原則」があるため著作権法は「叙情詩モデルを尺度として使えば排除されてしまうようなものまで、著作物として認めてしまう」性質があることが指摘されている。つまり、無方式主義の原則があるため、叙情詩モデルに適合しにくい理工系論文や新聞記事も著作物と認められる可能性があるということである。したがって、選択肢前半は【文章】の内容と合致するが、後半は「無方式主義という原則」について述べた部分と合わない。

③ テキストの分類については第12段落に「叙情詩と理工系論文とを両端とするスペクトルのうえにある」とあり、叙情詩型と理工系論文型の二つに分け

られるとは述べていない。また【文章】が示す「二分法」は、第13段落の「表現／内容の二分法」と、第17・18段落の「利用／使用の二分法」であり、テキストの分類法ではない。また【文章】には無方式主義の原則や、利用と使用の判断基準が明らかでないことなど、著作権の侵害問題を明確に判断することを困難にする要素について言及があり、これも選択肢と合わない。

④

「著作物性」についてはまず第10～12段落で「表現の希少性」が高い叙情詩型のテキストは「著作物性」が高いし、逆に、誰が解読しても「同じ表現になる」DNA配列などは「著作物性」が低いとする。そのうえでDNA配列のようなテキストは、表現ではなく「内容」に価値があると指摘する。次に第13段落で「表現／内容の二分法」を示し、著作権法は「表現のもつ価値の程度」によって「著作物であるのか否《いな》かを判断する」とある。「価値」は第14段落で「テキストの表現の希少性」と言い換えられている。したがって「著作物性」は「表現の希少性が高い」ものを保護するための考え方である。選択肢は逆の内容を述べている。

⑤ ④で見たように、第13・14段落に「表現／内容の二分法」および著作権法は「表現のもつ価値の程度」によって「著作物であるのか否かを判断する」ことを述べており、選択肢はこれと合致する。よって、正解は⑤。

One point

読み解くべき文章や資料が多いため、**文章を早く読んだり、目的意識を持って読んだりすることが必要**となる。その際、有効な手法のひとつに、「まず選択肢を見て、関係のありそうな所を読む」という方式が考えられる。しかし、選択肢と本文の一部分とがきれいに一対一で対応しているとは限らないため注意を要する。文章の複数の部分に見られる筆者の見解をまとめていたり、文章とは関係のない内容を盛り込んでいたり、文章と合う部分と合わない部分を組み合わせていたりと、選択肢も複雑にできている。選択肢と文章を往復して惑うようであれば、まず文章を通読し、キーワードや論理関係を示す言葉に印をつけるなど、**自分なりに文章の要旨や構造を把握してから問題に臨む姿勢**を持ったほうが、時間短縮になるだろう（完璧に構造を捉える必要はない）。本問は選択式だが、基本的な読みの姿勢が身についていれば、記述式の問題にも答えられる力がつくはずだ。問題を解く時間がなくなる不安を軽減するために、日頃から文章を読む習慣を持ち、**語彙力や読むスピードを鍛えておく**ことも重要である。

問4 8 ④ 《表の対比》

表1と表2は何を表した表なのか説明せよ、という問い。表1は、「著作権法にいう著作物の定義」を示す文脈の中で挙げている。表1のキャプションにも「著作物の定義」とある。筆者は【資料Ⅱ】から、著作物の定義について述べている第二条第一号を参照し、著作物を定義するための「キーワード」を抽出している。さらに「キーワード」の対義語となるような言葉を「排除されるもの」として列挙し、著作物から排除されるものも定義できるようにしている。この表を踏まえて「もっとも適合するのは叙情詩、逆に、定義になじみにくいものが理工系論文、あるいは新聞記事」「理工系論文、新聞記事には、表1から排除される要素を多く含んでいる」と述べ「著作権法にいう著作物の定義は叙情詩をモデルにしたもの」と結論づけている。したがって、表1について、②「二つの特性を含むものを著作物とする」、③「著作物の多様な類型を網羅する」は、「排除されるもの」が、著作権法のいう著作物から排除される要素を示していることを捉えていないので、適切ではない。

表2は著作物のうち「テキスト」を例として、表1を書きなおしたものだとある。表1のところで「もっとも適合するのは叙情詩、逆に、定義になじみにくいものが理工系論文、あるいは新聞記事」と、テキストの型を示したうえで、実際にこの二つのテキストの要素が、表1の「キーワード」および「排除されるもの」に合致している様子を示している。例えば、最初の行「何が特色」を見ると「叙情詩型」は「表現」で、これは表1「キーワード」の「表現」に合致する。一方「理工系論文型」は「着想、論理、事実」で、表1の「排除されるもの」の「発見、着想」に合致する。このように、表1の内容に基づいて二つのテキストの型の特徴を明らかにしたうえで「多くのテキスト」は「叙情詩と理工系論文とを両端とするスペクトルのうえにある」ので、スペクトル上の位置を参照することで「著作物性」に見当をつけることができると述べている。したがって、①「『排除されるもの』の定義をより明確に」⑤「叙情詩型と理工系論文型との類似性を明らかに」は、二つの型を両端とする「スペクトル」を捉えていないので、適切ではない。よって、正解は

④。

問5 9 ① 《表現》

適宜【文章】を参照しながら判断する。

① 「実体」→「記録メディア」、「物理的な実体」→「複製物など」といったように、「——」の前はいずれも抽象的な言葉、それだけでは意味が分かりにくい言葉に対して、後は具体例となる言葉となっている。分かりやすくしてはいるが「強調」しているとはいえないので、適当でない。したがってこれが正解。

② 該当箇所はどちらも「読者を意識した親しみやすい口語的な表現」といえる。

③ 「哲学や言語学の概念を援用」は特に矛盾のない指摘。

④ 前問までにも繰り返し見てきたように、「叙情詩」「表現」は著作物の定義に適合し、「理工系論文」「内容」は定義になじみにくいもの、として対極に置かれ、著作物の定義やその適用範囲を明らかにする働きをしている。④は適当。

⑤ 「使用に対して著作権法ははたらかない」が、利用と使用の「判断基準は明らかでない」とあり、著作権法の適用範囲は必ずしも明確ではないことを示している。また「使用」である「海賊版の読書に著作権は関知しない」、著作物へのアクセスも「関係がない」とあるが、現実的に考えると、こうした場面で著作権が侵害されている可能性を排除できないことが分かるだろう。最後にも「現実には利用と使用との区別が困難な場合もある」とあり、著作権法の運用には複雑な面があることを示している。したがって、⑤も適当な説明といえる。

One point

「プラトニズム（プラトン主義）」は、ギリシアの哲学者**プラトン**に由来する考え方のこと。プラトンは霊肉二元論の立場を取り、五感など肉体的な感覚で認識する個々の事物は真に実在するのではなく、その原型である**「イデア」**が真の実在だと考えた。ここでは、「記録メディア」と「記号列」から構成される「原作品」について、実体である「記録メディア」や「複製物」が壊されたり、なくなったりしても「記号列としての著作物」が存続することを表している。

ソシュールは、注にもあるとおり、スイスの言語学者。言語や記号に関する画期的な業績で知られる。**「記号表現」（シニフィアン）**は記号によって表される知覚可能な側面、**「記号内容」（シニフィエ）**は知覚できない「意味」の側面である。プラトンやソシュールの考え方は人文科学分野における基礎教養であり、こうした理論を下敷きにして書かれた文章が出題されることも多い。もちろんこうした知識がなくても問題を解くことはできるが、**著名な思想家やその思想、頻繁に用いられる概念などを多数知っていれば、本文の内容をよりスムーズに理解する助けになるだろう。**

問6 10 ② 11 ④ 12 ⑥（順不同） 《テクスト全体の要旨》

【資料Ⅰ】を見ると「著作権の例外規定」の具体例として「市民楽団が市民ホールで行う演奏会」を挙げ、これが「例外」となるための条件を問われている。そこで【資料Ⅱ】を見ると「演奏会」に関係のありそうなものとして、第三十八条に「営利を目的としていない上演等」についての規定がある。それによると

(1) 営利を目的としない

(2) 聴衆又は観衆から料金を受けない

場合「公に上演し、演奏し」が可能だとある。ただし、

(3) 演奏する者に対し「報酬が支払われる場合は、この限りでない」

とある。つまり、楽団員に報酬を支払わないことも条件ということになる。

以上を踏まえて選択肢を見ると、②・④・⑥が当てはまる。

① 「パロディ」は【文章】内の表3に示された「著作物の利用行為」に相当するので、著作者の了解を得る必要がある。③ 演奏の難易度は著作権とは関係のない内容。⑤ 「文化の発展」は著作権法制定の目的ではあるが、その目的のために「著作者等の権利の保護」を行うのであり、演奏という形で複製することを推進するのでは話が逆になる。

第3問

問題のねらい

同じ作者による詩とエッセイを読み、**異なる形式の文学的文章における表現の工夫や構成を読み取る力**を問う。また、**両者から共通して読み取れる、詩作に対する作者の姿勢を捉える力**を問う。

問1は従来のセンター試験の第2問の文学的文章で出題があった、語句の意味を適切に捉える問題であるが、ひらがなで書かれた和語が中心となっており、漢字から意味を類推することがほぼできない。問2は詩とエッセイのどちらにも登場するキーワードが、詩の中で使われている理由を問う。問3はエッセイで繰り返される(そして詩でも異なる表現で同じことが述べられている)表現の意味するところを読み取る力を問う。問4はエッセイの中の独特な表現の内容とその効果を適切に把握することが求められている。問5は作者が書いている途中に心情が変化していく過程を述べた、エッセイならではの表現を読んで、なぜそのような変化が起きたのかを問う問題。問6は詩とエッセイそれぞれの表現の効果を把握することが求められている。

出典情報

吉原幸子《よしはらさちこ》「紙」(『オンディーヌ』思潮社《しちょうしゃ》、一九七二年)
「永遠の百合《ゆり》」(『花を食べる』思潮社、一九七七年)

吉原幸子(一九三二〜二〇〇二年)は日本の詩人。『オンディーヌ』は三番目の詩集で、これと『昼顔』で高見順《たかみじゅん》賞を受賞。詩のほかにも随筆、翻訳、童話、舞台の台本および出演など、活動の範囲は幅広く、詩と他分野のコラボレーションも手掛けていた。また、女性詩人や表現者の活動の支援でも知られる。

文章の概要

詩「紙」

六連からなる自由詩。基本的に口語であるが、ところどころ文語的に表現し、歴史的仮名遣いを使用しつつ、漢字の使用を最低限に抑えている。これによって、数少なく繰り返される漢語が際立つという効果をもたらしている。

エッセイ「永遠の百合」

タイトルはエッセイ中に登場する、古い友だちにもらったアート・フラワーの百合の花束より。もらったときの驚きから出発して、作者は枯れないアート・フラワーを「つくるということ」と、自分自身が取り組んでいる「ことばによって」つくるということ、つまり、詩作は同じことであるという結論に至る。いのちの一瞬を永遠の中に定着させ、いのちではない何か、そのいのちを超えるものに変えるのが「つくる」ということであり、作者の夢であると。だが、その「永遠」は本当の永遠である必要はない、ということにも作者は気づく。

解説

問1 [1] ⑤ [2] ④ [3] ③ 《文脈における語意把握》

(ア) 「いぶかる」は「疑わしく思う、不審に思う」という意味。

(イ) 「手すさび」は「暇をつぶすために手を使って何かをすること、手なぐさみ」という意味。漢字では「手遊び」と書く。したがって実用性や必要性とは無縁の遊びということになる。

(ウ) 「いじらしさ」は形容詞「いじらしい」が接尾辞「さ」によって名詞化したもの。「いじらしい」は「幼い子供や弱い者のふるまいが同情を誘う様子」。

One point
語句の意味を問う問題は、その**語句の辞書での意味**を踏まえておく必要がある。文章の前後から判断する場合も、**本来の意味から大きく離れることはないと考えてよい。**

問2 [4] ② 《テクストの比較》

「不遜」とは、「思い上がった態度」という意味。何が「不遜」かは、傍線部Aとその前の行「一枚の紙よりほろびやすいものが/何百枚の紙に　書きしるす　不遜」ということから分かる。「一枚の紙よりほろびやすいもの」は、紙に書きしるして、紙よりも早くにほろびてしまうものなので、詩の中の言葉で言えば「いのち」「愛」といったもの、そしてそうたものをめぐって書く書き手のことと考えられる。いずれにせよ、紙よりも早く、はかなく消えてしまうものである。そのようなはかないものが「紙に書きしるす」とは、表現することで「ほろびやすい愛」や

「いのち」をいつまでも残そうとする行為にほかならない。この行為が「不遜」なのは、②で言うように「はかなく移ろい終わりを迎えるほかないものを、表現という行為を介して、いつまでも残そうとたくらむから」である。よって、②が正解。

問3 [5] ④ 《書き手の心情》

傍線部B以下の「つくるということではないのか」の主語は「それを知りつつ枯れない花を造るのが」の部分。「それ」は「枯れないものは花ではない」。したがって「つくるということ」は、花を真似ながら、枯れない花、すなわち、花ではないものを造ることだと言える。では、「花でない」とはどういうことか。これについては、次の第5段落に「花でない何か。どこかで花を超えるもの」と書かれている。したがって「つくるということ」は、対象(この場合は花)を真似しつつ、その対象をどこかで超えようとすることとなる。これが書かれている選択肢は④「対象を真似ながらも、どこかに対象を超えた部分をもつものを生み出そうとすること」である。よって、④が正解。

問4 [6] ② 《表現の効果》

「在るという重み」をもっているのは「個人の見、嗅いだもの」=「ひとつの生きた花」。このエッセイでは「生きていて、枯れる花=一瞬」と「枯れない(すなわち、花を超えた)何か=永遠」が対比され、前者を後者に変えることが「つくる」ということであると書かれている。「在るという重み」をもつのは前者。すなわち、実際に存在し、個人が見たり嗅いだりといった知覚をすることができ、生きていて、一瞬で消えてしまうもの。その存在感が「在るという重み」である。これを元に、各選択肢を検討する。

①「時間的な経過」が「一瞬」と合わないうえに、「在る」と「喪失感」はまったく逆。

③「個性の独特さ」が不適当。「生きた花」の「個性」には触れられていない。

④「生きた花」との関連が見当たらない。

⑤「在る」と関連していないうえに、「花を超える何かに変え」られるものではない。

よって、正解は②。実物が実際に存在しなければ「在る」とは言えない。また、その実物が存在し、知覚可能なものであっても、永遠に存在するものではなく、一瞬で消えてしまうからこそ、その存在が「重み」をもちうるのである。

問5 [7] ④ 《理由吟味》

傍線部D「私はさめる」は、第5段落末尾にある「私はだんだん昂奮《こうふん》してくる」と対になる表現。二つの表現の間にある第6段落が、「昂奮して」考えた内容。また、傍線部Dより後には「さめ」てから考えた内容が来ている。昂奮して作者が考えたのは、自分がことばによって一瞬を永遠に定着させることを夢見ている、ということである。そして「さめ」た作者は、「『私の』永遠は、たかだかあと三十年――歴史上、私のような古風な感性の絶滅するまでの短い期間――でよい」と考える。「『私の』永遠」とは、作者自身がことばによって一瞬を定着させることのできる期間。また、「私のような古風な感性の絶滅するまでの短い期間」という表現から、自分の感性が永遠のものではないことに気づいていることが分かる。昂奮していた時に「永遠のなかに定着する」と書いたものの、その永遠が文字通りの「永遠」ではないということに気づいて、作者は「さめる」のである。この点に言及しているのは④。したがって、④が正解。

問6 [8] ② [9] ① 《表現の効果》

(i)

詩「紙」を確認すると、第一連と第二連が倒置されている。また、「第一連に示される思い」とは「いぶかる」内容、すなわち「愛ののこした紙片がしらじらしくありつづけてよいものだろうか」と不審がる思いである。この不審がる思いは「不思議」という語を使って、第三連で繰り返されているが、構造化されているわけではない。第五連の「死のやうに生きれば/何も失はないですむだらうか」は、第一連の「しらじらしく　ありつづけることを」や、第六連の「ほろびやすい愛のために/乾杯」とのつながりを考えれば、疑問ではなく反語と考える方が自然。したがって②が正解となる。①の「擬態語」は、この詩では使用されていない。また、③の「帰納的」、④の「構造的」に該当するような構成にはなっていない。

One point
「演繹《えんえき》」とは、一般的・普遍的な前提から、個別的な結果を推論すること。
「帰納」はその逆で、個別的・具体的な事例を積み重ねて一般的な結論を導き出すこと。

(ii)

① 「できないこと」すなわち「欠点」を、「できること」すなわち肯定的なものに捉え直している。したがって、エッセイ「永遠の百合」の表現に関する説明として適当。

② 「混乱し揺れ動く意識」が不適当。第5段落で「昂奮してくる」ものの、第7段落で「さめる」。昂奮はしたものの、すぐに落ち着いていることから「混乱」しているわけではないことが分かる。

③ 「『私』の考えや思いに余韻が与えられ」が不適当。「――」は直前の表現（ここでは「変える」）を言い換える働きをしている。また「『花』を描くことに込められた『私』の思い入れの深さ」も誤り。このエッセイにおける「花」は、短い時間でほろびてしまう一瞬の存在のたとえであり、「花」そのものに思い入れがあるわけではない。

④ 「『永遠』という普遍的な概念を話題に応じて恣意的に解釈しようとする」が誤り。「『私』の永遠」とは、「私」の感性が絶滅するまでの期間、という意味で、文字通りの「永遠」ではないことを示すために用いられている表現。「話題に応じて恣意的に解釈」するものではないので、不適当。

第4問

問題のねらい

一つの文章を軸として、心情理解など**物語ならではの読解力を問う**とともに、文章中の表現について別の作品を参考にしながら解釈するという**分析・統合力を問う**ている。

単語の意味を問う問2をはじめ、問1～4は従来の形式と大きく異なることはなく、問われる内容も物語の読解という点も含めて、想定される範囲のもの。本大問の目玉は問5で、新たに対話形式が採用されているほか、他の資料を用いながら引き歌に込められた意図が問われるなど、他の選択肢に比べ解答に時間が大幅にかかることが予想される。また、正答を二つ選ぶという点にも注意が必要である。

出典情報

【文章】
『源氏物語《げんじものがたり》』

平安中期成立の紫式部《むらさきしきぶ》作の長編物語。主人公光源氏《ひかるげんじ》やその周辺の人々の栄華と苦悩とに満ちた人生を、巧みな心理描写や美しい風景描写によって見事に描き出し、また王朝文化や宮廷貴族を克明に描いた、日本古典文学における最高傑作とされる。以後、物語はもちろん、和歌や謡曲など幅広いジャンルの文学作品に多大な影響を与えている。

「手習《てならい》」の巻は『源氏物語』のうち、光源氏の子や孫の世代が中心となる、いわゆる宇治十帖《うじじゅうじょう》のうちの一つ。登場人物のうち、浮舟《うきふね》は八の宮（光源氏の弟）の三女。薫《かおる》は光源氏と女三宮《おんなさんのみや》の子（実は柏木《かしわぎ》と女三宮の子）。匂宮《におうのみや》は今上帝《きんじょうてい》と明石中宮《あかしのちゅうぐう》（光源氏の娘）の子で、浮舟の異母姉である中君《なかのきみ》とも結ばれている。また本文に見える人物を補足すると、一品《いっぽん》の宮は匂宮の同母姉、右大臣殿は夕霧《ゆうぎり》（光源氏の息子）、四位少将は夕霧の息子、后《きさい》の宮は明石中宮。

【会話】
『遍昭集《へんじょうしゅう》』

遍昭は平安時代前期の僧・歌人で、六歌仙の一人。『遍昭集』は遍昭の歌を集めたもので、全三十四首から成る。歌物語のような性格を備え、長い詞書《ことばがき》のあることが特徴的。なお三代集から歌を引いて編集したものであるため、独自性は少ないとされる（三代集とは古今・後撰《ごせん》・拾遺和歌集《しゅういわかしゅう》のことで、勅撰和歌集《ちょくせんわかしゅう》の最初から三つのこと）。ここで取り上げられている詞書についても、『大和物語《やまとものがたり》』との関連が指摘されている。

文章の概要

【文章】
『源氏物語』

匂宮と契りを交わしたことを後悔する浮舟は、薫を思い出すものの、もう会うことはできないと自分に言い聞かせる。様々に思い悩む浮舟に、世話をする老尼が粥《かゆ》などを勧めるが体調も優れず、食事をする気にもならない。そこに下品な法師どもがやってきたことから、一品の宮の祈禱《きとう》のために僧都《そうず》が下山することを知り、浮舟は出家の意志を僧都に伝えるよう老尼に頼む。浮舟は髪をとかして母を想い、出家前に会いたかったとその悲しさに暮れる。

【会話】
『遍昭集』

深草帝《ふかくさのみかど》の崩御をきっかけに突然出家した遍昭であったが、母親のことが心からはなれなかった。その折に詠んだ歌。

口語訳

【文章】
『源氏物語』

見苦しく過ちを犯してしまった自分自身を思い続けていくと、匂宮をわずかでも愛しいと慕い申し上げた自分の心がたいそう常軌を逸していて普通ではなく、ただただこの匂宮とのご縁のせいで（現在のように）落ちぶれ寄る辺のない身になってしまったのだと思うと、（匂宮が橘《たちばな》の）小島の変わらぬ色を例に引きお誓いになったこと（宇治川《うじがわ》のほとりで深い仲になったこと）を、どうしてすばらしいことと思い申し上げたのだろうかと、ひどくいやになる心地がする。はじめから、熱烈な愛情表現はないけれど穏やかでいらっしゃった（薫という）人は、いろいろな折々を思い出しても格別に懐かしく思われた。（浮舟が）このように生きながらえた状況であるということを（薫に）聞きつけられ申し上げたならば、その恥ずかしさは、他の人に聞き知られるよりまさるに違いない。そうは思うものの、この世において（薫の）ご様子をせめてよそながらでもいつか拝見できるかもしれないと思うが、やはりそれはよくない考えである、（お姿を拝見できるかもしれないなど）このようにさえ思ってはいけない、などと自分の心の中で思い直している。

ようやく鶏が鳴くのを聞いて、（浮舟は）とてもありがたく思う。これが母上のお声を聞いたのであったら、なおさらどれほど嬉《うれ》しいであろうかと思いながら夜を明かし、気分はまったく優れない。供をして部屋へ付き添い世話をする女童《めのわらわ》もすぐには来ないので、そのまま伏していらっしゃると、いびきをしていた老尼はとても早くに起きて、粥など得体の知れない不愉快なものなどを（ご馳走《ちそう》のようにして浮舟を）もてなそうとして、「あなた様も、はやくお召し上がり下さい」など寄ってきて言うが、その食事の支度もとても不愉快で、気味の悪いことのような心地がして、「具合が悪いようです」と知らぬふりをなさって断るのに対し、強いて（食事をするよう）勧めるのも本当に気が利かない。ひどくいやしい法師どもが大勢来て、「僧都が今日山をお下《お》りなさるようです」（と言う。）「なぜそのように急に（下山なさるのですか）」と（誰かが）問うたところ、「一品の宮が物の怪《け》によってご病気になられ、山の座主が加持祈禱し申し上げなさるが、やはり僧都がいらっしゃらなければ効果がないとのことで、昨日再びお招きになりました。右大臣殿の四位少将は昨夜夜更《よふ》けに（僧都のいる山に）登りなさって、后の宮のお手紙などがございましたので、（山より）お下りなさるのだそうです」など、たいそうにぎやかに言い立てる。（浮舟は）恥ずかしくとも、（僧都に）お会いして、（私を）尼にして下さいと言おう、お節介に口出しする人が少なくよい機会であろう、と思うので、起きて、「気分がとても悪いものですから、僧都が山をお下りなさる折に、仏教の戒律を授けていただきたく思っておりますので、そのように（僧都に）申し上げ下さいませ」と相談なさったところ、（老尼は）ひどくぼうっとした様子でうなずく。

（浮舟は）いつもの部屋にいらっしゃって、髪は（いつも）尼君がときなさっていたため、別の人の手に触れさせるようなこともいとわしく思われるので、ご自分の手で（となさろうとしても）、やはり上手くできないことなので、少しだけといて、母親に今一度、このままの（髪が長い）姿をお目にかけることなく（出家することは）、誰のせいでもなく自分のせい（決めたこと）であるとはいえ、たいへん悲しい。たいそうわずらい苦しみなさったからか、髪もすこし抜け細くなったような気がするが、さほど衰えた様子もなく、（髪の量は）まことに多く、六尺ほどもある髪の先なども美しいのだった。毛筋などもとても繊細で美しい様子である。（浮舟は）「このようであれと思って」と独り言をなさる。

【会話】

『遍昭集』

（和歌）…母はこのようであれ（出家しますように）と思って私の黒髪をなでたわけではなかったでしょうに。

（和歌のあとの文）…何かとあちらこちらの人（女性）に言い寄ったりして（暮して）いた頃に、お仕えしていた深草帝（仁明天皇《にんみょうてんのう》）が崩御あそばして、（帝が）代替わりし変わっていくであろう世の中をみるのも、こらえがたいほど悲しい。蔵人《くろうど》の頭の中将などといって夜も昼も帝に親しみお仕え申し上げていて、「帝がおいでにならぬ世で宮仕えをする気はない」と思って、突然に、家族にも知らせないで、比叡山《ひえいざん》に上り、剃髪《ていはつ》して（出家して）、つくづく（昔のことなどを）思いましたが、やはり親などのことは心からはなれず気がかりだったのでしょうか。

解説

問1 1 ④ 《心情把握》

傍線部Aの「心ひとつ」「かへさふ」はともに耳馴染《みみなじ》みのない語であろう。「心ひとつ」は「たった一つの自分の心」という意から、「自分の心の中だけで考えるさま」「一つのことを思いつめる」など、その意味が多岐にわたる慣用的表現。「かへさふ」は、もとはサ行四段動詞「かへ（返・反）す」の未然形に継続・反復の意を持つ上代の助動詞「ふ」がついた連語であったのが、平安時代以後、ハ行四段動詞として定着したもの。ゆえに、単なる「かへす」ではなく継続・反復の意を含ませ、「繰り返し、重ねてする」や「思い直す」「問い返す」「反論する」と訳出すべき語。よって、傍線部Aは「自分の心の中で思い直している」ほどの意である。どちらの語も文脈に合わせて柔軟に捉える必要があるため、苦手に感じる人も多いだろうが、選択肢を見ても分かる通り、本設問では「など」の前までの浮舟の心情を把握すればよく、傍線部を正確に訳出する力が求められているわけではない。「浮舟が心中で思い悩んでいるのだなあ」という程度の最低限の把握でも解答に支障はない。

では、まず第1段落の状況を整理しよう。リード文にある通り、浮舟は薫に思いを寄せられつつ、匂宮と関係を持ったことで苦悩し、入水《じゅすい》自殺をはかるも果たせず、小野《おの》で暮らしている。冒頭の「あさましうもてそこなひたる（見苦しく過ちを犯してしまった）」とは匂宮との一件を指し、「すこしもあはれと～飽きにたる心地す」には、少しでも匂宮を愛しいと思ったこと、深い仲になったことを大変後悔していることが繰り返し述べられている。そのうえで、穏やかであった薫を「こよなかりける（格別であった）」と思い出す。ただ「かくてこそありけれ」、すなわち現在の自分の状況が薫の耳に入ることを、誰に聞き知られるよりも恥ずかしいと思う。

これらを踏まえて、傍線部Aを含む一文を解釈する。「さすがに」は「そうはいってもやはり」などの意の副詞で、本問に限らず、文脈を把握するうえで重要な単語であるため押さえておきたい。「恥ずかしいとは思うものの、いつか薫の様子を拝見できるかもしれない」と、薫への断ち切れない思いが吐露されるが、即座に「なほわろの心や、かくだに思はじ（やはりそれはよくない考えだ、このようにさえ思ってはいけない）」と考え直すのである。

以上より、選択肢のうち適切なものは④。本文の「かくてこそ～まさりぬべし」が該当する。

① 本文「すこしもあはれと～飽きにたる心地す」と正反対の内容になっており不適切。

② 「飽きにたる心地す」のカ行四段動詞「飽く」を「満ち足りた気分」としているが、浮舟は匂宮との出来事がきっかけとなり現在の境遇に陥っており、「あさましうもてそこなひたる身」とまで言っているため、現在は匂宮に対する愛情はない。よって、「飽く」は現代の「飽きる」に通じる「いやになる」と解すべきであり、解答として不適切。

③ 薫に対する浮舟の思慕の念という点は本文と合致するものの、「薄きながらも（淡々としているが）」とその愛情表現が深くなかったことが述べられており、「情熱的に愛情を注いでくれた」とするには不適切。

⑤ 右で整理した浮舟の心情の揺れ動き方を正反対に捉えており不適切。

One point

傍線部A「心ひとつをかへさふ」の訳出の難度が高いことは前述のとおりだが、当該箇所に限らず、本文全体にあまり馴染みのない語が多く用いられており、注も最低限であることから、本番で同様の出題がされた場合でも、**一語一語を正確に現代語訳して把握することは困難**であることが予想される。そこで、**その語が肯定的（ポジティブ）・否定的（ネガティブ）のどちらの意味で用いられているのかを判断しながら大づかみに読み進めていくこと**も、時には必要となろう。特に『源氏物語』は細やかな心理描写が多く、その複雑さから現在でもその解釈が一定でない場合もある。一語にとらわれ、引きずられすぎないようにしよう。

問2 [2] ③ [3] ① [4] ② **《文脈における語意把握》**

(ア) サ行四段動詞「聞こし召す」は尊敬語で、「お聞きになる」など「聞く」に関係のあるものだけでなく、文脈に合わせ「お思いになる」や「お治めになる」また「召し上がる」と訳出する必要がある語。傍線部(ア)は老尼が浮舟に粥などの食事を勧める場面で、直前の「御前」は浮舟を指し、老尼から浮舟の敬意が表されていることが分かる。このことから③が正解。

(イ) 形容詞「こちなし」は「骨無《こち》し」と書くことからも分かるとおり、「無骨・無作法・無風流である」などの意がある語。傍線部(イ)は、粥などを勧められた浮舟が「なやましくなむ（具合が悪いようです）」とそれとなく断るが、それでもなお強いて勧めてくる老尼に対する描写である。老尼は浮舟の気持ちを察せず、いわば空気を読まずにいることから、①の「気が利かない」が正解。

(ウ) 「さかしら」は「賢しら」と書くが、本当に賢いことを指すのではなく、「利口ぶる」や「こざかしい」、または「でしゃばること」「お節介なさま」といった否定的な意味を含む語。よって、①・②に絞ることができる。さらに傍線部(ウ)は、僧都の下山を知った浮舟が「よき折にこそ（よい機会であろう）」と思って出家を願う場面であり、「さかしら人」が少ないことが出家をするよい機会であると分かる。これを踏まえて、浮舟の出家を妨げるような「さかしら人」とは、②の口出しする人と解すべきであろう。なお、この「さかしら人」とは「尼君」（注9にあるように、僧都の妹）を指し、尼君は、まだ若く美しい浮舟を出家させたくないと思っていた。この場面では、浮舟をこの寺に遣わしてくださったことのお礼参りに出ており不在であった。よって、②が正解。

One point

「骨無し」や「賢しら」のように、**どのような漢字を当てるのかを把握する助け**になるだろう。特に形容詞や形容動詞は意味も多岐にわたるため、一つ一つを完璧に暗記することよりも、その語のもつ根本的なイメージを理解し、柔軟に解釈することが正答につながる場合もある。

（冒頭部分の正確な語順：「骨無し」や「賢しら」のように、どのような漢字を当てるのかということを辞書で確認することは、その単語のもつイメージを把握する助けになるだろう。）

問3 [5] ③《人物の説明》

本設問は適当でない選択肢を答えるもの。本文に該当する表現があるかどうかを一つずつ確認すればよい。

① 粥を勧める老尼に対し、浮舟が『なやましくなむ』と、ことなしび給ふ」という描写に合致する。バ行上二段動詞「ことなしぶ」は「何でもないふりをする」の意で、勧められた食事を何気ないふりをして断っている。

② 法師どもが、一品の宮への加持祈禱で僧都がいなければ効果がないと懇願されていることなどを「いとはなやかに言ひなす（にぎやかに言い立てる）」という描写に合致する。

③ 僧都が下山する理由について述べているが、四位少将や后が下山を願ったのは一品の宮の加持祈禱を僧都に行なって欲しいという思いからである。その下山を知った浮舟が、「よき折にこそと思へば（よい機会だと思って）」僧都に出家させてもらおうと考えるのであった。よって適当でなく、正解。

④ ③で述べた通り、本文の「右大臣の四位少将……御文など侍りければ」に合致する。

⑤ 浮舟が老尼に「忌むこと～聞こえ給へ」と出家の意志を伝えると、「ほけほけしうなづく」とあることに合致。主語が分かりづらいが、まず、「語らひ給へば」と語り手が敬語を用いていることから、発話者が浮舟であることが分かる。さらに、浮舟と共にいたのは粥などを勧めていた老尼であるから、「うなづく」の主語は老尼となり、いずれも合致する。形容詞「ほけほけし」は「惚惚し」と書き、「（老いて）ひどくぼけている」あるいは「心をうばわれぼうっとしている」意で、ここでは前者。老尼には浮舟の申し出の重大さが今一つ分かりかねているのであろう。

よって、以上のことから、③が正解。

One point

登場人物が多く混乱するかもしれないが、選択肢では人物名が本文のまま括弧書きで示されており、選択肢5つのうち4つは本文の内容と合致しているため、本文読解の大きなヒントになり得る。

問4 [6] ⑤《表現の効果》

傍線部Bを含む最後の段落は、僧都の下山にあわせ出家を考える浮舟が、いざ出家を目前にして思い悩む場面。傍線部Bは、

「母親に今一度、このままの（髪が長い）姿をお目にかけることなく（出家することは）、誰のせいでもなく自分のせい（決めたこと）であるとはいえ、たいへん悲しい」といった意味。以下、選択肢を検討する。

① 「かうながら」は「かくながら」がウ音便化したもので、「このまま」「このままの状態で」の意。そのうえで「かく」が指す内容を、やつれた現在の姿ととるのが選択肢であるが、髪は「何ばかりもおとろへず（さほど衰えた様子もなく）」という状態であることや、「かうながらのさま」で会わずに尼になることが悲しいとあることから、「かく」が指すのは、髪が長く出家する前の現在の姿である。よって不適切。

② 「見えずなりなむ」は右で触れたとおり、「出家する前の姿を見せずに尼になること」を指すため不適切。ヤ行下二段動詞「見ゆ」の対象は親であり、浮舟が存命であることを知らない母親に、髪を剃《そ》る前に一度会いたかったと悲しんでいる。

③ 係助詞「こそ」は強意を表すが、意味上の係りは「見えずなりなむ」から「悲しけれ」であるため、ここで尼君の話題が出ることは不適切。

④「人やり」は「人遣り」と書き、「自分の意志でなく、他人に強いられてすること」の意。本文では「ならず」と否定されており、「他人に強いられたのではない（自分で決めたこと）」と解釈すべきであり、不適切。冒頭にあったとおり、匂宮との一件から現在の境遇に陥った浮舟であったが、苦悩を経て出家を決めたのは、誰に強いられたのでもなく、自分の意志なのであった。

⑤傍線部は浮舟の心内語であり、「……悲しけれ」のあとには語り手の言葉として「思ひ給ふ」とあってよい箇所。それが省かれたことで、本来登場人物と距離を置いて物語を語るはずの語り手が、浮舟と同化するように、その悲しさに寄り添うような表現となっている。もはや語り（地の文）と浮舟の心情とが融合したかのように混ざり合っているともいえ、選択肢の通り、その揺れ動く心情を読者に訴えかけるには非常に効果的な表現方法である。よって、⑤が正解。

One point

浮舟の髪の美しさに関する描写が重ねられているのは、見事な黒髪を剃《そ》り落とし出家することの惜しさが表現されているともとれる。なお、**「出家する」**ことを意味する言葉として、**「髪をおろす」「髪をそる」「様を変ふ」「世を捨つ」**などがある。

問5 [7]・[8] ②・⑥（順不同）《書き手の意図》

提示される会話文をヒントに、本文の二重傍線部の引き歌表現に関する解釈を答えさせる問題。選択肢が①～⑥と多いが、正答を二つ選ぶ点、また後述の通り大きく二つに分けて選択肢を絞りやすい点から、選択肢自体の難度は高くない。しかし注もなく提示される『遍昭集』を素早く解釈しなければならず、戸惑うこともあるかと思われる。

まず前提として傍線部の状況を押さえよう。問4でも確認したとおり、本段落は僧都の下山にあわせ出家を考える浮舟が、いざ出家を目前にして思い悩む場面。中でも傍線部Bにあるように、出家前に一目親に会いたかったという悲しみが描かれている。

本設問の問題文で生徒が言うとおり、「かかれとてしも」は直訳すると「このようであれと思って」ほどの意で、直訳しただけでは文脈を解釈できない。そこで教師は、「引き歌」という和歌の一部を引用して心情を表現する技法を紹介し、「かかれとてしも」が『遍昭集』の「たらちねはかかれとてしもむばたまの我が黒髪をなでずやありけむ」という歌を下敷きにしていることを指摘する。この「たらちねは」の歌一首とその歌の右側にあるという文章（以下「詞書」という）を解釈したうえで、前述の浮舟の状況と合わせながら選択肢を検討しなければならない。

そこで、『遍昭集』の和歌について確認する。「たらちね」は「たらちねの」という「母」にかかる枕詞《まくらことば》としてよく知られているが、ここでは続く和歌内に「母」に該当する言葉がないことから、枕詞ではなく「母（あるいは親）」を指す名詞として捉えることが適切。「母は『このようであれ』と思って私の黒髪をなでたわけではなかったでしょうに」と解釈できる。「このようであれ」が指す遍昭の状況を知るためには、詞書を読み解く必要がある。詞書には、遍昭が仕えていた深草帝の死をきっかけに突然家族にも知らせず出家したことが述べられ、「さすがに、親などのことは、心にやかかり侍りけむ」と結ばれる。副詞「さすがに」は問1でも触れたとおり「そうはいってもやはり」ほどの意。「心にかかる」は慣用的表現で「心からはなれない」「気になる」の意。つまり「出家したもののやはり、親のことが心からはなれないのでしょうか」と述べられ、前掲の歌が記される。ゆえに当該歌の「かかれとてしも」は遍昭が出家したことを指すと考えられよう。

以上を踏まえて選択肢を見ていく。六人の生徒の会話という形式のため口語体でまとめられている。一見して、まず生徒AとBが『遍昭集』の歌について意見を述べ（①・②）、C～FはA・Bどちらに賛成するかを示したのち、『源氏物語』における二重傍線部の効果に関する意見を述べている（④～⑥）ことが分かる。

そこでまず、A・Bどちらの解釈が妥当かを考えたい。両者の決定的な違いは、歌のうち「なでずやありけむ」をどう訳すかである。「ずや」は打消の助動詞「ず」に係助詞「や」が接続したもの。「や」を反語ととれば「『出家せよ』と思って私の黒髪をなでたわけではなかったでしょうか、いやそう思ってなでたに違いない」となり、Aに合致する。疑問ととる場合、直訳すると「『出家せよ』と思って私の黒髪をなでたわけではなかっただろうか」となるが、自然に訳せば「なでたわけではなかったでしょうに」、すなわち「出家を願って髪をなでたはずがない」という意でBに合致する。出家すると告げることもなく剃髪した遍昭の心残りが親であるという詞書の内容を踏まえれば、ここは反語としないB（②）が適切と分かる。

それによりAの解釈に倣ったC（③）とD（④）は不適切と判断できる。③・④に関しては『源氏物語』に関する解釈も適切でない。

残るE（⑤）とF（⑥）を検討する。Eは浮舟が「かかれとてしも」と遍昭の歌を引いたことで浮舟の潔さが表現されていると解する。しかし、遍昭の歌は気がかりな親に対する想いを詠んだものであり、それを引くことが潔さを表すという解釈には無理があろう。また、「親にいま一たび……悲しけれ」と思う浮舟が出家をわりきって考えているとは言い難く、不適当である。その点で、Fの「心の整理ができていない浮舟の揺れ動く気持ちが表現されている」という指摘は適当であり、遍昭の歌が出家後に詠まれたもので、浮舟は出家前という状況把握も正しい。

よって、正解は⑥。

One point

本設問では、A・Bどちらの解釈を正しいと判断するかで、解答二つとも不正解になるおそれがあるが、こういった選択肢の作られ方はめずらしくない。全設問を通して矛盾しない誤った選択肢が備わっていることもある。誤った選択肢に誘導されないように気を付けよう。

第5問

問題のねらい

漢籍の現代語訳と、それに類似した内容の漢文を題材として提示している。**全般的な漢文読解の力**を問うとともに、**複数のテクストの比較を通して、内容の違いなどを捉え、漢文を的確に理解する力**を問う。

問1～4はオーソドックスな設問形式の問題。語の意味や特有の句形、書き下し文のきまりといった基礎知識を押さえたうえで、漢文の意味を適切に理解する力を問う。問5は新傾向である、生徒同士の会話を用いた出題形式。二つのテクストを比較して違いを押さえつつ、漢文の書き手の意図を問う。また、故事成語の意味が問われており、知識問題としての側面もある。

二つのテクストが提示されているが、現代文はごく短く、あくまで漢文を理解する手がかりといった印象。主眼は漢文の内容理解に置かれている。したがって、対策としても従来通り、基礎的な漢文の知識を持っておくことが第一である。

出典

【文章Ⅰ】
金谷治《かなやおさむ》訳注『荘子《そうし》』。

『荘子』は戦国時代の思想家、荘周《そうしゅう》の作といわれ、『老子』と並んで中国古代の道家思想を伝える書物。現在伝わっている『荘子』は内篇《ないへん》・外篇・雑篇に分かれており、問題文は『荘子』内篇に含まれている斉物論篇《せいぶつろんへん》の一部分。故事成語「朝三暮四」の典拠として知られる一節である。訳者の金谷治(一九二〇～二〇〇六)は日本の東洋学者。中国古代思想研究を専門とし、自身の研究に関する著書とともに、『荘子』『論語』『荀子《じゅんし》』『韓非子《かんぴし》』などの訳注(翻訳と注釈)を刊行している。

【文章Ⅱ】
劉基《りゅうき》『郁離子《いくりし》』。

劉基(一三一一～一三七五)は、元末明初の文筆家。明の初代皇帝朱元璋《しゅげんしょう》に仕え、明の建国に貢献した。『郁離子』は劉基が不本意ながら官職を離れて故郷で過ごしていた時期に書かれ、劉基の思想などが寓話《ぐうわ》形式で書かれている。

文章の概要

【文章Ⅰ】
猿飼いの親方と猿とのやりとり。親方が内容を改めず口先だけでごまかして猿を丸め込む。故事成語「朝三暮四」の典拠となった話。

【文章Ⅱ】
【文章Ⅰ】と同じく猿飼いの親方と猿とのやりとりを描く。親方は猿を使って山の木の実を集め、十分の一を徴収して生計を立てていた。小猿の言葉をきっかけに、猿たちは親方からただ搾取されているだけであることに気づき、親方の元から逃亡する。生活の手立てを失った親方は餓死する。その寓話から、道理をわきまえず小手先の術で民を使役しているような者は、民がそれに気づけばおしまいであるということを示している。

書き下し文と口語訳

【文章Ⅱ】
〈書き下し文〉

楚《そ》に狙《そ》を養《やしな》ひて以《もつ》て生《せい》を為《な》す者《もの》有《あ》り。楚人《そひと》之《これ》を狙公《そこう》と謂《い》ふ。旦日《たんじつ》必《かなら》ず衆狙《しうそ》を庭《にわ》に部分《ぶぶん》して、老狙《らうそ》をして率《ひき》ゐて以《もつ》て山中《さんちう》に之《ゆ》き、草木《さうもく》の実《み》を求《もと》めしむ。什《じふ》の一《いち》を賦《ふ》して以《もつ》て自《みづか》ら奉《けん》ず。或《ある》いは給《たまは》せずんば、則《すなは》ち鞭箠《べんすい》を加《くは》ふ。群狙《ぐんそ》皆《みな》畏《おそ》れて之《これ》に苦《くる》しむも、敢《あ》へて違《たが》はざるなり。一日《いちじつ》、小狙《せうそ》有《あ》りて衆狙《しうそ》に謂《い》ひて曰《い》はく、「山《やま》の果《くわ》は、公《こう》の樹《う》うる所《ところ》か。」と。曰《い》はく、「否《しか》ざるなり。天《てん》の生《しやう》ずるなり」と。曰《い》はく、「公《こう》に非《あら》ずんば得《え》て取《と》らざるか。」と。曰《い》はく、「否《しか》ざるなり。皆《みな》得《え》て取《と》るなり。」と。「然《しか》らば則《すなは》ち吾《われ》何《なん》ぞ彼《かれ》に仮《か》りて之《これ》が役《えき》を為《な》すか。」と。言《こと》未《いま》だ既《つ》きざるに、衆《しう》狙《そ》皆《みな》寤《さ》む。其《そ》の夕《ゆう》、相《あ》ひ与《とも》に狙公《そこう》の寝《い》ぬるを伺《うかが》ひ、柵《さく》を破《やぶ》り柙《をり》を毀《こぼ》ち、其《そ》の積《せき》を取《と》り、相《あ》ひ携《たづさ》へて林中《りんちう》に入《い》り、復《ま》た帰《かへ》らず。狙公《そこう》卒《つひ》に餒《う》ゑて死《し》す。

郁離子《いくりし》曰《い》はく、「世《よ》に術《すべ》を以《もつ》て民《たみ》を使《つか》ひて道揆《だうき》無《な》き者《もの》有《あ》るは、其《そ》れ狙公《そこう》のごときか。惟《た》だ其《そ》の昏《くら》くして未《いま》だ覚《さ》めざるのみ。一旦《いつたん》之《これ》を開《ひら》くこと有《あ》らば、其《そ》の術《すべ》窮《きう》せん。」と。

〈口語訳〉

楚の国に猿を飼い慣らして生計を立てる者がいた。楚の国の人は彼を狙公と呼んだ。明け方になるといつも庭で猿をグループごとに分けて、年長の猿に引率させて山の中へ行き、草木の実を集めさせた。(猿たちが集めてきたうちの)十分の一を徴収し、自らの暮らしをまかなっていた。また、もし、(猿たちが実を)供出しないと、その時は鞭《むち》で打った。猿たちはみなこれを恐れ苦しんだが、無理に逆らおうとはしなかった。ある日、若い猿がみなに言うには「山の木の実は、猿飼いの親方が植えたのか」と。みなが答えて「そうではない。天が生み出したものだ」と。(また若い猿が)言うには「猿飼いの親方でなければ取ることができないのか」と。(みなが)答えて「そうではない。誰でも取ることができる」と。(また若い猿が言うには)「それならば、わたしは何の義務があって彼のために役目を果たすのか」と。その言葉が言い終わらないうちに、猿たちはみな目が覚めた。その夜、猿たちは代わるがわる親方が眠るまで様子をうかがい、柵と檻《おり》をこわして、(親方がため込んだ)木の実を(みんなで)持ち、林の奥へ入って二度と帰らなかった。親方はとうとう飢え死にした。

郁離子が言う、「世の中には『術』によって民を使うばかりで、『道揆《どうき》』に合うかを考えない猿飼いの親方のような者がいるのは、ただ民たちが疎くてこれまで気付かなかっただけである。ひとたび民の蒙昧《もうまい》を啓《ひら》くような出来事があれば、その『術』は行き詰まってしまうだろう」と。

解説

問1 [1] ② [2] ④ **《文脈における文字の意味》**

(1) リード文から、狙公《そこう》とは「猿飼いの親方」、つまり猿の飼育を職業的に行っている人物であることを押さえておく。傍線部(1)の文字は、その狙公について述べた一文の「養狙以為生(狙を養ひて以て生を為す)」という語のつながりの中に位置している。「以」は〈~によって=手段〉を表しているから、猿飼いの親方が「養狙〈猿を飼育する、養う〉」という手段、すなわちその職業によって可能になるのが「為生」ということになる。職業によって可能になることといえば、その人の暮らしを成り立たせること、つまり「生計を立てる」ことなので、正解は②。

(2) 狙公が眠ったのを見計らって猿たちが逃げ出したときに、狙公の元から「取リ」「携ヘテ」いったものを指している。また、話の前半には狙公が猿たちに「草木之実」を集めさせ、「賦什一以自奉〈十分の一を徴収して自分の暮らしをまかなう〉」とある。これらの状況を考え合わせると、逃げ出すに当たって猿たちは、狙公が自分たちから取り上げてたくわえていた(=積)木の実を持ち去ったと考えるのが最も自然である。猿たちがいなくなった後に狙公が「餒而死」していることも、木の実を持ち去ったと考えれば矛盾しない。したがって、④が正解。

One point

文脈における漢字の意味は頻出の設問。例えば再読文字のような、漢文に特有の使い方をする漢字や、漢文と日本語とで意味の異なる漢字を問うパターンと、複数の意味を持つ漢字の意味を文脈から特定させるパターンなどが主な出題形式である。

本設問のように、一つの漢字で表されている言葉の意味を**熟語にすることで、意味がより明確になる**。これは、漢文を読んでいて意味の分かりにくい漢字が出てきたときに手がかりを得る手段でもある。**その字を使った熟語を思い浮かべて当てはめてみたり、訓読みから意味を類推したりする**ことが読解の手助けになる。言うまでもなく、熟語の語彙が豊富であればあるほど、こうした場面にも強くなる。

問2 [3] ① **《訓点と書き下し文》**

猿飼いの親方が猿に対してしていることなので、基本的に〈猿に何かをさせる〉という文脈であると見当を付けておきたい。また、傍線部A直後に「賦什一以自奉〈十分の一を徴収して自分の暮らしをまかなう〉」とあるので、「求草木之実」は、猿に草木の実を集めさせて、そのうちの十分の一を……というつながりであれば矛盾がない。この文脈をおさえて選択肢を見る。

文脈上「使~」は使役の句法で「AヲシテB(セ)しム」と読むのが妥当である。使役の意味が含まれているのは①・②・③・⑤だが、②は「使《し》ム」の読みが不適切。意味も「ベテランの猿を使ってだいたい山に行かせる」というようなことだが、「だいたい」というのは、行ったり行かなかったりするということなのか、よく分からない。⑤は「Aヲシテ」に該当する部分がなく不完全。また、すでに猿飼いとして猿を飼っているのに、改めて「老狙をとらえて……」というのも不自然なので除外する。①と③の違いは、何をさせるのか、という部分。「使」の使役の意味が文のどこまで影響するかが異なっている。①は文全体に使役の意味がかかり、「ベテランの猿に引率させて山の中に行き、草木の実を集めさせた」、③は前半だけに使役の意味がかかり、「ベテランの猿に捕まえさせて山の中に行き、草木の実を集めた」となる。③は「捕まえさせる」がよく分からない。また「木の実を集めさせる」文脈にもそぐわない。よって、正解は①。

One point

使役の「使」や否定の「不」などは、文のどこまでがその影響下にあるかによって文意が変わってくる。文脈から判断するのだが、**原則として、できるだけ先の方までかかるとみて読む**とよい。

傍線部Aの場合、親方が猿たちにさせていることは、大きく分けると

老狙率以之山中（年長の猿が引率して山の中に行かせる）

求草木之実（草木の実を集めさせる）

の二つある。このようなとき、漢文では「老狙をして率ゐて以て山中に之かしめ、草木の実を求めしむ」のように、まとまりごとに使役の意を添えて読むことはせず、最後に「しむ」を添えて読むのが慣例である。

問3 [4] ①　《訓読と解釈》

すべての選択肢において「山の果は～か」という枠組みは共通しており、実質上問題になっているのは「公所樹」の解釈である。

傍線部Bは「小狙」が「山の木の実は、『公所樹』なのか」と、「衆狙」に問いかけた言葉。その答えが直後にある。まず「否ざるなり」とあるので「公所樹」ではない、ということになる。続けて「天の生ずるなり」と言う。天が生んだもの、つまり、自然に生育したもの、と言っている。したがって「公所樹」は自然に生育したのとは対照的に、人工的にできたもの、すなわち狙公が植えて育てたもの、といった意味になれば対応する。この時点で②・④は除外。残る三つのうち③・⑤は「与」を「与える」という動詞で読み、かつ、文末に置いて疑問を表す助字「か」としても読んでいる。「与」は再読文字ではないので二重に読むことはなく、両方とも不適切。よって、正解は①。

問4 [5] ①　《書き下し文と解釈》

まず傍線部Cは、狙公の話が終わって段落が変わった「郁離子曰……」以下にあることを押さえておく。漢文には、歴史上の出来事や、架空の人物の対話、動物やお化けの話などのさまざまな形の説話を、自分の主張したいことを分かりやすく伝えるための「たとえ」として用いる文章がよく見られるが、本文もこの形式を取っている。

本文では、狙公と猿たちを「以術使民而無道揆者」と、「国の治め方」のたとえとして用い、「郁離子曰……」以下では、たとえ話に基づく主張が展開されている。したがって、傍線部Cは狙公と猿たちとの説話の具体的内容から、一般化・抽象化したことがらを述べていると考えるのが妥当である。この文脈から③～⑤は除外できる。

残る①・②について、語法から判断する。語法上、傍線部Cで特に注目すべきなのは限定を表す「惟（惟ダ～ノミ）」と、再読文字「未（未ダ～ズ）」。限定については①・②ともに正しく解釈している。問題は再読文字を含む「未覚」。「未～」は〈まだ～ない〉で、これまでに経験のないこと、やり終えていないこと、実現していないことを意味する。②は「それまでのやり方に満足していた」と、すでに完了したことがらを述べる表現となっており、不適切。したがって、①が正解。

One point

問2～問4のような、訓点・訓読・書き下し文および解釈を組み合わせる問いは、**句法や置き字・再読文字といった語法上のポイント**を押さえると同時に、常に**文脈との整合性を確認**しながら考えて欲しい。完璧に捉えることは難しくても、**指示語の指示内容は正しいか、文脈に合わない動作や名詞が突然出てきていないか**、といった点を意識するだけでも、選択肢を絞る手がかりになる。

問5 [6] ⑤ [7] ③ [8] ①　《書き手の意図》

(i) 「朝三つにして夕方四つ」を「朝四つにして夕方三つ」と言い換え、内容は改めずに目先をごまかしている。この『荘子』の話が元になって「朝三暮四」という故事成語ができた。よって、正解は⑤。

(ii) 空欄Y直後に「これで猿飼いの親方と猿の関係が変わってしまった」とあるこ

とを手がかりに、【文章Ⅱ】を見る。話の前半、猿たちは集めた木の実を徴収されたり、鞭で打たれたりしても、「畏苦之、弗敢違也」とあり、親方の言いなりになっている。一方、後半では「破柵毀柙、取其積、相携而入于林中、不復帰」と、親方に反逆、逃亡している。猿たちの行動を変える転機は、「小狙」の「山之果、公所樹与」という問いかけであった(問3を参照)。したがって、③が正解。

① 話の前半の内容に関わる。鞭《むち》で打たれても猿たちは親方に逆らわなかった。

② 「賦什一」から「すべて」に変えたという記述がない。

④ 【文章Ⅱ】で言及されていない内容。

⑤ 老猿は木の実を取りに行く引率役は務めているが、逃げるときには特定の猿がリーダーになったとは書かれていない。

(iii) 生徒の発言に「【文章Ⅱ】の最後で郁離子は……」とあるので「郁離子曰……」以下の記述に着目する。また、選択肢はすべて「世の中には……猿飼いの親方のような者がいる」という枠組みを持っているので、「世有以術使民而無道揆者、其如狙公乎」の意味を問われていると判断する。さらに、空欄Zの後の生徒の発言に「猿飼いの親方は、『其の術窮せん。』ということになった」とあるので、「術」とは猿飼いの親方が猿たちに対して行っていたことに類することがらだと判断する。

これを踏まえて、改めて親方と猿たちの行動を整理し、「郁離子曰……」以下の記述と対照させる。

(1) 親方は猿たちに木の実を集めさせ、十分の一を徴収し、出さないと鞭で打つということをしていた。

↓「世有以術使民而無道揆者、其如狙公乎」

(2) 猿たちは恐れ苦しんだが逆らわなかった。

↓「惟其昏而未覚也」

(3) 小猿が「木の実は公が植えたのか」「親方でなければ取れないのか」と、素朴な疑問を問い、猿たちは、木の実は自然に生育したもので誰でも手に入れられるという当然の事実に気づく。

↓「一旦有開之」

(4) 猿たちは逃げだし、親方は飢え死にした。

↓「其術窮矣」

となる。つまり、政治を行う側は、ベテランの猿に引率させたり、鞭で打ったりというような「術」で、猿を使うように「民」を使うが、「木の実は誰のものでもない」というような当然の事実、道理にかなった考えに基づいていなければ(無道揆)、そのことに猿(民)が気づいたとたんに「術」は使えなくなるということを述べている。この主旨に合うのは①。

② 「『術』をころころ変えて」とあるが、術を変えたのは【文章Ⅰ】の内容。

③ 「『道揆』を知らない民に反抗される」とあるが、「道揆」を知らないうちは猿も民も使役する側に逆らわない。

④ 「賞罰が『道揆』に合わない」とあるが、「賞罰」とは褒賞と処罰であり、親方は処罰しかしていない。

⑤ 「『道揆』よりも多くをむさぼる」とあるが、十分の一を徴収するのが多くをむさぼることにあたるかどうかは、文章からは判断できない。

One point

(i)の⑤「朝三暮四」以外の、選択肢の意味に近いと思われる故事成語を挙げておく。①は「**大同小異**」「**五十歩百歩**」、②は「**朝令暮改**」、③は「**矛盾**」「**自家撞着**」、④は「**朝過夕改**」。

会話形式を絡めた出題の意図は、「対話的な学び」を紙面上で表現することにあると考えられる。いわゆるアクティブ・ラーニングを設問の形で再現しているといえるだろう。実際に問われている内容は従来とさほど変わらず、本文の内容・要旨の把握や解釈であることも多い。**会話文に惑わされることなく、問われていることを的確に捉えて考えたい。**

2次・私大対策 おすすめ書籍

英語

頻出単語を生きた文脈ごと覚える！
入試に必須の1900語

速読英単語 必修編 改訂第7版
分冊 速読英単語 必修編 改訂第7版
風早寛 著／B6変型判／本体価格 各1,000円（税別）

速読英単語 必修編 CD
改訂第7版対応
Z会出版編集部 編／CD5枚／価格 2,600円（税別）

速単7版の英文で学ぶ

英語長文問題 70
Z会出版編集部 編／B6変型判／本体価格 800円（税別）

難関国公立・私立大突破のための900語＋推測法

速読英単語 上級編 改訂第4版
風早寛 著／B6変型判／本体価格 1,200円（税別）

速読英単語 上級編 CD 改訂第4版対応
Z会出版編集部 編／CD4枚+DVD1枚／価格 2,600円（税別）

「使える」英文法を効率よく身につける！

長文読解・英作文のための
実を結ぶ英文法 発展問題編
（共通テスト～難関大レベル）
中村正寿 著／A5判／CD1枚付／本体価格 1,200円（税別）

この1冊で入試必須の攻撃点314を押さえる！

英文法・語法のトレーニング
1戦略編 改訂版
風早寛 著／A5判／本体価格 1,200円（税別）

添削例＋対話形式の解説で
英作文の基礎力を身につける！

必修編 英作文のトレーニング
実戦編 英作文のトレーニング 改訂版
Z会編集部 編／A5判／本体価格 各1,200円（税別）／
音声ダウンロード付

自分に合ったレベルから無理なく力を高める！

合格へ導く **英語長文 Rise 読解演習**
2. 基礎～標準編（共通テストレベル）
塩川千尋 著／A5判／本体価格 1,000円（税別）
3. 標準～難関編
（共通テスト～難関国公立・難関私立レベル）
大西純一 著／A5判／本体価格 1,000円（税別）
4. 最難関編（東大・早慶上智レベル）
杉田直樹 著／A5判／本体価格 1,100円（税別）

志望校の合格に向けて、
英文の文構造を解きほぐす解釈本

合格へ導く **英語長文 Rise 構文解釈**
1. 基礎～難関編
（高2～難関国公立・難関私立レベル）
越智睦人 著／A5判／本体価格 1,100円（税別）
2. 難関～最難関編
（難関国公立・難関私立～東大・京大レベル）
越智睦人 著／A5判／本体価格 1,200円（税別）

数学

教科書学習から入試対策への橋渡しとなる
厳選型問題集

Z会数学基礎問題集
チェック&リピート 改訂第2版
数学Ⅰ・A／数学Ⅱ・B／数学Ⅲ
亀田隆・高村正樹 著／A5判／
数学Ⅰ・A、数学Ⅱ・B：本体価格 各1,000円（税別）
数学Ⅲ：本体価格 1,100円（税別）

入試対策の集大成！

理系数学 入試の核心 標準編 改訂版
Z会出版編集部 編／A5判／本体価格 1,000円（税別）
文系数学 入試の核心 改訂版
Z会出版編集部 編／A5判／本体価格 1,200円（税別）

国語

全受験生に対応。現代文学習の必携書！

必修編 現代文のトレーニング
久保寺亨 著／A5判／本体価格 1,000円（税別）

現代文読解に不可欠なキーワードを網羅！

現代文 キーワード読解 改訂版
Z会出版編集部 編／B6変型判／本体価格 900円（税別）

基礎から始める入試対策。

古文上達 基礎編
仲光雄 著／A5判／本体価格 1,000円（税別）

1冊で古文の実戦力を養う！

古文上達
小泉貴 著／A5判／本体価格 971円（税別）

基礎から入試演習まで！

漢文道場
土屋裕 著／A5判／本体価格 874円（税別）

地歴・公民

日本史問題集の決定版で実力養成と入試対策を！

実力をつける日本史 100題 改訂第3版
Z会出版編集部 編／A5判／本体価格 1,300円（税別）

難関大突破を可能にする実力を養成します！

実力をつける世界史 100題 改訂第3版
Z会出版編集部 編／A5判／本体価格 1,300円（税別）

充実の論述問題。地理受験生必携の書！

実力をつける地理 100題 改訂第3版
Z会出版編集部 編／A5判／本体価格 1,300円（税別）

政治・経済の2次・私大対策の決定版問題集！

実力をつける政治・経済 80題 改訂第2版
栗原久 著／A5判／本体価格 1,400円（税別）

理科

難関大合格に必要な実戦力が身につく！

物理 入試の核心 改訂版
Z会出版編集部 編／A5判／本体価格 1,400円（税別）

難関大合格に必要な、真の力が手に入る1冊！

化学 入試の核心 改訂版
Z会出版編集部 編／A5判／本体価格 1,400円（税別）

Z-KAI